3판

인공지능 인사이트

- 로보어드바이저 사례를 중심으로

저자 임홍순 · 곽병권 · 박재훈

한국금융연수원
KOREA BANKING INSTITUTE

발/간/사

대표적인 글로벌 투자금융회사인 골드만삭스가 자사의 정체성을 'technology company'라 재정의할 만큼 이제 디지털금융 기술은 국내외 금융기관들의 생존을 좌우할 수 있는 핵심분야가 되고 있습니다. 이러한 추세에 맞추어 국내 금융기관들은 디지털금융 기술을 기반으로 기존의 조직체계를 혁신하고 새로운 비즈니스 모델을 구축하고자 디지털 트랜스포메이션을 추진하고 있습니다.

이와 같이 급변하는 금융환경에 대처하고 디지털 트랜스포메이션을 추진 중인 금융기관들의 니즈에 적극 부응하기 위해 한국금융연수원에서는 지난 2019년 7월 디지털금융 전문인력 양성에 특화된 금융DT Academy를 출범한 데 이어, 이번에 디지털금융 전문도서인 「KBI 디지털금융시리즈」를 발간하게 되었습니다.

「KBI 디지털금융시리즈」는 빅데이터, 인공지능, 블록체인, 클라우드, 디지털 마케팅, 디지털금융 비즈니스 등 디지털금융의 6개 핵심분야로 구분하여 각 분야에 정통한 실무전문가들이 이론과 구체적인 사례들을 모아 집필하고, 이에 더하여 각 분야별 디지털 전문가들로 구성된 금융DT Academy 자문단으로부터 감수를 받아 책의 완성도를 높였습니다. 동 시리즈는 디지털 트랜스포메이션을 추진하는 금융인뿐만 아니라 디지털금융에 관심이 있는 일반인에게도 디지털금융에 대한 이론적·실무적 지식을 넓히는 데 큰 도움이 될 것으로 기대합니다.

그동안 「KBI 디지털금융시리즈」가 최종 나오기까지 많은 노력을 기울여온 집필자들, 자문위원들, 그리고 우리 원 관련 직원 여러분들께 깊이 감사드리며 앞으로 동 시리즈가 디지털금융에 대한 우리나라 최고의 실무지침서가 되기를 바랍니다.

한국금융연수원 원장 **문재우**

머/리/말

인공지능 기술은 단순히 기술을 넘어 경제, 사회, 문화 등 생활 전반에 걸친 변화는 물론 전 세계 산업지형을 바꾸고 있다. 4차 산업혁명 기술로 일컬어지는 사물인터넷(IoT), 5G, 클라우드, 빅데이터 기술 등이 인공지능 기술과 융합하며 획기적인 발전이 이루어지고 있다. 그런데 이런 기술 발달이 우리에게 장밋빛 전망만 제공하는 것은 아니다. 인공지능에 의한 일자리 대체, 사생활 침해, 인간 수준에 필적할 만한 지능의 출현 등 과거 공상과학 영화 속 이야기가 현실화되는 것에 대한 두려움도 존재한다.

자본시장도 예외는 아니다. 그동안 금융 전문가의 전유물로 여겨지던 자산관리 분야에서 로보어드바이저가 빠르게 정착하고 있다. 글로벌 금융사들이 로보어드바이저를 도입하면서 투자자문 인력을 감축하고 있다는 소식은 기존 자문 인력에 충분한 위협이 되고 있다. RBS(Royal Bank of Scotland)는 로보어드바이저 도입을 통해 550명의 투자자문 인력을 감축했으며, 골드만삭스가 인수한 로보어드바이저 '켄쇼(Kensho)'는 598명의 트레이더를 해고로 몰았다(켄쇼 테크놀로지(Kensho Technologies)사가 개발한 인공지능의 이름은 워런(Warren)이다). 켄쇼는 50만 달러의 연봉을 받는 전문 애널리스트가 40시간에 걸쳐 하던 작업을 몇 분 내에 처리할 수 있다고 한다.

그러나 자세한 내용을 살펴보면 로보어드바이저가 전문가를 뛰어넘는 역량을 가지고 있다기보다는 투자자문, 금융분석 등에서 제공되던 일부 전문 지식이 시스템화가 가능한 보편적인 상품(Commodity)으로 변화하고 있음을 알 수 있다. 즉, 일반적인 고객 응대, 광범위한 금융 데이터 수집 및 분석, 규칙 기반의 단순 작업 등은 로보어드바이저가 수행할 수 있다는 의미다. 이에 따라 그동안 부유층의 전유물로 여겨졌던 전문화된 자문 서비스가 로보어드바이저를 통해 다수의 대중을 위한 보편화된 자문 서비스로 변화하고 있다. 결과적으로, 폐쇄적이고 전문가만의 영역이었던 자본시장이 개방적이고 보편화된 서비스 산업으로 구조적 혁신이 이뤄지고 있다.

이 책은 변화를 이끄는 힘은 기술보다는 고객의 변화에 있다는 점을 제시하고자 했다. 또한 인공지능 기술은 향후 더욱더 발전할 것으로 기대되지만, 대체재보다는 보완재로 이해하는 것이 타당함을 보이고자 했다. 오히려 인공지능은 기업의 생산성 향상과 고객 가치 중심의 신규 서비스 개발에 도움을 주는 방향으로 발전할 것이다. 따라서 지금은 막연한 기대나 두려움에서 벗어나 인공지능 기술에 대한 정확한 이해를 바탕으로 적극적 도입을 추진할 때다.

본 저서는 총 5부로 구성되었다. 1부에서는 변화를 이끄는 힘이 기술보다는 고객의 변화에 있음을 짚었다. 이런 고객의 변화에 주목하고 이를 충족시키기 위한 기술을 개발하는 것이 핵심 성공 요인임을 강조했다. 특히 금융시장이 공급자 중심 시장에서 적극적으로 행동하는 소비자 중심 시장으로 재편되고 있으며, 핀테크의 성장이 이를 반영하고 있다는 점을 제시했다.

2부에서는 인공지능 기술의 근본 구조에서 최근 발전 상황까지 자세히 다뤘다. 최근 이미지 인식, 음성 인식, 자연어 처리 등 신경망 기술에 기반한 딥러닝 인공지능 기술이 비약적으로 발전하고 있다. 마케팅, 연구개발, 생산, 물류, 서비스 등 가치사슬 전반에 걸쳐 응용 범위가 확대되고 있다. 그러나 인공지능 기술의 근본은 광범위한 데이터 속에서 패턴을 발견하는 기술이다. 특히 인공지능은 GIGO(Garbage In, Garbage Out) 특성이 있어 인공지능이 학습할 양질의 데이터를 만드는 것이 관건이다. 다양한 인공지능 기법을 도입하여 금융상품 분석 및 예측을 시도함으로써 일정한 성과를 달성하는 경우도 있지만, 모든 상황에 적용 가능한 일정한 패턴을 찾기는 쉽지 않다. 결국 원천 데이터에서

'노이즈'를 얼마나 제거할 수 있느냐가 인공지능의 성과를 좌우할 것이다.

3부에서는 금융시장의 변화와 인공지능 기술에 대한 이해를 바탕으로 자본시장에서 빠르게 정착하고 있는 로보어드바이저를 집중적으로 조명했다. 로보어드바이저가 '금융 알파고'로서 펀드매니저를 대체하고, 펀드매니저보다 좋은 성과를 낸다는 것은 단순 마케팅 메시지에 불과하다. 오히려 로보어드바이저는 금융 이론의 자동화를 통해 고객들에게 애널리스트, 펀드매니저, 트레이더 등 금융 전문가들의 보완재 역할을 수행할 따름이다. 결과적으로는 과거에 고액 자산가나 전문가의 전유물이었던 금융 서비스를 일반 고객에게 제공함으로써 개방된 소비자 중심 시장으로의 변화를 이끌고 있다. 즉 자본시장에 도입된 인공지능은 단순히 돈을 벌어주는 역할이 아니라 고객이 궁금해하는 금융 지식을 전달하고, 금융상품을 분석해주고, 자산운용을 도와주는 일종의 금융비서인 것이다.

4부에는 현장에서 인공지능 기술을 도입하기 위해 고려해야 하는 점에 대한 조언과 사례를 담았다. 인공지능을 성공적으로 도입하기 위해서는 사전에 충분한 준비가 필요하다. 인공지능 기술의 성과와 한계를 이해한 후에 도입 기업의 역량과 상황을 충분히 고려하여 도입 전략을 수립해야 한다. 사례는 최대한 상세한 내용을 담기 위해 저자들이 직접 경험한 프로젝트로 제한했다. VoC (Voice of Customer, 고객의 소리) 텍스트 분석은 빈도수에 기반한 분석을 넘어 VoC에 담겨 있는 고객의 의도를 파악하고 전사적 운영에 활용할 수 있는 내용을 담았다. 챗봇은 음성 인식, 자연어 처리, 상황 인식 등 다양한 인공지능 기술을 복합적으로 내재화하고 있다. RPA(Robot Process Automation, 로봇 프로세스 자동화)는 단순 반복적인 사무 업무의 프로세스 자동화를 통해 가시적인 생산성 향상을 보여준다. 비록 RPA가 운영 환경 변화에 민감하고 적용 업무에 한계를 가지고 있기는 하지만, 인공지능 기술과 융합하며 범위가 확산되고 있다.

5부에는 튜토리얼을 담았다. 이 책을 통해 인공지능에 대한 인사이트를 얻고,

직접 인공지능을 경험해볼 수 있도록 구성했다. 구글의 텐서플로(TensorFlow)라는 인공지능 개발 도구를 활용해서 직접 개발 환경을 설치하고 다양한 인공지능 기법을 활용해볼 수 있도록 안내한다. 마지막에는 캐글 챌린지(Kaggle Challenge)에 게시된 마케팅 데이터 분석에 대한 내용을 담아 좀 더 깊이 있는 분석 방법에 대한 경험을 주고자 했다.

이 책은 저자가 한국금융연수원에서 수년째 이어오고 있는 '인공지능 인사이트'라는 강의 내용을 바탕으로 한다. 본서가 출판될 수 있도록 지원을 아끼지 않으신 한국금융연수원 문재우 원장님과 편집과 교정의 노고를 아끼지 않은 한국금융연수원 출판미디어사업부 모든 직원에게 깊은 감사의 말씀을 전한다. 마지막으로 인공지능 기술을 개발하고 로보어드바이저를 서비스하면서 거친 세상을 함께 헤쳐나가고 있는 빅트리 임직원 여러분께 깊은 감사를 드린다.

2020년 4월

임홍순, 곽병권, 박재훈

Contents

Part 01

금융산업의 4차 산업혁명

1장 변화의 시작

1절 인공지능 기술이 가져온 변화

인공지능 기술은 단순히 기술을 넘어 경제, 사회, 문화 등 생활 전반에 걸친 변화는 물론 전 세계 산업지형을 바꾸고 있다. 〈스타워즈〉, 〈터미네이터〉, 〈매트릭스〉 등 상상 속의 단순 공상과학 영화로만 즐기던 인공지능 기술이 급속히 현실화하고 있다. 인공지능이 우리 대중에게 알려진 것은 불과 몇 년 전인 2016년 이세돌 9단과 알파고(AlphaGo)의 바둑 대결이었다. 물론 그 이전에 IBM의 왓슨으로 일컬어지는 인공지능이 퀴즈쇼, 체스 대결 등에서 인간을 상대로 우승한 사실이 있지만, 제한적인 경우의 수를 고려한 컴퓨터 연산 능력을 고려하면 충분히 가능하다는 예측 때문에 알파고와 같은 충격은 없었다.

〈그림 1-1〉 인공지능이 출연한 SF 영화들

그러나 바둑 대결은 달랐다. 단순히 경우의 수만을 놓고 보자면, 가로세로 각각 19줄씩 있는 바둑판에서는 경우의 수가 약 $7.1575*10^{438}$(=361!/181!) 정도다. 이는 원자의 수보다 많고 현존하는 최상의 슈퍼컴퓨터(미국 에너지국의 서밋 슈퍼컴퓨터, 1초에 20경 회의 연산 수행)로 계산해도 한 수를 계산하는 데 $1.1348*10^{406}$년이 걸린다. 물론 알파고가 해당 경우의 수를 모두 계산하는 것은 아니다. 실제 사람이 몇 수 앞을 보고 두는 것과 유사하게 알파고는 몬테카를로 트리 탐색(Monte Carlo Tree Search)이라는 알고리즘을 활용하여 계산량을 대폭 축소하였다. 그렇다 하더라도 단순 연산만으로는 불가능하다는 결론이다. 이 때문에 1,202개의 CPU, 176개의 GPU를 장착한 알파고와의 대결이 불공정하다는 의견도 있었다.

그러나 채 1년도 지나기 전에 '알파고 마스터(AlphaGo Master)'로 일컬어지는 업그레이드된 알파고는 바둑 세계 랭킹 1위인 커제 9단에게 완승을 거뒀다. 더욱더 놀라운 것은 알파고 제로는 인간의 기보를 학습한 것이 아니라 강화학습이라고 불리는 자체 학습 알고리즘으로 발전했고, 컴퓨팅 환경 또한 서버급

1대에서 운용됐다는 것이다. 예측하기 어려울 정도의 발전 속도라는 의미다. 일부 미래학자는 2045년경 특이점(singularity)에 도달한다고 예측하고 있다. 특이점에 도달한다는 것은 인공지능이 인간의 지능을 넘어선다는 것이고, 영화 상의 터미네이터 세상이 온다는 것이다.

그동안은 기술의 발전이 생산성 및 편의성 향상에 공헌해왔기 때문에 대부분 사람은 기술의 발전에 긍정적이었다. 그러나 인공지능 기술에 대해서는 긍정적인 시각보다는 두려움 또는 부정적인 시각이 많이 존재한다. 극단적으로는 영화처럼 인공지능 기술이 특이점에 도달하여 터미네이터가 등장한다는 시각부터, 가까운 시일 내에 내 일자리를 대체할지도 모른다는 막연한 두려움을 느낀다. 최근 영국 BBC에서는 인공지능 기술의 발전으로 사라질 직업군을 발표하기도 했다.

〈표 1-1〉 인공지능 기술의 발전으로 사라질 직업군

순위	직업	Job Title	위험성	종사자 수
1	텔레마케터	Telephone Salesperson	99.0%	43,000
2	(컴퓨터)입력요원	Typist or related keyboard worker	98.5%	51,000
3	법률비서	Legal secretaries	98.0%	44,000
4	경리	Financial accounts manager	97.6%	132,000
5	분류업무	Weigher, garder or sorter	97.6%	22,000
6	검표원	Routine inspector and tester	97.6%	63,000
7	판매원	Sales administrator	97.2%	70,000
8	회계 관리사	Book-keeper, payroll manager or worker	97.0%	436,000
9	회계사	Finance officer	97.0%	35,000
10	보험사	Pensions and insurance clerk	97.0%	77,000
11	은행원	Bank or post office clerk	96.8%	146,000
12	기타 회계 관리자	Financial administrative worker	96.8%	175,000
13	NGO 사무직	Non-governmental Organisation	96.8%	60,000
14	지역 공무원	Local government administrative worker	96.8%	147,000
15	도서관 사서 보조	Library clerk	96.7%	26,000
				총 종사자 수 1,527,000

출처: 영국 BBC

금융산업에서도 인공지능으로 인한 위협적인 소식이 다양한 영역에서 들려온다. 글로벌 금융사들이 인공지능 도입을 통해 투자자문 인력을 감축하고 있다는 소식은 기존 자문 인력에 충분한 위협이 되고 있다. RBS(Royal Bank of Scotland)는 인공지능 도입을 통해 550명의 투자자문 인력을 감축했으며, 세계적 투자은행인 골드만삭스는 인공지능을 포함한 최신 정보기술을 도입하고 자동화를 강화하고 있다. 골드만삭스는 인공지능 '켄쇼'를 통해 시장 분석 역량을 강화하고, 트레이딩 작업을 자동화하면서 트레이더 598명을 해고했다. 켄쇼는 50만 달러의 연봉을 받는 전문 애널리스트가 40시간에 걸쳐 하던 작업을 몇 분 내에 처리할 수 있다고 한다. 더욱이 금융 분야에서는 '금융 알파고'라는 과대광고가 있는 것도 사실이다. 인공지능이 운용하니 일반 전문가보다 훨씬 성과가 좋을 것이라는 식이다.

이는 혁신적인 기술이 출현했을 때 필연적으로 나타나는 현상이기도 하다. 일부 언론에서 제공하는 뉴스는 이런 두려움을 더욱 키우기도 한다. 그러나 과거 산업혁명·인터넷·모바일 기술 등 기술 진보로 인한 산업구조 재편 과정만 살펴보더라도, 기술로 인해 산업 생산성이 향상됐고 대체되는 일자리보다 신규로 창출되는 일자리가 훨씬 많았다.

이제는 인공지능에 대한 막연한 기대나 두려움에서 벗어나 합리적인 판단을 해야 한다. 인공지능 기술의 성과와 한계를 정확히 이해하고, 이면에 존재하는 기술 발전의 동인을 살펴보는 것이 중요하다. 사실상 기술 자체보다는 해당 기술의 수요 측면을 살펴보는 것이 더 중요하다. 이런 수요에 따라 기술이 발전하기 때문이다. 인공지능 기술도 해당 산업의 수요를 따라간다고 보면 될 것이다. 이를 통해 인공지능 기술을 내 일의 대체재가 아닌 나의 삶을 좀 더 윤택하게 할 수 있는 보완재로 만드는 것이 중요하다.

2절 글로벌 리딩 산업의 변화

애플 시가총액이 국내 코스피 상장사 시가총액을 넘어섰다(2019년 12월 기준). 애플의 성장세가 놀랍고 부러운 한편, 국내 기업 상황이 아쉽기도 하다. 국내 경제 규모가 세계 10위권 정도까지 발전해왔고 그만큼 잠재력도 있기 때문이다. 그동안 국내 경제를 이끌어온 IT, 자동차, 조선, 화학 등 제조 중심의 경제구조를 성찰하고 새로운 도약을 모색해야 하는 시점이다.

지난 10년간 글로벌 리딩 기업에는 큰 변화가 있었다. 불과 10년 전만 해도 글로벌 리딩 기업은 에너지, 은행, IT 분야에 속했다. 그러나 현재 최상위 글로벌 리딩 기업은 IT를 기반으로 글로벌한 서비스를 제공하는 기업, 즉 애플, 마이크로소프트, 알파벳(구글의 모회사), 아마존, 페이스북 등이다. 그들의 제품이나 서비스를 사용해보지 않은 사람이 없으리라고 할 만큼 대부분 사람에게 친숙한 기업들이다.

〈표 1-2〉 글로벌 리딩 기업의 변화

	2009년	2019년
1	페트로 차이나	애플(1,259조)
2	엑손모빌	마이크로소프트(1,246조)
3	중국공상은행	아마존(1,024조)
4	마이크로소프트	알파벳(1,017조)
5	차이나모바일	페이스북(625조)
	※ 2009.7.30 기준	※ 2019.10.22 기준

출처: Bloomberg, 2019.10 자료 재구성

해당 기업들의 성공 요인을 여기서 면밀히 분석하기에는 한계가 있지만, 각각 제공하는 서비스를 살펴보면 단순히 기술적 우위를 기반으로 한 제품 또는 서비스가 아니라 시장 및 고객의 니즈를 정확히 포착하고 이를 반영하기 위한 지속적 혁신을 이루고 있다는 공통점이 있다. 해당 기업들은 스마트폰, 클라우드 서비스, 전자상거래, 검색, 소셜 네트워크 서비스 등 각각 치열한 시장에서 고객의 압도적인 선택을 받은 서비스를 공급하고 있다. 애플은 전 세계 스마트폰 시장이 창출하는 수익의 90%를 차지하고 있고, 구글은 검색 서비스의 80%와 스마트폰 OS의 88%를 차지하고 있다. 아마존은 전자상거래 시장의 43%, 페이스북은 소셜 네트워크 서비스 시장의 38%를 차지하고 있다. 이들의 시장 지배력은 향후 더욱더 강화될 것이 분명하다.

〈그림 1-2〉 압도적인 시장 점유율을 보이는 글로벌 리딩 기업들

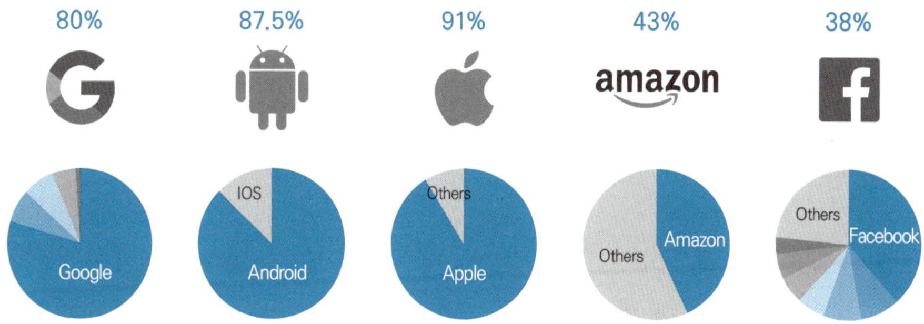

주: 2019년 기준

아쉬운 점은 한국이 IT에 강점을 가지고 있는 만큼, 그동안 많은 기회가 있었지만 살리지 못했다는 점이다. 안드로이드는 구글에 인수되기 전에 삼성전자를 먼저 찾아왔었고, 애플은 스마트폰의 후발 주자였다. 아마존은 초기에 국내에도 유사 모델이 존재하던 인터넷 서점에서 출발해 종합 전자상거래 및 클라우드 서비스를 통해 글로벌 기업으로 성장했다. 국내의 '싸이월드'는 페이스북보다 훨씬 일찍 소셜 네트워크 서비스를 제공했었다.

그렇지만 한국은 10년 전 대비 제조업 중심의 산업구조가 그대로 유지되고 있다. 물론 서비스 업체인 네이버, 바이오 업체인 삼성바이오로직스가 시가총액 상위권에 포진해 있고 몇몇 기업은 눈부신 성장을 하고 있는 것도 사실이다. 하지만 글로벌 시장에서 국내 경제 규모를 고려하면, 글로벌 트렌드 대비 서비

스 업체들이 부족한 것이 아쉽다.

〈표 1-3〉 국내 리딩 기업의 변화

	2009년	2019년
1	삼성전자(105조)	삼성전자(370조)
2	POSCO(42조)	SK하이닉스(69조)
3	한국전력(21조)	네이버(31조)
4	KB금융(19조)	삼성바이오로직스(29조)
5	현대차(19조)	현대차(26조)
	※ 2009.7.30 기준	※ 2019.12.30 기준

출처: 한국거래소, 2019.12 자료 재구성

3절 애플 사례: Think Different

전 세계 시가총액 Top 기업인 애플의 성공 사례는 몇 번을 반복해서 이야기해도 충분히 그럴 만한 가치가 있을 것이다. 개인용 컴퓨터(PC) 시절의 성공 사례가 회자되기도 하지만 스마트폰 시장에서의 성공은 정말로 드라마틱하다. 스마트폰 시장은 점유율 면에서는 삼성전자가 22%로 Top을 차지하고 있지만, 수익률 면에서는 애플이 66%로 단연 Top이다(2015년 정점에서는 91% 점유). 수익률이 높은 고사양 스마트폰에서 애플이 고객의 압도적인 선택을 받고 있기 때문이다.

애플의 이런 성과가 과연 기술적 차이에서 온 걸까? 기술로만 본다면 삼성전자나 그 밖의 제조사들 기술이 더 우수할 수 있다. 참고로 삼성전자는 전 세계에서 가장 우수한 제조 역량을 갖고 있는 회사 중의 하나다. 제조 역량을 평가하는 지표 중의 하나인 재고자산회전율이 최상위 수준이며, 이는 저렴한 비용으로 양질의 상품을 개발하고 있다는 뜻이다.

<그림 1-3> 글로벌 Top 5 스마트폰 공급사

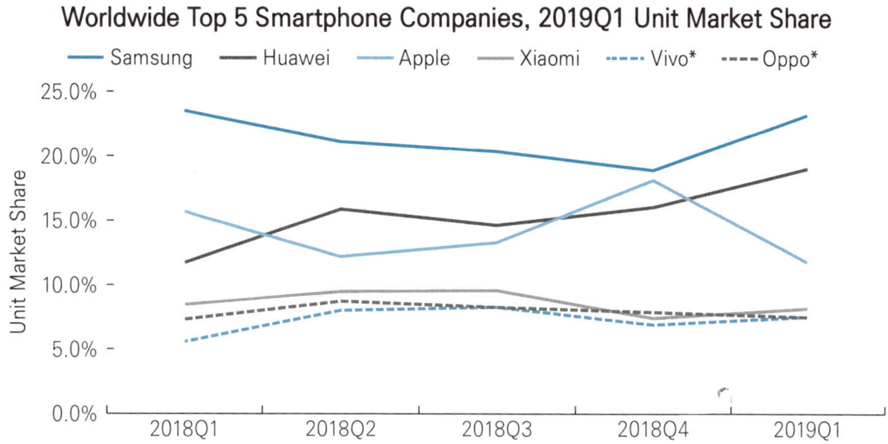

출처: IDC, 2019.3

사실상 애플은 스마트폰 시장의 후발 주자였다. 이미 시장은 노키아, 삼성전자, 모터롤라, LG전자, 소니에릭슨 등 글로벌 기업들이 치열하게 경쟁하고 있는 상태였으며 대부분의 제조사가 시범적인 스마트폰을 출시하고 '아직'이라는 평가를 내렸었다. 이런 시장에서 애플은 '아이폰'으로 불리는 스마트폰을 출시했고 고객들의 전폭적인 선택을 받으며 산업구조를 완전히 재편했다.

<그림 1-4> 글로벌 핸드폰 공급사들의 영업이익 비중 추세

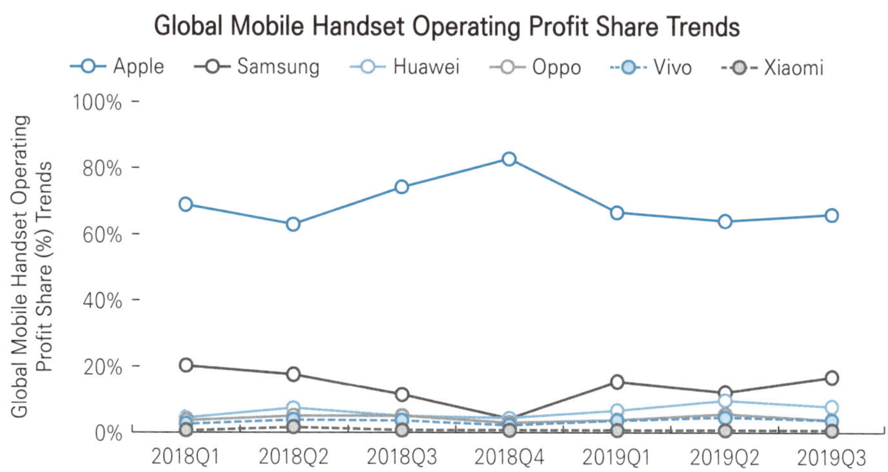

출처: 카운터포인트 리서치, 2019.12

당시 고객이 핸드폰을 선택하는 첫 번째 기준은 통신사였다. 핸드폰의 가장 중요한 기능이 '통화 품질'이었기 때문이다. 결과적으로 통신시장의 가치사슬에서 통신사가 절대적인 우위를 점하면서 시장을 지배하고 있었다. 핸드폰 제조사 또는 브랜드를 선택하는 것은 그다음 문제였다. 시장은 이미 고착화되어 있었고, 이 구조가 변화할 것이라고는 누구도 믿지 않았다. 그런데 애플이 결과적으로 제조사를 시장의 강자로 만들었다. 이런 힘은 고객으로부터 나왔다.

만약 애플이 경쟁사들처럼 기술로 승부하고자 했다면 스마트폰의 가장 중요한 기능은 통화 품질, 처리 성능, 화면 크기 및 화질, 카메라 등 하드웨어적 요소가 대부분이었을 것이고 여기에 초점을 맞추어 기술을 개발했을 것이다. 실제로 당시 제조사들은 앞다투어 해당 기술을 개발하고 제품의 기능을 업그레이드하고 있었다.

당시 시장에서 애플은 핵심 성공 요인이 고객의 니즈 만족임을 알고 있었고, 고객에게 어떤 가치를 전달할 것인지를 이미 계획하고 있었던 것 같다. 애플은 스마트폰을 더는 통신 기기로 보지 않고, 고객들이 콘텐츠를 생산하고 소비하는 플랫폼으로 본 것이다. 따라서 스마트폰의 가장 중요한 역할은 플랫폼으로서 콘텐츠의 생산·소비 시장인 앱스토어 생태계를 구축하는 것이었다. 그런데 애플은 이미 아이폰 이전에 아이팟을 통해 이런 생태계를 구축하고 있었다. '아이튠즈'라는 음악 콘텐츠 시장을 만들고, 이미 아이폰 모양의 아이팟을 생산하고 있었다.

어떻게 보면 아이폰은 이미 구축한 생태계 기반의 아이팟에 통신 기능을 추가한 것이라고 할 수 있다. 고객들이 아이폰을 선택하게 된 첫 번째 이유가 '앱스토어'였다는 점은 고객들의 니즈가 여기에 있었다는 점을 증명한 것이다. 결과적으로 고객 니즈 충족이라는 목적을 위해 마케팅, 기술 개발, 생산, 서비스 등이 일원화되어 있다는 얘기다. 애플의 'Think Different'라는 고객 가치 중심의 사고방식이 애플이 기술을 넘어 세계 최고의 혁신 기업으로 우뚝 서게 한 원동력이 된 것이다.

4절 변화를 이끄는 힘

IoT(사물인터넷), 클라우드, 빅데이터, 인공지능 등 최근 기술들이 급속히 발전하며 4차 산업혁명으로 일컬어지는 산업계 전반의 변화를 이끌고 있다. 특히 인공지능 기술이 출현하면서 각 기술들이 상호 연계되고 시너지 효과를 발휘하고 있다. IoT 기술을 통해 다양한 데이터를 수집할 수 있는 기반이 마련됐으며, 클라우드 기술은 광범위한 데이터를 저렴한 비용으로 관리할 수 있도록 하고 있다. 빅데이터 기술은 이런 광범위한 데이터를 분석하고 처리할 수 있도록 해주며, 인공지능 기술로 수렴하면서 다양한 서비스가 출현하고 있다. 사실상 데이터의 수집에서 저장, 분석, 서비스가 선순환적으로 연계되면서 각 기술들로 인해 과거보다 다양한 혁신적 상품 및 서비스가 창출되고 있다.

〈그림 1-5〉 4차 산업혁명 기술 관계

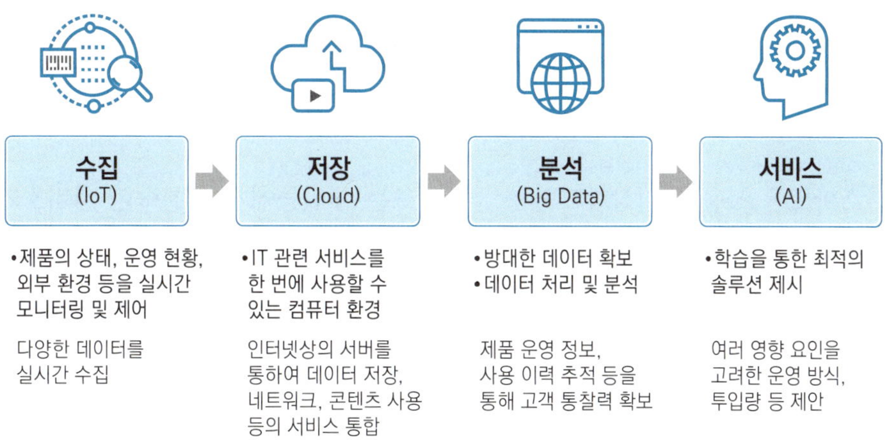

1. 사물인터넷(IoT): 초연결 데이터 수집

사물인터넷이란 기기, 센서, 인터넷 등을 통해 사람과 사물, 사물과 사물 간 상호 소통하고 정보를 생성·가공·공유·활용하여 부가가치를 창출하는 기술 또는 사업 모델을 말한다. 사물인터넷은 MIT의 케빈 애시턴(Kevin Ashton)이 1999년 처음으로 제안한 용어로 M2M(Machine to Machine), 유비쿼터스(Ubiquitous) 등 기존의 기술이 인터넷, 네트워크 및 컴퓨팅 기기의 발전과 더불어 사물 자체가 스마트 디바이스화되는 개념으로 진화한 ICT 기술을 가리킨다.

창구나 ATM 기기를 직접 찾아 금융 업무를 보던 시대에서 폰뱅킹과 인터넷 뱅킹을 이용하던 시대를 거쳐 스마트폰으로 언제 어디서든 편리하게 서비스를 이용하는 시대까지, 금융 서비스 플랫폼은 굉장히 빠른 속도로 진화하고 있다. 이제는 거실 소파에 앉아 TV를 보면서, 또는 주방에서 요리를 하면서 음성으로 편리하게 금융 서비스를 이용할 수 있는 시대가 됐다.

이는 고객 데이터를 데이터가 발생하는 원천에서부터 수집할 수 있다는 것이며 고객의 행태에 대한 수준 높은 이해가 가능하다는 것을 의미한다. 이로부터 고객의 행태에 기반한 다양한 서비스 개발이 가능할 것으로 판단된다.

2. 클라우드 & 블록체인: 저렴한 리소스 공유 및 안전한 저장

스마트폰 사용이 일상화되면서 클라우드는 개인들에게도 친숙한 서비스가 되었다. 스마트폰을 통해 생성된 동영상, 이미지 등 각종 자료들을 언제 어디서나 쉽게 접근하고 공유할 수 있는 클라우드 서비스가 보편화되어 있는 것이다.

클라우드는 저렴한 비용으로 저장 공간을 포함한 컴퓨팅 자원을 확보할 수 있다는 장점으로 이미 광범위하게 활용되고 있다. 특히 누구나 접근 가능한 개방형 클라우드는 인프라 관리뿐만 아니라 서비스 개발에 필요한 분석 및 개발 도구들이 함께 제공되기 때문에 컴퓨팅 인프라 확장에 대단히 용이한 환경을 제공한다. 예를 들면 아마존, 마이크로소프트 등이 제공하는 퍼블릭 클라우드를 사용한다는 것은 저장 공간, 컴퓨팅 하드웨어, 최신의 빅데이터 분석 및 인공지능 개발도구를 지원받을 수 있는 것이다.

클라우드와 함께 주목할 만한 저장기술이 블록체인 기술이다. 국내에서는 한때 선풍적인 투자 '바람'을 일으킨 암호화폐를 계기로 많이 알려졌다. 블록체인은 거래 정보를 기록한 원장(Ledger)을 특정 기관의 중앙서버가 아닌 P2P (Peer-to-Peer) 네트워크에 분산시켜 참여자들이 공동으로 기록하고 관리하는 기술을 말한다. 블록체인에 참여하는 모든 구성원이 네트워크를 통해 서로 데이터를 검증하고 저장함으로써 특정인의 임의적인 조작이 어렵도록 설계된 저장 플랫폼이다.

〈표 1-4〉 금융 분야의 블록체인 활용

분야	블록체인 도입 시 예상 효과
인 증	별도의 공인인증기관 없이도 간편하고 안전한 대체 인증 수단 제공
결제 및 송금	소액결제 및 해외송금 서비스의 보안성 제고 및 수수료 비용 절감
증권 거래	통화, 장외 주식, 파생상품 등의 매수·매도에 소요되는 거래 시간 단축
스마트 계약	조건에 의해 거래가 자동으로 성립됨에 따라 중간 관리자에 의한 사기, 위조, 변조 방지
대출, 투자, 무역거래	• 중개자를 배제한 비대면 P2P 대출 서비스 • 크라우드펀딩을 통해 소액 자금 조달·투자 • 송장 정보 공유를 통한 송장 사기 방지

출처: 한국금융연구원

블록체인은 P2P 대출, 거래인증, 공인인증 등 최근 핀테크 기술과 융합되어 다양한 분야에 활용되고 있다. 금융권에서는 주로 전자화폐, 해외송금, 장외거래, 데이터 저장 및 보호, 메시지 보호 및 전달 등의 형태로 활용되고 있다. 블록체인은 거래 내역의 위·변조가 어려워 제3의 보증기관 없이 시스템적으로 신뢰할 수 있는 구조를 이룰 수 있을 것으로 기대되고 있다. 암호화폐는 블록체인 생태계 참여자들에 주어지는 일종의 보상으로 투자바람을 일으켰던 자산으로 보기에는 아직 논쟁의 여지가 많이 남아있다.

3. 빅데이터: 광범위한 데이터 분석

정보 기술 및 인터넷의 발달로 다양한 형태의 데이터가 대규모로 생성되고 있고, 데이터의 처리 및 분석 기술이 발전함에 따라 데이터 분석 결과를 의사결정에 활용하거나 지식을 추출하여 구조화 또는 시스템화할 수 있는 가능성이 급격히 증대하고 있다.

이런 특성으로 인해 산업계에서는 빅데이터가 21세기 지식정보화 사회에서 혁신을 주도할 주요한 자원으로 인식되고 있다. IBM은 18세기 증기기관, 19세기 전기, 20세기 석유와 마찬가지로 21세기에는 데이터가 새로운 천연자원이 될 것으로 예측한 바 있다.

금융기관의 경우 대부분의 업무 처리가 온라인 환경에서 이루어지기 때문에 내부 데이터의 유입 및 축적 정도가 매우 높다는 특징을 가지고 있다. 따라서 타 산업군에 비해 잠재가치와 활용 가능성이 매우 크다.

〈그림 1-6〉 미국 기업당 평균 데이터 보유량(좌)과 빅데이터 잠재가치(우)

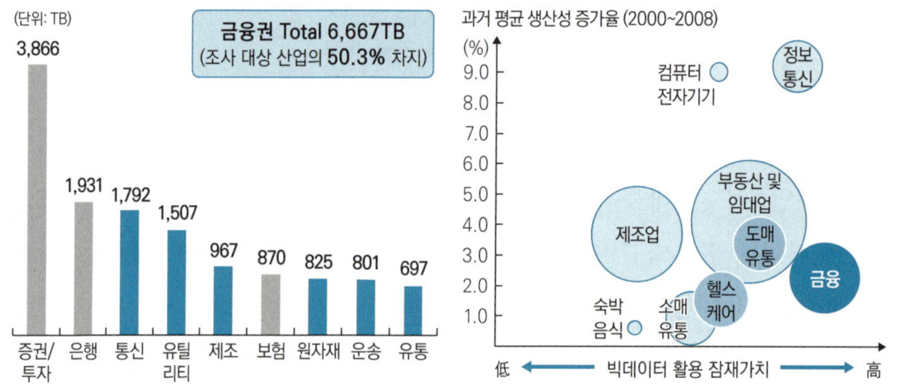

출처: IDC

출처: McKinsey

금융산업에서 빅데이터의 활용에 따른 효용은 두 가지로 정리해볼 수 있다. 첫째, 데이터에 기반한 과학적 분석을 통해 의사결정의 질을 제고함으로써 전략적 가치를 창출할 수 있다. 둘째, 데이터를 통한 지식 추출 및 시스템화를 통해 효과적인 지식 기반 지능형 금융 정보 시스템을 구축함으로써 운용 효율을 향상시킬 수 있다.

4. 인공지능: 의사결정 지원 서비스

인공지능(AI) 기술은 효율적이고 창의적인 업무를 수행할 수 있는 4차 산업혁명의 성장 엔진으로 부상하며 IoT, 클라우드, 빅데이터 등 각 기술들과 상호 시너지 효과를 나타내고 있다.

구글 CEO인 순다 피차이(Sundar Pichai)는 "우리는 컴퓨팅의 새로운 전환기를 목격하고 있다. 바로 모바일퍼스트(mobile-first) 세계에서 인공지능 퍼스트(AI-first) 세계로의 전환이다"라고 말했다. 이는 미래 핵심 경쟁력은 인공지능에 있다는 의미로, 제공하는 모든 제품과 플랫폼에 인공지능을 탑재할 것을 선언했다.

인공지능 기술의 발전은 사람의 지적 노동이 필요한 모든 분야에 적용되어 기존의 업무 방식을 바꿀 것으로 전망된다. 1차 산업혁명의 증기기관과 2차 산업혁명의 전기 에너지 기반 설비가 육체노동을 대신한 데 비해, 인공지능은 지적 노동을 대상으로 한다는 점에서 영향력이 매우 클 것으로 전망된다.

첫째, 사람이 수행하는 다양한 업무 가운데 단순 반복적인 일부 작업은 자동화(Process Automation)할 수 있다. 대상의 업무 난이도에 따라 다르겠지만, 작업자를 대체하기보다는 작업 편의성과 업무 생산성을 높이는 도구로 인공지능이 활용될 것이다.

둘째, 다양하고 방대한 데이터를 분석해서 유용한 통찰력(Cognitive Insight)을 제공할 수 있다. 인공지능이 제공한 정보만으로는 업무가 완결되지 않기 때문에 작업자를 대체하기보다는 업무 파트너로 활용되어야 한다.

마지막으로, 고객 또는 직원과 의사소통을 하면서 업무를 대행할 수 있다. 고객 상담사를 대신해서 24/365서비스를 제공하는 상담 챗봇이 대표적인 사례로, 이런 인지적 응대(Cognitive Engagement)는 인력 대체 효과가 가장 클 것이다.

이와 같은 업무 환경 변화는 금융사도 다르지 않다. 금융업 종사자를 대상으로 한 설문조사에 따르면 응답자의 85%가 인공지능이 금융업에 유의미한 영향을 미칠 것이라고 답했으며, 50%는 인공지능을 도입할 계획이 있고 32%는 인공지능을 더욱 확대할 계획이라고 밝혔다[Inside the development of Erica, Bank of America's AI-powered bot, Tearsheet(2017.7) Banks see artificial intelligence in their future, but slow to invest in it, Tearsheet(2017.8)].

5. 기술의 성공요건

기업들이 해당 기술들을 도입하면서 전반적인 프로세스에 혁신적인 변화가 이루어지고 있으며, 다양한 성공 사례가 발표되고 있다.

- 마케팅: 시장 분석 및 고객관리
- 개발: 제품 개선 및 신제품 기획
- 구매: 수요 예측 및 공급망 관리
- 생산: 자동화 및 로봇 생산
- 물류: 배송 최적화
- 판매: 가격 최적화
- 서비스: 능동적 사후관리

기술을 도입함으로써 기업의 각 프로세스에서 생산성 향상과 비용 절감 효과를 달성할 수도 있겠지만, 해당 기술이 반드시 성공을 보장하는 것은 아니다. 특히 서비스업이라면 고객에게 제공하는 가치에 집중해서 기술 개발이 이루어져야 한다.

가까운 중국을 보면 현금이나 신용카드보다는 스마트폰을 활용한 간편결제가 광범위하게 활용되고 있다. 중국 시장 내 지불 방식은 QR코드를 활용한 간편결제가 80%를 차지한다. 노점상은 물론 거지조차도 QR코드를 활용한다고 뉴스에 보도되기도 했다.

〈그림 1-7〉 QR코드를 활용한 결제 모습

출처: 인민망, 2018.7

중국에서 QR코드를 활용한 간편결제가 빠르게 보급된 이유로는 낮은 신용카드 보급률과 결제단말 인프라의 부족이 제시된다. 반면 한국은 신용카드 및 결제 인프라가 잘 갖춰진 나라 중 하나다. 따라서 국내에 QR코드를 활용한 간편결제를 도입한다고 해도 성공을 예측하기 어렵다. 실제로 최근 국내 모 대기업에서 소상공인을 위한 QR코드 간편결제 서비스를 출시했지만 성과가 미미한 것으로 알려졌다. 고객에게 신용카드를 대체할 만한 충분한 가치를 제공하고 있는지 고민해야 할 것이다.

2장
금융산업의 변화

1절 금융산업의 특징

우리는 살아가면서 많은 어려움에 직면하게 된다. 스스로 문제를 해결하기도 하지만 많은 경우 주변 지인의 도움을 받는다. 주변 지인이 없다면 간편하게 인터넷 포털이나 소셜 네트워크에서 검색의 도움을 받기도 한다. 변호사, 의사, 펀드매니저가 친구로 있다면 아마도 큰 도움이 될 것이다. 그들이 속한 법률, 의료, 금융산업에 공통된 큰 특징이 있기 때문이다. 즉, 고도로 전문화된 지식이 필요한 라이선스 산업이며 폐쇄적인 산업이어서 우리는 그냥 믿고 맡길 수밖에 없는 분야라는 것이다.

더욱이 일반 제품이나 서비스가 대가를 지불하는 즉시 가치가 실현되는 것과 달리, 금융상품은 해당 금융상품을 다시 판매할 때 가치가 실현된다. 예를 들면 1년 만기 이자율 3%의 적금은 1년이 지나야 3%의 이자수익을 취할 수 있다. 1년 기대수익률 5%의 주식 상품도 1년이 지나야 기대수익을 받을 수 있다. 특히 기대수익률이라는 것은 통계적 의미이지 실제로 발현되는 수익률은 아니다. 5%보다 높을 수도 있고 적을 수도 있다. 심지어 손실이 발생할 수도 있다.

모든 금융상품은 국내외 경제적 상황에서 개별 금융상품의 대상이 되는 기업까지 연계되어 매일매일 가치가 변동한다. 내일 가치가 상승할 수도 있지만 하락할 수도 있다. 그런데 국내외 경제 발전 및 개별 기업의 발전을 가정해서 장기적으로 가치가 상승하리라고 전제하는 것이다. 사실상 금융상품은 이런 위험을 내포하고 있지만, 과거를 살펴보면 지속적인 경제 및 기업의 성장으로 위험이 높은 상품일수록 높은 수익을 기대할 수 있다. 이런 복잡함 또는 미래 불확실성으로 인해 일반 고객은 금융을 신뢰하고 믿고 맡기는 수밖에 없다.

금융업의 큰 구조는 사실상 중개업에 가깝다. 돈이 필요한 사람과 돈에 여유가 있는 사람을 연결해주는 것이다. 사실상 은행의 가장 큰 수익 모델 중 하나는 예금금리와 대출이자 사이의 차액인 '예대마진'이다. 일종의 중개수수료와 같은 개념이다. 투자사도 마찬가지다. 투자상품을 중개해주거나 대신 운용해주고 수수료를 받는다. 보험도 유사하게 보험상품을 중개해주거나 가입자 간 보험(위험)에 대한 상호 품앗이 개념으로 운영된다. 그동안 금융업이 전문적인 지식에 기반하여 고객에게 서비스를 제공하고 성장해왔다는 뜻이다. 결국 금융업은 고객의 높은 신뢰성 확보가 사업의 핵심 성공 요인이다.

그런데 현재의 고객은 과거와 달라졌다. 초연결, 클라우드, 빅데이터, 인공지능 등 4차 산업혁명 기술의 등장으로 지식의 생성, 공유 및 전달 속도가 과거와는 차원이 다른 세상에 살고 있다. 과거에는 알기 어려웠던 전문 지식도 검색 포털, 소셜 네트워크를 통해 손쉽게 획득하고 공유받을 수 있다. 금융산업이 공급자 시장에서 소비자 시장으로 변해가고 있는 것이다.

과거에 특정 은행에서 제공하는 상품만 소개받았던 고객이 이제는 간단한 스마트폰 앱을 통해 다양한 은행에서 제공하는 적금 상품의 이자를 비교할 수 있다. 과거에는 특정 은행에서 제공하던 서비스를 통해 수수료를 지불하면서 송금했지만, 이제는 수수료 없이 간편하게 송금할 수 있다. 나아가 P2P 금융을 통해 은행보다 높은 금리를 받고 돈을 빌려줄 수도 있고, 저렴한 이자로 자금을 융통할 수도 있다. 인공지능이 나에게 맞는 펀드상품을 추천하고, 직접 운용도 해준다.

앞 장에서 설명했듯이 특정 기술로 가능한 서비스가 무엇이냐보다 그 서비스를 고객이 왜 선택하느냐를 파악할 필요가 있다. 사실상 금융산업을 대하는 고객이 변화했다는 것이다.

2절 금융위기가 가져온 변화

금융은 산업 특성상 고객의 신뢰가 절대적으로 필요하다. 그런데 조금씩 누적되어 오던 고객의 의구심 또는 불만이 2008년 금융위기를 맞으면서 극적으로 분출됐다.

금융위기는 2000년대 중반 이후 지속된 세계적인 저금리 기조로 인한 국제 유동성 증가로 시작됐다. 경제도 호황이었지만 경제 성장 속도보다 주식 및 부동산 가격 급등이 더 가팔라 자산 버블이 찾아왔다. 특히 감독 및 평가 체계의 미흡으로 자기 통제력을 상실한 금융 시스템과 리스크 고려가 미흡한 다양한 파생상품의 양산이 자산 버블을 더욱 확대시켰다. 이처럼 실물경제보다 앞선 자산 버블은 결국 붕괴로 이어졌고, 이와 연관된 많은 금융기관이 부실화되거나 파산하면서 글로벌 금융위기가 초래됐다.

금융위기 진행 과정을 살펴보면, 미국 부동산 버블이 붕괴하고 주택담보대출 연체율이 급증하면서 서브프라임 모기지에서 제일 먼저 문제가 발생했다. 이렇게 시작된 금융불안이 2008년 9월 리먼 브러더스 파산보호 신청을 계기로 전 세계를 공포로 몰아넣었다. 결국 리먼 브러더스는 파산했으며, 이후 금융 기업들이 꼬리에 꼬리를 물고 파산했다.

세계 경제의 중심지인 미국 경제의 급격한 위축은 전 세계로 확산됐다. 아일랜드, 아이슬란드 등이 IMF 구제금융을 신청하고, 두바이월드는 채무불이행을 선언하는 등 전 세계에 경제위기가 닥쳤다. 금융불안이 미래에 대한 불확실성을 높여 소비 위축 등 실물 부문으로 빠르게 전이되면서 급기야 글로벌 금융·경제

위기를 초래한 것이다. 세계적 투자은행들의 파산 사태로 인한 신용경색과 자산가격 급락 등 금융불안 때문에 선진국의 투자 및 소비가 급랭했고, 이는 무역신용의 급격한 위축과 함께 곧바로 신흥시장 각국의 수출 급감으로 이어져 세계경제가 동반 침체하는 상황이 됐다. 우리나라도 여느 국가처럼 글로벌 금융·경제위기에서 자유롭지 못했다.

〈그림 1-8〉 금융위기의 직격탄을 맞은 코스피

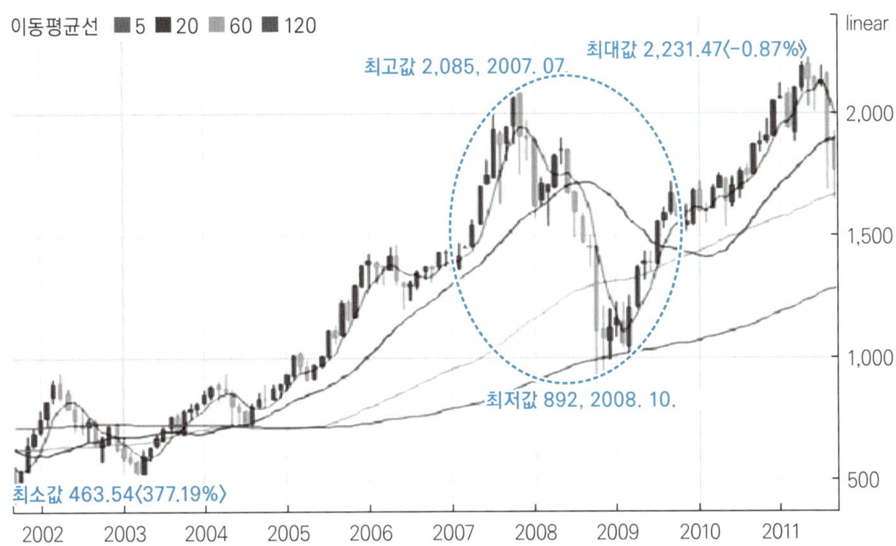

출처: 네이버 파이낸스

국내의 종합주가지수는 2007년 7월 2085포인트에서 2008년 10월 892포인트까지 50% 이상 하락했다. 글로벌 금융위기가 세계 경제에 미친 파급력은 1930년 대공황 이후 가장 심대하다는 데 많은 전문가가 견해를 같이한다. 특히 위기가 금융 부문에서 촉발됐고, 그 원인이 금융감독기관의 감독 소홀 및 평가 시스템의 부실과 금융 종사자들의 도덕적 해이 등에 기인했다는 분석이 뒤따랐다.

일반 고객들의 금융에 대한 신뢰 저하는 심각했다. '월가를 점령하라'라는 구호로 2011년 미국에서 시작된 시위는 금융위기를 극복하는 과정에서 나타난 금융권의 탐욕 및 부조리를 지적하는 것이었다. 2013년에 개봉한 〈더 울프

오브 월스트리트〉라는 영화는 당시 미국 사회의 금융에 대한 시각을 나타내고 있다. 영화는 불공정한 방법으로 부를 축적하고, 방탕하고 탐욕에 젖은 금융인을 비꼬는 풍자극이다.

금융에 대한 고객의 신뢰 저하는 다양한 방면으로 나타나기 시작했다. 대표적인 것이 금융위기 이후 액티브펀드가 절반 수준으로 감소하고, 인덱스펀드가 성장하고 있다는 것이다. 쉽게 말하면 액티브펀드는 펀드매니저의 역량을 믿고 맡기는 펀드이고, 인덱스펀드는 특정 주가지수를 추종하도록 만든 펀드를 말한다. 즉, 더는 비싼 수수료를 지불하면서까지 펀드매니저를 신뢰하지 못하겠으니 투자를 한다면 차라리 지수를 기계적으로 추종하는 펀드에 투자한다는 얘기다.

〈그림 1-9〉 금융위기 이후 펀드시장의 변화

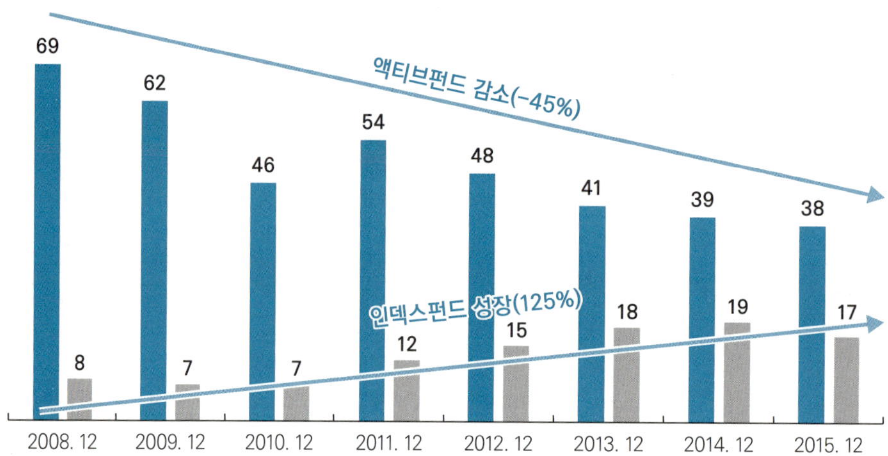

출처: FnGuide, 2016

3절 신규 비즈니스 모델의 출현

사실상 금융업은 중개업을 요체로 하는 플랫폼 비즈니스 모델이지만, 본질적으로는 라이선스 산업이며 폐쇄적인 산업이다. 즉 소비자와 공급자가 상호작용하는 플랫폼적 성격보다는 공급자 중심의 시장이라는 특성을 갖고 있다. 소비자 측면의 고객 권한이 제한되어 있기 때문이다. 즉, 금융 산업 가치사슬 상에서 공급자인 금융사가 우위를 갖고 있으며, 상품 및 서비스 개발은 금융사의 수익 극대화가 핵심 목적이 된다.

금융위기를 거치면서 나타난 고객의 니즈 변화와 함께 초연결(IoT), 클라우드, 빅데이터, 인공지능 등 4차 산업혁명 기술은 전통적 금융 비즈니스 모델에 의존하지 않는 고객의 가치 증대를 중심으로 한 비즈니스 모델을 탄생시키고 있다. 중개업을 요체로 하는 금융 산업은 '고객 → 금융사 → 금융 서비스'에 이르는 가치사슬이 '고객 → 금융 서비스(핀테크) → 금융사'로 진화하고 있다. 고객이 금융사를 먼저 선택하는 것이 아니라, 금융 서비스를 먼저 선택할 수 있다는 것이다. 예를 들면, 대출을 받고자 하는 고객이 특정 은행이 제공하는 대출 상품에 의존하는 것이 아니라, 대출 상품을 먼저 비교분석하고 해당 대출 상품을 취급하는 은행 찾는 식이다. 과거 통신시장에서 애플의 사례가 보여준 가치사슬 변화는 금융시장에서도 유사하게 진행될 수 있다.

〈그림 1-10〉 금융산업의 가치사슬 변화

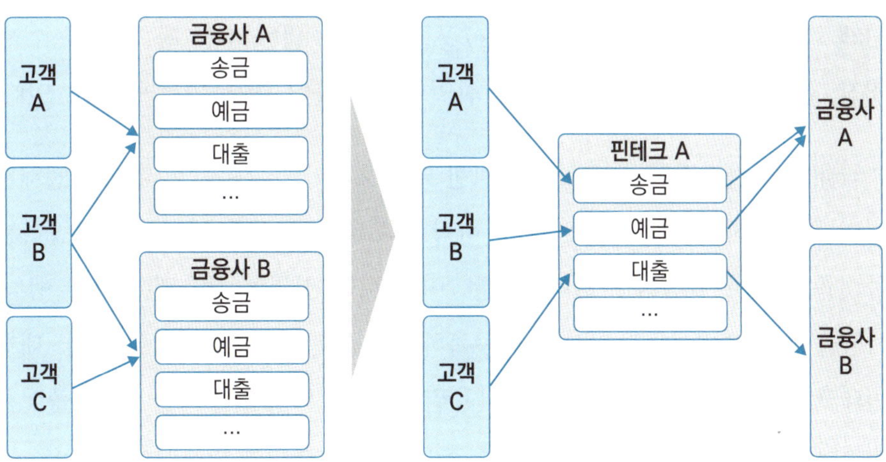

오늘날 우리에게 금융 생활은 일상이다. 교통비, 외식비, 문화생활비, 경조사비 등 소비 활동이 일상적으로 일어나고 급여를 통한 소득이 주 또는 월 단위로

발생한다. 결혼, 내 집 마련, 노후보장 등 미래를 위해 저축 활동을 하고 있고, 잉여소득이 생기면 저축보다 추가소득을 얻기 위한 투자 활동도 진행한다. 또 목돈이 필요한 경우 금융권에서 필요한 자금을 대출받기도 한다.

고객은 소비 활동을 위해 현금을 들고 다니기보다는 좀 더 간편하고, 안전한 방법을 원한다. 서비스를 제공하는 금융사가 어디냐와 무관하게 간편한 결제 서비스를 선택하는 것이다. 주거래 은행에서 제공하는 저축상품을 선택하기보다는 금리가 높은 저축상품을 먼저 찾고, 해당 저축상품을 제공하는 금융사를 선택한다. 대출을 받을 때도 이자율이 좀 더 낮은 상품을 찾는다. 공급자 역할보다는 플랫폼의 역할이 강조되는 시장으로 변화하고 있는 것이다.

플랫폼 비즈니스 모델의 특징은 공급자와 소비자가 플랫폼의 이용자가 되며, 두 집단이 상호작용하면서 가치를 창출하는 양면 시장(Two-sided Market)이라는 것이다. 플랫폼에는 플랫폼을 구성하는 서비스·소비자·공급자 사이의 원활한 상호작용을 위해 서비스에 대한 소비자의 니즈 파악, 해당 서비스를 제공하는 공급자 파악, 이들 간의 매칭 기능 등이 요구된다. 고객 데이터 수집, 고객 행태 분석 및 니즈 파악, 수요/공급 매칭을 위한 추천 등 데이터 수집, 저장, 분석, 서비스에 이르는 4차 산업혁명 기술이 이를 가능케 하고 있다.

국내에서 간편결제 서비스로 출발한 카카오페이, 토스 등의 서비스 업체는 이미 광범위하게 확보한 고객군을 바탕으로 다양한 금융 서비스를 제공하는 플랫폼 업체로 발전하고 있다. 그뿐만이 아니라 전통적 금융권은 '오픈뱅킹' 사업을 통해 협력사들과 생태계를 구축하면서 플랫폼화를 시도하고 있다. 대형 핀테크 업체를 포함하여 전통적 금융권도 오픈 생태계 구축을 통한 플랫폼 비즈니스 강화를 위해 치열한 경쟁을 하는 이유는 플랫폼 비즈니스가 지향하는 장점 때문이다.

플랫폼 비즈니스에서는 참여자가 성장할수록 네트워크 효과(Network Effect),

규모에 비례한 수익 증가(Increase Return to Scale), 승자독식의 경쟁(Winner-Takes All) 효과가 뚜렷하게 나타난다. 네트워크 효과는 특정 상품에 대한 수요가 다른 사람들에게 영향을 주는 효과를 의미하는데, 참여자가 많을수록 연계된 참여자들이 많아지고 이것 때문에 수요가 창출된다. 다른 네트워크로 변경하는 대체비용이 증가하기 때문이다. 국민 메신저로 불리는 카카오톡이 국내에 압도적인 플랫폼으로 성장한 이유는 카카오톡을 쓰면 본인이 연결하고자 하는 사람들이 해당 메신저를 이미 사용하고 있기 때문이다. 만약 다른 메신저로 바꾸고자 한다면 연결된 사람들도 모두 바꿔야 하므로 변경이 쉽지 않다.

플랫폼 비즈니스 모델과 더불어 주목할 비즈니스 모델은 롱테일(Long-tail) 비즈니스 모델이다.

참고 롱테일

1년에 단 몇 권밖에 팔리지 않는 '흥행성 없는 책'들의 판매량을 모두 합하면, 놀랍게도 '잘 팔리는 책'의 매상을 추월한다는 온라인 판매의 특성을 이르는 개념. 20%의 핵심고객으로부터 80%의 매출이 나온다는 유명한 파레토 법칙과 반대되는 개념으로 '역(逆) 파레토 법칙'이라고도 한다. 무한대의 진열이 가능한 인터넷 서점 '아마존닷컴'에서 일 년에 몇 권 안팔리는 80%의 소외받던 책들의 매출 합계가 20%의 베스트셀러들의 매출을 능가하는 의외의 결과를 두고 인터넷이 가져다 준 유통혁명과 관련지어 미국의 인터넷 비즈니스 잡지 와이어드의 크리스 앤더슨 편집장이 만든 개념이다.

출처: TTA정보통신용어사전

그동안의 금융산업이 기업금융, 대규모 자금, 고액 자산가 등의 고객에게 집중했다면 최근의 핀테크 비즈니스 모델은 개인금융, 소액 대출, 소액 자산가 등의 고객에게 집중한다. 이들 잠재 고객이 과거보다 더 큰 수익 창출의 기회를 마련해준다는 것이다. 특히 금융업 자체가 플랫폼 사업이기 때문에 향후 사람, 지식, 자금, 서비스 등을 연결해주는 금융 플랫폼의 출현은 필연적이다.

〈그림 1-11〉 금융산업이 집중하는 고객의 변화

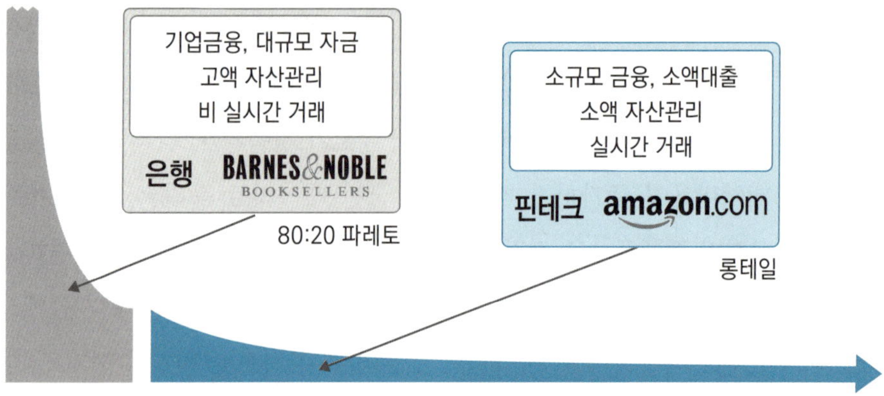

사실상 플랫폼 사업 분야에서 롱테일 비즈니스 모델은 광범위하게 활용되고 있다. 광범위한 고객을 대상으로 행태 분석과 이에 근거한 추천 서비스 등이 이루어지는 것이다. 아마도 인터넷 쇼핑몰, 서점, 콘텐츠 구독 등을 통해 제품이나 서비스를 구매해봤다면 해당 사이트에서 유사 제품이나 서비스를 추천해주는 것을 경험해봤을 것이다.

〈그림 1-12〉 금융산업 혁신 방향

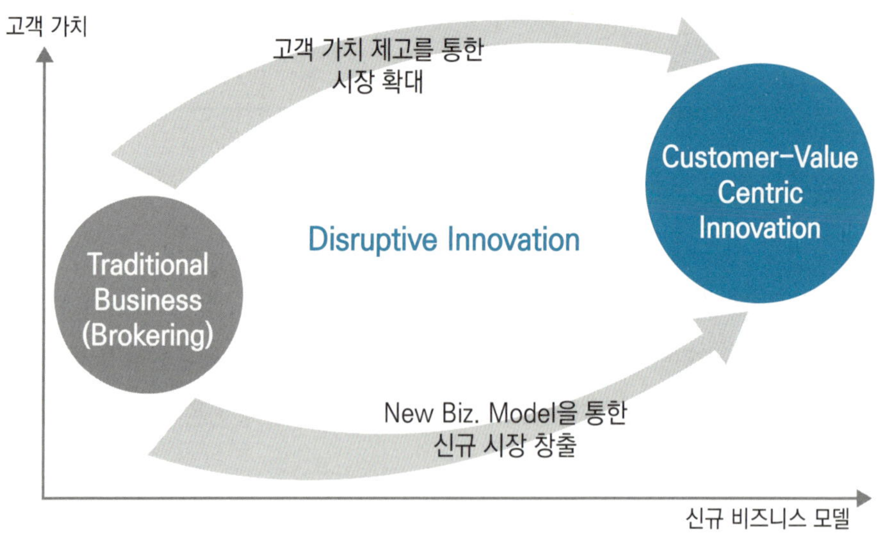

향후 금융산업은 내부 혁신을 통해 고객 가치 제고를 통한 시장 확대 방향과 신규 비즈니스 모델을 통한 신규 시장 창출이라는 외부 혁신의 두 가지 방향으로 성장할 것으로 판단된다. 내부 혁신은 그동안 관행, 규제 등의 이유로 고객의 금융 활동을 제한했던 서비스가 대상이 될 것이다. 예를 들면 금융권에서 제공하는 공인인증서 없이 제공하는 간편조회, 송금 등의 서비스가 대표적이다.

신규 서비스 창출은 기존 금융권에서 공급자 중심으로 제공하던 서비스에서 고객들의 선택에 의해 창출되는 외부 혁신 서비스들이다. 대표적으로 금융상품 비교 서비스, 간편결제 및 송금, P2P 금융 등이 있다. 간편결제 시장은 네이버, 카카오, 삼성전자 등 국내외 글로벌 기업들이 치열하게 경쟁하는 시장으로 성장했다. 그리고 P2P 금융, 로보어드바이저를 통한 자산관리 서비스 시장 역시 성장 단계에 접어들고 있다. 다음 장에서는 이런 사례를 좀 더 자세히 살펴보고자 한다.

3장 금융의 4차 산업혁명, 핀테크

1절 핀테크, 흐름이 되다

고객의 변화는 핀테크(FinTech) 산업의 급격한 성장을 촉발했다.

> **참고** 핀테크
>
> 핀테크(FinTech)는 Finance와 Technology의 합성어로, 금융과 IT의 융합을 통한 금융서비스 및 산업의 변화를 통칭한다. 금융서비스의 변화로는 모바일, SNS, 빅데이터 등 새로운 IT기술 등을 활용하여 기존 금융기법과 차별화된 금융서비스를 제공하는 기술기반 금융서비스 혁신이 대표적이며 최근 사례는 모바일뱅킹과 앱카드 등이 있다. 산업의 변화로는 혁신적 비금융기업이 보유 기술을 활용하여 지급결제와 같은 금융서비스를 이용자에게 직접 제공하는 현상이 있는데 애플페이, 알리페이 등을 예로 들 수 있다.
>
> 출처: 금융위원회 금융용어 사전

국내에 핀테크가 소개된 것은 2014년 방영된 〈별에서 온 그대〉라는 드라마의 한류 열풍 덕이다. 일명 '천송이 코트'라고 불린 사건은 국내에 핀테크 산업이 알려지는 계기가 됐다. 당시 드라마의 주인공인 천송이가 입었던 코트가 인기를 끌며 해외 고객이 해당 코트를 사고자 했지만 불가능했다. '공인인증서'가 문제였다. 국내 전자상거래는 공인인증서를 통한 인증 방법이 필수였지만, 해외 고객은 공인인증서를 발급받을 수 없었다. 결과적으로 해외 고객에게는 온라인 상거래가 막혀 있었던 것이다. 이후 공인인증서를 통한 인증 방법에 대한 규제를 완화했지만 아직도 많은 부분에서 인증 방법으로 채택되고 있다.

핀테크의 면면을 살펴보면, 단순히 기술적 발전이 산업의 성장을 이끌었다기보다는 고객의 니즈 변화 상황을 정확히 파악하고 이를 반영한 기업이 성장했음을 알 수 있다. 금융위기가 핀테크 산업의 전반적인 발전을 가속화한 것이다. 미국의 페이팔, 중국의 알리페이 등 지급결제 서비스의 성공 및 발전은 핀테크의 급격한 성장을 촉발했다.

페이팔은 아이디, 패스워드 입력만으로 결제가 가능한 간편결제 서비스로 1998년 출범했다. 2002년 글로벌 전자상거래 업체인 이베이에 인수되어 급격한 성장을 이뤘다. 2015년 이베이에서 독립한 후, 전 세계를 대상으로 엔드투엔드(end-to-end) 오픈 디지털/모바일 결제 및 해외송금 서비스를 제공하고 있으며, 글로벌 시장 점유율 1위를 차지하고 있다. 연평균 매출 성장률 18%를 기록하며 2018년 기준 매출 18조 원, 시가총액 110조 원의 기업으로 성장했다.

알리페이의 성장은 더욱 의미 있는 시사점을 제공한다. 알리페이는 현재 중국의 최대 전자상거래 업체로 성장한 알리바바의 일등 공신 중 하나다. 2003년 알리바바의 결제 서비스로 출발하여 현재 알리바바 그룹 앤트파이낸셜의 자회사로 운영되고 있다. 단순한 결제 수단을 넘어 생활 서비스, 자산관리, 금융 생태계 구축 등 금융의 전반적 분야를 아우르는 오픈 플랫폼으로 성장했다.

알리페이의 시작은 아주 단순했다. 당시 알리바바가 오픈한 쇼핑몰은 주문 사기, 배송 사고 등 전자상거래 사기 사건이 빈번하여 성장을 저해하는 주요 요소로 지목됐다. 아직 거래 당사자 간의 신뢰성이 성숙하지 않은 시장이었던 것이다. 알리페이의 아이디어는 거래 당사자 간에 안심하고 거래할 수 있는 환경, 즉 결제 수단을 만드는 것이었다. 그래서 제3자 보증 방식의 에스크로 서비스인 충전식 간편결제 서비스를 제공했다. 즉, 알리바바가 보증할 테니 판매자는 제대로 된 상품을 제공하고, 구매자는 안심하고 판매 대금을 지불하라는 것이다. 알리페이 서비스 제공 후 알리바바는 비약적으로 성장했고, 알리페이도 급성장을 이뤘다.

알리바바는 알리페이를 기반으로 대출, 자산운용, 신용평가, 인터넷은행으로 진출했다. 여기에 금융 빅데이터 기술 및 인공지능 기술이 알리페이와 알리바바의 성장을 가속화했다. 금융 빅데이터 기술 및 인공지능 기술이 고객 니즈 충족을 위해서 상호 시너지 효과를 발휘하며 급성장하고 있는 것이다. 예를 들면, 자사 전자상거래를 통해 발생하는 다양한 빅데이터를 분석하여 신용평가 및 대출에 활용했다.

〈그림 1-13〉 알리바바의 알리페이 기반 금융사업 다각화 현황

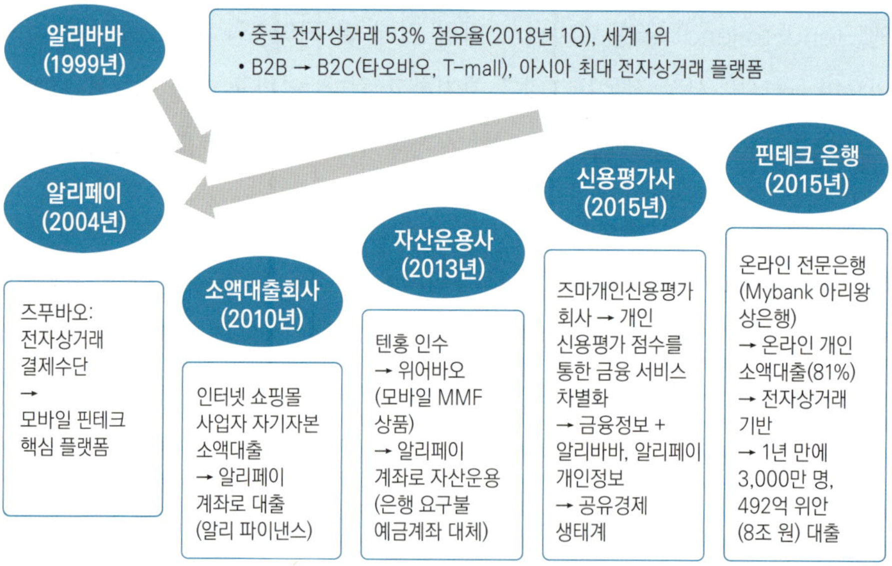

출처: "중국 모바일 결제 플랫폼의 발전과 시사점", 이현태 외, 대외경제정책연구원, 2018

결론적으로 페이팔은 고객에게 편의성을, 알리페이는 신뢰성을 제공하면서 성장한 것이다. 알리페이 사례에서 보듯, 지급결제 수단의 발전은 비금융 회사의 서비스를 통해 금융 서비스를 활용하는 것이다. 과거에는 고객이 금융사를

선택하고 해당 금융사가 제공하는 금융 서비스를 이용했다면, 현재는 고객이 먼저 금융 서비스를 선택하고 해당 금융 서비스를 제공하는 금융사를 이용한다. 금융산업의 가치사슬이 변화하고 있는 것이다.

앞서 소개한 애플 사례에서 고객이 먼저 통신사를 선택하던 시장에서 제조사를 선택하는 시장으로 변화하면서 산업의 큰 변화가 일어난 것을 보면, 금융시장도 이와 비슷한 과정을 거칠 것으로 기대된다. 이미 핀테크는 지급/결제, 송금, 뱅킹, 대출, 보험, 투자 등 금융의 전 분야에 걸쳐 다양한 서비스에 적용되고 있다. IT 시장조사 업체인 벤처스캐너(Venture Scanner)에 따르면 2019년 기준 핀테크 기업은 2,719개, 투자액은 1,550억 달러에 달한다.

〈그림 1-14〉 핀테크 랜드스케이프

출처: Venture Scanner, 2020.1

2절 핀테크 성장의 토대

고객의 온라인·모바일을 통한 전자상거래, 문화생활, 금융 활동 등은 이미 일상화되어가고 있다. 실제로 국내에서도 비대면 금융거래가 확산되고 있고, 이에 따른 간편결제 시장이 급격히 성장하고 있다. 사실상 고객의 행태에 따른 다양한 핀테크 서비스의 성장을 위한 토대가 마련된 것이다. 한국은행이 발표한 '2018년 금융정보화 추진 현황'(2019년 9월 10일)에 따르면 비대면 금융거래가 급격히 확산하고 있다.

인터넷뱅킹(모바일뱅킹 포함)은 시간과 공간에 구애받지 않는다는 점 때문에 이용 비중이 2014년 35.4%에서 2018년 53.2%로 크게 증가했다. 인터넷 전문은행인 케이뱅크와 카카오뱅크가 2017년 출범한 것도 영향을 줬다. 반면 시·공간적 제약이 있는 CD/ATM(39.9% → 30.2%)과 텔레뱅킹(13.1% → 7.9%) 이용은 감소했다.

〈그림 1-15〉 은행권 비대면 금융거래 현황

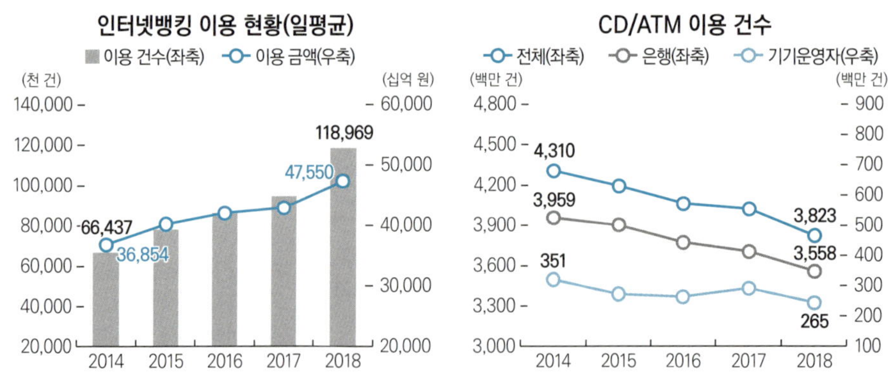

출처: 한국은행

증권거래의 경우 앱을 이용한 모바일 트레이딩이 2014년 121만 9,000건에서 2018년 401만 8,000건으로 증가했다. 홈트레이딩도 379만 1,000건에서 540만 4,000건으로 늘었다. 전화(ARS) 또는 증권사 홈페이지를 이용한 증권

거래 규모는 2018년 기준 각각 0.5%와 1.6%로 미미했다.

생명보험 대면 거래 보험 가입률은 2014년 96.4%에서 2018년 93.3%로 줄었고, 같은 기간 손해보험도 94.2%에서 88.6%로 감소했다. 자동차보험, 화재보험 등 구조가 정형화돼 있고 보험료가 저렴한 상품을 중심으로 비대면 거래가 증가하고 있다.

〈그림 1-16〉 주요 증권사 신규 주식거래 계좌 대비 비대면 계좌 비중

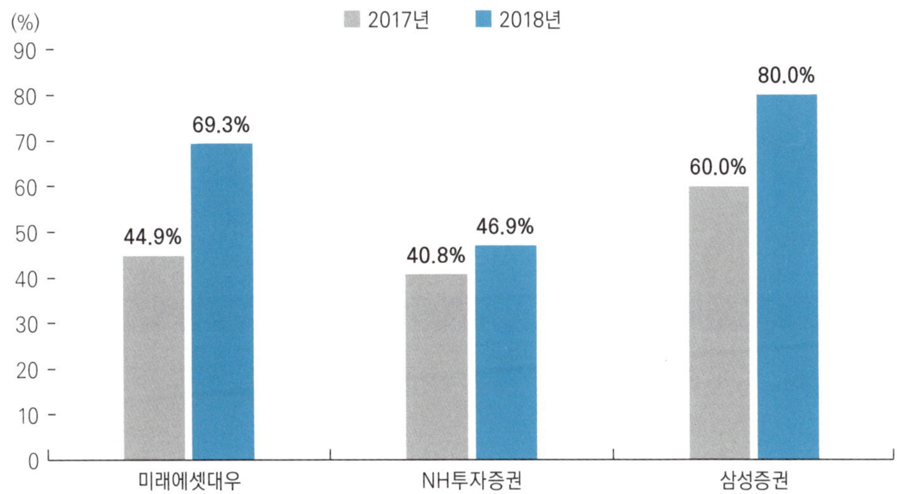

출처: Instiz.net

그동안 국내 지급결제 시장은 정책적 지원하에 신용카드 중심으로 성장했다. 그러나 최근 비대면 거래 확산과 더불어 모바일 간편결제 시대가 도래하고 있다. 그동안 국가별 지급결제 시장은 해당 국가의 지급결제 인프라 구축 정도, 관련 정책 추진 현황, 문화적 특색 등이 반영되어 상이한 모습으로 성장했다. 예컨대 미국은 전통적으로 개인수표를 많이 이용하는 국가였는데, 2000년대 이후 신용 및 직불카드 등 수표외 지급결제 이용 비중이 높아지는 추세다.

미국에 이어 전자상거래가 발전한 중국은 알리페이, 위챗페이 등 제3자 지급결제가 결제 수단으로 부상하며 빠르게 성장하고 있다. 특히 중국은 '신용·직불

카드'라는 단계를 거치지 않고 현금에서 제3자 지급결제 단계로 넘어간 것이 특징이다.

현재 국내 지급결제 시장의 규모는 약 1,000조 원 규모로 추정되며, 신용 및 체크카드 비중이 80%를 넘는다. 국제결제은행(BIS)에 따르면 2018년 기준 연간 1인당 신용카드 이용 건수 1위(254건), 이용 금액 2위(11,963달러)로 주요국 중에서도 신용카드 이용이 가장 많은 편이다.

그런데 국내에서도 최근 모바일 간편결제 서비스가 빠르게 성장하고 있다. 2018년 기준 국내 모바일 간편결제 가입자(중복 포함)는 약 1.7억 명, 이용 건수 23.8억 원, 이용 금액 약 80조 원으로 빠르게 성장하고 있다.

〈표 1-5〉 간편결제 서비스 이용 금액 및 결제 수단별 비중

(단위: 조 원, %)

구 분		2016년	2017년	2018년
이용 금액	온라인	23.7	40.7	60.6
	오프라인	3.2	9.3	19.5
	합계	26.9	50.0	80.1
결제 수단 이용 비중	신용/체크	95.0	93.5	91.2
	선불	2.9	2.8	4.8
	계좌이체	2.1	3.7	3.9
	직불	0.0	0.0	0.1

주: 은행, 카드, 전자금융업자 등 총 43개사의 50종 서비스 기준
출처: 금융감독원

간편결제 및 송금 서비스를 제공하는 업체들이 그동안 확보한 고객을 바탕으로 다양한 금융 서비스를 제공하는 플랫폼을 지향함에 따라 치열한 경쟁 과정과 상호 클러스터링을 통한 생태계 구축을 거칠 것으로 판단된다. 또한 이들 플랫폼을 기반으로 다양한 핀테크 서비스가 활성화될 것으로 기대된다.

3절 혁신적 핀테크 사례

국내 핀테크 서비스도 기본 토대가 마련된 만큼 성장을 가속화할 것으로 기대된다. 이미 고도화 단계에 들어섰다고 평가되는 미국의 경우를 살펴보면 국내도 이와 유사한 서비스가 출현할 것으로 기대된다. 고객 가치 우선으로 생태계를 구축하여 자산관리 플랫폼 비즈니스 모델을 제공하는 토론토-도미니언(Toronto-Dominion, TD)은행, 고액 자산가가 아닌 일반 고객을 위한 신용평가 대출 서비스를 제공하면서 롱테일 비즈니스 모델을 실현하는 일본의 J.Score와 미국의 PBRC Score, 고객 맞춤형 보험 서비스를 제공하는 레모네이드(Lemonade)사의 사례를 소개한다.

1. 플랫폼 비즈니스 모델: 토론토-도미니언은행

토론토-도미니언은행(TD)과 모벤(Moven)의 파트너십 거래는 고객이 모바일 뱅킹에서 원하는 것이 무엇인지에 대해 은행들이 점점 태도를 바꾸고 있다는 것을 보여준다.

TD는 본래 개인적인 자산관리 서비스를 제공하지 않았는데, 2014년 12월 1일 월요일에 신생 기술 기업의 자산관리 서비스를 자사 모바일 앱에 통합할 것이라고 밝혔다. 이런 두 기업의 협약은 다른 은행들이 모바일을 위한 개인 자산관리를 고민하고 고객들이 작은 스크린에서 복잡한 무언가를 하길 원할까를 고민하고 있을 때 이뤄졌다. 게다가 TD의 움직임은 전통적인 은행이 자신들의 문제를 해결하기 위해서 핀테크(Fintech) 회사에 어떻게 의지하는지를 보여준 가장 획기적인 사례다.

〈그림 1-17〉 모벤 화면

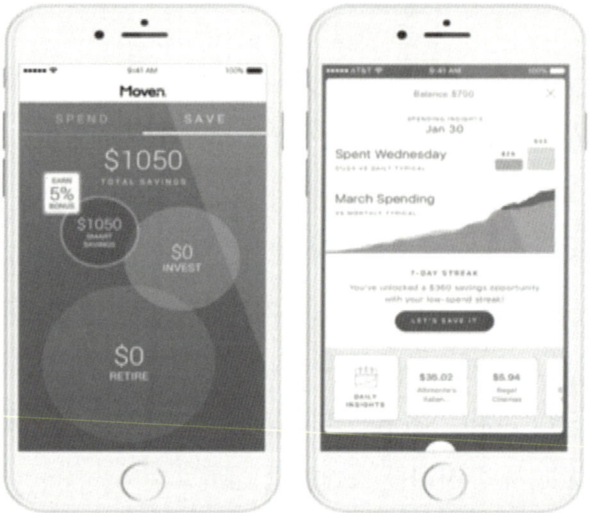

출처: Moven

모벤은 2011년 브레트 킹(Brett King)이 설립했다. 끊임없이 일하는 고객들이 자신들의 소비를 비판적으로 분석하도록 돕는 디지털 상품을 제공하는 회사다. 카드를 긁어 물건을 사고, 전화를 하고, 야구 경기의 티켓을 구입하는 고객들에게 여가에 얼마나 많은 돈을 사용하고 있는지 모바일로 경고를 준다. 또한 최근의 거래가 과거 기록 또는 다른 정보와 비교했을 때 어떤 수준인지도 알려준다.

모바일 사용자들이 돈을 관리하는 도구를 원한다고 생각하는 은행이 많다. 그중에서도 TD는 모바일 고객들이 자신이 원하는 서비스를 자기에게 맞출 수 있다. 고객들은 어떤 계좌든지 앱이 제공하는 자산관리 도구를 사용할 것이며, 기능에 따른 앱 화면의 배열을 선택할 수 있다.

TD-모벤 협력을 통해 TD는 예산 짜기를 싫어하고 자산관리에 투자할 시간이 부족한 소비자들에게 돈을 더 잘 관리할 수 있는 플랫폼을 제공했다.

2. 롱테일 비즈니스 모델: J.Score & PBRC Score

금융이 발달한 선진국에서도 금융거래 정보가 부족한 소외계층을 위해 비금융 정보를 이용한 신용평가가 이루어지고 있다. 일본의 J.Score와 미국의 PBRC Score가 대표적인 사례라 할 수 있다.

J.Score는 일본 미즈호은행과 소프트뱅크가 공동 출자해 설립한 인공지능 대출 서비스 업체로, 인공지능이 개인의 대출 상환 능력을 평가하고 6등급 체계의 신용등급을 관련 협력 기업에 제공한다. 대출 상환 능력 평가 질문은 총 160개로, 답변에 따라 상환 능력을 평가하고 신용등급에 따라 연 이자율 0.9~12%의 무담보 대출 서비스를 제공한다.

평가 질문은 금융거래 및 연봉, 고용 형태, 근속연수, 주택 소유 여부, 주택 위치뿐만 아니라 소유 컴퓨터의 종류, 자주 가는 카페, 여행 경험, 외식 빈도 등도 반영한다. 또한 업체와 제휴된 인터넷 포털 사이트의 고객 쇼핑 이용 실적과 대금 지불 기록 등도 반영한다.

〈그림 1-18〉 J.Score App 화면

출처: J.Score App

PBRC Score는 개인의 동의하에 개인이 거래 중인 기업이나 공공기관의 웹사이트로부터 다양한 금융·비금융 정보를 수집해서 개인 신용평점을 산출한다. 개인으로부터 기본 정보, 소득 정보, 예·적금 거래 정보, 신용카드 거래 정보 등 금융거래 정보와 통신·전기·수도 등의 요금납부 정보, 주거 정보, 구독 정보, SNS 이용 정보 등 비금융 정보를 수집해서 신용평가에 반영한다.

3. 맞춤형 보험 서비스: 개인화 모델

금융권에서 맞춤형 서비스를 실시하고 있는 대표적인 사례로는 보험업을 들 수 있으며, 이를 '인슈어테크'라고 칭한다. 사실 보험 업계에서 가입자는 보험금을 최대한 많이 받으려 하고, 보험사는 보험금을 최대한 적게 지불하고 싶어 하기 때문에 이해 상충의 문제가 생긴다. 이런 도덕적 해이와 역선택이라는 문제를 인공지능과 P2P 모델로 스마트하게 해결한 스타트 업체가 있다. 바로 레모네이드다. 소프트뱅크 손정의 회장의 비전펀드가 1억 2,000만 달러를 투자했다.

전통적으로 보험은 고객이 상담사와 직접 만나는 방식으로 판매되어왔다. 읽어야 할 약관도 많고 서명도 이곳저곳에 해야 한다. 그런데 레모네이드사의 보험 가입은 모바일 앱으로 개인정보를 입력하고 몇 가지 질문만 체크하면 90초 만에 끝난다. 약관은 언제든지 앱을 열어보면 알 수 있다.

동사는 P2P 모델을 통해 보험을 참여자 모두가 이해관계를 같이하는 포지티브 게임으로 바꾸었다. 즉, 가입자들끼리 그룹을 지어주는 것이다. 그룹 안에서 누군가에게 손실이 발생하면 그룹 전체가 손실을 충당하게 된다. 바로 P2P 방식이다. 이 과정에서 레모네이드는 보험료와 보험금을 산정하는 역할을 하고, 플랫폼 이용료로 매달 20%의 수수료를 가져간다. 보험금을 지급하는 주체가 아니기 때문에 꼬투리 잡아 지급액을 깎을 필요가 없다. 나머지 80%를 가지고 40%는 고객 보험금 지급용으로 쌓아두고, 40%는 재보험에 가입한다. 그래도 운용수익이 남으면 가입자가 보험 가입 때 지정한 지역단체에 기부한다.

보험금 지급과 지급 승인은 인공지능 챗봇이 담당한다. 보험사 직원에게 자세히 증빙하고 별도로 관련 서류를 보낼 필요가 없다. 앱에서 피해구제신청을 누르면 마야(Maya)라는 이름의 인공지능 챗봇과 24시간 상담할 수 있다. 마야에게 피해 사실과 이를 증명하는 사진 또는 동영상을 메시지로 보내면, 마야가 18개 항목으로 구성된 매뉴얼을 적용해서 보험사기 여부를 판단하고 보험금 액수를 산정한다. 이 과정에서 마야는 가입자의 개인정보와 보험 관련 빅데이터를 활용한다.

마야가 지급액을 산정하고 가입자 계좌로 보내는 데 걸리는 시간은 3분 정도에 불과하다. 2017년 1월 마야는 재킷을 분실한 보험 가입자가 신고한 피해구제신청을 3초 만에 계산해서 미국 언론의 주목을 받기도 했다.

Part 02

인공지능 기술에 대한 이해

1장 인공지능 기술
2장 최신 인공지능 기술과 금융산업
3장 생성형 AI 알고리즘
4장 금융데이터와 인공지능 기술

1장 인공지능 기술

인공지능(Artificial Intelligence, AI)은 인간의 지능을 모방하거나 이를 능가하는 작업을 수행할 수 있도록 설계된 컴퓨터 시스템을 의미한다. 이는 인간의 사고, 학습, 문제 해결, 의사 결정 등의 지적 과정을 기계적으로 구현한 기술이나 시스템으로 정의된다. 넓게는 이러한 지능을 개발하고 활용하는 방법론과 이를 가능하게 하는 이론적 기반을 연구하는 학문 분야를 포함한다. AI는 단순한 작업 자동화에서부터 고도의 창의적 사고를 요구하는 작업에 이르기까지 다양한 영역에서 응용된다.

현재(2025년 기준) 인공지능 기술은 **대규모 언어 모델(LLM, Large Language Model)**의 등장으로 인해 사람과 매우 자연스럽게 대화할 수 있는 수준까지 도달했다. LLM은 방대한 데이터와 고도화된 알고리즘을 바탕으로 다양한 언어와 주제에 대해 대화를 나눌 수 있을 뿐 아니라, 창의적인 콘텐츠 작성, 복잡한 문제 해결, 코드 작성 등 이전에는 상상하기 어려웠던 작업까지 수행할 수 있다. 이러한 기술은 교육, 의료, 법률, 마케팅, 연구 등 거의 모든 산업에 파급 효과를 미치고 있다.

특히, 개인 비서 역할에서부터 기업의 생산성을 혁신적으로 높이는 도구에 이르기까지, LLM은 실질적인 도움을 제공하며 인간과 기계 간의 상호작용 방식을 근본적으로 변화시키고 있다. 그러나 이와 동시에 윤리적 논의와 규제 필요성이 대두되고 있으며, 잘못된 정보 생성, 프라이버시 침해, 사회적 불평등 심화 등 부작용에 대한 우려도 커지고 있다.

그럼에도 불구하고 LLM의 발전은 일반 인공지능(AGI, Artificial General Intelligence)으로 가는 길을 여는 중요한 초석으로 평가받고 있다. 현재의 LLM은 특정한 지능적 작업에서 인간을 능가하는 성과를 보이지만, 인간처럼 보편적 판단을 내릴 수 있는 AGI의 단계에는 아직 도달하지 못했다. 이런 상상의 인공지능이 등장하려면 기술적, 윤리적 과제를 해결하는 데 상당한 시간이 더 걸릴 것으로 보인다.

1절 인공지능 기술의 발전 동향

Gartner가 발표한 2024년도 Artificial Intelligence(AI) 산업 관련 Hype Cycle을 참고하여, 현재 시점을 기준으로 인공지능 기술의 발전 상황을 분석해 보았다.

〈그림 2-1〉 Hype Cycle For Artifical Intellligence, 2024

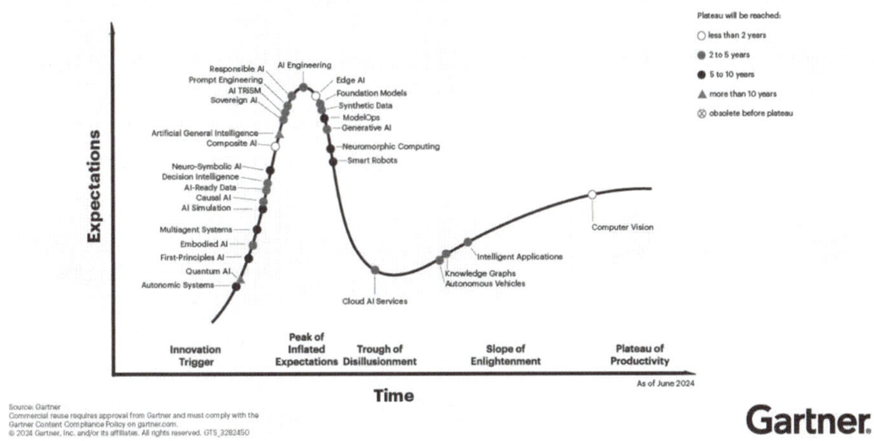

출처: Gartner

1. Gartner Hype Cycle 개요

Gartner Hype Cycle은 기술의 발전 단계를 5단계로 나눠서 보여주는 그래프다. 각 단계는 다음과 같이 정의된다.

〈표 2-1〉 기술 발전 단계

단계	설명
기술 촉발 단계 (Innovation Trigger)	새로운 기술이 등장하여 시장의 관심을 받기 시작하는 초기 단계
기대 정점 단계 (Peak of Inflated Expectations)	기술에 대한 기대가 최고조에 이르며, 종종 실제 가치보다 과장된 평가를 받는 단계
환멸 단계 (Trough of Disillusionment)	기술의 실질적인 가치가 인정받고, 활용 방안이 모색되는 단계
계몽 단계 (Slope of Enlightenment)	기술의 실질적인 가치가 인정받고, 활용 방안이 모색되는 단계
생산성 안정 단계 (Plateau of Productivity)	기술이 시장에서 안정적으로 자리 잡고 널리 활용되는 단계

2. 주요 인공지능 기술 분석

〈표 2-2〉 인공지능 기술별 기술발전 단계

기술	Hype Cycle 단계	현재 상태	활용 정도
생성형 AI (Generative AI)	환멸 단계	높은 기대와 빠른 발전, 현실적인 과제 직면	콘텐츠 제작, 코드 생성, 고객 서비스, 신약 개발 등 다양한 분야에서 활용
복합 AI (Composite AI)	계몽 단계	빠르게 성장하는 시장, 기술적 과제 존재	개인 맞춤형 의료, 금융 사기 탐지, 자율 주행, 운영 제어 등 복잡한 문제 해결에 활용
AI 증강 소프트웨어 엔지니어링 (AI-augmented software engineering)	계몽 단계	빠른 성장, GenAI의 영향으로 확산 가속화	자동 코드 생성, 코드 검토 및 최적화, 지능형 DevOps, 프로젝트 관리 등 소프트웨어 개발 프로세스 전반에 활용
책임감 있는 AI (Responsible AI)	계몽 단계	중요성 증대, 규제 강화, 자원 부족	의료 진단, 금융 사기 탐지, 채용, 재난 대응 등 다양한 분야에서 윤리적 및 사회적 책임을 고려한 AI 활용

3. 생성형 AI (Generative AI)

생성형 AI는 새로운 콘텐츠를 만들어내는 AI 기술로, 텍스트, 이미지, 오디오, 비디오 등 다양한 형태의 콘텐츠를 생성할 수 있다. 2023년 이후 폭발적인 관심을 받으며 여러 분야에서 활용되고 있지만, Gartner Hype Cycle for Emerging Technologies 2024에 따르면 기대 정점을 지나 환멸 단계에 접어들었다. 그러나 Gartner는 2026년까지 대부분의 기업이 생성형 AI를 활용할 것으로 예측하고 있다.

현재 상태

- 높은 기대와 빠른 발전: 생성형 AI는 여전히 많은 기업에서 핵심 기술로 인식되고 있으며, 빠른 속도로 발전하고 있다[3].
- 현실적인 과제: 초기의 높은 기대와 달리, 실제 비즈니스 가치 창출에는 어려움을 겪고 있다. 데이터 보안, 편향, 저작권 등 해결해야 할 과제들이 존재한다[3]. 특히 데이터 품질 및 정확성, 지적 재산권, 사용 권한과 같은 데이터 관련 문제로 인해 특정 생성형 AI 사용 사례를 피하는 기업도 있다.

활용 사례

- 콘텐츠 제작: 텍스트, 이미지, 음악 등 다양한 콘텐츠를 생성하여 마케팅, 디자인, 엔터테인먼트 분야에서 활용된다[4]. 예를 들어, 마케팅 캠페인을 위한 광고 카피나 소셜 미디어 콘텐츠를 생성하거나, 디자인 분야에서 새로운 제품 디자인이나 예술 작품을 창작하는 데 사용될 수 있다.
- 코드 생성 및 테스트: 개발자의 생산성을 향상시키고 코드 품질을 개선하는 데 사용된다[4]. 예를 들어, 개발자가 자연어로 작성한 요구사항을 기반으로 코드를 자동 생성하거나, 코드의 버그를 자동으로 감지하고 수정하는 데 사용될 수 있다.
- 고객 서비스: 챗봇, 가상 비서 등을 통해 고객 응대를 자동화하고 개인 맞춤형 서비스를 제공한다[6]. 예를 들어, 고객의 질문에 자동으로 답변하거나, 고객의 요구에 맞는 제품이나 서비스를 추천하는 데 사용될 수 있다.
- 신약 개발: 새로운 약물 개발, 독성 감소, 새로운 향료 및 향수 개발 등에 활용된다[5]. 예를 들어, 질병 치료에 효과적인 새로운 약물 분자 구조를 설계하거나, 기존 약물의 부작용을 줄이는 데 사용될 수 있다.

4. 복합 AI (Composite AI)

복합 AI는 머신러닝, 자연어 처리, 지식 그래프 등 다양한 AI 기술을 결합하여 더욱 정확하고 효율적인 문제 해결을 가능하게 하는 기술이다. Gartner는 복합 AI가 AI 기술 발전의 다음 단계를 이끌 것으로 전망하고 있다[2]. 복합 AI는 단일 AI 기술에 의존하지 않기 때문에 단일 기술이 실패하는 지점을 여러 기술로 분산시켜 문제점을 해결할 수 있는 길을 열어줄 수 있다[7].

현재 상태

- 성장하는 시장: 복합 AI 시장은 빠르게 성장하고 있으며, 엣지 컴퓨팅, IoT 등과의 결합을 통해 실시간 의사 결정을 지원하는 데 활용될 것으로 예상된다[8].
- 기술적 과제: AI 기술과 비즈니스 지식을 모두 요구하기 때문에, 전문 인력 부족 및 기술적 난이도가 높다는 과제가 있다. 또한 데이터 프라이버시, 보안, AI 모델의 잠재적 편향에 대한 우려도 복합 AI 솔루션 도입의 장애물이 될 수 있다[3].

활용 사례

- 개인 맞춤형 의료: 환자 데이터, 유전 정보, 임상 시험 결과 등을 종합적으로 분석하여 개인에게 최적화된 치료 계획을 수립 할 수 있다. 예를 들어, 환자의 유전 정보, 생활 습관, 질병 이력 등을 분석하여 개인에게 가장 적합한 치료법을 제시하고, 질병 예측 및 예방에 활용 할 수 있다.
- 금융 사기 탐지: 거래 패턴 분석, 의심스러운 언어 감지, 개인 및 기관 간 관계 분석 등을 통해 사기를 예방하고 금융 손실을 줄일 수 있다[17]. 예를 들어, 머신러닝을 사용하여 의심스러운 거래 패턴을 식별하고, 자연어 처리를 사용하여 금융 거래와 관련된 의사소통에서 사기 징후를 파악하며, 지식 그래프를 사용하여 개인과 조직 간의 관계를 분석하여 사기 네트워크를 식별할 수 있다.
- 자율 주행: 센서 데이터 처리, 교통 표지판 인식, 다른 차량과의 상호 작용 등을 통해 안전하고 효율적인 자율 주행을 가능하게 한다[9]. 예를 들어, 컴퓨터 비전을 사용하여 장애물을 감지하고 경로를 계획하며, 센서 융합을 사용하여 카메라, LiDAR, 레이더에서 얻은 데이터를 결합하여 주변 환경을 종합적으로 이해하고, 머신러닝을 사용하여 차량 이동에 대한 의사 결정 및 제어를 수행할 수 있다.
- 운영 제어: 기업의 전체 가치 사슬에서 운영 제어를 위해 사용될 수 있다[10]. 예를 들어, 제조, 유통, 판매 등 다양한 비즈니스 프로세스를 자동화하고 최적화하여 효율성을 높이고 비용을 절감할 수 있다.

5. AI 증강 소프트웨어 엔지니어링(AI-augmented software engineering)[11]

AI 증강 소프트웨어 엔지니어링은 AI 도구를 활용하여 소프트웨어 개발 프로세스를 개선하는 기술이다. 코드 생성, 버그 수정, 테스트, 프로젝트 관리 등 다양한 작업을 자동화하여 개발자의 생산성을 향상시키고 소프트웨어 품질을 높일 수 있다.

현재 상태

- 빠른 성장: AI 증강 소프트웨어 엔지니어링 시장은 빠르게 성장하고 있으며, 2027년까지 전문 개발자의 70%가 AI 기반 코딩 도구를 사용할 것으로 예상된다[12].
- GenAI의 영향: 최근 GenAI 기술의 발전으로 AI 증강 소프트웨어 엔지니어링은 더욱 빠르게 확산되고 있다[13]. GenAI는 소프트웨어 개발의 주요 영역을 변화시키고 있으며, 효율성과 혁신을 향상시키는 데 기여하고 있다.

활용 사례

- 자동 코드 생성: 자연어 처리 및 머신러닝을 활용하여 코드를 자동으로 생성하고, 개발 시간을 단축할 수 있다[14]. 예를 들어, 개발자가 자연어로 작성한 요구사항이나 디자인 명세를 기반으로 코드를 자동으로 생성할 수 있다.
- 코드 검토 및 최적화: 코드 품질을 개선하고 버그를 줄이기 위해 AI 기반 코드 검토 도구가 활용될 수 있다[15]. 예를 들어, 코드에서 잠재적인 버그나 성능 문제를 식별하고, 코드를 리팩토링하여 가독성 및 유지 관리성을 향상시킬 수 있다.
- 지능형 DevOps: AI를 DevOps 프로세스에 통합하여 자동화 및 효율성을 향상시킬 수 있다[16]. 예를 들어, AI 기반 도구를 사용하여 코드 배포, 테스트, 모니터링 등을 자동화하고, 문제 발생 시 신속하게 대응할 수 있다.
- 프로젝트 관리: AI 기반 도구를 사용하여 프로젝트 계획, 위험 관리, 작업 할당 등을 효율적으로 관리할 수 있다[16]. 예를 들어, 프로젝트 진행 상황을 추적하고, 잠재적인 위험을 예측하고, 자원을 효율적으로 할당하는 데 도움을 줄 수 있다.

6. 책임감 있는 AI (Responsible AI)[2]

책임감 있는 AI는 AI 시스템의 윤리적, 법적, 사회적 영향을 고려하여 AI를 공정하고 투명하게 개발하고 배포하는 것을 목표로 한다. 2024년 Gartner Hype Cycle에서 AI 엔지니어링과 지식 그래프는 가장 큰 발전을 보인 기술 중 하나이며, 이는 책임감 있는 AI 개발 및 배포를 보장하는 데 있어 이러한 기술의 중요성이 커지고 있음을 보여준다[17].

현재 상태

- 중요성 증대: AI 기술의 발전과 함께 책임감 있는 AI의 중요성이 더욱 강조되고 있다[18]. 기업은 AI를 적용하는 방법에 대한 명확한 원칙을 수립하고 안전한 구현을 보장하기 위한 가드레일을 설정해야 한다[18].
- 규제 강화: EU의 AI Act와 같은 규제가 시행되면서, 기업들은 책임감 있는 AI 원칙을 준수해야 한다[17].
- 자원 부족: 많은 기업들이 책임감 있는 AI를 위한 목표를 설정했지만, 실제로 필요한 자원이 부족한 경우가 많다[19]. 특히 거버넌스, 인재, 경제적 불평등 가능성에 대한 우려가 큰게 현실이다[20].
- 평가 기준 부족: LLM 책임에 대한 강력하고 표준화된 평가가 부족하다[21]. AI 모델의 위험과 한계를 체계적으로 비교하기 위한 노력이 복잡해지고 있다[22].

활용 사례

- 의료 진단: 환자 데이터를 보호하면서 질병 진단을 지원하고 의료 서비스를 개선할 수 있어야 한다[22]. 예를 들어, 환자 데이터를 익명화하거나 차등 개인 정보 보호 기술을 사용하여 개인 정보를 보호하면서 AI 모델을 훈련하고 질병 진단에 활용할 수 있다.
- 금융 사기 탐지: 편향 없는 AI 시스템을 통해 금융 사기를 예방하고 금융 시스템의 안전성을 높일 수 있다[22]. 예를 들어, 인종, 성별, 국적 등에 대한 편향을 제거한 AI 모델을 사용하여 금융 사기를 탐지하고 예방할 수 있다.
- 채용: 편견 없는 채용 프로세스를 구축하고 다양성을 증진해야 한다[22]. 예를 들어, AI 기반 채용 시스템에서 성별, 인종, 출신 배경 등에 대한 편향을 제거하여 공정한 채용 기회를 제공할 수 있다.
- 재난 대응: 재난 예측 및 관리를 지원하여 피해를 최소화하고 공공 안전을 강화할 수 있다[22]. 예를 들어, AI 기반 시스템을 사용하여 자연 재해를 예측하고 대피 경로를 계획하며 구조 작업을 지원할 수 있다.

7. 기술 동향 결론 및 시사점

2024 Gartner Hype Cycle for Artificial Intelligence는 GenAI를 넘어 다양한 AI 기술들이 발전하고 있음을 보여주고 있다. 특히 복합 AI, AI 증강 소프트웨어 엔지니어링, 책임감 있는 AI는 앞으로 AI 분야를 이끌어갈 핵심 기술로 주목받고 있다. 현업에 종사하는 관계자와 기업들은 Hype Cycle을 참고하여 각 기술의 성숙도와 시장 동향을 파악하고, 이를 바탕으로 AI 도입 전략을 수립해야 한다.

- 균형 잡힌 AI 전략: GenAI에만 집중하기보다는, 다양한 AI 기술을 균형 있게 활용하는 전략이 필요하다[1]. 예를 들어, GenAI를 사용하여 콘텐츠를 생성하는 동시에, 복합 AI를 사용하여 데이터 분석 및 의사 결정을 개선하고, AI 증강 소프트웨어 엔지니어링을 사용하여 소프트웨어 개발 프로세스를 자동화할 수 있다.
- 책임감 있는 AI 개발: AI 시스템의 윤리적, 사회적 영향을 고려하여 책임감 있는 AI 개발 및 활용 방안을 모색해야 한다[18]. AI 시스템의 편향, 차별, 프라이버시 침해 등의 문제를 예방하고, AI가 사회에 미치는 영향을 신중하게 고려해야 한다.
- 지속적인 기술 모니터링: AI 기술은 빠르게 발전하고 있으므로, Hype Cycle과 같은 분석 도구를 활용하여 지속적으로 기술 동향을 모니터링하고 전략을 업데이트해야 한다. 새로운 AI 기술의 등장과 기존 기술의 발전을 지속적으로 추적하고, 비즈니스 환경 변화에 맞춰 AI 전략을 수정해야 한다.

또한 Gartner는 AI 기능이 ERP, CRM, 디지털 워크플레이스, 공급망 및 지식 관리 소프트웨어와 같은 엔터프라이즈 애플리케이션 제품군 내에서 점점 더 통합되고 있다고 지적하고 있다[23]. 예측 분석과 같은 기존 AI 기능과 임베디드 생성형 AI는 이러한 애플리케이션의 데이터에서 더 많은 통찰력을 얻는 데 도움이 된다. 기업은 이러한 트렌드를 인지하고 AI 기술을 비즈니스 프로세스에 효과적으로 통합하여 경쟁력을 강화해야 한다.

2절 인공지능, 머신러닝, 딥러닝: 기초개념 정리

인공지능(AI)은 인간의 지능이 필요한 작업을 수행할 수 있도록 컴퓨터 시스템을 설계하는 컴퓨터 과학 분야이다[1]. 인간의 분석 능력을 뛰어넘는 방대한 데이터를 처리하고, 이를 기반으로 추론, 학습, 행동하는 능력을 갖춘 컴퓨터 및 기계를 개발하는 것이 목표이다[1]. 인공지능은 보고, 듣고, 이해하고, 추론하고, 학습하고, 문제를 해결하고, 의사 결정을 내리는 등 인간의 지능과 관련된 다양한 능력을 모방하도록 설계된다[2].

1. 인공지능의 역사

인공지능의 역사는 고대 그리스 철학자들이 생명과 죽음에 대한 질문을 고려했던 시대로 거슬러 올라간다[3]. 고대에는 발명가들이 인간의 개입 없이 독립적으로 움직이는 "오토마타"라는 기계를 만들었다[3]. "오토마타"라는 단어는 고대 그리스어에서 유래되었으며 "자신의 의지에 따라 행동하는 것"을 의미한다[3]. 기원전 400년경에는 플라톤의 친구가 만든 기계 비둘기에 대한 기록이 있으며, 1495년경에는 레오나르도 다빈치가 만든 오토마타가 유명하다[3].

현대적인 인공지능 개념은 1950년대에 시작되었다[3]. 1956년 존 매카시가 처음으로 "인공지능"이라는 용어를 사용했으며[3], 이후 컴퓨터 성능의 향상과 알고리즘의 발전을 통해 빠르게 성장해왔다[2]. 초기에는 인공 신경망 모델에 관한 연구가 활발히 진행되었지만[4] 기술적인 한계로 인해 발전이 더디었다. 하지만 2012년, 캐나다 토론토 대학의 알렉스 크리제브스키가 이미지 인식 경진 대회에서 딥러닝을 활용하여 우승을 차지하면서 딥러닝 연구에 GPU가 도입되는 등 획기적인 전환점을 맞이하게 되었다[5]. 이러한 발전은 인공지능 분야의 성장을 가속화시켰고, 오늘날 우리는 인공지능 기술이 다양한 분야에서 활용되는 시대를 살고 있다[3].

2. 인공지능의 유형

인공지능은 크게 강인공지능(Strong AI)과 약인공지능(Weak AI)으로 나눌 수 있다[4]. 강인공지능은 인간과 같은 수준의 지능을 가지고 스스로 생각하고 판단하는 인공지능을 의미하며, 약인공지능은 특정 작업을 수행하도록 설계된 인공지능을 의미한다[4]. 현재까지 개발된 인공지능은 대부분 약인공지능이며, 강인공지능은 아직까지 이론적인 개념에 머물러 있다[4].

1) 인공지능의 활용 분야

인공지능은 다양한 분야에서 활용되고 있으며, 그 범위는 계속해서 확장되고 있다.

- **제조업:** 공장 IoT 데이터를 분석하여 예상 부하와 수요를 예측하고 생산 효율성을 높여준다[6].
- **의료 분야:** 질병 진단 및 치료 계획 수립에 활용된다[7]. 예를 들어, 의료 영상 분석, 질병 예측, 개인 맞춤형 치료 등에 활용되어 의료 서비스의 혁신을 이끌 것으로 전망된다[8].
- **금융:** 금융 거래 분석, 사기 탐지, 위험 관리 등에 활용된다[9].
- **운송:** 자율 주행 자동차, 교통 흐름 최적화, 물류 시스템 관리 등에 활용된다[9].
- **고객 서비스:** 챗봇, 가상 비서 등을 통해 고객 문의에 응대하고 서비스를 제공한다[9].
- **헬스케어:** 높은 성장성이 기대되는 분야 중 하나이며, 의료 영상 분석, 질병 예측, 개인 맞춤형 치료 등에 활용되어 의료 서비스의 혁신을 이끌 것으로 전망된다[10].

2) 인공지능의 미래

인공지능 분야에서 "자기 인식"이라는 개념이 논의되고 있다[11]. 자기 인식 AI는 자신의 존재를 인식하고 인간의 지적, 감정적 능력을 가진 기계를 의미한다[11]. 비록 현재는 자기 인식 AI가 존재하지 않지만, 미래에는 인공지능이 스스로를 인식하고 판단하는 수준까지 발전할 가능성이 있다[11]. 또한, 비즈니스 분야에서 인공지능은 "학습 데이터"를 활용하여 시간이 지남에 따라 성능을 향상시키는 데 사용된다[11]. 기업들은 인공지능 시스템에 더 많은 데이터를 제공함으로써 시스템의 성능을 개선하고, 이를 통해 비즈니스 의사 결정의 효율성을 높일 수 있다[11].

3. 머신러닝

머신러닝은 인공지능의 하위 집합으로[12,13], 컴퓨터가 명시적인 프로그래밍 없이 데이터를 통해 학습하고 경험을 통해 개선할 수 있도록 하는 기술이다[12,13]. 많은 양의 데이터를 통해 컴퓨터 시스템이 스스로 규칙을 학습하고, 이를 기반으로 예측이나 의사 결정을 수행한다[4]. 머신러닝은 데이터 마이닝과 밀접한 관련이 있으며, 데이터 마이닝 기법을 통해 얻은 데이터 세트를 활용하여 학습한다[13]. 딥러닝은 머신러닝의 한 분야로, 인공 신경망을 사용하여 더욱 복잡한 문제를 해결할 수 있다[14].

1) 머신러닝의 유형

머신러닝은 주로 다음과 같은 세 가지 유형으로 나뉜다[15].

- **지도 학습:** 입력 데이터와 정답 데이터를 함께 제공하여 모델을 학습시키는 방법이다. 예를 들어, 이미지에 "고양이" 또는 "개"라는 레이블을 붙여 학습시키면, 새로운 이미지를 보고 고양이인지 개인지 분류할

수 있게 된다[16]. 지도 학습은 스팸 필터링, 이미지 분류, 의료 진단 등 다양한 분야에서 활용된다[16].

- **비지도 학습:** 정답 데이터 없이 입력 데이터만을 제공하여 모델이 스스로 데이터의 패턴을 찾도록 학습시키는 방법이다. 예를 들어, 고객 구매 데이터를 분석하여 유사한 구매 패턴을 가진 고객들을 그룹화할 수 있다[16]. 비지도 학습은 고객 세분화, 이상 탐지, 추천 시스템 등에 활용된다[16].
- **강화 학습:** 행동에 대한 보상을 통해 모델을 학습시키는 방법이다. 예를 들어, 게임 플레이 방법을 학습시킬 때, 이기면 보상을 주고 지면 벌칙을 주는 방식으로 학습시킬 수 있다[16]. 강화 학습은 로봇 제어, 게임 AI, 자율 주행 등에 활용된다[16].

〈표 2-3〉 인공지능 기술별 학습 방식

구분	지도 학습 (Supervised Learning)	비지도 학습 (Unsupervised Learning)	강화 학습 (Reinforcement Learning)
학습 방식	정답이 있는 데이터 (레이블)를 통해 학습	정답 없이 데이터의 패턴을 스스로 학습	보상을 통해 학습
데이터 유형	입력 데이터와 정답 데이터 (레이블)	입력 데이터 없음	상태, 행동, 보상
목표	주어진 데이터를 통해 예측 정확도를 높임	데이터의 숨겨진 구조 파악	최적의 행동 방침을 학습
알고리즘 예시	선형 회귀, 로지스틱 회귀, 결정 트리, SVM	K-평균 군집화, 주성분 분석, 연관 규칙 학습	Q-러닝, SARSA, 딥 Q 네트워크
활용 예시	이미지 분류, 스팸 필터링, 의료 진단, 주가 예측	고객 세분화, 이상 탐지, 추천 시스템, 차원 축소	게임 플레이, 로봇 제어, 자율 주행, 자원 관리
장점	높은 예측 정확도, 다양한 문제에 적용 가능	데이터의 숨겨진 특징 발견, 새로운 지식 발견 가능	복잡한 환경에서 최적의 행동 결정 가능
단점	레이블링 된 데이터 필요, 과적합 가능성	결과 해석이 어려움, 성능 평가 어려움	학습 시간이 오래 걸림, 보상 설계 어려움

2) 머신러닝 알고리즘

머신러닝은 다양한 알고리즘을 사용하며, 대표적인 알고리즘으로는 선형 회귀, 결정 트리, K-최근접 이웃, 서포트 벡터 머신, 나이브 베이즈 분류기 등이 있다[12]. 이러한 알고리즘을 통해 머신러닝 모델은 데이터에서 지식을 추출하고 예측을 수행한다[12]. 머신러닝과 전통적인 프로그래밍의 가장 큰 차이점은 머신러닝은 명시적인 프로그래밍 없이 데이터를 통해 스스로 학습한다는 것이다[12,13]. 이러한 특징은 머신러닝이 복잡하고 변화하는 환경에서 더욱 효과적으로 작동할 수 있도록 한다.

3) 머신러닝의 활용 분야

머신러닝은 일상생활에서도 널리 활용되고 있다.

- **이메일 필터링, 스팸 차단:** 스팸 메일을 자동으로 분류하고 차단한다[17].
- **상품 추천:** 사용자의 구매 이력, 검색 기록 등을 분석하여 맞춤형 상품을 추천한다[17].
- **의료 진단:** 의료 영상 분석, 질병 예측 등에 활용되어 의료 진단의 정확성을 높인다[17].
- **금융 거래 분석:** 금융 거래 데이터를 분석하여 사기 거래를 탐지하고 예방한다[17].
- **자율 주행:** 자율 주행 자동차의 주행 성능을 향상시키고 안전성을 높인다.
- **개인 맞춤형 서비스:** 사용자의 선호도를 학습하여 개인에게 최적화된 서비스를 제공한다.

4. 딥러닝

딥러닝은 머신러닝의 한 분야로[18], 인간의 뇌 신경망 구조를 모방한 인공 신경망을 사용하여 데이터를 학습하는 기술이다[18]. 여러 층으로 구성된 인공 신경망을 통해 복잡한 패턴을 인식하고, 이를 기반으로 정확한 예측을 생성할 수 있다[18]. 딥러닝은 이미지 인식, 음성 인식, 자연어 처리 등 다양한 분야에서 뛰어난 성능을 보여주고 있다[19].

1) 딥러닝 모델의 구조

딥러닝 모델은 입력 계층, 은닉 계층, 출력 계층으로 구성된다[20]. 입력 계층은 외부 데이터를 받아들이고, 은닉 계층은 데이터를 처리하고 분석하며, 출력 계층은 결과를 출력한다[20]. 각 계층은 여러 개의 노드로 이루어져 있으며, 노드들은 서로 연결되어 정보를 주고받는다[19]. 딥러닝 모델은 학습 과정에서 입력 데이터와 정답 데이터를 비교하고, 오차를 줄이기 위해 각 계층의 가중치를 조정한다[16]. 이러한 과정을 통해 딥러닝 모델은 점점 더 정확한 예측을 생성할 수 있게 된다[16]. 특히, 머신 비전 분야에서는 지도 학습을 통해 신경망을 학습시키는 경우가 많다[21]. 예를 들어, 이미지와 해당 이미지에 대한 정답 데이터를 함께 제공하여 모델을 학습시키면, 새로운 이미지를 보고 정확하게 분류할 수 있게 된다.

2) 딥러닝 모델의 유형

딥러닝은 다양한 유형의 모델이 있으며, 가장 일반적인 유형은 다음과 같다[22].

- **다층 퍼셉트론 (MLP):** 가장 기본적인 딥러닝 모델로, 여러 개의 은닉 계층을 가진 인공 신경망이다. MLP는 다양한 분야에서 활용되지만, 특히 복잡한 패턴 인식이나 분류 문제에 효과적이다.

- **컨볼루션 신경망 (CNN):** 이미지 인식에 특화된 딥러닝 모델로, 이미지의 특징을 추출하는 데 효과적이다. CNN은 이미지 분류, 객체 탐지, 얼굴 인식 등 다양한 이미지 처리 작업에 활용된다.
- **순환 신경망 (RNN):** 순차적인 데이터 처리에 특화된 딥러닝 모델로, 자연어 처리, 음성 인식 등에 활용된다. RNN은 이전 입력 데이터의 정보를 기억하고 활용하여 다음 데이터를 처리하기 때문에, 순차적인 데이터의 패턴을 파악하는 데 효과적이다.
- **생성적 적대 신경망 (GAN):** 두 개의 신경망 (생성자, 판별자)이 경쟁적으로 학습하는 모델이다. 생성자는 새로운 데이터를 생성하고, 판별자는 생성된 데이터가 실제 데이터인지 판별한다. GAN은 이미지 생성, 텍스트 생성, 음악 생성 등 다양한 분야에서 활용된다[35].

3) 딥러닝의 활용 분야

딥러닝은 다양한 분야에서 활용되고 있으며, 대표적인 활용 분야는 다음과 같다[23].

- **컴퓨터 비전:** 이미지 분류, 객체 탐지, 이미지 생성 등에 활용된다. 예를 들어, 자율 주행 자동차는 CNN을 사용하여 주변 환경을 인식하고[23], 의료 영상 분석 시스템은 CNN을 사용하여 질병을 진단한다[23].
- **음성 인식:** 음성을 텍스트로 변환하거나, 음성을 통해 기기를 제어하는 데 활용된다. 예를 들어, 스마트폰의 음성 비서, AI 스피커 등은 RNN을 사용하여 음성을 인식하고 처리한다[23].
- **자연어 처리:** 텍스트 분석, 번역, 챗봇 등에 활용된다. 예를 들어, 기계 번역 시스템, 챗봇, 감정 분석 시스템 등은 RNN을 사용하여 자연어를 이해하고 처리한다[23].
- **추천 시스템:** 사용자의 선호도를 분석하여 상품이나 콘텐츠를 추천하

는 데 활용된다. 예를 들어, 온라인 쇼핑몰, 음악 스트리밍 서비스 등은 딥러닝을 사용하여 사용자에게 맞춤형 추천을 제공한다[23].

- **생성형 AI:** 텍스트, 이미지, 비디오 등 새로운 콘텐츠를 생성하는 데 활용된다. 예를 들어, 텍스트 생성, 이미지 생성, 음악 생성 등 다양한 분야에서 생성형 AI가 활용되고 있다[23].
- **사기 탐지:** 딥러닝 알고리즘은 의심스러운 로그인 시도를 감지하고, 사용자에게 알림을 보내는 등 사기 행위를 예방하는 데 활용된다.
- **고객 서비스:** 챗봇, 가상 비서 등을 통해 고객 문의에 응대하고 서비스를 제공한다. 딥러닝을 통해 이러한 시스템은 시간이 지남에 따라 응답하는 법을 학습한다.
- **금융 서비스:** 신용 평가, 알고리즘 거래, 사기 탐지 등 다양한 금융 서비스에 딥러닝이 활용된다.
- **자율 주행 차량:** 자율 주행 차량은 딥러닝을 사용하여 작동 방법과 주행 중 다양한 상황에 대처하는 방법을 학습한다. 또한, 교통 신호등 감지, 표지판 인식, 보행자 회피 등에도 활용된다.
- **예측 분석:** 딥러닝은 질병 발생 예측, 환자 치료 계획 개인화, 의료 영상 정확도 향상 등에 활용된다.

5. 인공지능, 머신러닝, 딥러닝의 관계

인공지능, 머신러닝, 딥러닝은 서로 밀접한 관련이 있다. 머신러닝은 인공지능을 구현하는 한 가지 방법이며[24], 딥러닝은 머신러닝의 한 분야이다[24]. 즉, 딥러닝은 머신러닝에 속하고, 머신러닝은 인공지능에 속하는 포함 관계이다[24]. 딥러닝은 인공 신경망을 사용하여 머신러닝을 구현하는 기술이며[25], 인공지능의 목표를 달성하기 위한 다양한 기술 중 하나이다[26].

흥미로운 점은 머신러닝보다 딥러닝의 근간이 되는 신경망(Neural

Network)이 먼저 등장했다는 사실이다[27]. 1940년대에 워렌 맥컬록과 월터 피츠가 처음으로 신경망의 개념을 제시했으며[27], 이후 1950년대에 프랑크 로젠블랫이 퍼셉트론이라는 최초의 인공 신경망 모델을 개발했다[27]. 하지만 당시에는 컴퓨터 성능의 한계로 인해 신경망 연구가 활발하게 진행되지 못했다[27]. 1980년대에 들어서면서 컴퓨터 성능이 향상되고 역전파 알고리즘이 개발되면서 신경망 연구가 다시 활기를 띠게 되었고[27], 이러한 연구들이 발전하여 오늘날의 딥러닝 기술로 이어졌다[27]. 이러한 역사적인 배경 때문에 머신러닝과 딥러닝의 관계에 대한 논쟁이 있었지만, 현재는 딥러닝이 머신러닝의 한 분야라는 것이 일반적인 견해이다[27].

6. 미래 전망 및 윤리적 쟁점

인공지능은 빠르게 발전하고 있으며, 앞으로 더욱 다양한 분야에서 활용될 것으로 예상된다[28]. 전 세계 인공지능 시장 규모는 2023년 약 200조 원에서 2030년에는 약 1,800조 원으로 9배가량 성장할 것으로 예측된다[28]. 특히, 헬스케어 분야에서는 높은 성장성이 기대되며[10], 의료 진단, 치료 계획 수립, 신약 개발 등에 활용되어 의료 서비스의 질을 향상시킬 것으로 예상된다[10]. 또한, 스마트폰, 자율 주행 자동차, 로봇 등 다양한 분야에서 인공지능 기술이 적용되어 우리 삶에 큰 변화를 가져올 것으로 예상된다[29].

하지만 인공지능 기술의 발전은 윤리적 쟁점도 함께 야기한다[30]. 인공지능의 편향성, 책임 소재, 일자리 감소, 사생활 침해 등 다양한 문제들이 제기되고 있다[30,31].

- **편향성:** 인공지능 알고리즘이 특정 집단에 대한 편견을 학습하게 되면, 차별적인 결과를 초래할 수 있다[32]. 예를 들어, 범죄 예측 시스템이 특정 인종이나 지역에 대한 편견을 가지고 있다면, 해당 집단에 속한

사람들이 더 높은 범죄 위험도를 부여받을 수 있다.

- **책임 소재:** 인공지능이 의사 결정을 내릴 때, 그 결정에 대한 책임은 누구에게 있는지 명확하지 않다. 예를 들어, 자율 주행 자동차가 사고를 냈을 때, 그 책임은 자동차 제조사, 소프트웨어 개발자, 운전자 중 누구에게 있는지 판단하기 어려울 수 있다.
- **일자리 감소:** 인공지능 자동화는 많은 일자리를 대체할 수 있으며, 이는 실업률 증가와 사회 불안정으로 이어질 수 있다.
- **사생활 침해:** 인공지능 시스템은 개인 데이터를 수집하고 분석하는 과정에서 개인의 사생활을 침해할 수 있다. 예를 들어, 얼굴 인식 기술은 공공장소에서 개인의 동의 없이 얼굴 정보를 수집하고 분석할 수 있다.

특히, 헬스케어 분야에서는 인공지능 기술의 윤리적인 활용에 대한 논의가 활발하게 진행되고 있다[33]. 예를 들어, 장애인을 위한 보조 기술에 인공지능이 활용될 때, 개인의 자율성과 프라이버시를 침해하지 않는 범위 내에서 기술이 개발되어야 한다[33]. 인공지능 기술의 안전성과 신뢰성을 확보하고, 윤리적인 문제들을 해결하기 위한 노력이 필요하다[30].

7. 결론

인공지능, 머신러닝, 딥러닝은 컴퓨터 과학 분야의 핵심 기술이며, 우리 삶에 큰 영향을 미치고 있다. 이러한 기술들은 앞으로 더욱 발전하여 다양한 분야에서 활용될 것으로 예상된다. 인공지능 기술의 긍정적인 측면을 극대화하고, 윤리적 문제들을 해결하기 위한 노력을 통해 인공지능 기술이 인류에게 더 나은 미래를 가져다줄 수 있기를 기대한다. 특히, 인공지능 기술 개발 과정에서 윤리적인 가이드라인을 마련하고, 사회적 합의를 이끌어내는 것이 중요하다.

또한, 인공지능 기술의 발전으로 인해 발생할 수 있는 일자리 감소, 프라이버시 침해 등의 문제에 대한 대비책을 마련해야 한다. 인공지능 기술의 잠재력을 최대한 활용하면서도, 그 부작용을 최소화하기 위한 노력을 지속해야 한다.

3절 생성형 AI의 부상: ChatGPT와 같은 언어 모델의 약진

1. 초대형 LLM의 출현

2022년 말 등장한 ChatGPT는 대화형 인공지능의 새로운 지평을 열었으며, 그 파급력은 금융업을 포함한 거의 모든 산업에 걸쳐 혁신적인 변화를 가져왔다. 특히 금융업은 데이터 기반 의사결정과 고객과의 소통이 중요한 분야이기에 ChatGPT가 가져온 변화는 더욱 두드러진다.

ChatGPT가 금융업에 미친 영향력을 구체적으로 살펴보면 다음과 같다.

1) 고객 서비스 혁신:

- **24시간 즉각적인 고객 응대:** ChatGPT는 시간 제약 없이 고객의 질문에 즉각적으로 응답하여 고객 만족도를 향상시킨다. 예를 들어, 계좌 잔액 확인, 거래 내역 조회, 카드 분실 신고 등 단순하고 반복적인 업무는 ChatGPT가 처리하여 고객 대기 시간을 단축하고 직원들은 더 복잡한 문제 해결에 집중할 수 있도록 한다.
- **개인 맞춤형 금융 상담:** ChatGPT는 고객의 과거 거래 내역, 투자 성향, 재무 상태 등을 분석하여 개인에게 최적화된 금융 상품 추천 및 투자 조언을 제공한다.
- **다국어 지원:** ChatGPT는 다국어 지원 기능을 통해 외국인 고객에게도 편리한 금융 서비스를 제공할 수 있다.

2) 업무 효율성 향상:

- **반복적인 업무 자동화:** ChatGPT는 데이터 입력, 보고서 작성, 서류 검토 등 단순 반복적인 업무를 자동화하여 직원들의 업무 부담을 줄이고 생산성을 향상시킨다.
- **신용 평가 및 리스크 관리:** ChatGPT는 방대한 데이터 분석을 통해 신용 평가 모델을 개선하고 대출 심사, 사기 탐지 등 리스크 관리 업무를 효율적으로 수행한다.
- **금융 상품 개발:** ChatGPT는 시장 트렌드 및 고객 니즈 분석을 통해 새로운 금융 상품 개발에 필요한 아이디어를 제공한다.

3) 새로운 비즈니스 모델 창출:

- **AI 기반 금융 챗봇:** ChatGPT를 활용하여 고객과 자연스럽게 소통하고 금융 상담, 상품 추천 등의 서비스를 제공하는 AI 챗봇 개발이 활발해졌다.
- **맞춤형 금융 솔루션:** ChatGPT를 통해 고객 개개인의 특성에 맞는 맞춤형 금융 솔루션 및 자산 관리 서비스를 제공하는 것이 가능해졌다.

물론 ChatGPT 도입 과정에서 **정보 보안, 개인 정보 보호, 일자리 감소** 등 윤리적 및 사회적 문제도 발생할 수 있다. 이러한 문제들을 해결하기 위한 노력과 함께 ChatGPT 기술을 적절히 활용한다면 금융 산업은 더욱 발전할 수 있을 것이다.

ChatGPT는 아직 발전 초기 단계이지만, 앞으로 금융 산업에 더 큰 영향을 미칠 것으로 예상된다. 금융 기관들은 ChatGPT를 활용하여 고객에게 더 나은 서비스를 제공하고, 업무 효율성을 높이며, 새로운 비즈니스 모델을 창출하기 위해 노력해야 한다.

2. ChatGPT 기술 정보

ChatGPT는 OpenAI에서 개발한 대규모 언어 모델이다[1]. 사용자와 자연스러운 대화를 통해 질문에 답변하고 다양한 업무를 지원할 수 있다[2]. ChatGPT는 GPT 언어 모델을 기반으로 하며, 방대한 양의 텍스트 데이터를 학습하여 사람과 유사한 방식으로 텍스트를 생성하고 이해할 수 있다[2].

ChatGPT는 반복적인 배포를 통해 모델의 성능과 안전성을 향상시키고 있다[1]. 이는 모델을 실제 환경에서 사용하면서 얻은 피드백을 바탕으로 지속적으로 개선하고 있음을 의미한다. ChatGPT는 Google, Mastercard, Hugging Face 등 다양한 기업에서 활용되고 있다[3]. 예를 들어, Google의 챗봇 기술인 Dialogflow에서 ChatGPT를 사용하여 더 나은 대화 기능을 제공하고 있으며, Mastercard는 ChatGPT를 사용하여 고객 서비스를 개선하고 있다[3]. 또한, Hugging Face는 ChatGPT를 사용하여 자사의 챗봇 플랫폼을 개발하고 있다[3].

3. 생성형 AI의 한계점

생성형 AI는 다양한 분야에서 혁신적인 가능성을 제시하지만, 몇 가지 한계점을 가지고 있다.

- **잘못된 정보 생성:** 생성형 AI는 학습 데이터에 따라 잘못된 예측 결과를 생성할 수 있다[4]. 특히, 학습 데이터에 편향이 존재하는 경우, 편향된 결과를 생성할 수 있다.
- **표절 문제:** 생성형 AI는 기존 콘텐츠를 학습하여 새로운 콘텐츠를 생성하기 때문에 표절 문제가 발생할 수 있다[4]. AI 기술의 발전은 인간과 유사한 텍스트를 생성할 수 있는 능력을 향상시켰지만, 동시에 표절에 대한 우려도 증가시켰다. 이는 효과적인 표절 탐지 메커니즘의 필요성을 요구하고 있다.

- **윤리적 문제:** 생성형 AI가 생성한 콘텐츠의 저작권 문제, 책임 소재 등 윤리적인 문제가 발생할 수 있다[5].
- **환각 현상:** 생성형 AI 모델은 때때로 사실이 아닌 정보를 생성하는 환각 현상을 보일 수 있다[6].

4. 생성형 AI의 미래 전망

생성형 AI는 앞으로 더욱 발전하여 다양한 산업 분야에 혁신을 가져올 것으로 예상된다[7,8]. Allied Market Research의 분석에 따르면, 생성형 AI의 성장 요인은 다음과 같다[8].

- **증가하는 데이터 양:** 생성형 AI 모델은 대량의 데이터를 학습하여 성능을 향상시키는데, 데이터의 양이 증가함에 따라 생성형 AI 기술도 지속적으로 발전할 것이다.
- **컴퓨팅 성능 향상:** 고성능 컴퓨팅 기술의 발전은 복잡한 생성형 AI 모델을 학습하고 실행하는 데 필요한 시간과 비용은 줄어들게 될 것이다.
- **딥러닝 알고리즘의 발전:** 지속적으로 연구 및 발표되고 있는 딥러닝 알고리즘 및 보완 알고리즘의 발전은 생성형 AI 모델의 성능을 향상시키고 새로운 응용 분야를 가능하게 한다.
- **다양한 산업 분야의 수요 증가:** 다양한 산업 분야에서 생성형 AI 기술을 활용하려는 수요가 증가하고 있으며, 이는 생성형 AI 기술의 발전을 촉진하고 있다.

특히 금융 외에도 교육, 의료, 엔터테인먼트 분야에서의 활용이 주목받고 있다[7].

- **교육 분야:** 개인화된 학습 경험을 제공하고, 학생들의 학습 효과를 높이는 데 활용될 수 있다[12]. 예를 들어, 학생들은 생성형 AI를 사용하

여 콘텐츠 및 그래픽을 생성하고, 코드를 작성하고, 모바일 앱을 구축하고, 문제를 해결할 수 있다[8].

- **의료 분야**: 질병 진단, 신약 개발, 개인 맞춤형 치료 등에 활용될 수 있다.
- **엔터테인먼트 분야**: 새로운 콘텐츠 제작, 게임 개발, 가상현실 체험 등에 활용될 수 있다.

〈표 2-4〉 산업분야별 응용영역

산업분야	응용영역
교육	개인 맞춤형 학습, 콘텐츠 제작, 코드 작성, 문제 해결
의료	질병 진단, 신약 개발, 개인 맞춤형 치료
엔터테인먼트	콘텐츠 제작, 게임 개발, 가상현실 체험

5. 생성형 AI를 활용한 잘못된 정보의 식별

생성형 AI는 가짜 정보 탐지 기술을 통해 가짜 뉴스를 식별하고 허위 정보 확산을 방지하는 데 도움을 줄 수 있다[6]. 또한, 환각 현상 없이 결과를 설명할 수 있는 기술의 개발을 통해 생성형 AI 모델의 신뢰성을 높여야 한다[6].

하지만 생성형 AI의 발전과 함께 윤리적 과제, 데이터 무단 학습 문제, 개인 간 AI 활용 역량 격차 등 해결해야 할 과제도 존재한다[9,10]. 예를 들어, 많은 기업들이 생성형 AI에 투자하고 파일럿 프로그램을 운영하고 있지만, 실제로 생산성 향상이나 투자 수익률(ROI)을 달성하는 데 어려움을 겪고 있다[11]. 이는 생성형 AI의 잠재력을 최대한 활용하기 위해서는 현실적인 기대와 명확한 목표 설정이 필요함을 시사하고 있다.

6. 결론

생성형 AI는 새로운 콘텐츠와 아이디어를 생성하는 데 혁신적인 기술임은 분명하다. 다양한 분야에서 활용될 수 있으며, 앞으로 더욱 발전하여 우리 삶에 큰 영향을 미칠 것으로 예상된다. 특히, 금융, 교육, 의료, 엔터테인먼트 분야에서 개인 맞춤형 학습, 질병 진단, 새로운 콘텐츠 제작 등에 활용될 수 있다.

하지만 생성형 AI의 한계점과 윤리적 문제 등을 인지하고, 책임감 있는 AI 개발을 위한 노력을 지속해야 한다. 잘못된 정보 생성, 표절 문제, 환각 현상 등은 생성형 AI 기술의 발전과 함께 해결해야 할 과제이다. 또한, 생성형 AI 기술의 혜택을 모든 사람이 누릴 수 있도록 개인 간 AI 활용 역량 격차를 해소하고 윤리적 문제를 해결하기 위한 노력이 필요하다.

궁극적으로 생성형 AI는 인간의 창의성을 증폭시키고 생산성을 향상시키는 도구로 활용될 수 있다. 생성형 AI 기술의 잠재력을 최대한 활용하면서도 그에 따르는 책임과 과제를 인지하고, 지속적인 연구 개발과 사회적 합의를 통해 인간 중심의 AI 발전을 이루어 나가야 한다.

4절 초대규모 AI 모델의 경제적·사회적 파급효과

1. 초대규모 AI 모델의 등장

인공지능(AI) 기술은 빠르게 발전하고 있으며, 그 중에서도 초대규모 AI 모델은 딥러닝 기술을 기반으로 방대한 데이터를 학습하여 인간과 유사한 수준의 지능을 구현하는 것을 목표로 한다[1]. 이러한 초대규모 AI 모델은 자연어 처리, 이미지 인식, 음성 인식 등 다양한 분야에서 뛰어난 성능을 보이며 기존 AI 모델의 한계를 뛰어넘는 혁신적인 기술로 주목받고 있다. 특히, 챗GPT의 활성 사용자 수(MAU)가 두 달 만에 1억 명을 돌파하며 빠른 속도로 일상 곳곳에 스며들고 있다는 점에서 그 파급력은 가히 폭발적이라고 할 수 있다[1]. 본 장에서는 초대규모 AI 모델이 가져올 경제적, 사회적 파급력을 심층적으로 분석하고, 그 의미와 중요성을 논의한다.

2. 초대규모 AI 모델의 경제적 파급력

초대규모 AI 모델은 경제 전반에 걸쳐 막대한 영향력을 행사할 것으로 예상된다.

- **생산성 향상**: 초대규모 AI 모델은 자동화, 데이터 분석, 예측 등 다양한 업무를 효율적으로 수행하여 기업의 생산성을 크게 향상시킬 수 있다[3]. 예를 들어, 제조업에서는 AI 기반 로봇이 생산 라인에 투입되어 제품 생산 속도를 높이고 불량률을 감소시키는 데 기여할 수 있다[4]. 금융업에서는 AI 알고리즘이 투자 분석 및 위험 관리를 자동화하여 금융 기관의 효율성을 높일 수 있다[4]. 또한, LLM은 방대한 양의 텍스트 데이터, 즉 정책 성명서, 재무 보고서, 뉴스 기사 등을 분석하는 데 강력한 도구로 활용될 수 있으며, 경제 및 중앙 은행 업무에 상당한 잠재력을 가지고 있다[5].
- **신규 산업 및 일자리 창출**: 초대규모 AI 모델은 새로운 산업 및 서비스를 창출하고, 이와 관련된 새로운 일자리를 만들어낼 것이다[6]. 예를 들어, AI 기반 챗봇, 가상 비서, 개인 맞춤형 교육 서비스 등이 등장하여 소비자들에게 더욱 편리하고 혁신적인 경험을 제공할 수 있다[7]. 또한, AI 모델 개발, 데이터 분석, AI 윤리 전문가 등 새로운 직업들이 생겨나면서 고용 시장에도 변화가 일어날 것이다[6]. 한편, LLM은 직장에서 창의성, 문제 해결 및 독립적인 의사 결정을 위한 더 많은 여지를 만들어 일자리의 질을 향상시킬 잠재력도 가지고 있다[8].
- **경제 성장 촉진**: 초대규모 AI 모델은 생산성 향상, 신규 산업 창출, 혁신 가속화 등을 통해 국가 경제 성장에 크게 기여할 것으로 예상된다[6]. AI 기술을 적극적으로 활용하는 국가는 경쟁력을 강화하고 글로벌 시장에서 우위를 점할 수 있을 것이다[7].

3. 초대규모 AI 모델의 사회적 파급력

초대규모 AI 모델은 사회 전반에도 광범위한 영향을 미칠 것으로 예상된다.

- **삶의 질 향상**: 초대규모 AI 모델은 의료, 교육, 교통, 환경 등 다양한 분야에서 사회 문제 해결에 기여하여 삶의 질을 향상시킬 수 있다[9]. 예를 들어, 의료 분야에서는 AI 기반 진단 시스템이 질병을 조기에 진단하고 개인 맞춤형 치료법을 제공하여 환자들의 건강 증진에 기여할 수 있다[10]. 교육 분야에서는 AI 튜터가 학생들의 학습 수준과 스타일에 맞춰 개인별 맞춤형 교육을 제공하여 학습 효과를 높일 수 있다[10].
- **정보 접근성**: 초대규모 AI 모델은 정보 접근성을 향상시키는 동시에 정보의 신뢰성에 대한 우려를 불러일으킬 수 있다. AI 기반 검색 엔진은 사용자의 질문에 대해 정확하고 포괄적인 정보를 제공하여 정보 접근성을 높일 수 있지만, 동시에 AI가 생성한 정보의 진위 여부를 판단하기 어려워 가짜 뉴스, 허위 정보 등이 확산될 위험성도 존재한다[11]. 특히, LLMs는 "부주의한 발언", 즉 진실에 대한 적절한 주의가 부족한 발언을 생성할 위험이 있으며, 이러한 발언의 확산은 미묘하고 무형적인 피해를 야기할 수 있다[12].
- **사회적 불평등 심화**: 초대규모 AI 모델은 일자리 자동화, 데이터 편향 등으로 인해 사회적 불평등을 심화시킬 수 있다는 우려도 제기되고 있다[12]. AI 기술 도입으로 인해 단순 반복적인 업무는 자동화되어 저숙련 노동자들의 일자리가 감소할 수 있으며, AI 모델 학습에 사용되는 데이터에 편향이 존재할 경우 AI 시스템이 특정 집단에게 불리한 결과를 초래할 수 있다[12]. 특히, 컴퓨터가 지식 근로자의 생산성을 높여주면서 사무직이나 행정보조원과 같은 '중간 임금' 노동자에 대한 수요가 감소하고, 이는 디지털 기술이 전 세계적으로 불평등을 심화시키는데 일조할 수 있다[13].

- **학문적 담론**: LLMs는 학술 논문 작성 및 발표에도 영향을 미치고 있으며, "중요한"과 같은 LLM 스타일의 단어가 초록과 구두 발표에서 더 자주 사용되는 경향을 보인다[14]. 이는 LLMs가 인간 사회에 미치는 암묵적인 영향과 파급 효과에 대한 주의를 환기시키고 있다.
- **멀티 모달 AI**: LLMs는 텍스트, 이미지, 오디오 등 다양한 유형의 콘텐츠를 처리하고 생성할 수 있는 멀티 모달 기능을 통해 인간과 같은 추론 능력을 갖추게 될 것으로 예상된다[15]. 이는 일상생활에서 AI 기술을 더욱 몰입감 있고 상호 작용적으로 경험할 수 있도록 한다.

〈표 2-5〉 초대규모 AI 모델의 사회적 파급력 사례

분야	사례	영향도
엔터테인먼트	가상 인플루언서 '릴 미켈라', '로지'[16]	소셜 미디어에서 실제 인플루언서와 유사한 활동을 하며 사회적 상호 작용에 참여하고 영향력을 행사
미디어	MBN의 AI 김주하 앵커[16]	방송 제작 방식에 변화를 가져오고, 다양한 분야에서 활용될 가능성을 제시
고객 서비스	Amtrak의 AI 챗봇 'Julie'[17]	고객 서비스 분야에서 효율성을 높이고 인건비를 절감

4. 결론 및 시사점

초대규모 AI 모델은 경제적, 사회적 파급력을 가지고 있으며, 우리 삶의 방식을 근본적으로 변화시킬 잠재력을 지니고 있다. 생산성 향상, 혁신 가속화, 삶의 질 향상 등 긍정적인 측면과 더불어 일자리 감소, 사회적 불평등 심화, 정보 신뢰성 문제 등 해결해야 할 과제도 존재한다. 초대규모 AI 모델의 긍정적인 측면을 극대화하고 부정적인 측면을 최소화하기 위해서는 다음과 같은 노력이 필요한다.

- **AI 기술 개발과 윤리적 책임**: AI 기술 개발과 더불어 일자리 감소, 사회적 불평등, 정보 편향 등 윤리적 문제에 대한 깊이 있는 고민과 해결책 마련이 필요하다[9]. 더 나아가, 에너지 효율적인 알고리즘과

재생 에너지원을 활용하여 환경에 미치는 영향을 완화하기 위한 노력도 기울여야 한다[9].

- **AI 인재 양성**: 초대규모 AI 모델 개발 및 활용을 위한 전문 인력 양성에 적극적으로 투자해야 한다[10].
- **사회적 합의**: AI 기술 도입에 따른 사회적 변화에 대한 사회적 합의를 도출하고, 관련 정책 및 제도를 마련해야 한다[18].

초대규모 AI 모델은 인류에게 새로운 기회와 도전을 제시하는 기술이다. 긍정적인 활용을 통해 더 나은 미래를 만들어갈 수 있도록, 책임감을 가지고 기술 개발과 사회적 논의를 이어나가야 한다.

5절 오픈소스 LLM의 중요성 및 활용 방안

1. 오픈소스 LLM 이란?

2022년 말 등장한 ChatGPT는 전 세계적으로 생성형 AI 열풍을 불러일으켰다. 이는 곧 거대 언어 모델(LLM) 개발 경쟁으로 이어졌고, 초기에는 폐쇄형 LLM 중심으로 시장이 형성되는 것 같았다. 그러나 2024년 메타의 LLaMA2 공개를 기점으로 오픈소스 LLM의 중요성이 다시금 부각되고 있다. 오픈소스 LLM은 접근성, 커스터마이징, 비용 효율성 측면에서 강점을 지니며, 투명성을 통해 AI 발전에 기여할 수 있다는 점에서 그 가치가 높다고 볼 수 있다[123]. 여기서는 2025년 글이 작성되는 시점을 중심으로 활발하게 개발되고 있는 오픈소스 LLM을 분석하고, 각 LLM의 주요 기능, 장단점, 활용 분야, 주요 사용 주체, 서비스, 발전 방향 등을 제시하였다. 또한, LLM 간 비교 분석, 미래 전망, 오픈소스 LLM의 중요성 등을 논하며, 앞으로의 LLM 개발 방향을 가늠해 본다.

2. 주요 오픈소스 LLM 분석

2025년 현재 활발하게 개발 중인 주요 오픈소스 LLM은 다음과 같다.

- LLaMA2 (Meta)
- Falcon (Technology Innovation Institute)
- MPT (MosaicML)
- StableLM (Stability AI)
- RedPajama (Together)

각 LLM에 대한 상세 분석은 아래와 같다.

LLaMA2 (Meta)

- **주요 기능**: 메타에서 개발한 LLaMA2는 이전 버전인 LLaMA1에 비해 훨씬 많은 데이터로 학습되었으며, 상용적으로 사용 가능하다는 특징을 지니고 있다[1]. 다양한 크기의 모델(7B, 13B, 70B)을 제공하여 사용자가 필요에 따라 선택할 수 있도록 하고 있다. LLaMA2는 상업적 이용을 허용하는 라이선스를 가지고 있다[1].
- **장점**: 뛰어난 성능과 상용적 사용 가능성이 가장 큰 장점이다. 메타의 지원을 받아 지속적인 업데이트가 이루어지고 있으며, 커뮤니티의 활발한 참여로 빠르게 발전하고 있다.
- **단점**: 모델의 크기가 커서 높은 사양의 하드웨어가 필요하며, fine-tuning 과정이 복잡할 수 있다.
- **활용 분야**: 챗봇, 텍스트 생성, 번역, 질의응답, 요약 등 다양한 자연어 처리 분야에서 활용 가능하다.
- **주요 사용 주체**: 기업, 연구 기관, 개인 개발자 등 다양한 주체가 LLaMA2를 활용하고 있다.

- **활용 서비스**: 메타의 AI 비서 'Meta AI'에 LLaMA2가 적용되었으며, 다양한 기업에서 LLaMA2 기반의 챗봇 및 텍스트 생성 서비스를 제공하고 있다[1].
- **발전 방향**: 모델 경량화, 추론 속도 향상, 다국어 지원 강화 등의 방향으로 발전할 것으로 예상된다.

Falcon (Technology Innovation Institute)

- **주요 기능**: Technology Innovation Institute에서 개발한 Falcon은 높은 성능과 효율성을 자랑하는 LLM이다. 특히, 추론 속도가 빠르다는 장점이 있으며, 7B, 40B 크기의 모델을 제공하고 있다[4].
- **장점**: Apache 2.0 라이선스를 따르는 완전한 오픈소스 모델로, 자유롭게 사용 및 수정할 수 있다[4]. 뛰어난 성능과 효율성을 바탕으로 다양한 분야에서 활용되고 있다.
- **단점**: 다른 LLM에 비해 커뮤니티 규모가 작아 정보 공유 및 지원이 부족할 수 있다.
- **활용 분야**: 텍스트 생성, 번역, 요약, 코드 생성 등 다양한 분야에 활용이 가능하다.
- **주요 사용 주체**: 연구 기관, 기업, 개인 개발자 등 다양한 주체가 Falcon을 사용하고 있다.
- **활용 서비스**: Falcon을 기반으로 한 텍스트 생성 및 코드 생성 서비스가 등장하고 있으며, 다양한 애플리케이션에 활용될 가능성이 높다.
- **발전 방향**: 모델 크기 확장, 다국어 지원, 다양한 분야에 특화된 모델 개발 등이 예상된다.

MPT (MosaicML)

- **주요 기능**: MosaicML에서 개발한 MPT는 상용적으로 사용 가능한 오픈소스 LLM이다. 다양한 크기의 모델을 제공하며, fine-tuning을 통해 특정 작업에 맞게 모델을 최적화할 수 있다.
- **장점**: 상용적 사용이 가능하며, 높은 성능과 효율성을 보여주고 있다. MosaicML 플랫폼을 통해 쉽게 모델을 학습하고 배포할 수 있다.
- **단점**: 다른 LLM에 비해 인지도가 낮고, 커뮤니티 규모가 작다.
- **활용 분야**: 챗봇, 텍스트 생성, 번역, 질의응답 등 다양한 분야에 활용이 가능하다.
- **주요 사용 주체**: 기업, 연구 기관 등에서 주로 사용한다.
- **활용 서비스**: MPT를 기반으로 한 챗봇 및 텍스트 생성 서비스가 개발되고 있다.
- **발전 방향**: 모델 성능 향상, 다국어 지원, 다양한 작업에 특화된 모델 개발 등이 기대된다.

StableLM (Stability AI)

- **주요 기능**: Stability AI에서 개발한 StableLM은 안정성과 투명성을 강조하는 오픈소스 LLM 이다. 다양한 크기의 모델을 제공하며, 연구 및 상용 목적으로 자유롭게 사용할 수 있다.
- **장점**: 높은 안정성과 투명성을 갖춘 모델로, 윤리적인 AI 개발에 기여할 수 있다. Stability AI의 지원을 받아 지속적인 업데이트가 이루어지고 있다.
- **단점**: 다른 LLM에 비해 성능이 다소 낮을 수 있으며, 커뮤니티 규모가 작다.

- **활용 분야**: 텍스트 생성, 코드 생성, 이미지 캡셔닝 등 다양한 분야에 활용이 가능하다.
- **주요 사용 주체**: 연구 기관, 개인 개발자 등에서 주로 사용한다.
- **활용 서비스**: StableLM을 기반으로 한 텍스트 생성 및 코드 생성 서비스가 개발되고 있다.
- **발전 방향**: 모델 성능 향상, 다국어 지원, 다양한 분야에 특화된 모델 개발 등이 예상된다.

RedPajama (Together)

- **주요 기능**: Together에서 개발한 RedPajama는 LLaMA의 데이터셋을 재현하여 만든 오픈소스 LLM 이다. 데이터셋 구축 과정을 투명하게 공개하여 재현성을 높였다.
- **장점**: 투명한 데이터셋 구축 과정을 통해 신뢰성을 확보했다. LLaMA와 호환되어 LLaMA 기반의 도구 및 라이브러리를 활용할 수 있다.
- **단점**: 다른 LLM에 비해 성능이 낮을 수 있으며, 커뮤니티 규모가 작다.
- **활용 분야**: 텍스트 생성, 번역, 질의응답 등 다양한 분야에 활용이 가능하다.
- **주요 사용 주체**: 연구 기관, 개인 개발자 등에서 주로 사용한다.
- **활용 서비스**: RedPajama를 기반으로 한 연구 및 개발이 진행되고 있다.
- **발전 방향**: 모델 성능 향상, 다국어 지원, 다양한 분야에 특화된 모델 개발 등이 기대된다.

<표 2-6> LLM 간 비교 분석

LLM	개발 기관	크기 (파라미터 수)	주요 특징	장점	단점	활용 분야
LLaMA2	Meta	7B, 13B, 70B	상용적 사용 가능, 다양한 크기 제공	뛰어난 성능, 활발한 커뮤니티	높은 하드웨어 요구 사양	챗봇, 텍스트 생성, 번역, 질의응답, 요약 등
Falcon	Technology Innovation Institute	7B, 40B	높은 성능, 빠른 추론 속도	완전한 오픈소스, 자유로운 사용	작은 커뮤니티 규모	텍스트 생성, 번역, 요약, 코드 생성 등
MPT	MosaicML	7B, 30B	상용적 사용 가능, fine-tuning 용이	높은 성능, MosaicML 플랫폼 지원	낮은 인지도	챗봇, 텍스트 생성, 번역, 질의응답 등
StableLM	Stability AI	3B, 7B	안정성, 투명성	윤리적인 AI 개발, 지속적인 업데이트	낮은 성능	텍스트 생성, 코드 생성, 이미지 캡셔닝 등
RedPajama	Together	3B, 7B	LLaMA 데이터셋 재현, 투명한 데이터 구축	높은 신뢰성, LLaMA 호환성	낮은 성능	텍스트 생성, 번역, 질의응답 등

LLM의 성능을 객관적으로 평가하고 비교 분석하기 위해서는 다양한 평가 지표와 방법론이 필요하다[56]. 텍스트 생성 품질, 번역 정확도, 질의응답 정확도 등의 통계적인 지표를 활용하여 LLM을 평가할 수 있다[6]. 또한, 특정 작업에 대한 성능을 평가하기 위해 벤치마크 데이터셋을 활용할 수 있으며[5] 사람이 직접 LLM이 생성한 텍스트를 평가하는 방법도 사용된다[6]. LLM의 내부 표상을 분석하여 모델의 이해력과 추론 능력을 평가할 수도 있다[7]. 이러한 다양한 평가 결과를 종합적으로 분석하여 LLM의 성능을 비교 분석해야 한다[8].

3. LLM의 미래 전망

LLM은 앞으로 더욱 발전하여 다양한 분야에서 활용될 것으로 예상된다.

- **AI 에이전트**: LLM은 AI 에이전트의 핵심 기술로 활용되어, 사용자의 의도를 이해하고 자동으로 작업을 수행하는 지능형 에이전트 개발에 기여할 것으로 예상된다[9]. 특히, LLM 기반 에이전트 AI는 콘텐츠 생성과 고객 서비스와 같은 작업에 활용될 수 있다[10]. 한편으로는 초거대 언어 모델이 예기치 않은 발언을 하거나 민감 정보를 노출하는 등 위험 요소가 늘어남에 따라 이를 사전에 제어·차단하는 '가드레일' 기술의 중요성이 더욱 부각되고 있다[11].
- **개인 맞춤형 LLM**: 개인의 데이터를 학습한 개인 맞춤형 LLM이 등장하여, 개인 비서, 교육, 헬스케어 등 다양한 분야에서 활용될 수 있다.
- **다양한 분야 특화 LLM**: 특정 분야의 데이터를 학습한 특화된 LLM이 개발되어, 해당 분야의 전문적인 작업을 수행할 수 있을 것이다.
- **멀티모달 LLM**: 텍스트뿐만 아니라 이미지, 음성, 영상 등 다양한 형태의 데이터를 이해하고 생성하는 멀티모달 LLM이 개발될 것이다.

LLM의 발전과 함께 AI 윤리, 데이터 편향, 저작권 문제 등 해결해야 할 과제들도 등장 하고 있다[12]. LLM 기술의 윤리적인 활용과 사회적 영향에 대한 지속적인 논의는 장기적인 과제가 될 전망이다.

4. 오픈소스 LLM의 시장 규모

QYResearch에서 발표한 "Global Large Language Model (LLM) Market Research Report 2024"는 LLM 시장의 현재 상태와 미래 트렌드를 분석하고 있다[13]. 이 장에서는 시장 규모, 성장 동인, 주요 플레이어 등을 포함하여 LLM 시장에 대한 전반적인 정보를 제공한다. 본 교재에서 다루는 오픈소스

LLM들이 시장에서 어떤 위치를 차지하고 있는지, 그리고 앞으로 어떻게 성장할 것인지에 대한 추가적인 정보를 얻을 수 있다.

> **참고** 오픈소스 LLM의 중요성
>
> 오픈소스 LLM은 AI 기술 발전과 보편화에 중요한 역할을 할 것이다.
> - **접근성**: 누구나 자유롭게 오픈소스 LLM을 사용하고 연구에 활용할 수 있다.
> - **커스터마이징**: 오픈소스 LLM은 사용자의 필요에 맞게 자유롭게 수정하고 개선할 수 있다.
> - **비용 효율성**: 오픈소스 LLM은 상용 LLM에 비해 비용이 저렴하거나 무료로 사용할 수 있다.
> - **투명성**: 오픈소스 LLM은 모델의 구조와 학습 데이터가 공개되어 있어, 투명성을 확보하고 편향 및 안전 문제를 해결하는 데 도움이 된다[2].

최근 OpenAI 또한 LLM을 오픈소스로 공개하면서 업계의 흐름이 변화하고 있으며, 고급 AI 기능에 대한 접근을 민주화할 수 있는 가능성을 보여주고 있다[14]. 오픈소스 LLM은 AI 기술의 민주화를 촉진하고, 다양한 분야에서 혁신을 이끌어 낼 것으로 기대된다[15].

5. 결론

이 장에서는 2025년 현재 활발하게 개발되고 있는 주요 오픈소스 LLM을 분석하고, LLM의 미래 전망과 오픈소스 LLM의 중요성을 논했다. LLM은 AI 기술의 핵심 동력으로, 앞으로 더욱 발전하여 다양한 분야에서 활용될 것으로 예상된다. 특히 AI 에이전트 분야에서 LLM의 활용이 기대되지만, 동시에 '가드레일'과 같은 안전 장치의 필요성도 증가하고 있다. 오픈소스 LLM은 AI 기술의 접근성을 높이고, 투명성을 확보하며, 혁신을 촉진하는 데 중요한 역할을 할 것이다. LLM 기술의 윤리적인 활용과 사회적 영향에 대한 지속적인 논의와 함께, 오픈소스 LLM 생태계 활성화를 위한 노력이 필요하다. 오픈소스 LLM의 발전은 AI 기술이 특정 기업이나 기관에 독점되지 않고, 더 많은 사람들에게 혜택을 줄 수 있도록 하는 데 기여할 것이다. 앞으로 오픈소스 LLM은 더욱 발전하여 AI 기술의 혁신과 보편화를 이끌어 갈 것으로 기대된다.

2장 최신 인공지능 기술과 금융산업

1절 초대규모 언어 모델의 금융 산업 응용

1. 금융 데이터 분석 및 텍스트 생성

초대규모 언어 모델(LLM)은 금융 산업에서 데이터 분석과 텍스트 생성에 혁신을 가져오고 있다. LLM은 방대한 양의 금융 데이터를 분석하여 시장 예측, 투자 전략 수립, 위험 관리 등에 활용될 수 있으며, 이를 통해 금융 기관은 더욱 정확하고 효율적인 의사 결정을 내릴 수 있다. 또한 LLM은 금융 상품 설명서, 계약서, 보고서 등 다양한 텍스트를 자동으로 생성하여 업무 효율성을 높이고 인적 오류를 줄이는 데 기여할 수 있다.

1) 금융 시장 예측 및 분석

LLM은 뉴스 기사, 소셜 미디어 게시물, 금융 보고서 등의 텍스트 데이터를 분석하여 시장 심리를 파악하고 투자 전략을 수립하는 데 도움을 줄 수 있다[1]. 또한 과거 시장 데이터를 학습하여 미래 시장 가격을 예측하거나 투자 포트폴리오를 최적화하는 데에도 활용될 수 있다[1].

- **BloombergGPT**: 블룸버그는 금융 산업에 특화된 500억 개의 매개변수를 가진 LLM인 BloombergGPT를 개발했다[2]. BloombergGPT는 금융 뉴스, 보고서, 시장 데이터 등 방대한 양의 금융 텍스트 데이터를 학습하여 시장 예측, 감정 분석, 위험 평가 등 다양한 금융 작업을 수행할 수 있다.
- **GPT-4**: GPT-4는 범용 LLM이지만 금융 분야에도 적용되어 금융 시장 예측에서 60%의 정확도를 달성하여 기존 모델보다 뛰어난 성능을 보였다[3]. 이는 금융 기관이 더욱 정확한 의사 결정을 내리고 투자 수익률을 높이는 데 도움이 될 수 있다.
- **Reddit 시장 감정 분석**: LLM은 Reddit과 같은 소셜 미디어 플랫폼에서 시장 감정을 분석하여 투자 전략에 활용할 수 있다[4]. LLM은 Reddit 게시물의 텍스트 데이터를 분석하여 특정 주식이나 시장에 대한 투자자들의 긍정적 또는 부정적 감정을 파악하고, 이를 기반으로 투자 결정을 내리는 데 도움을 줄 수 있다.

〈표 2-7〉 BloombergGPT vs. GPT-4

LLM 이름	파라미터의 수	주요 기능	강점	약점
BloombergGPT	500억 개	시장 예측, 감정 분석, 위험 평가	금융 데이터에 특화된 학습	범용성 부족
GPT-4	1조 개 이상	시장 예측, 텍스트 생성, 질의응답	뛰어난 자연어 이해 능력	금융 데이터 특화 학습 부족

2) 금융 상품 개발 및 설명서 생성

LLM은 금융 상품 개발 및 설명서 생성에도 활용될 수 있다. 예를 들어, 고객의 요구사항을 분석하여 맞춤형 금융 상품을 설계하거나, 복잡한 금융 상품에 대한 설명서를 자동으로 생성하여 고객의 이해도를 높이는 데 도움을 줄 수 있다[5].

- **개인 맞춤형 투자 전략**: LLM은 고객의 재무 목표, 위험 허용 범위, 시장 상황 등을 분석하여 개인에게 최적화된 투자 전략 및 포트폴리오를 추천할 수 있다[5].
- **금융 상품 설명서 자동 생성**: LLM은 복잡한 금융 상품에 대한 설명서를 자동으로 생성하여 고객이 상품을 쉽게 이해하고 가입할 수 있도록 지원할 수 있다[6]. 예를 들어, 일본의 한 증권 회사는 LLM을 활용하여 직원들이 복잡한 펀드 상품을 이해하고 고객에게 판매하는 데 도움을 주는 시스템을 구축했다[7]. 이 시스템은 펀드 상품에 대한 정보를 제공하고, 고객의 질문에 답변하며, 판매 전략을 제시하는 등 다양한 기능을 제공한다.
- **계약서 분석 및 요약**: LLM은 금융 계약서와 같은 복잡한 법률 문서를 분석하고 요약하여 핵심 정보를 빠르게 파악할 수 있도록 도와줄 수 있다[8].

3) 개인 맞춤형 금융 컨설팅 및 자산 관리

LLM은 개인 맞춤형 금융 컨설팅 및 자산 관리 서비스를 제공하는 데에도 활용될 수 있다. 예를 들어, 고객의 재무 상황, 투자 목표, 위험 감수 수준 등을 고려하여 맞춤형 투자 포트폴리오를 구성하고, 시장 상황 변화에 따라 자산을 재분배하는 등의 서비스를 제공할 수 있다[5].

- **AI 기반 투자 자문 챗봇**: LLM 기반 챗봇은 고객의 질문에 답변하고, 투자 관련 정보를 제공하며, 개인 맞춤형 투자 조언을 제공할 수 있다[9].
- **자산 관리 자동화**: LLM은 고객의 자산을 자동으로 관리하고, 시장 상황 변화에 따라 포트폴리오를 조정하여 수익률을 극대화할 수 있다[10].
- **개인 맞춤형 재무 계획**: LLM은 고객의 재무 상황을 분석하고, 예산 관리, 저축, 투자 등에 대한 개인 맞춤형 재무 계획을 수립하는 데 도움을 줄 수 있다[11]. 또한, Allganize는 'Alli LLM App Builder'를

통해 금융 회사들이 코딩 지식 없이도 맞춤형 LLM 앱을 만들 수 있도록 지원하고 있다[12]. 이는 기업들이 자체 데이터를 활용하여 고객에게 더욱 개인화된 금융 컨설팅 서비스를 제공할 수 있도록 돕는다.

4) 사기 탐지 및 위험 관리

LLM은 금융 사기를 예방하고 위험을 관리하는 데에도 활용될 수 있다[5].

- **이상 거래 탐지**: LLM은 실시간 거래 패턴을 분석하여 이상 징후를 감지하고 잠재적인 사기 행위를 식별할 수 있다[5].
- **비정형 데이터 분석**: LLM은 거래 내역, 이메일, 소셜 미디어 게시물 등의 비정형 데이터를 분석하여 숨겨진 패턴을 파악하고 사기 행위를 적발할 수 있다[5].
- **신용 평가**: LLM은 다양한 데이터 소스를 분석하여 신용도를 평가하고 대출 심사 등에 활용될 수 있다[5].
- **시장 위험 평가**: LLM은 방대한 양의 금융 뉴스와 보고서를 처리하여 시장 위험을 종합적으로 평가하고 투자 결정을 지원할 수 있다[5].

5) 투자 리서치 및 분석

LLM은 투자 리서치 및 분석 분야에서도 활용될 수 있다[5].

- **재무 보고서 분석**: LLM은 재무 보고서, 수익 보고서, 시장 데이터 등을 요약하고 분석하여 투자 분석가에게 필요한 정보를 제공할 수 있다[5].
- **투자 리서치 보고서 생성**: LLM은 여러 출처의 정보를 종합하여 포괄적인 투자 리서치 보고서를 생성할 수 있다[5].
- **시장 동향 분석**: LLM은 뉴스 및 소셜 미디어에 대한 감정 분석을 수행하여 시장 동향을 파악하고 잠재적인 시장 변동을 예측할 수 있다[5].

6) 금융 데이터 분석의 정확도 및 신뢰성 향상 방안

LLM을 이용한 금융 데이터 분석의 정확도 및 신뢰성을 향상시키기 위해서는 다음과 같은 방안을 고려해야 한다.

- **고품질 데이터 확보**: LLM의 성능은 학습 데이터의 품질에 크게 좌우된다. 따라서 정확하고 신뢰할 수 있는 금융 데이터를 확보하는 것이 중요하다[3]. 예를 들어, 데이터 정제 및 검증 기술을 활용하여 데이터의 오류를 수정하고 일관성을 유지해야 한다.
- **도메인 특화 학습**: 금융 분야에 특화된 LLM을 개발하기 위해서는 금융 데이터를 사용하여 모델을 학습시켜야 하다[13]. 예를 들어, 금융 용어, 규제, 시장 구조 등에 대한 정보를 포함하는 금융 데이터셋을 구축하고 이를 활용하여 LLM을 미세 조정할 수 있다.
- **편향 완화**: LLM은 학습 데이터에 존재하는 편향을 반영할 수 있으므로, 금융 데이터 분석에 사용될 경우 편향을 완화하기 위한 노력이 필요하다[14]. 예를 들어, 데이터셋의 다양성을 확보하고, 편향된 데이터를 제거하거나 수정하며, 공정성 지표를 활용하여 모델의 편향을 평가하고 개선할 수 있다.
- **설명 가능성**: LLM이 내린 결정의 근거를 명확하게 설명할 수 있도록 모델을 개발해야 하다[15]. 예를 들어, LLM이 특정 투자 결정을 내린 이유를 설명하는 보고서를 생성하거나, 중요한 변수 및 그 영향을 시각화하여 사용자가 모델의 의사 결정 과정을 이해할 수 있도록 지원할 수 있다.
- **지속적인 모니터링 및 개선**: LLM의 성능을 지속적으로 모니터링하고, 필요에 따라 모델을 개선해야 한다[16]. 예를 들어, 모델의 예측 정확도, 오류율, 사용자 피드백 등을 지속적으로 추적하고 분석하여 모델의 성능을 평가하고 개선해야 한다. 또한, 새로운 금융 데이터를 활용하

여 모델을 재학습시키고 최신 시장 동향을 반영해야 한다.

- **프롬프트 엔지니어링**: "AI 에이전트 디자인 패턴"과 같은 프롬프트 기술을 활용하여 LLM의 정확성을 향상시킬 수 있다[17]. 이러한 기술은 LLM이 금융 데이터를 더 잘 이해하고 분석할 수 있도록 질문을 구체화하고 맥락 정보를 제공하는 데 도움을 줄 수 있다.

2. 자동화된 고객 응대와 챗봇의 진화

LLM은 금융 산업에서 고객 응대 서비스를 자동화하고 챗봇의 성능을 향상시키는 데에도 활용될 수 있다. LLM 기반 챗봇은 고객의 질문에 자연스럽게 답변하고, 필요한 정보를 제공하며, 문제 해결을 지원하는 등 다양한 역할을 수행할 수 있다.

1) LLM 기반 챗봇을 이용한 고객 응대 자동화

LLM 기반 챗봇은 금융 기관의 고객 응대 서비스를 자동화하여 고객 만족도를 높이고 운영 비용을 절감하는 데 기여할 수 있다[18].

- **24시간 고객 지원**: LLM 기반 챗봇은 24시간 고객 문의에 응대하여 고객 서비스 접근성을 높일 수 있다[19]. 이는 고객이 언제 어디서든 필요한 정보를 얻고 문제를 해결할 수 있도록 지원하여 고객 만족도를 향상시키는 데 도움을 줄 수 있다.
- **단순 문의 자동 처리**: LLM 기반 챗봇은 계좌 잔액 확인, 거래 내역 조회, 카드 분실 신고 등 단순 문의를 자동으로 처리하여 상담원의 업무 부담을 줄일 수 있다[20]. 이를 통해 상담원은 더욱 복잡하고 전문적인 고객 문의에 집중하여 서비스 품질을 향상시킬 수 있다.
- **개인 맞춤형 서비스**: LLM 기반 챗봇은 고객의 과거 거래 내역, 금융 상품 가입 정보 등을 분석하여 개인 맞춤형 서비스를 제공할 수 있다[21].

예를 들어, 고객의 투자 성향에 맞는 금융 상품을 추천하거나, 고객의 소비 패턴을 분석하여 맞춤형 금융 정보를 제공할 수 있다.

2) LLM 기반 챗봇의 자연어 이해 및 처리 능력 향상

LLM 기반 챗봇은 자연어 이해 및 처리 능력이 뛰어나 고객의 질문에 더욱 자연스럽고 정확하게 답변할 수 있다[22].

- **문맥 이해**: LLM은 대화의 맥락을 이해하여 고객의 질문에 더욱 적절한 답변을 제공할 수 있다[23]. 예를 들어, 고객이 이전에 질문한 내용을 기억하고, 이를 바탕으로 다음 질문에 답변할 수 있다.
- **다양한 표현 이해**: LLM은 다양한 표현 방식을 이해하여 고객의 의도를 정확하게 파악할 수 있다[24]. 예를 들어, 고객이 같은 질문을 다르게 표현하더라도 LLM은 질문의 의도를 파악하고 적절한 답변을 제공할 수 있다.
- **감정 분석**: LLM은 고객의 감정을 분석하여 고객 만족도를 높이는 데 도움을 줄 수 있다[25]. 예를 들어, 고객이 화난 감정을 표현할 경우 LLM은 이를 인지하고 진정시키는 답변을 제공할 수 있다.

〈표 2-8〉 LLM 기반 챗봇 vs. 기존 챗봇

기능	LLM 기반 챗봇	기존 챗봇
자연어 이해	뛰어남	제한적
문맥 이해	가능	제한적
학습 능력	지속적인 학습	수동 업데이트
적용 분야	복잡한 대화, 개인화된 서비스	FAQ, 단순 문의

3) LLM 기반 챗봇의 개인 맞춤형 고객 응대 및 서비스 제공

LLM 기반 챗봇은 고객의 개인 정보, 과거 거래 내역, 선호도 등을 분석하여 개인 맞춤형 고객 응대 및 서비스를 제공할 수 있다[26].

- **맞춤형 상품 추천**: LLM 기반 챗봇은 고객의 금융 상황과 투자 목표를 고려하여 맞춤형 금융 상품을 추천할 수 있다[27]. 예를 들어, 고객의 위험 감수 수준, 투자 기간, 예상 수익률 등을 고려하여 가장 적합한 금융 상품을 추천할 수 있다.
- **개인 맞춤형 금융 정보 제공**: LLM 기반 챗봇은 고객의 관심 분야에 맞춰 개인 맞춤형 금융 정보를 제공할 수 있다[28]. 예를 들어, 고객이 주식 투자에 관심이 있다면 주식 시장 동향, 투자 전략, 종목 분석 등의 정보를 제공할 수 있다.
- **맞춤형 이벤트 안내**: LLM 기반 챗봇은 고객의 소비 패턴을 분석하여 맞춤형 이벤트를 안내할 수 있다[23]. 예를 들어, 고객이 자주 이용하는 가맹점의 할인 이벤트를 안내하거나, 고객의 소비 패턴에 맞는 카드 상품을 추천할 수 있다.

4) LLM 기반 챗봇의 보안 및 개인 정보 보호 이슈 및 해결 방안

LLM 기반 챗봇을 금융 산업에 적용할 때는 보안 및 개인 정보 보호 이슈에 대한 고려가 필요하다[29].

- **데이터 암호화**: 고객의 개인 정보 및 금융 데이터를 암호화하여 보호해야 한다[30]. 예를 들어, 암호화 알고리즘을 사용하여 데이터를 암호화하고, 암호화 키를 안전하게 관리해야 한다.
- **접근 제어**: 챗봇에 접근할 수 있는 사용자를 제한하고 권한을 관리해야 한다[31]. 예를 들어, 챗봇 시스템에 대한 접근 권한을 부여할 때는 최소 권한 원칙을 적용하고, 사용자 인증 및 권한 부여 시스템을 구축해야 한다.
- **취약점 점검**: 챗봇 시스템의 취약점을 정기적으로 점검하고 보완해야 한다[32]. 예를 들어, 보안 취약점 스캐너를 사용하여 시스템의 취약점을

점검하고, 발견된 취약점을 패치하여 보안을 강화해야 한다.

- **개인 정보 보호 정책 준수**: 개인 정보 보호 관련 법규를 준수하고, 고객에게 개인 정보 처리 방침을 명확하게 안내해야 한다[33]. 예를 들어, 개인 정보 수집 및 이용 목적, 처리 항목, 보유 기간 등을 명시하고, 고객의 동의를 얻어야 한다.

3. 결론 및 미래 전망

LLM은 금융 산업의 다양한 분야에서 혁신적인 변화를 가져올 잠재력이 있다. 금융 데이터 분석, 텍스트 생성, 고객 응대 자동화 등을 통해 금융 기관의 효율성을 높이고 고객 만족도를 향상시킬 수 있다. 예를 들어, LLM 기반 챗봇은 고객 응대 시간을 단축하고, 서비스 품질을 개선하며, 개인 맞춤형 서비스를 제공하여 고객 만족도를 높일 수 있다[34]. 또한, LLM은 금융 시장 예측, 위험 관리, 투자 분석 등에 활용되어 금융 기관의 의사 결정을 지원하고 수익 창출에 기여할 수 있다.

하지만 LLM 기술의 발전과 함께 보안, 개인 정보 보호, 윤리적 문제 등 해결해야 할 과제도 남아 있다. 금융 기관은 이러한 과제를 인지하고 적절한 해결 방안을 마련해야 LLM 기술을 안전하고 효과적으로 활용할 수 있을 것이다. 예를 들어, LLM 기반 챗봇을 운영할 때는 고객의 개인 정보를 안전하게 보호하기 위한 보안 시스템을 구축하고, 챗봇이 편향된 정보를 제공하지 않도록 지속적으로 모니터링해야 한다.

LLM 기술은 아직 초기 단계이지만 빠르게 발전하고 있으며, 금융 산업에 미치는 영향력은 더욱 커질 것으로 예상된다. 앞으로 금융 분야에 특화된 LLM 모델 개발, 챗봇의 개인화 및 지능화, LLM 기반 금융 서비스 확산 등이 주요 트렌드가 될 것으로 전망된다. 금융 기관은 LLM 기술의 발전 동향을 주시하고, 이를 적극적으로 활용하여 경쟁력을 강화해야 할 것이다.

참고 LLM 도입에 따른 금융 산업 일자리 변화:

LLM의 발전은 금융 산업의 일자리에도 영향을 미칠 것으로 예상된다. 단순 반복적인 업무는 자동화될 가능성이 높지만, LLM은 인간의 모든 업무를 대체할 수는 없다. 오히려 LLM은 인간의 능력을 보완하고 생산성을 향상시키는 도구로 활용될 가능성이 높다. 따라서 금융 기관은 LLM 기술을 활용하여 직원들의 역량을 강화하고 새로운 금융 서비스를 개발하는 데 집중해야 할 것이다.

2절 멀티모달 AI: 텍스트, 음성, 이미지의 통합 분석

1. 멀티모달 AI란 무엇인가?

멀티모달 AI는 인간이 세상을 인지하는 방식과 유사하게 텍스트, 음성, 이미지, 영상 등 다양한 형태의 데이터를 동시에 이해하고 처리하는 인공지능 기술이다. IBM에 따르면, 멀티모달 AI는 "여러 형태의 데이터를 결합하여 분석하고, 그 결과를 바탕으로 더욱 정확하고 효율적인 의사결정을 지원하는 AI 시스템"으로 정의된다[1]. 기존 AI 시스템이 주로 텍스트나 이미지 등 단일 데이터에 집중했다면, 멀티모달 AI는 이러한 데이터들을 통합적으로 분석하여 더욱 정확하고 심층적인 정보를 얻어낼 수 있다. 예를 들어, 금융 상품 설명서의 텍스트 내용과 함께 관련 이미지나 그래프를 함께 분석하여 고객에게 더욱 직관적인 정보를 제공할 수 있다[2]. 2024년은 AI, 특히 언어 및 이미지 처리 분야에서 눈부신 발전을 이룬 해였으며, 이는 멀티모달 AI의 중요성을 더욱 부각시키고 있다[3].

멀티모달 AI는 다양한 양식의 데이터를 입력으로 받아 동시에 훈련함으로써 서로 다른 양식의 데이터들을 융합한다. 이러한 융합 방식은 크게 Early Fusion, Joint Representation, Late Fusion으로 나눌 수 있다[2]. 각 융합 방식에 대한 설명과 금융 산업에서의 활용 가능성을 아래 표에 정리했다.

<표 2-9> 인공지능 기술의 융합방식

융합방식	설명	금융 응용 분야
Early Fusion	다양한 양식의 데이터를 초기 단계에서 결합하여 하나의 표현으로 변환하는 방식	고객의 음성과 표정 데이터를 결합하여 고객 감정 분석에 활용
Joint Representation	다양한 양식의 데이터를 공통된 벡터 공간에 매핑하여 상호 작용을 학습하는 방식	금융 뉴스 기사와 주가 데이터를 함께 분석하여 시장 예측 모델 구축
Late Fusion	각 양식의 데이터를 독립적으로 처리하고, 각각에 대한 예측이나 결정을 내린 뒤에 이러한 결과를 결합하여 최종 결정을 내리는 방식	고객의 신용 등급, 소득 증명 자료, 대출 신청서 텍스트 정보를 종합적으로 분석하여 대출 심사 자동화

2. 금융 산업에서의 멀티모달 AI 활용 사례

멀티모달 AI는 금융 산업에서 다양한 분야에 걸쳐 혁신적인 변화를 가져올 잠재력이 있다.

1) 금융 문서 분석

금융 문서는 복잡한 표, 그래프, 이미지 등 다양한 형태의 정보를 포함하고 있다. 멀티모달 AI는 이러한 정보를 종합적으로 분석하여 계약서, 재무 보고서, 투자 분석 자료 등을 빠르고 정확하게 이해할 수 있도록 지원한다[4]. 예를 들어, 멀티모달 AI는 대출 심사 과정에서 고객이 제출한 서류의 텍스트 정보뿐만 아니라 신용 등급, 소득 증명 자료 등의 이미지 정보까지 분석하여 신용도를 평가하고 대출 승인 여부를 결정할 수 있다.

2) 고객 서비스 및 상담

멀티모달 AI는 고객의 음성, 표정, 텍스트를 분석하여 감정과 의도를 파악하고, 이에 맞는 맞춤형 서비스를 제공할 수 있다[3]. 예를 들어, AI 챗봇은 고객의 질문에 대한 답변을 제공하는 동시에 음성 톤과 표정을 분석하여 고객의 불만을 감지하고, 상담원에게 연결하거나 추가적인 지원을 제공할 수 있다. 또한, 멀티모달 AI는 고객의 과거 거래 내역, 투자 성향, 위험 감수 수준 등을 분석하여 개인에게 최적화된 금융 상품을 추천할 수 있다. AI는 음성이나 이미지를 활용한 더 자연스러운 대화를 가능하게 만들어 사람들에게 친근하게 다가가고 있으며, 이를 통해 기업은 비용을 절감하고 고객은 더 나은 서비스를 받을 수 있다[3].

3) 금융 시장 분석

멀티모달 AI는 뉴스 기사, 소셜 미디어, 금융 시장 데이터 등 다양한 정보를 실시간으로 분석하여 투자 전략을 수립하고 시장 변동성을 예측하는 데 활용될 수 있다[5]. 예를 들어, 멀티모달 AI는 특정 기업에 대한 뉴스 기사, 재무 보고서, 주가 변동 추이 등을 종합적으로 분석하여 투자 위험을 평가하고 투자 포트폴리오를 조정할 수 있다. CV Insights에 따르면, MUFG를 비롯한 일본 금융 그룹의 CVC 투자가 AI 분야를 주도하고 있으며, 2024년 1분기에는 아시아 지역에서 투자 건수 기준 AI 부문 투자가 가장 활발했던 것으로 조사되었다[5]. 이는 금융 기관들이 멀티모달 AI를 포함한 AI 기술 도입에 적극적으로 나서고 있음을 보여준다.

4) AI 에이전트 개발

영상분석 전문 기업과 텍스트 분석 전문 기업이 협력하여 멀티모달 AI 에이전트 개발을 위해 협력하고 있다[6]. 이러한 AI 에이전트는 고객 서비스를 개선하고, 금융 업무 자동화를 통해 효율성을 높이는 데 기여할 수 있다. 예를 들어, AI 에이전트는 고객의 질문에 답변하고, 금융 상품 정보를 제공하며, 간단한 금융 거래를 처리할 수 있다.

5) 멀티모달 AI의 미래 전망

멀티모달 AI는 금융 산업뿐만 아니라 다양한 분야에서 혁신을 이끌어 낼 것으로 예상된다[2]. 특히, 금융 분야에서는 다음과 같은 분야에서 멀티모달 AI의 활용이 더욱 확대될 것으로 전망된다.

- **금융 사기 탐지**: 멀티모달 AI는 이상 거래 패턴을 감지하고, 위조된 문서나 신분증을 식별하여 금융 사기를 예방하는 데 기여할 수 있다.
- **리스크 관리**: 멀티모달 AI는 다양한 데이터를 분석하여 신용 위험, 시장 위험, 운영 위험 등을 예측하고 관리하는 데 활용될 수 있다.
- **개인화된 금융 서비스**: 멀티모달 AI는 고객의 개별적인 특성과 요구에 맞춰 더욱 개인화된 금융 상품과 서비스를 제공할 수 있다.

3. 결론

멀티모달 AI는 금융 산업의 효율성을 높이고 고객 경험을 개선하는 데 중요한 역할을 할 것으로 기대된다. 특히, 금융 사기 탐지, 리스크 관리, 개인화된 금융 서비스 제공 등 다양한 분야에서 멀티모달 AI의 활용이 확대될 것으로 예상된다. 금융 기관들은 멀티모달 AI 기술을 적극적으로 도입하여 경쟁력을 강화하고 미래 금융 시장 변화에 대응해야 할 것이다.

3절 생성형 AI와 윤리적 도전 과제

1. 서론

최근 딥러닝 기술의 발전과 함께 생성형 AI(Generative AI)가 급부상하고 있다. 생성형 AI는 텍스트, 이미지, 음성, 영상 등 다양한 콘텐츠를 생성할 수 있는 인공지능 기술로, 예술, 교육, 엔터테인먼트, 의료 등 다양한 분야에서 혁신적인 변화를 가져올 것으로 기대된다[1]. 하지만 생성형 AI는 동시에 윤리적인 문제점과 사회적 영향에 대한 우려도 제기하고 있다. 본 장에서는 생성형 AI가 제기하는 윤리적 도전 과제를 심층적으로 분석하고, 이에 대한 해결 방안을 모색하고자 한다.

2. 생성형 AI의 윤리적 쟁점

생성형 AI는 그 특성상 다음과 같은 윤리적 쟁점을 야기한다.

〈표 2-10〉 생성형 AI의 주요 윤리적 쟁점

윤리적 쟁점	내용	사례
편향 및 차별	생성형 AI는 학습 데이터에 내재된 편향과 차별을 반영하여 불공정한 결과를 생성할 수 있다. 이는 특정 집단에 대한 차별적인 묘사, 불리한 금융 서비스 제공 등으로 이어질 수 있다.	- 이미지 생성 시 특정 인종이나 성별에 대한 편견을 드러낼 수 있다[2]. - 금융 분야에서 대출 심사 시 특정 집단에게 불리한 결과를 초래할 수 있다[3]. - 의료 분야에서 부정확한 진단이나 치료 권고로 이어질 수 있다[4].
프라이버시 침해	생성형 AI는 개인정보를 포함한 방대한 데이터를 학습하는 과정에서 개인의 프라이버시를 침해할 가능성이 있다.	- 개인의 얼굴 이미지나 음성 데이터가 AI 모델 학습에 사용될 경우, 개인의 동의 없이 개인정보가 활용될 수 있다[5].
책임 소재	생성형 AI가 생성한 결과물에 대한 책임 소재는 여전히 불분명하다.	- 생성형 AI가 생성한 콘텐츠로 인해 발생하는 문제에 대한 책임을 개발자, 사용자, 또는 AI 자체에 어떻게 귀속시킬 것인지에 대한 논의가 필요하다[6].

참고 주요 인사이트

생성형 AI가 제기하는 윤리적 문제들은 서로 연관되어 있다. 데이터 편향은 프라이버시 침해로 이어질 수 있으며, 책임 소재가 불분명하면 이러한 문제들을 더욱 악화시킬 수 있다. 따라서 이러한 문제들을 종합적으로 고려하는 윤리적 프레임워크 안에서 해결 방안을 모색해야 한다[7].

3. 생성형 AI의 오용 가능성

생성형 AI는 악의적인 목적으로 오용될 가능성이 높다.

- **가짜 뉴스 생성**: 생성형 AI는 매우 정교한 가짜 뉴스를 생성하여 여론을 조작하거나 사회적 혼란을 야기할 수 있다[10]. 실제로 가짜 뉴스 웹사이트를 자동 생성하는 AI 기술이 등장하여 심각한 문제로 대두되고 있다[11]. 가짜 뉴스는 개인의 명예를 훼손하거나 사회적 불안감을 조성할 수 있으며, 심지어 선거 결과에도 영향을 미칠 수 있다[12].

- **딥페이크**: 생성형 AI를 이용하여 특정 인물의 얼굴이나 음성을 합성한 딥페이크 영상은 명예훼손, 사기, 정치적 선동 등에 악용될 수 있다[13]. 딥페이크 기술은 빠르게 발전하고 있으며, 이제는 전문가가 아니더라도 쉽게 딥페이크 영상을 제작할 수 있게 되었다[14]. 딥페이크는 악의적인 목적으로 사용될 경우 개인의 명예를 훼손하거나 사회적 혼란을 야기할 수 있다[15]. 하지만 딥페이크는 개인 맞춤형 콘텐츠 제작이나 접근성 향상 등 긍정적인 목적으로도 사용될 수 있다[16].
- **악의적인 콘텐츠 제작**: 생성형 AI는 플랫폼이나 포털 사이트에서 필터링하기 어려운 폭력적이거나 선정적인 콘텐츠를 제작하는 데 악용될 수 있다[18]. 이러한 콘텐츠는 사회적 통념과 윤리적 기준에 위배될 뿐만 아니라, 범죄에 악용될 가능성도 높다[20].

4. 생성형 AI와 인간의 관계

생성형 AI는 인간의 삶과 역할에 큰 변화를 가져올 것이다.

- **일자리 대체**: 생성형 AI는 단순 반복적인 업무뿐만 아니라, 창의적인 업무까지 자동화하여 인간의 일자리를 대체할 가능성이 있다[21]. 특히, 데이터 입력, 고객 서비스, 회계, 물류 등의 분야에서 일자리 감소가 예상된다[22]. 예를 들어, AI 기반 챗봇은 고객 서비스 상담원의 역할을 대체하고 있으며, AI 번역 기술은 번역가의 일자리를 위협하고 있다[23].
- **새로운 일자리 창출**: AI 기술의 발전은 새로운 일자리 창출에도 기여할 수 있다[24]. AI 시스템 개발, 운영, 관리, 교육 등 다양한 분야에서 새로운 일자리가 생겨날 것으로 예상된다. 특히, “AI 윤리 전문가”나 “AI 트레이너”와 같은 새로운 직업이 등장할 것으로 예상된다.
- **인간의 역할 변화**: 생성형 AI는 인간의 창의성과 문제 해결 능력을 보완하고 향상시키는 도구로 활용될 수 있다[25]. 이는 인간이 더욱 고차

원적인 사고와 창조적인 활동에 집중할 수 있도록 도와줄 것이다[25]. 예를 들어, 의료 분야에서 AI는 의사의 진단을 돕고, 교육 분야에서 AI는 학생들의 학습을 지원할 수 있다[25].

5. 생성형 AI의 사회적 영향

생성형 AI는 사회 전반에 걸쳐 다양한 영향을 미칠 것이다.

- **정보 격차**: 생성형 AI 기술 및 활용 능력의 차이는 새로운 정보 격차를 심화시킬 수 있다[26]. AI 기술에 대한 접근성이 낮은 계층은 정보 격차로 인해 교육, 경제, 사회 참여 등 다양한 분야에서 불이익을 경험할 수 있다[27]. 예를 들어, AI 기반 교육 시스템을 활용할 수 없는 학생들은 교육 격차를 경험할 수 있으며, AI 기술을 활용한 금융 서비스를 이용할 수 없는 사람들은 경제적 불이익을 겪을 수 있다[28].
- **교육 불평등**: 생성형 AI는 교육 불평등을 심화시킬 수 있다[29]. AI 기반 교육 시스템이나 AI 튜터를 이용할 수 있는 학생들은 더 나은 교육 기회를 얻을 수 있지만, 그렇지 못한 학생들은 교육 격차를 경험할 수 있다[30].
- **사회적 불평등 심화**: 생성형 AI는 경제적 불평등을 심화시킬 수 있다[31]. AI 기술을 소유한 기업이나 개인은 더 많은 부를 축적하고, AI 기술에 대한 접근성이 낮은 계층은 경제적 어려움을 겪을 수 있다[32]. 이는 사회적 불안정과 갈등을 야기할 수 있다[33].

6. 생성형 AI 윤리 문제 해결 방안

생성형 AI 윤리 문제를 해결하기 위해서는 다음과 같은 노력이 필요하다.

- **편향 완화**: AI 모델 학습에 사용되는 데이터의 편향을 최소화하고, 다양한 데이터를 활용하여 AI 모델의 공정성을 확보해야 한다[34]. 또한,

AI 모델의 편향을 지속적으로 모니터링하고 개선하는 노력이 필요하다[35]. 조직 내 AI 거버넌스를 구축하여 AI 활동을 지시, 관리, 모니터링하고 편향을 식별하고 해결할 수 있도록 해야 한다[2].

- **프라이버시 보호**: 개인정보보호 기술을 적용하여 AI 모델 학습 과정에서 개인정보를 안전하게 보호해야 한다[36]. 또한, 개인정보 활용에 대한 명확한 기준과 규제를 마련하여 개인의 권리를 보호해야 한다[37]. 예를 들어, 개인정보 익명화 기술, 차등 프라이버시 기술 등을 활용하여 개인정보를 보호할 수 있다[38].
- **책임 소재 규명**: 생성형 AI 기술 개발 및 활용에 대한 명확한 책임 소재 규명을 위한 법적, 제도적 장치를 마련해야 한다[39]. AI 시스템의 투명성을 확보하고, AI가 생성한 결과물에 대한 책임 소재를 명확히 하여 문제 발생 시 책임을 질 수 있도록 해야 한다[1].
- **오용 방지**: 가짜 뉴스 탐지 기술, 딥페이크 탐지 기술 등을 개발하여 생성형 AI의 악용을 예방해야 한다[40]. 또한, 악의적인 콘텐츠 필터링 기술을 개발하고 적용하여 유해 콘텐츠 확산을 방지해야 한다[41]. 예를 들어, 딥페이크 탐지 기술은 영상의 미세한 변화나 왜곡을 감지하여 딥페이크 여부를 판별할 수 있다[42].
- **정보 격차 해소**: 정보 격차 해소를 위해 AI 교육 기회를 확대하고, AI 기술에 대한 접근성을 높여야 한다[28]. 모든 계층이 AI 기술을 활용하고 혜택을 누릴 수 있도록 디지털 리터러시 교육을 강화하고 AI 기술 교육 프로그램을 제공해야 한다[30].
- **사회적 불평등 완화**: 사회적 불평등 심화를 방지하기 위해 AI 기술의 혜택을 모든 계층이 누릴 수 있도록 정책적 지원을 강화해야 한다[43]. AI 기술 개발 및 활용 과정에서 소외되는 계층이 없도록 사회적 안전망을 구축하고, AI 기술로 인해 발생하는 경제적 불평등을 해소하기 위한 정책을 마련해야 한다.

7. 결론

생성형 AI는 인류에게 새로운 기회와 도전을 동시에 제시하는 기술이다. 생성형 AI가 가져올 긍정적인 변화를 극대화하고, 윤리적 문제와 사회적 영향을 최소화하기 위해서는 끊임없는 노력과 사회적 합의가 필요하다. 본 장에서 제시된 윤리적 쟁점과 해결 방안을 바탕으로 생성형 AI 기술 개발 및 활용에 대한 지속적인 논의와 규제 마련이 이루어져야 할 것이다. 특히, 앞서 논의된 데이터 편향, 프라이버시 침해, 책임 소재 규명 등의 문제는 서로 연관되어 있으므로, 이러한 문제들을 종합적으로 고려한 해결 방안을 모색해야 한다. 생성형 AI 기술의 급속한 발전은 우리 사회에 큰 변화를 가져올 것이며, 이러한 변화에 대비하기 위해서는 적극적인 노력과 협력이 필요하다. 생성형 AI 기술이 인류에게 진정한 혜택을 가져다 줄 수 있도록 윤리적 문제 해결과 사회적 영향 최소화에 최선을 다해야 할 것이다.

4절 AI와 지속 가능성: 효율적인 데이터 학습과 에너지 절감

인공지능(AI)은 빠르게 발전하며 우리 삶의 모든 측면에 혁신을 가져오고 있다. 이와 더불어 AI 기술의 지속 가능성을 확보하는 것이 중요해지고 있다. AI의 지속 가능성이란 AI의 수명 주기 및 공급망 전반에 걸친 환경적 영향을 의미한다[1]. 기술 개발과 사용의 지속 가능성을 보장하는 동시에 환경적 영향을 최소화하는 것이 중요하다. ESG는 기업이 사회적 평등 및 다양성에 부여하는 가치에 중점을 둔다. AI의 위험 중 하나는 제공되는 학습 데이터의 편견을 반영할 수 있다는 것이다. 이로 인해 잘못된 정보가 확산되고 불평등이 야기될 수 있다[1].

Green AI는 환경에 미치는 영향을 최소화하면서 AI 기술을 개발하고 배포하는 것을 목표로 하는 AI 연구 및 개발 분야이다. Green AI는 에너지 효율적인 알고리즘, 데이터 센터의 지속 가능성, AI 모델의 환경적 영향 평가 등을 포함한다. Green AI의 중요성은 AI 기술의 급속한 발전과 함께 에너지 소비량 증가, 탄소 배출, 전자 폐기물 발생 등 환경 문제에 대한 우려가 커지고 있기 때문이다. Green AI를 통해 AI 기술의 환경적 영향을 줄이고 지속 가능한 사회를 만드는 데 기여할 수 있다.

본 장에서는 AI와 지속 가능성의 관계를 심층적으로 분석하고, 효율적인 데이터 학습 기법과 AI 모델 경량화 및 최적화, 지속 가능한 AI 개발 프레임워크, 그리고 AI를 활용한 에너지 관리 및 절감 방안을 제시해 보았다. 특히 최신 AI 기술 동향과 연구 결과를 반영하여 2025년 개정판에 필요한 정보를 제공하며, 금융 산업에서의 AI 지속 가능성 사례를 포함하여 기본 과정의 충실도를 높이고자 한다.

1. AI 모델 학습 과정에서의 에너지 소비량 및 환경 영향 분석

AI 모델, 특히 딥러닝 모델은 학습 과정에서 엄청난 양의 데이터와 컴퓨팅 파워를 필요로 한다. 이는 곧 높은 에너지 소비량으로 이어지며 탄소 배출 증가 등 환경에 부정적인 영향을 미칠 수 있다[2]. 데이터 센터는 AI 모델 학습에 필요한 컴퓨팅 파워를 제공하는 데 중요한 역할을 하지만, 동시에 막대한 에너지를 소비한다. 데이터 센터의 에너지 소비는 탄소 배출량 증가, 수자원 고갈, 열섬 현상 등 다양한 환경 문제를 야기할 수 있다[3]. 실제로 한 AI 모델의 소비 전력량은 미국 130가구의 연간 소비 전력량과 맞먹는다는 연구 결과도 있다[2]. 데이터 센터의 전력 소모량 또한 급증하고 있으며, 2026년에는 2022년의 두 배에 달할 것으로 예상된다[3].

AI 모델 학습 과정에서 에너지 소비량을 측정하는 방법은 다양하다[4]. 한 연구에서는 스마트 미터기를 활용하여 가정 내 전력 소비량을 측정하고, 이를 기반으로 사용자의 전력 사용 패턴을 분석하여 에너지 소비량을 예측하는 모델을 개발했다[4]. 또 다른 연구에서는 산업 부문의 전력 사용량 예측 모델을 개발하기 위해 AMI 데이터를 활용하여 각 요소별 소비 전력을 계측하고 데이터베이스를 구축했다[5]. 이처럼 AI 모델 학습 과정에서 에너지 소비량을 정확하게 측정하고 분석하는 것은 에너지 효율성을 높이고 환경 영향을 줄이기 위한 첫걸음이다.

2. 효율적인 데이터 학습 기법

AI 모델의 에너지 소비량을 줄이기 위한 다양한 효율적인 데이터 학습 기법들이 연구되고 있다. 대표적인 기법으로 전이 학습(Transfer Learning)과 연합 학습(Federated Learning)이 있다.

1) 전이 학습

전이 학습은 이미 학습된 모델의 지식을 새로운 모델에 활용하는 기법이다[6]. 예를 들어, 이미지 분류를 위해 학습된 모델을 다른 이미지 분류 작업에 활용하거나, 자연어 처리 모델을 다른 언어 처리 작업에 활용할 수 있다[7]. 전이 학습은 새로운 모델을 처음부터 학습하는 것보다 학습 시간과 데이터량을 줄일 수 있으며[8] 더 나은 성능을 달성할 수 있는 경우도 있다[7].

전이 학습은 AI의 지속 가능성에 다음과 같은 세 가지 주요 이점을 제공한다.

- **학습 시간 단축**: 전이 학습은 기존 모델을 활용하여 새로운 모델을 학습시키기 때문에 처음부터 학습하는 것보다 학습 시간을 단축할 수 있다. 이는 곧 에너지 소비량 감소로 이어져 AI의 환경적 영향을 줄이는 데 기여 할 수 있다.

- **데이터 요구량 감소**: 전이 학습은 기존 모델의 지식을 활용하기 때문에 새로운 모델을 학습시키는 데 필요한 데이터의 양을 줄일 수 있다. 이는 데이터 수집 및 처리에 필요한 에너지를 절약하고, 데이터 센터의 저장 용량 부담을 줄이는 데 도움이 된다.
- **잠재적 성능 향상**: 전이 학습은 기존 모델의 지식을 활용하여 새로운 모델의 성능을 향상시킬 수 있다. 더 높은 성능은 더 적은 에너지로 동일한 작업을 수행할 수 있음을 의미하며, 이는 AI의 지속 가능성을 높이는 데 기여 할 수 있다.

전이 학습은 다양한 분야에서 활용되고 있다. 예를 들어, 의료 영상 분석에서 질병 진단 정확도를 높이거나[9] 금융 분야에서 사기 탐지 모델의 성능을 향상시키는 데 사용될 수 있다[10]. 또한, 전이 학습은 새로운 분야에 대한 AI 모델 개발을 가속화하고, AI 기술의 접근성을 높이는 데 기여할 수 있다[11].

2) 연합 학습

연합 학습은 여러 기기 또는 서버에 분산된 데이터를 활용하여 중앙 서버 없이 AI 모델을 학습하는 기법이다[12]. 각 기기는 자신의 데이터를 이용하여 모델을 학습하고, 학습된 모델의 파라미터만 중앙 서버로 전송한다[13]. 중앙 서버는 각 기기에서 전송받은 파라미터를 종합하여 모델을 업데이트하고, 업데이트된 모델을 다시 각 기기로 전송한다[14]. 이러한 과정을 반복하여 최종적인 AI 모델을 학습한다.

연합 학습은 데이터 프라이버시 보호에 효과적이며[15] 데이터 전송량을 줄여 네트워크 부하를 감소시킬 수 있다[16]. 또한, 다양한 환경에서 수집된 데이터를 활용하여 모델의 성능을 향상시킬 수 있다[17]. 연합 학습은 의료, 금융, 스마트 팩토리 등 다양한 분야에서 활용될 수 있다.

3. AI 모델 경량화

AI 모델 경량화는 모델의 크기를 줄여 저장 공간, 메모리 사용량, 연산량을 감소시키는 기술이다[18]. 이는 AI 모델의 에너지 효율성을 높이는 데 중요한 역할을 할 수 있다.

AI 모델 경량화 기법

- **가지치기(Pruning)**: 모델에서 중요하지 않은 연결이나 뉴런을 제거하여 모델의 크기를 줄이는 방법이다[19].
- **양자화(Quantization)**: 모델의 가중치를 더 적은 비트로 표현하여 모델의 크기를 줄이는 방법이다[20].
- **지식 증류(Knowledge Distillation)**: 큰 모델의 지식을 작은 모델로 전달하여 작은 모델의 성능을 향상시키는 방법이다[21].
- **신경망 구조 검색(Neural Architecture Search, NAS)**: 자동으로 최적의 신경망 구조를 찾아 모델을 경량화하는 방법이다[22].

4. AI 모델 최적화

AI 모델 최적화는 모델의 성능을 유지하면서 속도를 향상시키거나 에너지 소비량을 줄이는 기술이다[23].

〈표 2-11〉 AI 모델 최적화 기법

기술	설명	장점
하이퍼파라미터 최적화	학습률, 배치 크기 등 모델의 성능에 영향을 미치는 하이퍼파라미터를 조정하여 모델의 성능을 향상시키는 방법이다[24].	- 모델 성능 향상 - 에너지 효율성 증가
연산 최적화	모델의 연산을 효율적으로 수행하기 위해 알고리즘이나 하드웨어를 개선하는 방법이다[19].	- 속도 향상 - 에너지 소비량 감소
데이터 최적화	학습 데이터의 품질을 개선하거나 데이터 증강 기법을 활용하여 모델의 성능을 향상시키는 방법이다[21].	- 모델 정확도 향상 - 과적합 방지

5. AI 윤리와 지속가능성

AI 기술의 지속 가능성을 추구하는 과정에서 윤리적 측면을 고려하는 것은 매우 중요하다. AI 개발 및 배포 과정에서 발생할 수 있는 편향, 차별, 프라이버시 침해 등의 윤리적 문제는 지속 가능한 사회를 구축하는 데 걸림돌이 될 수 있다. 예를 들어, AI 모델 학습에 사용되는 데이터에 편향이 존재할 경우, AI 시스템이 특정 집단에 불리한 결과를 초래할 수 있다. 또한, AI 시스템이 개인정보를 침해하거나 오용될 경우, 사회적 불신을 야기하고 AI 기술의 지속 가능한 발전을 저해할 수 있다.

AI 윤리 문제를 해결하기 위해서는 다양한 노력이 필요하다. 첫째, AI 개발자들은 윤리적 책임을 인지하고, AI 시스템 개발 과정에서 윤리적 가이드라인을 준수해야 하다. 둘째, AI 시스템의 투명성을 높여 편향이나 차별 발생 가능성을 감소시키고, 책임 소재를 명확히 해야 한다. 셋째, AI 윤리 교육을 강화하여 사회 구성원들의 AI 윤리 인식을 제고하고, AI 윤리에 대한 사회적 합의를 형성해야 한다.

6. 지속 가능한 AI 개발을 위한 프레임워크 및 가이드라인

지속 가능한 AI 개발을 위해서는 기술적인 측면뿐만 아니라 윤리적인 측면도 고려해야 하다. AI 개발 과정에서 발생할 수 있는 편향, 차별, 프라이버시 침해 등의 문제를 예방하고, AI가 사회에 미치는 영향을 책임감 있게 고려해야 한다. 이를 위해 다양한 프레임워크와 가이드라인이 제시되고 있다.

- **ESG 프레임워크:** 환경(Environment), 사회(Social), 지배구조(Governance) 요소를 고려하여 지속 가능한 AI 개발을 위한 기준을 제시한다[1]. AI 개발 과정에서 환경 영향을 최소화하고, 사회적 책임을 다하며, 투명하고 윤리적인 의사 결정을 해야 한다.

- **AI 윤리 가이드라인:** AI 개발 및 활용 과정에서 지켜야 할 윤리적 원칙을 제시한다[25]. 예를 들어, 인간의 존엄성을 존중하고, 편향과 차별을 방지하며, 프라이버시를 보호해야 한다. 국내에서는 과학기술정보통신부가 '국가 인공지능 윤리기준'을 마련하여 AI 윤리에 대한 사회적 합의를 도출하고, 책임있는 AI 개발을 위한 방향을 제시하고 있다[26].
- **책임있는 AI (Responsible AI):** AI 시스템의 개발, 배포, 사용 과정에서 윤리적 고려 사항을 통합하는 것을 의미한다[28]. AI 시스템이 안전하고 신뢰할 수 있으며, 공정하고 편견 없이 작동하도록 보장해야 한다.

지속 가능한 AI 개발 프레임워크 및 가이드라인은 AI 개발자가 윤리적 책임을 인지하고, 지속 가능한 AI 개발을 위한 실질적인 방안을 모색하도록 도와줄 수 있다.

7. AI를 활용한 에너지 관리 및 절감

AI는 에너지 관리 및 절감에도 활용될 수 있다. 스마트 그리드, 에너지 효율화, 재생에너지 예측 등 다양한 분야에서 AI 기술이 적용되어 에너지 효율성을 높이고 있다.

- **스마트 그리드:** AI는 스마트 그리드 시스템에서 에너지 생산 및 소비량을 예측하고, 실시간으로 에너지 흐름을 제어하여 에너지 효율성을 최적화할 수 있다[18]. 예를 들어, AI는 실시간 전력 수요를 예측하여 발전량을 조절하고, 전력망의 안정성을 유지하며, 에너지 저장 시스템을 효율적으로 관리할 수 있다. 또한, AI는 스마트 미터기 데이터를 분석하여 에너지 소비 패턴을 파악하고, 에너지 절약을 위한 맞춤형 솔루션을 제공할 수 있다.

- **에너지 효율화:** AI는 건물, 공장, 도시 등에서 에너지 소비 패턴을 분석하고, 에너지 낭비 요인을 파악하여 에너지 효율성을 높일 수 있다[19]. 예를 들어, AI 기반 스마트 빌딩 시스템은 건물 내 온도, 조명, 환기 등을 자동으로 조절하여 에너지 소비를 최소화할 수 있다. 또한, AI는 공장의 생산 공정을 최적화하여 에너지 소비량을 줄이고, 생산 효율성을 높일 수 있다.
- **재생에너지 예측:** AI는 태양광, 풍력 등 재생에너지 발전량을 정확하게 예측하여 에너지 생산 효율성을 높이고, 안정적인 에너지 공급을 가능하게 한다[21]. 예를 들어, AI는 기상 데이터, 과거 발전량 데이터 등을 분석하여 태양광 발전량을 예측하고, 이를 기반으로 에너지 저장 시스템을 효율적으로 운영할 수 있다. 또한, AI는 풍력 발전량 예측을 통해 풍력 터빈의 효율적인 운영 및 유지보수를 가능하게 할 수 있다.
- **자원 배분 최적화:** AI는 농업이나 물 관리와 같은 분야에서 지속 가능성을 위한 자원 배분을 최적화하는 데 사용될 수 있다. 예를 들어, AI 기반 정밀 농업 시스템은 토양 상태, 작물 생육 상태, 기상 데이터 등을 분석하여 물, 비료, 농약 등의 자원을 필요한 곳에 적절하게 배분할 수 있다. 이는 자원 낭비를 줄이고 환경 오염을 예방하는 데 도움이 된다. 물 관리 분야에서 AI는 물 수요를 예측하고, 누수를 감지하며, 물 공급 시스템을 최적화하여 물 부족 문제 해결에 기여할 수 있다.

AI를 활용한 에너지 관리 및 절감은 에너지 비용을 절감하고, 탄소 배출량을 줄이며, 지속 가능한 에너지 시스템 구축에 기여할 수 있다.

8. AI를 활용한 금융업에서의 지속가능성

금융 산업은 AI를 활용하여 지속 가능성 목표를 달성하는 데 앞장서고 있다. 금융 기관들은 환경에 미치는 영향을 줄이고, 지속 가능한 투자를 촉진하며, 기후 관련 위험을 관리하기 위해 AI를 다양한 방식으로 활용하고 있다.

- **환경 영향 감소**: AI는 금융 기관의 운영에서 탄소 배출량을 줄이는 데 도움이 될 수 있다. 예를 들어, AI 기반 에너지 관리 시스템은 건물의 에너지 소비를 최적화하고, 종이 사용을 줄이며, 출장을 줄이는 데 도움이 될 수 있다. 또한, AI는 금융 기관의 투자 포트폴리오를 분석하여 탄소 배출량이 높은 기업에 대한 투자를 줄이고, 환경 친화적인 기업에 대한 투자를 늘릴 수 있다.
- **지속 가능한 투자 촉진**: AI는 지속 가능한 투자를 위한 의사 결정을 지원할 수 있다. 예를 들어, AI는 기업의 ESG(환경, 사회, 지배 구조) 성과를 평가하고, 지속 가능한 투자 기회를 식별하며, 투자 포트폴리오의 지속 가능성을 분석하는 데 사용될 수 있다. 또한, AI는 투자자들에게 지속 가능한 투자 옵션에 대한 맞춤형 정보를 제공하고, 지속 가능한 투자에 대한 인식을 높이는 데 도움이 될 수 있다.
- **기후 관련 위험 관리**: AI는 기후 변화로 인한 금융 위험을 평가하고 관리하는 데 도움이 될 수 있다. 예를 들어, AI는 기후 변화 시나리오를 기반으로 자산 가치 변화를 예측하고, 기후 관련 재해로 인한 손실을 추정하며, 기후 변화 적응 전략을 수립하는 데 사용될 수 있다. 또한, AI는 기후 관련 정보를 수집하고 분석하여 금융 기관의 의사 결정을 지원할 수 있다.

금융 산업에서 AI를 지속 가능성을 위해 활용하는 사례는 다음과 같다.

- **ESG 평가**: AI는 기업의 ESG 데이터를 분석하여 ESG 등급을 매기고, 투자자들이 지속 가능한 투자 결정을 내릴 수 있도록 지원 할 수 있다.
- **녹색 채권 발행**: AI는 녹색 채권 발행 과정을 자동화하고, 녹색 채권 투자의 효과를 분석하여 지속 가능한 금융 상품 개발을 촉진한다.
- **기후 리스크 관리**: AI는 기후 변화로 인한 금융 위험을 예측하고, 금융 기관이 기후 변화에 대비할 수 있도록 지원한다.

이처럼 AI는 금융 산업이 지속 가능한 사회를 만드는 데 중요한 역할을 할 수 있도록 지원하고 있다.

9. 결론 및 시사점

AI 기술은 지속 가능한 사회를 위한 핵심 동력이다. 효율적인 데이터 학습과 에너지 절감을 통해 AI 기술의 지속 가능성을 확보하고, AI를 활용하여 에너지 효율성을 높이는 것은 우리 사회의 지속 가능한 발전에 필수적이다.

본 장에서는 AI 모델 학습 과정에서 발생하는 에너지 소비량 및 환경 영향을 분석하고, 전이 학습, 연합 학습 등 효율적인 데이터 학습 기법을 소개했다. 또한, AI 모델 경량화 및 최적화 기술을 통해 에너지 효율성을 향상시키는 방안을 제시하고, 지속 가능한 AI 개발을 위한 프레임워크 및 가이드라인, 그리고 AI 윤리의 중요성을 살펴보았다. 마지막으로 AI를 활용한 에너지 관리 및 절감, 금융 산업에서의 지속 가능성 사례를 통해 AI 기술이 다양한 분야에 기여할 수 있는 가능성을 제시했다.

AI 기술의 지속 가능성을 확보하기 위한 노력은 앞으로 더욱 중요해질 것이다. AI는 에너지 효율성을 높이고, 탄소 배출량을 줄이며, 지속 가능한 사회를 만드는 데 기여할 수 있는 잠재력을 가지고 있다. AI 기술의 지속 가능성을 확보하기 위해서는 국제적인 협력, 지속적인 연구 개발, 그리고 사회적 합의가 필요하다. AI 개발자, 연구자, 정책 입안자는 물론, 우리 사회 구성원 모두가 AI 기술의 지속 가능성에 대한 책임감을 갖고 적극적으로 참여해야 한다.

AI 기술의 발전은 인류에게 새로운 기회와 도전을 제시하고 있다. AI 기술의 잠재력을 최대한 활용하고, 동시에 그 위험을 최소화하기 위해서는 지속 가능한 AI 개발에 대한 노력을 지속해야 한다. AI 기술의 지속 가능성은 인류의 지속 가능한 미래를 위한 필수적인 요소이다.

3장
생성형 AI 알고리즘

1절 Transformer 구조의 이해와 발전

1. 서론

Transformer는 자연어 처리 분야에서 혁명을 일으킨 딥러닝 모델이다. 2017년 “Attention Is All You Need”[1] 논문에서 처음 소개된 Transformer는 기존의 순환 신경망(RNN) 및 장단기 메모리(LSTM) 모델의 한계를 극복하고 자연어 처리 작업의 성능을 크게 향상시켰다. 본 장에서는 Transformer 구조에 대한 심층적인 이해를 제공하고, 그 발전 과정과 다양한 활용 사례를 살펴보았다. 또한, Transformer 구조의 장점과 단점을 분석하고 미래 전망에 대해 논의한다. 특히 금융 분야에서의 활용 가능성을 탐색하여 Transformer 구조의 폭넓은 적용 가능성을 제시하고자 하였다.

2. Transformer 구조의 기본 개념 및 작동 원리

Transformer는 입력 시퀀스를 연속적인 표현의 시퀀스로 매핑하는 인코더와 이를 디코더로 전달하여 출력 시퀀스를 생성하는 디코더로 구성된 인코더-디코더 구조를 따른다[1]. 이는 기존의 seq2seq 모델과 동일한 구조이지만,

Transformer는 RNN이나 CNN을 사용하지 않고 Self-Attention 메커니즘을 사용한다는 점에서 차이가 있다[2]. 즉, Transformer는 인코더-디코더 구조를 유지하면서도, RNN이나 CNN 대신 Self-Attention을 사용하여 입력 및 출력의 표현을 계산하는 최초의 트랜스덕션 모델이다[2].

인코더는 입력 토큰을 문맥화된 표현으로 변환하는 역할을 한다[2]. 즉, 각 토큰을 개별적으로 처리하는 이전 모델과 달리 Transformer 인코더는 전체 시퀀스를 고려하여 각 토큰의 문맥을 파악한다. 인코더는 입력 시퀀스를 토큰 단위로 받아 숫자 표현(단어 임베딩)으로 변환한다[3]. 이러한 입력 임베딩은 디코더로 전달되어 최종적으로 텍스트로 변환되는 일련의 임베딩으로 출력을 생성하는 데 사용된다.

Transformer는 문장 전체를 한 번에 처리하여 단어 사이의 관계를 파악하고 문맥을 이해한다[4]. 예를 들어, "나는 오늘 사과를 먹었다"라는 문장에서 Transformer는 "나"와 "사과" 사이의 관계를 파악하여 "나"가 "사과"를 먹었다는 것을 이해한다. 이러한 방식은 기존 RNN 또는 LSTM 모델처럼 단어를 순차적으로 처리하는 것과는 큰 차이가 있으며[4] Transformer가 효율성을 높이고 장거리 의존성 문제를 해결하는 데 도움이 된다.

3. Transformer 구조의 주요 구성 요소 - 어텐션 메커니즘 (Attention Mechanism)

어텐션 메커니즘은 입력 시퀀스에서 중요한 부분에 집중하여 정보를 처리하는 기술이다. Transformer는 Self-Attention 메커니즘을 사용하여 입력 시퀀스의 모든 토큰 간의 관계를 파악하고 각 토큰에 대한 가중치를 계산한다. 이를 통해 모델은 문맥 정보를 효과적으로 학습하고 중요한 정보에 집중하여 출력 시퀀스를 생성할 수 있다.

4. Transformer 구조의 발전 과정

Transformer는 2017년 처음 소개된 이후 다양한 방식으로 발전해 왔다. 주요 발전 과정은 다음과 같다.

- **Self-Attention**: Transformer는 Self-Attention 메커니즘을 통해 입력 시퀀스의 모든 토큰 간의 관계를 파악하여 문맥 정보를 효과적으로 학습한다. 이는 기존 RNN 모델의 한계를 극복하고 자연어 처리 성능을 크게 향상시키는 데 기여했다. Self-Attention은 시퀀스 내의 모든 토큰 쌍 간의 관계를 계산하여 각 토큰이 다른 토큰과 얼마나 관련되는지에 대한 정보를 제공한다. 이를 통해 모델은 문장 내에서 각 단어의 의미를 더 정확하게 파악하고, 장거리 의존성을 효과적으로 학습할 수 있다.
- **BERT (Bidirectional Encoder Representations from Transformers)**: BERT는 Transformer의 인코더를 사용하여 양방향으로 문맥 정보를 학습하는 모델이다. 기존의 언어 모델은 텍스트를 왼쪽에서 오른쪽으로 또는 오른쪽에서 왼쪽으로 한 방향으로만 처리했지만, BERT는 양방향으로 텍스트를 처리하여 더 풍부한 문맥 정보를 얻을 수 있다. 대규모 데이터셋에서 사전 학습된 BERT는 다양한 자연어 처리 작업에서 높은 성능을 보여주었으며, 자연어 이해 분야의 발전에 큰 영향을 미쳤다.
- **GPT (Generative Pre-trained Transformer)**: GPT는 Transformer의 디코더를 사용하여 텍스트를 생성하는 모델이다. GPT는 이전 토큰들을 기반으로 다음 토큰을 예측하는 방식으로 텍스트를 생성하며, 대규모 데이터셋에서 사전 학습되어 다양한 스타일과 주제의 텍스트를 생성할 수 있다. GPT-3와 같은 최신 GPT 모델은 텍스트 생성, 번역, 요약 등 다양한 자연어 처리 작업에서 뛰어난 성능

을 보여주고 있으며, 인공지능이 인간과 유사한 텍스트를 생성할 수 있는 가능성을 보여주고 있다.

5. Transformer 구조의 장점과 단점

1) 장점

- **병렬 처리**: Transformer는 RNN과 달리 순차적으로 처리할 필요가 없어 병렬 처리가 가능하다. 이는 학습 속도를 크게 향상시키고, 대규모 데이터셋을 효율적으로 처리할 수 있도록 했다.
- **장거리 의존성 학습**: Self-Attention 메커니즘을 통해 입력 시퀀스의 모든 토큰 간의 관계를 파악하여 장거리 의존성을 효과적으로 학습할 수 있다.
- **다양한 분야로의 응용**: 자연어 처리뿐만 아니라 컴퓨터 비전, 음성 처리 등 다양한 분야에서 높은 성능을 보여주고 있다.

2) 단점

- **계산 복잡도**: Self-Attention 메커니즘은 계산 복잡도가 높아 많은 메모리와 계산량을 필요로 한다. 특히 입력 시퀀스의 길이가 길어질수록 계산량이 증가하여, 긴 텍스트를 처리하는 데 어려움을 겪을 수 있다.
- **입력 시퀀스 길이 제한**: Transformer는 입력 시퀀스 길이에 제한이 있어 긴 텍스트를 처리하는 데 어려움이 있다. 이는 Self-Attention 메커니즘이 모든 토큰 쌍 간의 관계를 계산하기 때문에 발생하는 문제이다.

6. Transformer 구조의 다양한 변형 모델

Transformer의 기본 구조를 기반으로 다양한 변형 모델이 개발되었다. 몇 가지 주요 변형 모델은 다음과 같다.

- **Longformer:** 긴 입력 시퀀스를 효율적으로 처리하기 위해 Self-Attention 메커니즘을 개선한 모델이다. Longformer는 모든 토큰 쌍 간의 Attention을 계산하는 대신, 일부 토큰에 대해서만 Attention을 계산하여 계산량을 줄였다. 이를 통해 긴 텍스트를 효율적으로 처리하면서도 Transformer의 성능을 유지할 수 있게 되었다.
- **Reformer:** 메모리 사용량을 줄이고 효율성을 높이기 위해 다양한 기술을 적용한 모델이다. Reformer는 Locality-Sensitive Hashing (LSH)와 같은 기술을 사용하여 Attention 계산에 필요한 메모리 사용량을 줄이고, Reversible layers를 사용하여 활성화 값을 저장하지 않고도 역전파를 수행할 수 있도록 한다.

7. Transformer 구조의 활용 사례

Transformer는 자연어 처리, 컴퓨터 비전, 음성 처리 등 다양한 분야에서 활용되고 있다. 몇 가지 주요 활용 사례는 다음과 같다.

- 자연어 처리:
  - **번역:** Transformer는 기계 번역 분야에서 뛰어난 성능을 보여주고 있으며, Google 번역과 같은 서비스에 활용되고 있다.
  - **텍스트 요약:** 긴 텍스트를 요약하는 데 사용된다.
  - **질의응답:** 질문에 대한 답변을 생성하는 데 사용된다.
  - **챗봇:** 자연스러운 대화를 생성하는 챗봇에 활용된다.

- 컴퓨터 비전:
    - **이미지 분류:** 이미지를 분류하는 데 사용된다.
    - **객체 탐지:** 이미지에서 특정 객체를 탐지하는 데 사용된다.
- 음성 처리:
    - **음성 인식:** 음성을 텍스트로 변환하는 데 사용된다.
    - **음성 합성:** 텍스트를 음성으로 변환하는 데 사용된다.

8. Transformer 구조의 미래 전망 및 발전 가능성

Transformer는 자연어 처리 분야에서 혁명을 일으켰으며, 앞으로도 다양한 분야에서 활용될 것으로 예상된다. 특히, 다음과 같은 분야에서 발전 가능성이 높다.

- **효율성 향상:** Transformer 모델의 계산 복잡도를 줄이고 효율성을 높이는 연구가 활발히 진행되고 있다. Longformer, Reformer와 같은 모델들이 이러한 노력의 일환이며, 앞으로 더욱 효율적인 Transformer 모델들이 개발될 것으로 예상된다.
- **긴 입력 시퀀스 처리:** 긴 텍스트를 효율적으로 처리하기 위한 연구가 진행되고 있으며, Longformer와 같은 모델이 개발되었다. 긴 시퀀스 데이터를 효율적으로 처리할 수 있는 Transformer 모델은 다양한 분야에서 활용될 수 있을 것으로 기대된다.
- **다양한 분야에서 응용:** 자연어 처리뿐만 아니라 컴퓨터 비전, 음성 처리, 금융 등 다양한 분야에서 Transformer 모델의 활용 가능성이 탐색되고 있다. Transformer의 Self-Attention 메커니즘은 다양한 유형의 데이터에서 관계를 파악하는 데 효과적이기 때문에, 앞으로 더욱 다양한 분야에서 활용될 것으로 예상된다.

9. 금융 분야에서의 Transformer 구조 활용 가능성

Transformer 구조는 금융 분야에서도 다양하게 활용될 수 있다. 몇 가지 예시는 다음과 같다.

- **금융 데이터 분석:** Transformer는 시계열 데이터 분석에 강점을 가지고 있어 주가 예측, 리스크 관리 등에 활용될 수 있다. 주식 가격, 환율, 금리 등과 같은 금융 시계열 데이터는 시간에 따라 변화하는 패턴을 가지고 있다. Transformer는 Self-Attention 메커니즘을 통해 이러한 패턴을 효과적으로 학습하여 미래 가격을 예측하거나 리스크를 관리하는 데 활용될 수 있다.
- **리스크 관리:** 금융 시장의 변동성을 예측하고 리스크를 관리하는 데 활용될 수 있다. Transformer는 과거의 시장 데이터를 분석하여 미래 시장의 변동성을 예측하고, 이를 기반으로 투자 포트폴리오를 조정하거나 리스크를 헤지하는 전략을 수립하는 데 도움을 줄 수 있다.
- **투자 전략:** 투자 포트폴리오 최적화 및 투자 전략 수립에 활용될 수 있다. Transformer는 다양한 금융 자산의 가격 변동 패턴을 분석하고, 투자자의 위험 감수 수준과 투자 목표를 고려하여 최적화된 투자 포트폴리오를 구성하는 데 활용될 수 있다.
- **사기 탐지:** 금융 거래 데이터를 분석하여 사기 행위를 탐지하는 데 활용될 수 있다. Transformer는 정상적인 거래 패턴과 비정상적인 거래 패턴을 학습하여 사기 거래를 탐지하고 예방하는 데 도움을 줄 수 있다.

10. 결론

Transformer는 자연어 처리 분야에서 혁명을 일으킨 딥러닝 모델이며, 그 발전은 계속되고 있다. Self-Attention 메커니즘을 기반으로 하는 Transformer는 기존 모델의 한계를 극복하고 다양한 자연어 처리 작업에서 뛰어난 성능을 보여주었다. 본 장에서는 Transformer 구조의 기본 개념부터 발전 과정, 장단점, 활용 사례까지 폭넓게 다루었다. Transformer는 자연어 처리뿐만 아니라 컴퓨터 비전, 음성 처리 등 다양한 분야에서 활용되고 있으며, 금융 분야에서도 큰 잠재력을 가지고 있다.

특히 금융 분야에서는 시계열 데이터 분석 능력과 장거리 의존성 학습 능력을 바탕으로 주가 예측, 리스크 관리, 투자 전략 수립 등에 활용될 수 있다. Transformer는 복잡한 금융 시장의 패턴을 분석하고 예측하여 금융 기관들이 더 나은 의사 결정을 내리고 효율성을 높이는 데 기여할 수 있을 것으로 기대된다. 앞으로 Transformer는 더욱 발전하여 다양한 분야에서 인공지능 기술 발전에 기여할 것으로 예상된다.

2절 대규모 사전 학습 (Pretrained Models)

1. 개요

최근 인공지능 분야에서 딥러닝 기술의 발전과 함께 대규모 사전 학습(Pretrained Models) 이 주목받고 있다. 대규모 사전 학습은 대량의 데이터를 사용하여 모델을 미리 학습시키는 방법으로, 이를 통해 특정 작업에 맞게 모델을 미세 조정하여 높은 성능을 달성할 수 있다. **대규모 언어 모델(LLM)은 방대한 데이터 세트에서 얻은 지식을 기반으로 텍스트 및 기타 콘텐츠를 인식, 요약, 번역, 예측 및 생성할 수 있는 딥러닝 알고리즘이다.**[1] 이 장에서는 대규모 사전 학습의 개념, 종류, 학습 방식, 장단점, 활용 사례 및 미래 전망에 대해 자세히 살펴보고, 특히 금융 분야에서의 활용 사례를 중점적으로 다룬다. **사전 학습된 모델은 방대한 데이터 세트로 훈련된 강력한 모델을 활용할 수 있도록 함으로써 AI를 민주화하고 있다.**[2]

2. 대규모 사전 학습의 개념 및 정의

대규모 사전 학습은 대량의 데이터를 사용하여 모델을 미리 학습시키는 것을 의미한다[2]. 이러한 모델은 일반적으로 딥 뉴럴 네트워크를 기반으로 하며, 이미지, 텍스트, 음성 등 다양한 형태의 데이터를 학습할 수 있다[4]. 대규모 사전 학습 모델은 특정 작업에 특화되지 않고, 다양한 작업에 적용될 수 있는 일반적인 지식을 학습한다[3]. 이러한 모델은 이후 특정 작업에 맞게 미세 조정(Fine-tuning) 과정을 거쳐 높은 성능을 달성할 수 있다[5].

1) 대규모 언어 모델의 구조

대규모 언어 모델(LLM)에는 일반적으로 세 가지 아키텍처 요소가 있다[6].

- **인코더:** 토크나이저가 대량의 텍스트를 숫자 값인 토큰으로 변환하면 인코더는 유사한 의미를 가진 단어를 벡터 공간에 서로 가깝게 배치하는 의미 있는 토큰 임베딩을 생성한다. 즉, 텍스트를 컴퓨터가 이해할 수 있는 형태로 변환하는 역할을 한다.
- **디코더:** 디코더는 인코더에서 생성된 임베딩을 사용하여 텍스트를 생성하거나 번역하는 등의 작업을 수행한다. 즉, 주어진 정보를 바탕으로 새로운 텍스트를 생성하는 역할을 한다.
- **시퀀스-투-시퀀스 모델:** 인코더와 디코더를 결합하여 입력 시퀀스를 출력 시퀀스로 변환하는 모델이다. 예를 들어, 기계 번역에서 입력 시퀀스는 원문 텍스트이고 출력 시퀀스는 번역된 텍스트이다.

2) 미세 조정 (Fine-tuning)

미세 조정은 사전 학습된 모델을 특정 작업에 맞게 조정하는 과정이다[5]. 사전 학습된 모델은 이미 대량의 데이터에서 일반적인 지식을 학습했기 때문에, 새로운 작업에 대한 학습 데이터가 적더라도 높은 성능을 달성할 수 있다. 미세 조정은 전이 학습 (Transfer Learning) 의 핵심 개념으로, 기존 지식을 활용하여 새로운 문제를 해결하는 효율적인 방법이다.

3. 대규모 사전 학습 모델의 종류

대규모 사전 학습 모델은 다양한 종류가 있으며, 각 모델은 고유한 아키텍처와 특징을 가지고 있다. 대표적으로 다음과 같은 모델들이 있다.

- **BERT (Bidirectional Encoder Representations from Transformers):** Google에서 개발한 자연어 처리 모델로, 문맥을 양방향으로 고려하여 단어의 의미를 파악하는 데 뛰어난 성능을 보여주고 있다. BERT는 Transformer 인코더를 기반으로 하며, Masked Language Modeling (MLM) 과 Next Sentence Prediction (NSP) 이라는 두 가지 자기 지도 학습 방식을 사용하여 학습된다. MLM은 문장에서 일부 단어를 가리고, 모델이 가려진 단어를 예측하도록 학습하는 방식이고, NSP는 두 문장이 이어지는 문장인지 예측하도록 학습하는 방식이다. BERT는 텍스트 분류, 질의 응답, 감정 분석 등 다양한 자연어 처리 작업에 활용된다.
- **GPT (Generative Pre-trained Transformer):** OpenAI에서 개발한 자연어 생성 모델로, 텍스트 생성, 번역, 요약 등 다양한 작업에 활용된다. GPT는 Transformer 디코더를 기반으로 하며, 이전 단어들을 기반으로 다음 단어를 예측하는 방식으로 학습된다. GPT는 대규모 텍스트 데이터를 사용하여 학습되며, 사람과 유사한 자연스러운 텍스트를 생성할 수 있다. 최근에는 GPT-3, GPT-4 와 같은 더욱 발전된 모델이 등장하여 높은 성능을 보이고 있다.
- **T5 (Text-to-Text Transfer Transformer):** Google에서 개발한 텍스트-투-텍스트 모델로, 모든 자연어 처리 작업을 텍스트-투-텍스

트 형식으로 변환하여 처리한다. T5는 인코더-디코더 구조를 가지고 있으며, 다양한 자연어 처리 작업을 단일 모델로 처리할 수 있다는 장점이 있다. 예를 들어, 번역 작업은 "translate English to German: This is a sentence." 와 같이 입력 텍스트를 변환하고, 질의 응답 작업은 "question: What is the capital of France? context: Paris is the capital of France." 와 같이 입력 텍스트를 변환하여 처리한다.

4. 대규모 사전 학습 모델의 학습 방식

대규모 사전 학습 모델은 주로 자기 지도 학습 (Self-supervised Learning) 방식으로 학습된다. 자기 지도 학습은 레이블이 없는 데이터를 사용하여 모델을 학습시키는 방법으로, 데이터 자체에서 레이블을 생성하거나 데이터의 일부를 가리고 예측하는 방식으로 학습한다[4]. 예를 들어, 자연어 처리에서는 문장에서 일부 단어를 가리고 모델이 가려진 단어를 예측하도록 학습하는 Masked Language Modeling (MLM) 이라는 방법이 사용된다. 이미지 처리에서는 이미지의 일부를 가리고 모델이 가려진 부분을 복원하도록 학습하는 방법이 사용될 수 있다. 이 외에도 준지도 학습 (Semi-supervised Learning) 등 다양한 학습 방식이 사용될 수 있다.

5. 대규모 사전 학습 모델의 장점과 단점

장점:

- **높은 성능:** 대량의 데이터로 사전 학습된 모델은 특정 작업에 대해 높은 성능을 보여준다.
- **효율성:** 사전 학습된 모델을 사용하면 새로운 작업에 대한 학습 시간과 비용을 절약할 수 있다.

- **일반화 성능:** 다양한 데이터로 학습된 모델은 새로운 데이터에 대한 일반화 성능이 우수하다.
- **레이블링된 데이터셋의 필요성 감소:** 많은 시간과 비용이 소요되는 대규모 레이블링된 데이터셋의 필요성을 줄여준다[3].

단점:

- **계산 비용:** 대규모 데이터를 사용하여 모델을 학습시키는 데 높은 계산 비용이 필요하다.
- **데이터 편향:** 학습 데이터에 편향이 존재할 경우 모델에도 편향이 반영될 수 있다.
- **해석 가능성:** 딥러닝 모델은 해석 가능성이 낮아 모델의 예측 결과에 대한 설명이 어려울 수 있다.

6. 대규모 사전 학습 모델의 활용 사례

대규모 사전 학습 모델은 자연어 처리, 컴퓨터 비전, 음성 인식 등 다양한 분야에서 활용되고 있다.

1) 자연어 처리

자연어 처리 분야에서 대규모 사전 학습 모델은 텍스트 분류, 감정 분석, 기계 번역, 질의 응답, 텍스트 요약 등 다양한 작업에 활용된다. 예를 들어, BERT는 텍스트 분류 작업에서 높은 성능을 보이며, GPT는 자연스러운 텍스트를 생성하는 데 사용된다.

2) 컴퓨터 비전

컴퓨터 비전 분야에서 대규모 사전 학습 모델은 이미지 분류, 객체 탐지,

이미지 생성, 이미지 캡셔닝 등에 활용된다[7]. 예를 들어, 이미지넷 (ImageNet)과 같은 대규모 이미지 데이터셋으로 사전 학습된 모델은 새로운 이미지 데이터셋에 대해 높은 정확도로 이미지를 분류할 수 있다. 또한, 사전 학습된 모델은 이미지에서 객체를 탐지하거나 이미지에 대한 설명을 생성하는 데에도 활용될 수 있다. 특히, 사전 학습된 딥 러닝 모델은 이미지 내에서 다양한 스케일의 복잡한 모양, 패턴 및 질감을 즉시 인식할 수 있다[7]. 이를 통해 도로, 창문 및 건물 발자국과 같은 지리적 특징을 디지털화하고 추출하는 지루한 작업을 쉽게 처리할 수 있다.

3) 음성 인식

음성 인식 분야에서 대규모 사전 학습 모델은 음성 인식, 음성 합성, 음성 분리 등에 활용된다. 예를 들어, 대규모 음성 데이터셋으로 사전 학습된 모델은 높은 정확도로 음성을 텍스트로 변환할 수 있다. 또한, 사전 학습된 모델은 자연스러운 음성을 합성하거나 여러 사람의 음성이 섞인 음성에서 특정 사람의 음성만 분리하는 데에도 활용될 수 있다.

7. 금융 분야에서의 대규모 사전 학습 모델 활용 사례

금융 분야에서도 대규모 사전 학습 모델은 다양한 분야에서 활용되고 있으며, 그 중요성이 더욱 커지고 있다.

- **챗봇:** 고객 상담, 금융 상품 안내, 금융 정보 제공 등에 활용된다. 예를 들어, 은행은 챗봇을 통해 고객의 질문에 24시간 응답하고, 계좌 잔액 확인, 이체 등의 간단한 업무를 처리할 수 있다. 또한, 챗봇은 고객에게 개인 맞춤형 금융 상품을 추천하거나 투자 컨설팅을 제공할 수도 있다.

- **리스크 관리**: 신용 평가, 사기 탐지, 시장 예측 등에 활용된다. 예를 들어, 대규모 사전 학습 모델은 고객의 신용 정보, 거래 내역 등을 분석하여 신용 등급을 평가하고 대출 심사를 자동화할 수 있다. 또한, 이상 거래 패턴을 분석하여 사기 거래를 탐지하거나 시장 데이터를 분석하여 미래 시장 변동을 예측할 수 있다.
- **투자 분석**: 투자 포트폴리오 최적화, 투자 전략 수립 등에 활용된다. 예를 들어, 대규모 사전 학습 모델은 과거 시장 데이터, 경제 지표, 뉴스 기사 등을 분석하여 투자 포트폴리오를 최적화하고 투자 전략을 수립할 수 있다. 또한, 특정 기업의 재무 정보, 뉴스 기사, 소셜 미디어 데이터 등을 분석하여 투자 가치를 평가할 수도 있다.
- **규제 준수**: 자금 세탁 방지, KYC (Know Your Customer) 등에 활용된다. 예를 들어, 대규모 사전 학습 모델은 고객의 신원 정보, 거래 내역 등을 분석하여 자금 세탁 의심 거래를 탐지하고 KYC 규정을 준수할 수 있도록 지원한다.

8. 대규모 사전 학습 모델의 미래 전망

대규모 사전 학습 모델은 앞으로 더욱 발전하여 다양한 분야에서 활용될 것으로 예상된다. 특히, 다음과 같은 분야에서의 활용이 기대된다.

- **개인 맞춤형 서비스**: 개인의 특성에 맞는 금융 상품 추천, 맞춤형 투자 컨설팅 등에 활용될 수 있다. 예를 들어, 고객의 소비 패턴, 투자 성향 등을 분석하여 개인에게 최적화된 금융 상품을 추천하고, 개인의 재무 상황, 투자 목표 등을 고려한 맞춤형 투자 컨설팅을 제공할 수 있다.
- **금융 서비스 자동화**: 자동화된 금융 상담, 로보 어드바이저, 자동화된 투자 등에 활용될 수 있다. 예를 들어, 챗봇을 통해 고객의 금융 상담을 자동화하고, 로보 어드바이저를 통해 자동화된 투자 서비스를 제공할

수 있다. 또한, 대출 심사, 보험금 청구 등의 업무를 자동화하여 금융 서비스의 효율성을 높일 수 있다.

- **새로운 금융 상품 개발:** 대규모 데이터 분석을 통한 새로운 금융 상품 개발에 활용될 수 있다. 예를 들어, 고객의 금융 데이터, 소셜 미디어 데이터 등을 분석하여 새로운 금융 상품에 대한 수요를 예측하고, 고객의 요구에 맞는 새로운 금융 상품을 개발할 수 있다.

9. 윤리적 고려사항 및 편향

사전 학습된 모델은 수많은 이점을 제공하지만, 그와 관련된 윤리적 고려사항과 잠재적 편향을 인정하는 것이 매우 중요하다. 주요 문제 중 하나는 학습 데이터에 존재하는 기존의 편향이 모델에 반영되어 이를 지속시킬 위험성이다. 만약 학습 데이터가 사회적 편향을 반영한다면, 모델은 이러한 편향을 학습하고 증폭시켜 불공정하거나 차별적인 결과를 초래할 수 있다. 예를 들어, 편향된 금융 데이터를 기반으로 학습된 모델은 신용 평가 시 특정 인구 집단에 대해 불공정한 차별을 일으킬 수 있다.

따라서, 사전 학습된 모델의 책임 있는 개발과 배포가 필수적이다. 여기에는 편향을 완화하기 위한 학습 데이터의 신중한 선정 및 전처리, 모델의 의사 결정 과정에 대한 투명성 확보, 그리고 공정성과 정확성을 위한 지속적인 성능 모니터링 및 평가가 포함된다.

10. 결론

대규모 사전 학습 모델은 인공지능 분야의 핵심 기술로 자리 잡았으며, 금융 분야를 포함한 다양한 분야에서 혁신을 이끌어 낼 것으로 기대된다. 앞으로 더욱 발전된 대규모 사전 학습 모델이 등장하여 금융 서비스의 효율성을 높이고, 고객에게 더 나은 서비스를 제공할 수 있을 것으로 전망된다. 하지만, 대규모 사전 학습 모델의 발전과 함께 설명 가능성, 데이터 편향, 과도한 의존 등의 문제점에 대한 해결책 마련 또한 중요하다. 대규모 사전 학습 모델의 윤리적인 측면을 고려하고 책임감 있는 개발과 활용을 통해 인공지능 기술이 사회에 긍정적인 영향을 미칠 수 있도록 노력해야 한다.

3절 미세 조정(Fine-tuning)과 적응적 학습

1. 서론

인공지능 기술의 발전과 함께 기계 학습은 다양한 분야에서 활용되고 있으며, 그 중에서도 미세 조정(Fine-tuning)과 적응적 학습(Adaptive Learning)은 주목받는 기술이다. 미세 조정은 이미 학습된 모델을 특정 작업에 맞게 조정하는 기술이며, 적응적 학습은 데이터의 변화에 따라 모델을 지속적으로 업데이트하는 기술이다. 본 장에서는 미세 조정과 적응적 학습의 개념, 유형, 활용 사례, 장단점, 미래 전망 등을 심층적으로 분석한다.

2. 미세 조정(Fine-tuning)

1) 미세 조정의 개념 및 목적

미세 조정은 전이 학습(Transfer Learning)의 한 유형으로, 이미 대규모 데이터셋으로 학습된 모델(사전 학습 모델)의 가중치를 새로운 작업에 맞게 조정하는 기술이다[1]. 미세 조정은 생성 AI에 사용되는 기반 모델의 훈련 과정에서 특히 중요한 딥러닝 기술로 자리 잡았다. 이는 새로운 모델을 처음부터 학습하는 것보다 시간과 자원을 절약하면서 성능을 향상시킬 수 있는 효과적인 방법이다[2]. 미세 조정의 주요 목적은 다음과 같다.

- **학습 속도 향상**: 사전 학습 모델을 활용하여 학습 시간을 단축한다[3].
- **데이터 부족 문제 해결**: 적은 데이터셋으로도 효과적인 모델 학습이 가능해진다[3].
- **모델 성능 향상**: 특정 작업에 맞게 모델을 최적화하여 성능을 향상시킨다[4].

2) 미세 조정의 유형

미세 조정은 적용 방식에 따라 다음과 같이 분류할 수 있다[3].

- **전이 학습 (Transfer Learning)**: 사전 학습 모델의 일부 레이어를 고정하고, 나머지 레이어를 새로운 데이터셋으로 학습한다.
- **특징 추출 (Feature Extraction)**: 사전 학습 모델을 특징 추출기로 사용하고, 추출된 특징을 새로운 모델의 입력으로 사용한다.

3) 미세 조정의 과정

미세 조정은 일반적으로 다음과 같은 과정으로 이루어 진다.

1. **데이터 준비**: 새로운 작업에 맞는 데이터셋을 수집하고 전처리한다.
2. **모델 선택**: 사전 학습 모델 중에서 새로운 작업에 적합한 모델을 선택한다.
3. **하이퍼파라미터 설정**: 학습률, 배치 크기 등 하이퍼파라미터를 조정한다. 이 단계에서는 과적합을 방지하고 최적의 성능을 달성하기 위해 하이퍼파라미터 튜닝 및 정규화와 같은 기술이 사용된다[5].
4. **모델 학습**: 새로운 데이터셋으로 사전 학습 모델을 미세 조정한다. 미세 조정 과정에서 과적합이나 조정의 균형을 맞추는 데 어려움을 겪을 수 있다[5].

5. **평가**: 미세 조정된 모델의 성능을 평가한다. 개선 사항을 측정하기 위해 적절한 지표를 선택하는 것이 중요하다[5]. 훈련 데이터를 신중하게 선택하고 점진적인 조정을 하는 등 모범 사례를 따르는 것이 효과적인 미세 조정을 보장한다[5].

4) 미세 조정의 활용 사례

미세 조정은 다양한 분야에서 활용되고 있으며, 대표적인 사례는 다음과 같다.

- **자연어 처리**: 텍스트 분류, 감정 분석, 기계 번역 등에 활용된다.
- **컴퓨터 비전**: 이미지 분류, 객체 탐지, 이미지 생성 등에 활용된다.
- **음성 인식**: 음성 인식, 음성 합성 등에 활용된다.

3. 적응적 학습 (Adaptive Learning)

1) 적응적 학습의 개념 및 미세 조정과의 관계

적응적 학습은 데이터의 변화에 따라 모델을 지속적으로 업데이트하는 기술이다[6]. 이는 기존의 기계 학습 모델이 새로운 데이터에 대해 학습하기 위해서는 재학습이 필요한 것과 달리, 실시간으로 변화하는 환경에 적응할 수 있도록 한다[7]. 적응적 학습은 미세 조정과 밀접한 관련이 있다. 미세 조정된 모델을 적응적 학습에 활용하여, 새로운 데이터에 대한 모델의 적응력을 향상시킬 수 있다.

적응형 기계는 인간 두뇌의 구성 및 작동을 본떠 설계된 인공 신경망을 사용한다[8]. 또한 자동 기능 학습을 통해 기존 기계 학습과 달리 데이터에서 관련 기능을 자동으로 추출한다[8]. 적응형 기계는 신경망의 계층과 뉴런을 확장하여 대규모 데이터 세트와 까다로운 작업을 처리할 수 있도록 확장할 수 있다[8].

적응적 학습은 기존 기계 학습 모델과 달리 새로운 데이터가 발생할 때마다 수동으로 훈련할 필요가 없어 지속적인 학습이 가능하고, 따라서 기존 모델보다 노후화될 가능성이 적다[7]. 또한 기존 ML과 달리 적응형 ML은 단일 채널을 사용하여 데이터를 처리한다[9].

2) 적응적 학습의 유형

적응적 학습은 학습 방식에 따라 다음과 같이 분류할 수 있다.

- **온라인 학습** (Online Learning): 데이터가 순차적으로 입력되면서 모델을 업데이트한다[9].
- **연속 학습** (Continual Learning): 이전에 학습한 지식을 잊지 않고 새로운 지식을 학습한다.
- **강화 학습** (Reinforcement Learning): 환경과의 상호 작용을 통해 학습한다.

적응형 학습은 입력 및 출력 값의 변화를 통해 지속적으로 학습하여 기존 기계 학습보다 훨씬 더 역동적이다[9]. 또한 지도 학습, 비지도 학습, 강화 학습으로 분류할 수 있다[10].

3) 적응적 학습의 활용 사례

적응적 학습은 다양한 분야에서 활용되고 있으며, 대표적인 사례는 다음과 같다.

- **추천 시스템**: 사용자의 취향 변화에 따라 추천 목록을 업데이트한다.
- **금융 거래 사기 탐지**: 새로운 사기 유형에 따라 모델을 업데이트한다.
- **자율 주행**: 도로 환경 변화에 따라 주행 전략을 업데이트한다.
- **교육**: 학습자의 수준에 맞춰 학습 내용을 제공한다[11].

4. 미세 조정과 적응적 학습의 장단점

〈표 2-12〉 미세 조정과 적응적 학습의 장단점

구분	장점	단점
미세 조정	- 학습 속도 향상 - 데이터 부족 문제 해결 - 모델 성능 향상	- 적절한 사전 학습 모델 선택 필요 - 과적합 가능성
적응적 학습	- 변화하는 환경에 대한 적응력 - 실시간 학습 가능	- 계산 비용 증가 - 안정성 확보 어려움

5. 미세 조정과 적응적 학습의 미래 전망

미세 조정과 적응적 학습은 인공지능 기술 발전에 따라 더욱 중요해질 것으로 예상된다. 특히, 데이터가 끊임없이 생성되고 변화하는 환경에서 미세 조정과 적응적 학습은 모델의 성능을 유지하고 향상시키는 데 필수적인 기술이다. 앞으로 더욱 다양한 분야에서 미세 조정과 적응적 학습이 활용될 것으로 기대된다.

6. 결론

본 장에서는 미세 조정과 적응적 학습의 개념, 유형, 활용 사례, 장단점, 미래 전망 등을 심층적으로 다루었다. 미세 조정은 사전 학습 모델을 활용하여 효율적인 모델 학습을 가능하게 하며, 적응적 학습은 변화하는 환경에 적응하는 모델을 구축할 수 있도록 한다. 특히, 적응적 학습은 입력 및 출력 값의 변화를 지속적으로 학습하여 기존 기계 학습보다 훨씬 더 역동적이며, 자동 기능 학습을 통해 데이터에서 관련 기능을 자동으로 추출하여 효율성을 높인다. 이러한 기술들은 인공지능의 발전과 함께 더욱 중요해질 것이며, 다양한 분야에서 혁신을 이끌어 낼 것으로 기대된다. 미세 조정과 적응적 학습은 상호 보완적인 관계를 가지며, 실제 문제 해결에 있어 큰 잠재력을 지니고 있다. 미세 조정을 통해 구축된 모델을 적응적 학습에 활용함으로써, 변화하는 환경 속에서도 모델의 성능을 유지하고 향상시킬 수 있다. 이러한 기술들의 결합은 인공지능 발전의 중요한 축으로 작용할 것이며, 앞으로 더욱 다양한 분야에서 활용될 것으로 예상된다.

4절 생성적 적대 신경망(GAN)의 금융 데이터 활용

금융 분야는 방대한 양의 데이터를 생성하고 활용하는 분야이다. 최근 인공지능 기술의 발전과 함께 금융 데이터 분석 및 활용에 대한 관심도가 높아지고 있으며, 특히 생성적 적대 신경망(GAN)은 금융 데이터의 특징을 학습하고 새로운 데이터를 생성하는 데 효과적인 도구로 주목받고 있다. 본 장에서는 GAN의 기본 개념과 작동 원리를 설명하고, 금융 데이터에 GAN을 활용하는 다양한 방법과 실제 사례를 제시한다. 또한, GAN의 장점과 단점, 한계점 등을 분석하고 향후 발전 가능성을 설명한다.

1. 생성적 적대 신경망(GAN) 개요

1) GAN의 기본 개념 및 작동 원리

GAN은 생성자(Generator)와 판별자(Discriminator)라는 두 개의 인공 신경망으로 구성된다[1]. 생성자는 실제 데이터와 유사한 가짜 데이터를 생성하고, 판별자는 주어진 데이터가 실제인지 가짜인지 판별한다[1]. 두 네트워크는 서로 경쟁하면서 학습하는데, 생성자는 판별자를 속일 수 있도록 더욱 정교한 가짜 데이터를 생성하고, 판별자는 생성자가 만든 가짜 데이터를 더욱 정확하게 판별할 수 있도록 학습한다[2]. 이러한 경쟁적 학습 과정을 통해 생성자는 실제 데이터의 분포를 학습하고 새로운 데이터를 생성할 수 있게 된다[3].

2) GAN의 종류 및 특징

GAN은 다양한 종류가 있으며, 각각의 특징과 장단점을 가지고 있다. 대표적인 GAN 종류는 다음과 같다.

- **DCGAN (Deep Convolutional GAN):** 합성곱 신경망(CNN)을 사용하는 GAN으로, 이미지 생성에 널리 사용된다[4]. DCGAN은 이미지 생성 분야에서 혁신적인 발전을 이끌었으며, 금융 분야에서도 주식 차트 패턴 분석, 투자자 행동 패턴 분석 등 이미지 데이터 분석에 활용될 수 있다.
- **CycleGAN:** 이미지 스타일 변환에 사용되는 GAN으로, 두 도메인 간의 이미지를 변환할 수 있다. CycleGAN은 금융 분야에서 서로 다른 스타일의 금융 차트(예: 캔들스틱 차트와 라인 차트)를 변환하는 데 사용될 수 있으며, 이는 시각적 분석 및 패턴 인식에 도움을 줄 수 있다.
- **StyleGAN:** 이미지의 스타일을 제어할 수 있는 GAN으로, 고품질의 이미지를 생성하는 데 사용된다[5]. StyleGAN은 금융 상품의 이미지를 사실적으로 생성하거나, 특정 투자 시나리오를 시각화하는 데 활용될 수 있다. 예를 들어, StyleGAN을 사용하여 다양한 시장 상황에 따른 주식 포트폴리오 변화를 시각적으로 표현할 수 있다.

3) 금융 데이터의 종류

금융 데이터는 다양한 형태로 존재하며, GAN은 이러한 다양한 데이터에 적용될 수 있다. 주요 금융 데이터 종류는 다음과 같다.

〈표 2-13〉 데이터 종류와 활용 예시

데이터 종류	설명	활용 예시
시계열 데이터	주가, 환율, 금리 등 시간에 따라 변화하는 데이터	주가 예측, 투자 전략 분석, 리스크 관리
텍스트 데이터	금융 뉴스 기사, 분석 보고서, 소셜 미디어 데이터 등	투자 심리 분석, 시장 예측, 금융 상품 추천
이미지 데이터	주식 차트, 금융 상품 이미지, 투자자 행동 패턴 분석 등	차트 패턴 분석, 투자자 행동 예측, 금융 상품 디자인
표 형식 데이터	카드 회원 정보, 신용 정보, 거래 내역 등	고객 세분화, 신용 평가, 사기 탐지

2. GAN을 활용한 금융 데이터 생성

GAN은 금융 데이터를 생성하고 활용하는 다양한 방법을 제공한다.

1) 합성 데이터 생성

GAN은 실제 데이터와 유사한 합성 데이터를 생성할 수 있다. 이는 개인정보 보호 문제 없이 금융 모델을 개발하고 테스트하는 데 유용하게 활용될 수 있다[6]. 예를 들어, GAN을 사용하여 가상의 신용카드 거래 데이터를 생성하고 이를 통해 사기 탐지 모델을 훈련할 수 있다[7]. 또한, "Synthetic Data 개발 사례"[8]에서 언급된 것처럼 GAN을 활용하여 벤치마킹 목적으로 합성 시계열 데이터를 생성할 수 있다. 이는 금융 모델링에서 데이터 부족 문제를 해결하고 모델의 성능을 향상시키는 데 도움을 줄 수 있다.

2) 데이터 증강

GAN은 기존 데이터를 변형하여 새로운 데이터를 생성하는 데이터 증강에 활용될 수 있다. 이는 제한된 데이터셋으로 인해 발생하는 과적합 문제를 해결하고 모델의 성능을 향상시키는 데 도움을 줄 수 있다. 예를 들어, GAN을 사용하여 소수의 금융 사기 사례를 증강하여 사기 탐지 모델의 정확도를 높일 수 있다[9]. 또한, "GAN을 활용한 주식 시뮬레이션 논문"[10]에서 제시된 바와 같이 GAN을 사용하여 가상의 주가 데이터를 생성하여 제한된 실제 시장 데이터를 보강할 수 있다.

3) 이상치 탐지

GAN은 정상 데이터의 분포를 학습하고 이를 기반으로 이상치를 탐지할 수 있다. 금융 분야에서는 이상 거래 탐지, 사기 탐지 등에 활용될 수 있다. 예를 들어, GAN을 사용하여 정상적인 주식 거래 패턴을 학습하고 이와 다른 패턴을 보이는 이상 거래를 탐지할 수 있다[11].

3. GAN을 활용한 금융 데이터 활용 사례

1) 금융 사기 탐지

GAN은 신용카드 사기, 보험 사기 등 다양한 금융 사기를 탐지하는 데 활용될 수 있다[12]. GAN을 사용하여 정상 거래 데이터를 학습하고 이를 기반으로 사기 거래를 탐지하는 모델을 개발할 수 있다[13]. 실제 사례로는 비대면, 실시간 거래에서 사기를 감지하고 차단하는 AI 기반의 디지털 결제 사기 방지 도구들이 있다[14]. 또한, 미국의 보험사 Lemonade는 AI 기술을 활용하여 보험 사기를 탐지하고 있다[15]. Lemonade는 고객의 음성, 이미지, 텍스트 데이터를 분석하여 사기 의심 사례를 판별하고 있으며, 이러한 기술에는 GAN과 같은 생성 모델이 활용될 수 있을 것으로 예상된다.

2) 주가 예측

GAN은 주가 예측 모델을 개발하는 데 활용될 수 있다[10]. GAN을 사용하여 과거 주가 데이터를 학습하고 미래 주가를 예측하는 모델을 개발할 수 있다. 실제 사례로는 GAN-LSTM 모델을 사용하여 주가 예측을 수행하는 연구가 있다[16]. 특정 연구에서는 GAN 기반 모델이 전통적인 LSTM 모델보다 주가 예측에서 더 낮은 MAE(Mean Absolute Error)를 달성했다는 연구 결과를 제시하며, GAN 모델의 우수한 성능을 보여주었다.

3) 리스크 관리

GAN은 금융 리스크 관리에 활용될 수 있다[18]. 예를 들어, GAN을 사용하여 시장 변동성을 모델링하고 포트폴리오 리스크를 예측하는 데 사용할 수 있다[19]. 특정 연구 결과는 GAN을 활용하여 신용 리스크 모델링, 특히 스트레스 테스트 시나리오에서 경제적 손실을 시뮬레이션하는 방법을 제시했다. 이는 예측하기 어려운 경제 상황에서 발생할 수 있는 위험을 평가하고 관리하는 데 도움을 줄 수 있다.

4) 금융 시계열 데이터 분석

GAN은 금융 시계열 데이터의 특징을 학습하고 분석하는 데 활용될 수 있다[10]. 예를 들어, GAN을 사용하여 주가 변동 패턴을 분석하고 예측하는 데 사용할 수 있다. 실제 사례로는 GAN을 사용하여 금융 시장의 변동성을 모델링하고 시뮬레이션하는 연구가 있다[10].

5) 금융 텍스트 데이터 분석

GAN은 금융 텍스트 데이터를 분석하고 활용하는 데 사용될 수 있다[20]. 예를 들어, GAN을 사용하여 금융 뉴스 기사를 분석하고 투자 전략을 수립하는 데 사용할 수 있다.

6) 금융 이미지 데이터 분석

GAN은 금융 이미지 데이터를 분석하고 활용하는 데 사용될 수 있다[21]. 예를 들어, GAN을 사용하여 주식 차트 패턴을 분석하고 투자 결정을 내리는 데 사용할 수 있다[22]. GAN을 사용하여 이미지 데이터를 생성하고 분석하는 과정을 시각적으로 보여주는 그림 자료를 제시하는 등의 활용이 가능하다.

4. GAN의 장점과 단점

1) 장점

- **데이터 생성 및 증강:** GAN은 실제 데이터와 유사한 합성 데이터를 생성하여 데이터 부족 문제를 해결하고 모델 학습을 위한 데이터를 증강할 수 있다.
- **이상치 탐지:** GAN은 정상 데이터의 분포를 학습하여 이상치를 효과적으로 탐지할 수 있다.
- **다양한 데이터 유형 적용:** GAN은 시계열 데이터, 텍스트 데이터, 이미지 데이터 등 다양한 유형의 금융 데이터에 적용될 수 있다.

2) 단점

- **학습 불안정성:** GAN은 학습 과정이 불안정하고 파라미터 설정에 민감할 수 있다.
- **모드 붕괴:** 생성자가 다양한 데이터를 생성하지 못하고 특정 모드에만 집중하는 현상이 발생할 수 있다.
- **평가 지표의 한계:** GAN 모델의 성능을 정확하게 평가하기 위한 명확한 지표가 부족하다.

5. GAN 모델 평가 지표

GAN 모델의 성능을 평가하는 데 사용되는 지표는 다음과 같다.

- **Inception Score (IS):** 생성된 이미지의 질과 다양성을 평가하는 지표[23] IS는 생성된 이미지가 얼마나 현실적이고 다양한지를 측정하지만, 금융 데이터와 같이 복잡하고 다양한 특징을 가진 데이터에는 적합하지 않을 수 있다.
- **Frechet Inception Distance (FID):** 생성된 이미지와 실제 이미지의 분포 유사도를 측정하는 지표[24] FID는 생성된 데이터와 실제 데이터의 분포 유사도를 측정하지만, 금융 데이터의 특성을 충분히 반영하지 못할 수 있다.

업계에서는 금융 LLM 모델의 성능을 평가하기 위한 다양한 지표를 제시하며, 분류 문제, 추출 기반 문제, 생성 답변 등 다양한 측면에서 모델을 평가해야 한다고 강조한다. 금융 분야에서 GAN 모델을 평가할 때는 IS, FID와 같은 기존 지표뿐만 아니라 금융 데이터의 특성을 고려한 새로운 평가 지표 개발이 필요하다.

6. 결론

GAN은 금융 데이터 분석 및 활용에 다양한 가능성을 제시하는 인공지능 기술이다. 합성 데이터 생성, 데이터 증강, 이상치 탐지 등을 통해 금융 모델 개발, 사기 탐지, 리스크 관리 등 다양한 분야에서 활용될 수 있다. 하지만 GAN은 여전히 몇 가지 한계점을 가지고 있다. 특히, **모드 붕괴(mode collapse)** 현상, 즉 생성자가 다양한 데이터를 생성하지 못하고 특정 모드에만 집중하는 현상이 발생할 수 있다[26]. 모드 붕괴는 생성된 데이터의 다양성을 저해하고 실제 데이터를 제대로 반영하지 못하는 문제를 야기할 수 있다. 또한,

GAN은 학습 과정이 불안정하고 파라미터 설정에 민감할 수 있다는 단점이 있다.

하지만 최근 GAN 연구는 이러한 문제들을 해결하기 위해 발전하고 있으며, 금융 분야에서의 GAN 활용은 더욱 확대될 것으로 예상된다. 특히, **설명 가능한 AI (XAI)** 기술과의 결합을 통해 GAN 모델의 예측 결과에 대한 해석력을 높이고 신뢰성을 확보하는 연구가 중요해질 것으로 보인다[27]. 또한, "신용카드 사기 탐지 기법의 사례"[9]에서 언급된 것처럼 GAN 모델 개발 시 **데이터 편향** 문제를 인지하고 해결하기 위한 노력이 필요하다. 생성된 데이터가 특정 집단에 편향되지 않도록 데이터 전처리 과정 및 모델 학습 과정을 신중하게 설계해야 한다. 마지막으로, **데이터 프라이버시** 문제를 해결하기 위한 **차분 프라이버시** (differential privacy) 기술과의 결합도 중요한 연구 방향이다.

결론적으로, GAN은 금융 데이터 분석에 혁신적인 변화를 가져올 잠재력이 있는 기술이다. 앞으로 GAN의 한계점을 극복하고 장점을 극대화하기 위한 연구를 통해 금융 분야의 다양한 문제를 해결하고 발전에 기여할 수 있을 것으로 기대된다. 특히, 책임감 있는 AI 개발, 데이터 편향 해결, 설명 가능성 향상, 데이터 프라이버시 보호 등 윤리적 및 사회적 측면을 고려한 연구가 중요하며, 이를 통해 GAN 기술이 금융 분야의 지속 가능한 발전에 기여할 수 있도록 노력해야 한다.

5절 강화학습과 생성형 AI의 결합

인공지능(AI) 분야는 빠르게 발전하고 있으며, 그 중에서도 강화학습과 생성형 AI는 각광받는 분야이다. 생성형 AI는 이미지 및 비디오와 같은 새로운 콘텐츠와 아이디어를 만들고 새로운 문제를 해결하는 데 기존에 알던 내용을 재사용할 수 있는 인공 지능(AI)의 일종이다[1]. 강화학습은 에이전트가 환경과 상호 작용하여 목표를 달성하기 위한 일련의 결정을 내리는 방법이다[2]. 강화학습은 에이전트가 환경과 상호작용하며 시행착오를 통해 학습하는 방법이며, 생성형 AI는 기존 데이터를 학습하여 새로운 콘텐츠를 생성하는 AI이다. 이 두 가지 기술을 결합하면 더욱 강력하고 효율적인 AI 시스템을 구축할 수 있으며, 특히 금융 분야에서 큰 잠재력을 가지고 있다. 본 장에서는 강화학습과 생성형 AI의 결합에 대한 심층적인 분석을 제공하며, 금융 분야에서의 활용 사례를 중심으로 설명한다.

1. 강화학습과 생성형 AI의 기본 개념 및 차이점

1) 강화학습

강화학습은 기계 학습의 한 영역으로, 행동심리학에서 영감을 받았다[3]. 어떤 환경 안에서 정의된 에이전트가 현재의 상태를 인식하여, 선택 가능한 행동들 중 보상을 최대화하는 행동 혹은 행동 순서를 선택하는 방법이다[4]. 에이전트는 환경과 상호작용하며 시행착오를 통해 학습하고, 이 과정에서 보상을 최대화하는 방향으로 행동 정책을 수정한다. 강화학습은 로봇 제어, 게임, 자율 주행 등 다양한 분야에서 활용되고 있다[2].

2) 생성형 AI

생성형 AI는 새로운 콘텐츠와 아이디어를 만들어내는 인공지능의 한 종류이다[5]. 이미지, 비디오, 텍스트, 음악 등 다양한 형태의 콘텐츠를 생성할 수 있으며[1], 예술, 디자인, 엔터테인먼트, 마케팅 등 다양한 분야에서 활용되고 있다. 생성형 AI는 주로 딥 러닝 모델을 기반으로 하며, 대규모 데이터셋을 학습하여 새로운 콘텐츠를 생성한다[6].

3) 강화학습과 생성형 AI의 차이점

강화학습과 생성형 AI는 모두 AI의 한 분야이지만, 학습 방식과 목표가 다르다. 강화학습은 에이전트가 환경과 상호작용하며 시행착오를 통해 학습하는 반면, 생성형 AI는 기존 데이터를 학습하여 새로운 콘텐츠를 생성한다[2]. 강화학습은 주로 최적의 행동 정책을 학습하는 데 중점을 두는 반면, 생성형 AI는 새로운 콘텐츠를 생성하는 데 중점을 두지만, 문제 해결 및 데이터 분석과 같은 작업에도 사용될 수 있다[1]. 예를 들어, 강화학습은 자율 주행 자동차가 도로에서 안전하게 주행하는 방법을 배우는 데 사용될 수 있는 반면, 생성형 AI는 새로운 자동차 디자인이나 주행 시나리오를 생성하는 데 사용될 수 있다.

2. 강화학습과 생성형 AI 결합의 장점과 단점

1) 장점

강화학습과 생성형 AI를 결합하면 다음과 같은 장점을 얻을 수 있다.

- **효율적인 학습:** 강화학습은 생성형 AI 모델이 생성한 콘텐츠에 대한 피드백을 통해 더욱 효율적으로 학습할 수 있도록 돕는다[8]. 예를 들어, 생성형 AI 모델이 이미지를 생성하고 강화학습 에이전트가 해당 이미지에 대한 평가를 제공하면, 생성형 AI 모델은 이 피드백을 통해 더욱 현실적인 이미지를 생성하도록 학습할 수 있다.
- **창의적인 문제 해결:** 강화학습은 생성형 AI 모델이 더욱 창의적인 콘텐츠를 생성하도록 유도할 수 있다[9]. 예를 들어, 강화학습 에이전트가 생성형 AI 모델이 생성한 음악에 대한 선호도를 표현하면, 생성형 AI 모델은 이를 반영하여 더욱 혁신적인 음악을 생성할 수 있다.
- **개인화된 경험:** 강화학습과 생성형 AI를 결합하면 사용자 맞춤형 콘텐츠를 생성하고, 사용자의 피드백을 반영하여 콘텐츠를 개선할 수 있다[10].

예를 들어, 강화학습 에이전트가 사용자의 선호도를 학습하고 생성형 AI 모델이 이를 기반으로 개인 맞춤형 뉴스 기사나 제품 추천을 제공할 수 있다.

2) 단점

강화학습과 생성형 AI를 결합하면 다음과 같은 단점도 고려해야 한다.

- **복잡성 증가:** 두 가지 기술을 결합하면 시스템의 복잡성이 증가하여 개발 및 유지보수가 어려워질 수 있다[5]. 이는 더 많은 컴퓨팅 자원과 전문 지식을 필요로 할 수 있으며, 시스템의 오류 발생 가능성을 높일 수 있다.
- **데이터 의존성:** 강화학습과 생성형 AI 모두 학습 데이터에 크게 의존한다. 따라서 충분한 양의 고품질 데이터를 확보하는 것이 중요하다[10]. 데이터의 품질이 낮거나 편향된 경우, 생성형 AI 모델은 부정확하거나 편향된 결과를 생성할 수 있으며, 강화학습 에이전트는 잘못된 행동 정책을 학습할 수 있다.
- **높은 훈련 비용:** 생성형 AI, 특히 대규모 언어 모델(LLM)을 훈련하는 데는 엄청난 비용이 소요될 수 있다[11]. 필요한 컴퓨팅 성능과 인프라 구축 비용, 그리고 지속적인 유지보수 비용까지 고려하면 상당한 투자가 필요할 수 있다.
- **편향 및 허위 정보 생성 가능성:** 생성형 AI 모델은 학습 데이터에 존재하는 편견을 반영하여 편향된 콘텐츠를 생성하거나 허위 정보를 생성할 수 있다[12]. 이는 사회적 통념을 강화하거나 잘못된 정보를 확산시키는 등 윤리적인 문제를 야기할 수 있다.

3. 인간 피드백을 통한 강화학습 (RLHF)

강화학습과 생성형 AI의 결합에서 중요한 역할을 하는 기술 중 하나는 인간 피드백을 통한 강화학습 (Reinforcement Learning from Human Feedback, RLHF)이다. RLHF는 인간의 피드백을 활용하여 생성형 AI 모델을 개선하는 방법이다[8].

RLHF는 일반적으로 다음과 같은 단계로 진행된다.

1. **초기 언어 모델 훈련:** 대규모 데이터셋을 사용하여 초기 언어 모델을 훈련한다.
2. **보상 모델 훈련:** 인간 피드백 제공자가 언어 모델의 출력에 대한 선호도를 평가하고, 이를 기반으로 보상 모델을 훈련한다.
3. **강화학습:** 보상 모델을 사용하여 언어 모델을 미세 조정한다.

RLHF를 통해 생성형 AI 모델은 인간의 선호도를 학습하고, 더욱 자연스럽고 유용한 콘텐츠를 생성할 수 있다[8]. 예를 들어, 챗봇 개발에 RLHF를 적용하면 사용자와의 대화에서 더욱 적절하고 만족스러운 응답을 생성할 수 있다.

4. 강화학습과 생성형 AI 결합의 주요 활용 분야 및 사례

강화학습과 생성형 AI의 결합은 다양한 분야에서 활용될 수 있다[13].

- **자율 주행:** 강화학습은 자율 주행 시스템이 복잡한 환경에서 안전하게 주행하도록 학습하는 데 사용될 수 있으며, 생성형 AI는 다양한 주행 시나리오를 생성하여 학습 데이터를 제공할 수 있다[14].
- **게임:** 강화학습은 게임 AI가 더욱 지능적으로 플레이하도록 학습하는 데 사용될 수 있으며, 생성형 AI는 새로운 게임 레벨이나 아이템을 생성하여 게임의 재미를 높일 수 있다[13].

- **로봇 제어:** 강화학습은 로봇이 복잡한 작업을 수행하도록 학습하는 데 사용될 수 있으며, 생성형 AI는 로봇의 움직임을 생성하여 학습 데이터를 제공할 수 있다[15].
- **콘텐츠 제작:** 강화학습과 생성형 AI를 결합하여 더욱 창의적이고 개인화된 콘텐츠를 제작할 수 있다[16]. 예를 들어, 개인 맞춤형 마케팅 자료를 생성하거나, 실제와 같은 제품 설명을 만들거나, 소프트웨어 개발을 위한 코드를 생성할 수도 있다[17].
- **비즈니스 프로세스 자동화:** 생성형 AI는 반복적인 작업을 자동화하여 비즈니스 프로세스를 개선하는 데 사용될 수 있다[7]. 예를 들어, 이메일 작성, 데이터 입력, 보고서 생성과 같은 작업을 자동화하여 업무 효율성을 높일 수 있다.
- **의사 결정 지원:** 생성형 AI는 의사 결정을 지원하기 위해 인사이트, 권장 사항 및 대체 옵션을 제공할 수 있다[7]. 또한 시뮬레이션, 예측 및 시나리오를 생성하여 의사 결정자가 더 나은 결정을 내릴 수 있도록 도울 수 있다.

1) 금융 분야 활용 사례

강화학습과 생성형 AI의 결합은 금융 분야에서 다양한 혁신을 이끌어 낼 수 있다. 아래 표는 주요 활용 사례와 그 이점, 그리고 해결해야 할 과제를 요약한 것이다.

〈표 2-14〉 응용분야별 주요 장점과 과제

응용분야	설명	장점	과제
주식 거래	강화학습 에이전트가 과거 주가 데이터를 학습하여 최적의 주식 매매 전략을 학습하고, 생성형 AI는 다양한 시장 상황을 시뮬레이션하여 학습을 돕고 새로운 투자 전략을 제시한다[18].	- 시장 변화에 빠르게 대응하는 동적 투자 전략 구축 - 투자 수익률 향상	- 예측 불가능한 시장 상황에 대한 대응 - 위험 관리 및 규제 준수
포트폴리오 관리	강화학습 에이전트가 시장 상황 변화에 따라 최적의 포트폴리오를 구성하고 관리하며, 생성형 AI는 다양한 자산 구성을 생성하여 학습을 돕고 투자 위험을 평가한다[20].	- 개인 맞춤형 포트폴리오 구성 및 관리 - 투자 위험 최소화 및 수익률 극대화	- 복잡한 금융 시장에 대한 정확한 모델링 - 장기적인 투자 전략 수립
위험 평가	강화학습 에이전트가 금융 데이터를 분석하여 신용 위험, 시장 위험 등 다양한 위험을 평가하고 예측하며, 생성형 AI는 다양한 위험 시나리오를 생성하여 학습을 돕고 위험 관리 전략을 제시한다[8].	- 정확하고 효율적인 위험 평가 및 예측 - 선제적인 위험 관리 시스템 구축	- 금융 데이터의 불확실성 및 복잡성 - 규제 변화에 대한 대응

강화학습과 생성형 AI의 결합은 금융 산업에 혁신적인 변화를 가져올 수 있다. 예를 들어, 고객에게 개인화된 재무 조언, 맞춤형 투자 추천, AI 기반 재무 계획을 제공할 수 있다[23]. 또한, 금융 기관은 이러한 기술을 통해 효율성을 높이고 비용을 절감하며 고객 경험을 개선하여 시장 경쟁력을 강화할 수 있다[25].

5. 강화학습과 생성형 AI 결합의 미래 전망 및 발전 가능성

강화학습과 생성형 AI는 꾸준히 발전하고 있으며, 두 기술의 결합은 더욱 발전할 것으로 예상된다[27]. 특히, 다음과 같은 분야에서 발전 가능성이 높다.

- **의사 결정:** 강화학습과 생성형 AI를 결합하여 더욱 복잡하고 불확실한 상황에서도 효과적인 의사 결정을 내릴 수 있는 AI 시스템 개발이 기대된다[16]. 이는 인간의 개입을 최소화하면서도 정확하고 효율적인 의사 결정을 가능하게 할 것이다.
- **자연어 처리:** 강화학습과 생성형 AI를 결합하여 더욱 자연스럽고 인간

적인 대화를 생성할 수 있는 챗봇이나 가상 비서 개발이 기대된다[17]. 이는 고객 서비스, 교육, 엔터테인먼트 등 다양한 분야에서 인간과 컴퓨터의 상호 작용을 혁신할 수 있다.

- **콘텐츠 제작:** 강화학습과 생성형 AI를 결합하여 더욱 창의적이고 개인화된 콘텐츠를 제작할 수 있는 시스템 개발이 기대된다[28]. 이는 예술, 디자인, 마케팅 등 다양한 분야에서 새로운 가능성을 열어줄 것이다.
- **새로운 트렌드:** 최근에는 강화학습과 생성형 AI를 결합하는 연구가 활발하게 진행되고 있으며, 이는 AI 분야의 새로운 트렌드를 이끌 것으로 예상된다[28]. 특히, AI 에이전트, 멀티모달 AI, 인간과 AI의 협업 등의 분야에서 주목할 만한 발전이 기대된다[29].

6. 강화학습과 생성형 AI 결합 관련 윤리적 쟁점 및 사회적 영향력

강화학습과 생성형 AI의 결합은 윤리적 쟁점과 사회적 영향력을 고려해야 한다.

- **편향과 차별:** 강화학습과 생성형 AI 모두 학습 데이터에 존재하는 편향을 반영할 수 있으며, 이는 차별적인 결과를 초래할 수 있다[30]. 예를 들어, 편향된 데이터로 훈련된 AI 시스템은 특정 집단에 불리한 결정을 내릴 수 있다.
- **책임 소재:** 강화학습과 생성형 AI를 결합한 시스템이 잘못된 결정을 내렸을 경우, 책임 소재를 명확히 하는 것이 중요한다[31]. 이는 법적 책임뿐만 아니라 윤리적 책임까지 고려해야 하는 문제이다.
- **일자리 감소:** 강화학습과 생성형 AI의 발전은 일부 직업의 자동화를 가속화하여 일자리 감소로 이어질 수 있다[32]. 이는 사회적 불평등을 심화시키고 경제적 불안정을 야기할 수 있다.
- **악용 가능성:** 강화학습과 생성형 AI는 악의적인 목적으로 사용될 수

있다[33]. 예를 들어, 가짜 뉴스나 선전을 생성하거나, 개인 정보를 침해하거나, 사이버 공격을 수행하는 데 사용될 수 있다.

7. 결론

강화학습과 생성형 AI는 각각 강력한 AI 기술이며, 이 두 가지 기술을 결합하면 더욱 혁신적인 AI 시스템을 구축할 수 있다. 특히 금융 분야에서는 주식 거래, 포트폴리오 관리, 위험 평가 등 다양한 분야에서 활용될 수 있으며, 앞으로 더욱 발전하여 금융 산업을 변화시킬 것으로 예상된다. 이러한 변화는 금융 기관의 효율성을 높이고, 고객에게 더 나은 서비스를 제공하며, 새로운 비즈니스 모델을 창출할 수 있는 기회를 제공한다. 그러나 강화학습과 생성형 AI의 결합은 복잡성 증가, 데이터 의존성, 높은 훈련 비용, 편향 및 허위 정보 생성 가능성 등의 단점도 가지고 있다. 따라서 이러한 단점을 해결하고 장점을 극대화하기 위한 연구 개발이 필요하며, 동시에 윤리적 쟁점과 사회적 영향력을 고려해야 한다. 강화학습과 생성형 AI 기술의 책임감 있는 개발과 활용을 통해 인간과 사회에 도움이 되는 AI 시스템을 구축해야 한다.

6절 설명 가능한 생성형 AI와 금융 데이터

인공지능(AI)은 금융 분야에서 혁신적인 변화를 이끌어 왔다. 특히, 심층 학습 기반의 AI는 복잡한 금융 데이터 분석, 예측, 의사 결정 등에서 뛰어난 성능을 보여주고 있다. 그러나 이러한 AI 모델은 내부 작동 방식이 불투명하여 '블랙박스'라고 불리기도 한다. 즉, AI가 어떤 이유로 특정 결과를 도출했는지 이해하기 어렵다는 한계점이 존재한다. 이러한 문제를 해결하기 위해 등장한 것이 바로 **설명 가능한 AI (eXplainable AI, XAI)**이다. XAI는 AI 모델의 예측 결과에 대한 근거를 제시하여 사용자의 이해도와 신뢰도를 높이는 기술이다.

1. 설명 가능한 AI (XAI)

1) XAI의 필요성 및 중요성

AI는 금융 분야에서 다양한 문제를 해결하고 효율성을 높이는 데 기여하고 있지만, 동시에 **투명성과 신뢰성**에 대한 우려도 제기되고 있다. 특히 금융 분야는 높은 수준의 규제와 윤리적 기준이 요구되는 분야이기 때문에 AI 모델의 예측 결과에 대한 명확한 설명이 필수적이다. XAI는 다음과 같은 이유로 금융 분야에서 매우 중요하다.

- **규제 준수**: 금융 규제는 AI 모델의 의사 결정 과정에 대한 설명 책임을 요구하는 경우가 많다. XAI는 이러한 규제를 준수하고 법적 책임 소재를 명확히 하는 데 도움을 줄 수 있다[1].
- **신뢰성 확보**: XAI는 AI 모델의 예측 결과에 대한 근거를 제시하여 사용자의 신뢰도를 높여줄 수 있다. 금융 분야에서는 AI 모델의 신뢰성이 투자 결정, 리스크 관리 등에 중요한 영향을 미치기 때문에 XAI의 역할이 더욱 중요하다[2].
- **편향 완화**: AI 모델은 학습 데이터에 존재하는 편향을 반영할 수 있다. XAI는 이러한 편향을 식별하고 완화하여 공정하고 윤리적인 의사 결정을 지원한다.
- **의사 결정 지원**: XAI는 AI 모델의 예측 결과에 대한 설명을 제공하여 금융 선문가의 의사 걸정을 지원한다. 예를 들어, XAI는 대출 심사 과정에서 AI가 특정 대출 신청을 거부한 이유를 설명하여 심사 담당자가 최종 결정을 내리는 데 도움을 줄 수 있다.
- **모델 개선**: XAI는 AI 모델의 작동 방식에 대한 이해를 높여 모델의 성능을 개선하는 데 기여할 수 있다. 예를 들어, XAI를 통해 모델의 오류 원인을 파악하고 수정하여 예측 정확도를 향상시킬 수 있다.

2) XAI의 주요 기법

XAI는 다양한 기법을 통해 구현될 수 있다. 아래 표는 대표적인 XAI 기법에 대한 설명이다.

〈표 2-15〉 시각화 기술별 장점과 한계

기술	설명	장점	한계
LIME	특정 예측 결과에 영향을 미치는 주요 변수를 식별하고 각 변수의 기여도를 시각적으로 보여주는 기법	모델에 구애받지 않고 사용 가능, 이해하기 쉬운 시각적 설명 제공	지역적인 설명에 초점을 맞춰 전체적인 모델 해석에는 제한적
SHAP	게임 이론을 기반으로 각 변수의 기여도를 계산하는 기법	LIME보다 더 정확하고 포괄적인 설명 제공, 변수 중요도에 대한 일관된 측정 제공	계산 비용이 높을 수 있음
Grad-CAM	이미지 분류 모델에서 예측에 영향을 미치는 이미지 영역을 시각화하는 기법. 금융 시계열 데이터 등 다양한 데이터에도 적용 가능	이미지 데이터 분석에 효과적, 모델의 의사 결정 과정을 직관적으로 이해 가능	적용 범위가 제한적, 복잡한 모델에 적용하기 어려울 수 있음
의사결정 트리	의사 결정 트리를 사용하여 모델의 예측 과정을 설명하는 기법	이해하기 쉬운 트리 구조로 설명 제공, 각 변수의 영향력과 의사 결정 경로를 시각적으로 확인 가능	과적합 문제 발생 가능성, 복잡한 모델의 경우 트리 구조가 복잡해짐

3) XAI의 한계점

XAI는 AI의 투명성과 신뢰성을 높이는 데 기여하지만, 여전히 몇 가지 한계점을 가지고 있다.

- **설명의 복잡성:** XAI 기법은 때때로 복잡하고 전문적인 지식을 요구하는 설명을 제공할 수 있다. 이는 금융 전문가가 XAI 결과를 이해하고 활용하는 데 어려움을 야기할 수 있다.
- **설명의 정확성:** XAI 기법은 모델의 근사치를 사용하여 설명을 생성하기 때문에 항상 정확한 설명을 제공하지는 못할 수 있다.
- **계산 비용:** 일부 XAI 기법은 계산 비용이 많이 소요될 수 있으며, 특히 대규모 데이터셋이나 복잡한 모델에 적용하기 어려울 수 있다.

참고 XAI는 생성형 AI와 결합하여 더욱 강력한 도구가 될 수 있다.

생성형 AI는 복잡한 금융 데이터에서 패턴을 학습하고 새로운 데이터를 생성하는 능력을 가지고 있다. XAI는 이러한 생성형 AI 모델의 작동 방식을 설명하고, 생성된 데이터 또는 예측 결과에 대한 근거를 제시하여 사용자의 이해도와 신뢰도를 높일 수 있다.

2. 설명 가능한 생성형 AI in 금융

1) 금융 데이터에 XAI 적용 방법

설명 가능한 생성형 AI는 금융 데이터에 다양한 방식으로 적용될 수 있다. XAI를 생성형 AI에 적용하면, 생성형 AI 모델의 예측 결과에 대한 신뢰도를 높이고, 규제 준수를 용이하게 하며, 생성된 데이터에 대한 이해도를 향상시킬 수 있다.

- **모델 해석:** 생성형 AI 모델이 금융 데이터를 어떻게 학습하고 예측하는지 이해하기 위해 XAI 기법을 활용할 수 있다. 예를 들어, SHAP 값을 사용하여 생성형 AI 모델이 특정 주식 가격을 예측할 때 어떤 변수가 가장 큰 영향을 미쳤는지 분석할 수 있다.
- **예측 결과 설명:** 생성형 AI 모델이 생성한 금융 데이터 또는 예측 결과에 대한 설명을 제공하여 사용자의 이해도를 높일 수 있다. 예를 들어, LIME을 사용하여 생성형 AI 모델이 생성한 포트폴리오의 구성 비율에 대한 설명을 제공할 수 있다.
- **편향 탐지 및 완화:** XAI 기법을 사용하여 생성형 AI 모델의 편향을 탐지하고 완화하여 공정한 금융 서비스를 제공할 수 있다. 예를 들어, XAI를 통해 대출 심사 모델에서 특정 성별이나 인종에 대한 편향이 있는지 확인하고, 이를 완화하여 차별적인 대출 심사를 방지할 수 있다.

- **오류 분석 및 수정:** XAI 기법을 통해 생성형 AI 모델의 오류 원인을 분석하고 수정하여 모델의 성능을 향상시킬 수 있다. 예를 들어, XAI를 사용하여 생성형 AI 모델이 생성한 금융 시장 시나리오에서 오류가 발생한 원인을 파악하고, 모델을 개선하여 더욱 정확한 시나리오를 생성할 수 있다.

2) 금융 분야 XAI 활용 사례

- **리스크 평가:** XAI는 신용 평가, 대출 심사 등에서 AI 모델이 특정 고객을 고위험군으로 분류한 이유를 설명하여 리스크 관리를 지원한다. 예를 들어, JP Morgan은 XAI를 사용하여 신용 위험 평가 모델의 의사 결정 과정을 설명하고, 모델의 정확성과 신뢰성을 높이고 있다[1].
- **사기 탐지:** XAI는 AI 모델이 특정 거래를 사기로 의심하는 이유를 설명하여 금융 사기 탐지의 정확성을 높인다. 예를 들어, PayPal은 XAI를 활용하여 사기 거래 탐지 시스템의 정확성을 높이고, 사기 방지 전략을 개선하고 있다[3].
- **투자 전략:** XAI는 AI 모델이 특정 투자 전략을 제안하는 이유를 설명하여 투자자의 의사 결정을 지원한다. 예를 들어, Goldman Sachs는 XAI를 사용하여 투자 포트폴리오 관리 시스템의 의사 결정 과정을 설명하고, 투자자들에게 투명하고 신뢰할 수 있는 투자 전략을 제공하고 있다.
- **알고리즘 트레이딩:** XAI는 알고리즘 트레이딩 모델의 매매 결정에 대한 설명을 제공하여 투명성을 확보하고 투자자의 신뢰를 얻을 수 있다.
- **포트폴리오 관리:** XAI는 AI 기반 포트폴리오 관리 시스템에서 자산 배분 결정에 대한 설명을 제공하여 투자 전략의 이해도를 높일 수 있다[1].

3) 금융 분야 XAI 중요성

금융 분야에서 XAI는 다음과 같은 이유로 중요하다.

- **신뢰성 확보:** 금융 분야에서는 AI 모델의 신뢰성이 투자 결정, 리스크 관리 등에 중요한 영향을 미치기 때문에 XAI를 통해 AI 모델의 예측 결과에 대한 근거를 제시하여 사용자의 신뢰도를 높이는 것은 매우 중요하다[2].
- **윤리적 의사 결정:** XAI는 AI 모델의 편향을 식별하고 완화하여 공정하고 윤리적인 금융 서비스를 제공하는 데 기여한다.
- **책임감 있는 AI 활용:** XAI는 AI 모델의 작동 방식에 대한 이해를 높여 책임감 있는 AI 활용을 촉진한다.

> **참고** XAI는 금융 분야에서 모델의 정확성과 설명 가능성 사이의 균형점을 찾는 데 중요한 역할을 한다.
>
> 고도로 복잡한 AI 모델은 더 나은 예측 성능을 제공할 수 있지만, 설명하기가 더 어려울 수 있다. 반면에, 단순한 모델은 더 투명할 수 있지만, 예측 정확도가 떨어질 수 있다. XAI는 이러한 균형점을 찾고, 금융 전문가가 AI 모델을 이해하고 신뢰할 수 있도록 지원한다. 또한, XAI는 고객과 규제 기관에게 AI 기반 금융 서비스에 대한 신뢰를 구축하는 데 도움을 줄 수 있다. 설명 가능성을 통해 알고리즘 편향 및 차별에 대한 우려를 해소하고, AI 시스템의 공정성과 투명성을 보장할 수 있다.

3. 미래 전망

1) XAI 기술 발전 방향

XAI 기술은 지속적으로 발전하고 있으며, 앞으로 다음과 같은 방향으로 발전할 것으로 예상된다.

- **설명력 향상:** 더욱 정확하고 이해하기 쉬운 설명을 제공하는 XAI 기법 개발이 활발하게 진행될 것이다.

- **적용 범위 확대:** 다양한 유형의 AI 모델에 적용 가능한 XAI 기법 개발이 이루어질 것이다.
- **실시간 설명:** 실시간으로 AI 모델의 예측 결과에 대한 설명을 제공하는 기술이 개발될 것이다.
- **사용자 맞춤형 설명:** 사용자의 지식 수준, 관심 분야 등을 고려하여 맞춤형 설명을 제공하는 기술이 개발될 것이다.

2) 금융 분야 XAI 미래 전망 및 기대 효과

XAI는 금융 분야에서 더욱 중요한 역할을 담당할 것으로 예상된다.

- **금융 혁신 가속화:** XAI는 AI 도입에 대한 불안감을 해소하고 금융 혁신을 가속화하는 데 기여할 것이다.
- **금융 서비스 개인화:** XAI는 개인 맞춤형 금융 서비스 제공을 가능하게 하고 고객 만족도를 향상시킬 것이다.
- **금융 시장 안정성 강화:** XAI는 금융 리스크 관리, 사기 탐지 등에 활용되어 금융 시장의 안정성을 강화할 것이다.
- **규제 준수 및 신뢰도 향상:** XAI는 금융 규제 준수를 지원하고 금융 기관의 신뢰도를 향상시킬 것이다.

4. 결론

설명 가능한 생성형 AI는 금융 분야에서 혁신적인 변화를 이끌어 낼 잠재력이 있다. XAI는 AI 모델의 투명성과 신뢰성을 높여 금융 혁신을 가속화하고, 금융 서비스를 개인화하며, 금융 시장의 안정성을 강화할 수 있다. 또한, XAI는 금융 규제 준수를 지원하고 금융 기관의 신뢰도를 향상시키는 데 기여할 수 있다. 앞으로 XAI 기술은 더욱 발전하여 금융 분야의 다양한 문제를 해결하고 새로운 가능성을 제시할 것으로 기대된다.

하지만 XAI 기술의 발전과 함께 윤리적 고려 사항, 잠재적 위험, 미래 연구 방향 등에 대한 심층적인 논의가 필요하다. XAI가 금융 분야에서 책임감 있고 지속 가능한 방식으로 활용될 수 있도록 규제 기관, 금융 기관, 연구자들은 협력하여 XAI 기술의 발전과 적용에 대한 사회적 합의를 이끌어내야 한다.

7절 AI Agentic Computing: 금융 혁신의 미래

인공지능(AI) 기술은 빠르게 발전하고 있으며, 그중에서도 AI Agentic Computing은 금융을 포함한 다양한 분야에서 혁신을 이끌어 낼 잠재력을 가진 기술로 주목받고 있다. AI Agentic Computing은 인간의 개입 없이 스스로 목표를 설정하고, 환경을 인식하며, 계획을 수립하고 실행하는 능력을 가진 AI 시스템을 말한다. 마치 영화 속 인공지능처럼 스스로 생각하고 행동하는 AI 에이전트가 현실로 다가오고 있는 것이다.

이 글에서는 AI Agentic Computing의 개념, 금융업에서의 활용 가능성, 2025년 현재 기술 발전 현황, 그리고 미래 발전 전략에 대해 폭넓게 조사하고 분석한 결과를 담았다. 특히 구체적인 사례를 통해 독자들이 AI Agentic Computing을 쉽게 이해하고, 금융 혁신의 미래를 가늠해 볼 수 있도록 돕고자 한다.

1. AI Agentic Computing의 정의 및 개념

AI Agentic Computing은 인간의 직접적인 감독 없이도 복잡한 목표를 추구할 수 있는 AI 시스템을 말한다. 마치 우리가 일상생활에서 스스로 판단하고 행동하듯이, AI 에이전트는 주어진 환경 속에서 스스로 문제를 해결하고 목표를 달성하기 위해 노력하는 것이다[1]. AI 에이전트는 대규모 언어 모델

(LLM)을 통해 사용자의 입력을 이해하고, 이를 바탕으로 단계별 계획을 수립하여 목표를 달성할 수 있다[2]. 또한, 자체 메모리와 추론 능력을 활용하여 시간이 지남에 따라 사용자의 기대에 적응하고, 더욱 효율적인 문제 해결 방식을 학습한다[2].

예를 들어, 사용자가 "내일 오후 2시에 미팅 일정을 잡아줘."라고 요청하면, AI 에이전트는 이를 단순히 일정에 추가하는 것에 그치지 않고, 미팅 참석자, 장소, 관련 자료 등을 스스로 확인하고, 필요한 경우 사용자에게 추가 질문을 하거나 제안을 하기도 한다. 마치 개인 비서처럼 사용자의 업무를 돕는 역할을 수행하는 것이다.

2. 금융업에서의 활용 가능성

AI Agentic Computing은 금융 분야에서 다양한 활용 가능성을 제시하고 있다. 고객 서비스, 개인 맞춤형 금융 상품 추천, 리스크 관리, 사기 방지, 컴플라이언스 준수 등에서 혁신적인 변화를 가져올 수 있다.

- **고객 서비스:** AI 에이전트는 고객의 질문에 24시간 즉각적으로 응답하고, 개인 맞춤형 금융 상담을 제공할 수 있다[3]. 예를 들어, 뱅크오브 아메리카의 AI 기반 가상 비서 'Erica'는 고객의 월별 평균 지출, 구매 품목 등을 분석하여 고객의 소비 패턴을 파악하고, 이를 기반으로 예산 관리 및 재무 목표 설정에 대한 조언을 제공한다[3]. 또한, 고객의 금융 거래 내역, 투자 성향 등을 분석하여 고객에게 최적화된 금융 상품을 추천해 줄 수도 있다[4]. 단순히 고객의 질문에 답변하는 것을 넘어, 고객과의 상호 작용을 통해 학습하고, 시간이 지남에 따라 더욱 개인화된 서비스를 제공할 수 있다는 것이 AI 에이전트의 강점이다[5].
- **리스크 관리:** AI 에이전트는 실시간으로 방대한 금융 데이터를 분석하

고, 시장 변화를 예측하여 투자 리스크를 효과적으로 관리할 수 있다[6]. 예를 들어, 수천 개의 시장 위험 요소를 실시간으로 시뮬레이션하여 투자 포트폴리오를 최적화하고, 잠재적인 손실을 예방할 수 있다[6]. 또한, 신용 리스크 평가, 사기 탐지 등에도 활용되어 금융 사고를 예방하는 데 기여할 수 있다[6]. 최근에는 딥페이크 기술을 이용한 금융 사기가 증가하고 있는데, AI 에이전트는 이러한 딥페이크 영상을 감지하고, 사기 시도를 차단하는 데에도 활용될 수 있다[7].

- **컴플라이언스:** 금융 규제는 점점 복잡해지고 있으며, 이를 준수하는 데에는 많은 시간과 비용이 소요된다. AI 에이전트는 규제 변경 사항을 실시간으로 학습하고, 금융 거래를 모니터링하여 규제 준수를 자동화할 수 있다[3]. 이를 통해 금융 기관은 규제 준수 비용을 절감하고, 인력을 보다 효율적으로 운영할 수 있다.

참고 AI Agentic Computing이 금융 산업을 재편하다

AI Agentic Computing은 금융 산업의 프로세스를 자동화하고, 고객에게 더욱 개인화된 금융 서비스를 제공함으로써 금융 산업을 재편할 잠재력을 가지고 있다[4]. 과거에는 금융 상품 가입, 투자 결정, 대출 심사 등의 과정에서 많은 부분 사람의 판단에 의존했지만, AI 에이전트는 이러한 과정을 자동화하고, 더욱 정확하고 효율적인 의사 결정을 지원할 수 있다. 또한, 고객 개개인의 특성과 니즈에 맞는 맞춤형 금융 서비스를 제공하여 고객 만족도를 높일 수 있다.

3. AI Agentic Computing의 위험 및 과제

AI Agentic Computing은 금융 분야에 많은 혁신을 가져올 수 있지만, 동시에 몇 가지 위험과 과제를 안고 있다.

- **일자리 감소:** AI 에이전트가 금융 업무를 자동화함에 따라, 일부 금융업 종사자들의 일자리가 감소할 수 있다는 우려가 있다[5]. 특히 단순 반복적인 업무를 수행하는 직원들은 AI 에이전트로 대체될 가능성이 높다.

- **개인 정보 보호:** AI 에이전트는 고객의 개인 정보를 활용하여 서비스를 제공하기 때문에, 개인 정보 보호에 대한 우려가 제기될 수 있다[5]. AI 에이전트가 개인 정보를 안전하게 관리하고, 오용되지 않도록 하는 것이 중요하다.
- **시장 변동성:** AI 에이전트의 투자 결정이 시장 변동성을 증폭시킬 수 있다는 우려도 있다[5]. AI 에이전트의 의사 결정 과정을 투명하게 공개하고, 시장에 미치는 영향을 지속적으로 모니터링해야 한다.
- **윤리적 문제:** AI 에이전트는 데이터 편향, 알고리즘의 불투명성, 책임 소재 등 윤리적인 문제를 야기할 수 있다[8]. AI 에이전트가 윤리적인 기준에 따라 개발되고 운영될 수 있도록 노력해야 한다.

4. AI 거버넌스 및 윤리적 프레임워크의 필요성

AI Agentic Computing의 위험을 최소화하고, 금융 산업에서 책임감 있게 활용하기 위해서는 강력한 감독과 윤리적 프레임워크가 필요하다[5]. AI 에이전트 개발 및 운영에 대한 명확한 가이드라인을 마련하고, AI 에이전트의 의사 결정 과정을 투명하게 공개하여 책임 소재를 명확히 해야 한다. 또한, AI 에이전트가 사회적 편견을 강화하거나 차별을 조장하지 않도록 지속적인 모니터링 및 감독이 필요하다.

5. 2025년 현재 기술 발전 현황

2025년 현재 AI Agentic Computing은 빠르게 발전하고 있으며, 금융 분야를 포함한 다양한 분야에서 활용되기 시작했다.

1) 주요 기업들의 AI 에이전트 개발 경쟁

AI 에이전트 시장은 마이크로소프트, 구글, 애플, 메타, 오픈AI 등 글로벌 빅테크 기업들이 주도하고 있다[8]. 각 기업은 자사의 강점을 바탕으로 다양한 AI 에이전트를 개발하고 있으며, 시장 선점을 위한 치열한 경쟁을 벌이고 있다.

〈표 2-16〉 참여기업별 주요 Agent 제공 현황

참여기업	Agent명	주요 특징	응용분야
마이크로소프트	Microsoft 365 Copilot	업무 자동화, 코딩 지원	금융 데이터 분석, 보고서 작성 자동화
구글	Google Assistant	음성 인식, 정보 검색	고객 상담, 개인 맞춤형 금융 상품 추천
애플	Siri	개인 정보 보호, 음성 비서	금융 거래, 계좌 관리
메타	Meta AI 챗봇	멀티모달, 실생활 작업 지원	고객 지원, 금융 상품 마케팅
오픈AI	ChatGPT	자연어 처리, 대화형 AI	금융 상담, 투자 조언
삼성SDS		다양한 비즈니스 영역 지원	고객 서비스, 업무 자동화

2) AI 에이전트 기술의 역사와 과제

AI 에이전트 기술은 1950년대 상징적 AI를 기반으로 시작되었다[10]. 초기 AI 에이전트는 규칙 기반 시스템으로, 단순한 문제 해결에 활용되었지만, 실제 환경의 복잡성을 처리하는 데에는 한계를 보여왔다. 이후 1980년대에는 특정 분야의 전문 지식을 활용하는 전문가 시스템이 개발되었지만, 범용성이 부족하다는 한계에 직면해 있다[10]. 최근에는 딥러닝 기술의 발전과 함께 AI 에이전트는 더욱 복잡한 문제를 해결하고, 다양한 환경에 적응할 수 있는 능력을 갖추게 되었다. 하지만 여전히 일반화 능력 부족, 확장성 문제, 사용자 신뢰 부족 등의 과제를 안고 있다[10].

3) OpenAI의 "Operator"

오픈AI는 2025년 1월에 "Operator"라는 코드명의 자율형 AI 에이전트를 출시할 예정이다[11]. "Operator"는 코딩, 여행 예약 등 복잡하고 다단계 작업을 자율적으로 처리할 수 있는 AI 에이전트로, AI 에이전트 기술 발전에 중요한 이정표가 될 것으로 기대되고 있다[11].

4) AI 모델 훈련 비용 증가

최첨단 AI 모델의 훈련 비용이 증가하고 있다는 점도 주목해야 한다[12]. 예를 들어, 오픈AI의 GPT-4는 훈련에 약 7,800만 달러의 비용이 소요되었고, 구글의 Gemini Ultra는 1억 9,100만 달러의 비용이 소요되는 것으로 알려져 있다[12]. 이는 AI 에이전트 개발에 있어 막대한 자본 투자가 필요하다는 것을 의미하며, 자본력을 가진 대기업들이 AI 에이전트 시장을 주도할 가능성이 높다는 것을 시사한다.

6. AI Agentic Computing의 미래 발전 전략

AI Agentic Computing은 아직 초기 단계이지만, 앞으로 더욱 발전하여 금융 혁신을 가속화할 것으로 예상되고 있다.

1) 기업 도입을 위한 과제와 전략

AI 에이전트 기술은 기업의 생산성을 향상시키고 다양한 워크플로우를 효율적으로 만들 수 있는 잠재력을 가지고 있지만, 기업 환경에 AI 에이전트를 도입하는 것은 아직 초기 단계에 있다[13]. 많은 기업이 기술의 성숙도, 보안 문제, 윤리적 문제 등을 고려하여 신중한 접근 방식을 취하고 있는 상황이다[13]. 기업의 AI 도입 준비도 조사에 따르면, 기업 리더십 팀의 29%만이 단기적인 비전(1~3년)을 가지고 있고, 70%는 장기적인 관점에서 AI 도입을 고려하고 있다[13].

2) 기술적 과제 해결

AI Agentic Computing의 미래 발전을 위해서는 몇 가지 기술적 과제를 해결해야 한다.

- **데이터 편향 및 오류 최소화:** AI 에이전트는 학습 데이터에 내재된

편견을 반영하여 잘못된 결정을 내릴 수 있다[8]. 데이터 편향을 최소화하고, AI 에이전트의 오류를 줄이기 위한 연구가 필요하다.

- **보안 및 프라이버시 강화:** AI 에이전트는 해킹, 데이터 유출 등 보안 위협에 노출될 수 있다[8]. AI 에이전트의 보안을 강화하고, 개인 정보를 안전하게 보호하는 기술 개발이 중요하다.

3) 새로운 기술 접목

AI Agentic Computing은 다른 기술과의 융합을 통해 더욱 발전할 수 있다.

- **하이브리드 컴퓨팅:** 기존 CPU에 양자 컴퓨팅, 광학 컴퓨팅, 뉴로모픽 컴퓨팅 등을 결합하여 AI 에이전트의 성능을 향상시킬 수 있다[14]. 이를 통해 더욱 복잡한 문제를 해결하고, 실시간으로 대량의 데이터를 처리할 수 있게 될 것으로 기대하고 있다.
- **뉴로모픽 컴퓨팅:** 인간의 뇌처럼 작동하는 뉴로모픽 칩을 활용하여 AI 에이전트의 학습 능력과 에너지 효율성을 높일 수 있다[15]. 예를 들어, 멤리스터(memristor)라는 차세대 반도체 소자는 뇌의 시냅스 역할을 모방하여 데이터 저장 및 연산을 동시에 수행할 수 있다[15]. 이러한 기술은 AI 에이전트가 더욱 인간처럼 생각하고 행동할 수 있도록 돕는 역할을 할 것으로 기대하고 있다.

4) AI 에이전트의 자율성 확대

AI 에이전트의 자율성을 확대하고, 다양한 환경에서 학습하고 적응할 수 있는 능력을 향상시키는 것도 중요하다[16]. AI 에이전트가 스스로 목표를 설정하고, 환경 변화에 유연하게 대응하며, 새로운 문제 상황에 대한 해결책을 찾아낼 수 있도록 하는 연구가 필요하다. 또한, AI 에이전트가 인간과 자연스럽게 상호작용하고 협력할 수 있도록 사용자 인터페이스를 개선하는 것도 중요한 과제이다.

7. 결론

AI Agentic Computing은 금융 분야에서 혁신적인 변화를 가져올 잠재력이 있는 기술이다. 고객 서비스 개선, 리스크 관리 효율화, 규제 준수 자동화 등 다양한 분야에서 활용될 수 있으며, 앞으로 더욱 발전하여 금융 산업의 미래를 shaped 할 것으로 예상되고 있다. AI 에이전트는 마치 개인 비서, 투자 전문가, 규제 준수 담당자처럼 금융업 종사자들의 업무를 돕고, 고객에게 더 나은 금융 서비스를 제공하는 데 기여할 수 있다.

하지만 AI Agentic Computing은 아직 해결해야 할 과제도 많다. 데이터 편향, 보안 문제, 윤리적 딜레마 등을 해결하고, 사용자의 신뢰를 얻는 것이 중요한다. 또한, AI 에이전트의 자율성을 확대하면서도, 인간의 통제력을 유지하는 균형점을 찾는 것도 중요한 과제이다.

금융 기관, 정부, 연구 기관 등 모든 이해관계자들은 AI Agentic Computing 기술의 잠재력과 위험을 정확하게 이해하고, 적극적으로 협력하여 AI 에이전트가 금융 산업 발전에 기여할 수 있도록 노력해야 한다. AI Agentic Computing은 금융 산업의 미래를 좌우할 핵심 기술이며, 이를 책임감 있게 개발하고 활용하는 것이 금융 혁신의 성공을 위한 열쇠라고 생각된다.

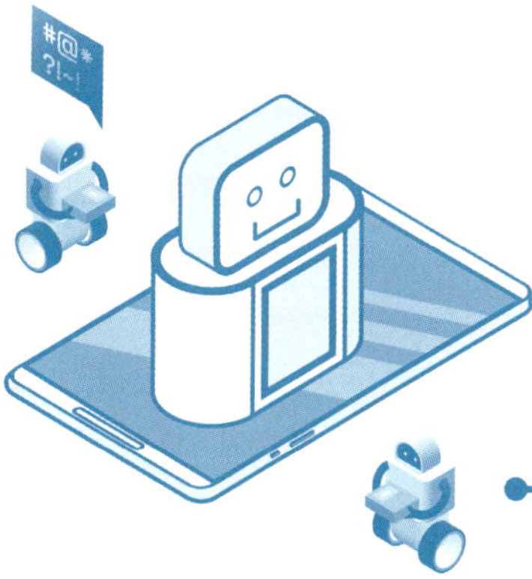

4장 금융데이터와 인공지능 기술

1절 생성형 AI를 활용한 금융 데이터 분석

금융 산업은 디지털 전환이 가속화됨에 따라 엄청난 양의 데이터가 생성되고 있으며, 이러한 데이터를 효과적으로 활용하고 분석하는 것이 그 어느 때보다 중요해졌다. 금융 데이터 분석은 투자 결정, 위험 관리, 고객 서비스 개선 등 다양한 분야에서 핵심적인 역할을 수행하며, 이는 곧 금융 기관의 경쟁력 강화로 이어진다. 최근 인공지능(AI) 기술, 특히 생성형 AI는 이러한 금융 데이터 분석에 새로운 가능성을 제시하며 혁신을 주도하고 있다. 생성형 AI는 기존 AI와 달리 데이터를 학습하여 새로운 콘텐츠를 생성할 수 있는 능력을 가지고 있어 금융 분야에서 다양한 방식으로 활용될 수 있다. 예를 들어, 생성형 AI는 과거 주가 데이터를 학습하여 미래 주가를 예측하거나, 고객의 금융 거래 패턴을 분석하여 맞춤형 금융 상품을 추천할 수 있다.

본 장에서는 금융 데이터의 특징을 심층적으로 분석하고, 다양한 생성형 AI 모델의 종류 및 특징을 살펴보며, 금융 데이터 분석에 생성형 AI를 적용하는 다양한 방법과 그 과정에서 고려해야 할 사항들을 제시한다. 또한, 금융 산업에서 생성형 AI의 미래 전망과 발전 방향을 논의하며, 이를 통해 금융 기관이 생성형 AI 기술을 활용하여 경쟁 우위를 확보하고 고객에게 더 나은 금융 서비스를 제공할 수 있는 방안을 모색한다.

1. 금융 데이터의 특징

금융 데이터는 고객의 금융 거래, 투자 활동, 신용 정보 등 다양한 정보를 포함하고 있으며, 그 형태와 속성에 따라 다음과 같이 분류할 수 있다[1].

- **구조적 데이터:** 계좌 정보, 거래 내역, 고객 정보 등과 같이 정형화된 형태로 저장된 데이터이다. 관계형 데이터베이스에 저장되며, SQL과 같은 쿼리 언어를 사용하여 쉽게 검색하고 분석할 수 있다[1].
- **비정형 데이터:** 텍스트, 이미지, 음성, 영상 등과 같이 정형화되지 않은 형태의 데이터이다. 소셜 미디어 데이터, 뉴스 기사, 콜센터 기록 등이 이에 속하며, 분석을 위해서는 자연어 처리, 이미지 인식 등의 기술이 필요하다[1].
- **시계열 데이터:** 시간의 흐름에 따라 변화하는 데이터로, 주가, 환율, 금리 등이 대표적인 예이다. 시계열 분석 기법을 사용하여 추세 분석, 예측 등을 수행할 수 있다[1].
- **실시간 데이터:** 실시간으로 생성되고 처리되는 데이터로, 고객의 온라인 거래, 주식 시장의 호가 데이터 등이 이에 속한다. 실시간 분석 및 의사 결정에 활용될 수 있으며, 빠른 처리 속도와 높은 정확성이 요구된다[1].

금융 데이터는 위와 같이 다양한 특징을 가지고 있으며, 분석 목적에 따라 적절한 데이터를 수집하고 처리해야 한다. 특히, 실시간 데이터 분석의 경우 생성형 AI 모델이 빠르게 변화하는 데이터 스트림에 적응하고 동적인 금융 환경에서 정확성을 유지할 수 있도록 설계되어야 한다[1].

1) 금융 상품 기반 데이터 분류

전통적으로 금융 데이터를 분류할 때 거래하고자 하는 '상품'에 따라 분류할 수 있다. 예를 들어, 대출, 주택 담보 대출, 보험 등 각 상품은 고유한 특징과 속성을 가지고 있으며, 이는 생성형 AI 모델의 설계 및 학습에 영향을 미칠 수 있다. 따라서 생성형 AI를 금융 데이터에 적용할 때는 분석 대상이 되는 금융 상품의 특징을 고려하여 모델을 선택하고 학습 데이터를 구축해야 한다.

2) 금융 데이터와 비금융 데이터의 결합

데이터 양이 폭발적으로 증가하면서 금융 데이터와 비금융 데이터를 결합하여 분석하는 것이 중요해지고 있다[3]. 개인의 라이프스타일, 소비 패턴, 소셜 미디어 활동 등의 비금융 데이터를 금융 데이터와 결합하면 개인 및 기업의 재무 상태 및 행동에 대한 더욱 포괄적인 이해를 얻을 수 있다. 생성형 AI는 이러한 결합 데이터를 분석하여 개인 맞춤형 금융 컨설팅, 사전 사기 탐지 시스템 구축, 시장 변화에 실시간으로 대응하는 보험 상품 개발 등에 활용될 수 있다[3].

2. 생성형 AI 모델의 종류 및 특징

생성형 AI는 다양한 모델을 사용하여 새로운 데이터나 콘텐츠를 생성할 수 있다. 각 모델은 고유한 특징과 장단점을 가지고 있으며, 금융 데이터 분석에 적용할 때는 분석 목적과 데이터 특징에 따라 적합한 모델을 선택해야 한다. 대표적인 생성형 AI 모델은 다음과 같다.

- Generative Adversarial Networks (GANs): 두 개의 신경망(생성자와 판별자)이 서로 경쟁하면서 학습하는 모델이다. 생성자는 실제 데이터와 유사한 가짜 데이터를 생성하고, 판별자는 실제 데이터와

가짜 데이터를 구별하려고 한다. 이러한 경쟁을 통해 생성자는 점점 더 실제 같은 데이터를 생성하게 된다. GAN은 이미지 생성, 음성 합성 등 다양한 분야에서 높은 성능을 보여주고 있으며, 금융 분야에서는 사기 탐지, 이상 거래 탐지 등에 활용될 수 있다[4]. 하지만 GAN은 학습이 불안정하고 생성된 데이터의 다양성이 부족할 수 있다는 단점이 있다[4].

- **Variational Autoencoders (VAEs)**: 데이터의 잠재 변수를 학습하여 새로운 데이터를 생성하는 모델이다. 잠재 변수는 데이터의 중요한 특징을 나타내는 변수로, VAE는 이러한 잠재 변수를 이용하여 다양한 변형을 가진 새로운 데이터를 생성할 수 있다[5]. 예를 들어, 고객의 신용 등급, 소득 수준, 투자 성향 등을 잠재 변수로 학습하여 새로운 고객 프로파일을 생성할 수 있다. VAE는 GAN에 비해 학습이 안정적이고 생성된 데이터의 다양성이 높다는 장점이 있지만, 생성된 데이터의 정확도가 떨어질 수 있다는 단점이 있다[5].
- **GPT (Generative Pre-trained Transformer)**: 텍스트 데이터를 학습하여 새로운 텍스트를 생성하는 모델이다. GPT는 대규모 텍스트 데이터를 사전 학습하여 문맥을 이해하고 자연스러운 텍스트를 생성할 수 있다[7]. 금융 분야에서는 고객 상담 챗봇, 금융 상품 설명 생성, 투자 보고서 작성 등에 활용될 수 있다. 최근에는 텍스트 데이터뿐만 아니라 다른 데이터 유형도 함께 학습하는 멀티모달 GPT 모델이 개발되고 있으며, 이는 금융 데이터 분석에 더욱 다양한 가능성을 제시한다[8].

참고 BloombergGPT

BloombergGPT는 금융 분야에 특화된 생성형 AI 모델이다. 방대한 금융 데이터를 학습하여 금융 관련 텍스트를 이해하고 생성할 수 있으며, 감정 분석, 시장 예측, 위험 관리 등 다양한 금융 업무에 활용될 수 있다. BloombergGPT는 금융 분야의 특수한 용어, 문맥, 규칙 등을 이해하도록 설계되었으며, 이는 금융 데이터 분석의 정확성과 효율성을 높이는 데 기여한다.

3. 생성형 AI를 활용한 금융 데이터 분석 유형

생성형 AI는 금융 데이터 분석에 다양한 방식으로 활용될 수 있으며, 주요 활용 유형은 다음과 같다.

- **예측**: 시계열 데이터를 분석하여 미래의 주가, 환율, 금리 등을 예측한다. 생성형 AI는 과거 데이터 패턴을 학습하여 미래 변화를 예측하고, 투자 전략 수립, 위험 관리 등에 활용될 수 있다[10].
- **분류**: 고객의 신용 등급, 투자 성향 등을 분류한다. 생성형 AI는 고객의 금융 거래 내역, 신용 정보 등을 분석하여 고객을 다양한 그룹으로 분류하고, 이를 기반으로 맞춤형 금융 상품 추천, 마케팅 전략 수립 등에 활용할 수 있다[11].
- **생성**: 실제 데이터와 유사한 가상 데이터를 생성하여 모델 학습, 테스트, 시뮬레이션 등에 활용한다[8]. 예를 들어, 생성형 AI를 사용하여 개인정보를 포함하지 않은 가상의 금융 거래 데이터를 생성하고, 이를 활용하여 사기 탐지 모델을 학습시킬 수 있다. 이는 실제 데이터를 사용할 때 발생할 수 있는 개인정보보호 문제를 해결하고, 모델 학습에 필요한 데이터 양을 확보하는 데 도움을 줄 수 있다.
- **이상 탐지**: 금융 거래 데이터에서 이상 거래를 탐지하여 사기 방지에 활용한다. 생성형 AI는 정상적인 거래 패턴을 학습하고, 이와 다른 이상 거래를 탐지하여 금융 사기를 예방할 수 있다[11].
- **정보 요약**: 복잡한 금융 정보를 요약하여 사용자에게 제공한다[4]. 예를 들어, 생성형 AI는 방대한 양의 재무 보고서, 시장 분석 자료, 법률 문서 등을 분석하고 요약하여 투자자가 쉽게 이해할 수 있도록 정보를 제공할 수 있다.

참고 리스크 관리

생성형 AI는 금융 시장의 변화를 예측하고 리스크를 효과적으로 관리하는 데 활용될 수 있다[12]. 예를 들어, 생성형 AI는 과거 시장 데이터를 분석하여 미래 시장 변동성을 예측하고, 이를 기반으로 포트폴리오 조정, 투자 전략 수정 등을 통해 리스크를 최소화할 수 있다. 또한, 생성형 AI는 신용 위험 평가, 시장 위험 분석, 운영 위험 관리 등 다양한 리스크 관리 업무를 자동화하고 효율성을 높이는 데 기여할 수 있다.

4. 금융 도메인에서 생성형 AI 적용 시 고려 사항

금융 도메인에서 생성형 AI를 적용할 때는 다음과 같은 사항들을 고려해야 한다.

- **데이터 보안:** 금융 데이터는 개인 정보, 금융 거래 정보 등 민감한 정보를 포함하고 있으므로, 데이터 보안에 대한 철저한 대비가 필요하다. 생성형 AI 모델 학습에 사용되는 데이터는 익명화, 암호화 등의 기술을 사용하여 안전하게 보호되어야 하며, 접근 권한 관리, 보안 감사 등을 통해 데이터 유출을 방지해야 한다[13].
- **윤리적 문제:** 생성형 AI는 실제와 구분하기 어려운 가짜 데이터를 생성할 수 있으므로, 이를 악용하여 금융 사기를 저지르거나 시장 질서를 교란하는 행위를 방지해야 한다[9]. 또한, 생성형 AI 모델이 편향된 데이터로 학습될 경우 특정 집단에 불리한 결과를 초래할 수 있으므로, 데이터 편향을 제거하고 공정한 모델을 개발해야 한다.
- **모델 설명 가능성:** 생성형 AI 모델은 복잡한 구조를 가지고 있어 그 결과를 해석하기 어려울 수 있다. 따라서 모델의 의사 결정 과정을 설명하고 이해할 수 있도록 모델 설명 가능성을 확보해야 한다[14]. 특히 금융 분야에서는 투명성과 신뢰성이 중요하므로, 모델의 예측 결과에 대한 명확한 설명을 제공하고, 모델의 작동 원리를 이해할 수 있도록 해야 한다.

- **데이터 품질:** 생성형 AI 모델의 성능은 학습 데이터의 품질에 크게 영향을 받는다. 웹에서 수집한 데이터는 노이즈, 오류, 편향 등을 포함할 수 있으며, 저작권 문제가 발생할 수도 있다[6]. 따라서 생성형 AI 모델 학습에 사용되는 데이터는 신중하게 수집, 정제, 준비해야 하며, 데이터 품질을 지속적으로 관리해야 한다.
- **모델 평가 및 검증:** 생성형 AI 모델을 금융 분야에 적용하기 전에 충분한 테스트와 검증을 거쳐야 한다. 특히, 추론 및 판단 능력이 요구되는 금융 업무에 생성형 AI를 적용할 때는 모델의 일반화 능력을 평가하고 실제 환경에서 안정적으로 작동하는지 확인해야 한다[9].
- **내부 가이드라인:** 금융 기관은 생성형 AI 모델 개발 및 활용에 대한 명확한 내부 가이드라인을 수립해야 한다[11]. 이러한 가이드라인은 데이터 사용, 모델 해석 가능성, 편향 방지, 책임 소재 등을 포함해야 하며, 생성형 AI 기술의 윤리적이고 책임감 있는 활용을 보장해야 한다.

5. 금융 산업에서 생성형 AI의 미래 전망

생성형 AI는 금융 산업에 혁신적인 변화를 가져올 것으로 예상된다. 주요 변화는 다음과 같다.

- **맞춤형 금융 서비스:** 고객 데이터를 분석하여 개인에게 최적화된 금융 상품 및 서비스를 제공한다. 예를 들어, 생성형 AI는 고객의 투자 성향, 위험 감수 수준, 재정 상태 등을 분석하여 개인에게 가장 적합한 투자 포트폴리오를 구성하고, 맞춤형 투자 조언을 제공할 수 있다[3].
- **자동화된 금융 서비스:** 금융 업무 프로세스를 자동화하여 효율성을 높이고 비용을 절감한다. 예를 들어, 생성형 AI는 대출 심사, 보험금 청구 처리, 고객 상담 등 다양한 금융 업무를 자동화하여 인력 비용을

절감하고 업무 처리 속도를 향상시킬 수 있다[11].

- **새로운 금융 상품 개발:** 생성형 AI를 활용하여 새로운 금융 상품 및 서비스를 개발한다. 예를 들어, 생성형 AI는 시장 데이터를 분석하여 새로운 투자 전략을 개발하거나, 고객의 요구를 반영한 새로운 금융 상품을 설계할 수 있다[10].
- **금융 서비스 접근성 향상:** 생성형 AI는 금융 서비스 접근성을 향상시키는 데 기여할 수 있다. 예를 들어, 생성형 AI 기반 챗봇은 24시간 고객 상담 서비스를 제공하고, 언어 장벽을 해소하여 다양한 고객에게 금융 서비스를 제공할 수 있다.
- **효율적인 워크플로우 구축:** 생성형 AI는 기존 워크플로우를 분석하고 개선하여 효율성을 극대화할 수 있다[4]. 예를 들어, 생성형 AI는 금융 데이터 분석 프로세스를 자동화하고, 분석 결과를 시각화하여 의사 결정을 지원할 수 있다. 또한, 생성형 AI는 업무 프로세스의 병목 현상을 파악하고 개선 방안을 제시하여 업무 효율성을 향상시킬 수 있다.
- **생성형 AI 시장 생태계 활용:** 금융 기관은 생성형 AI 시장 생태계를 활용하여 혁신을 가속화할 수 있다[15]. 특정 산업에 특화된 서비스를 제공하는 Vertical 서비스 제공사와 범용적인 서비스를 제공하는 Horizontal 서비스 제공사를 통해 금융 기관은 필요한 생성형 AI 솔루션을 효과적으로 도입하고 활용할 수 있다.

참고 구체적인 생성형 AI 활용 사례

- **AI 기반 투자 자문:** 생성형 AI는 고객의 투자 목표, 위험 감수 수준, 재정 상황 등을 고려하여 개인 맞춤형 투자 포트폴리오를 구성하고, 투자 전략을 제시할 수 있다.
- **개인 맞춤형 보험 상품:** 생성형 AI는 고객의 건강 상태, 라이프스타일, 과거 보험금 청구 이력 등을 분석하여 개인에게 최적화된 보험 상품을 설계하고, 보험료를 산정할 수 있다.
- **자동화된 사기 탐지 시스템:** 생성형 AI는 실시간 금융 거래 데이터를 분석하여 이상 거래를 탐지하고, 사기 피해를 예방할 수 있다.

6. 결론

본 장에서는 금융 데이터의 다양한 특징과 생성형 AI 모델의 종류 및 특징을 분석하고, 금융 데이터 분석에 생성형 AI를 적용하는 다양한 방안을 설명했다. 생성형 AI는 예측, 분류, 생성, 이상 탐지, 정보 요약 등 다양한 유형의 금융 데이터 분석에 활용될 수 있으며, 맞춤형 금융 서비스 제공, 금융 업무 자동화, 새로운 금융 상품 개발 등을 통해 금융 산업의 혁신을 이끌 것으로 예상된다.

하지만 생성형 AI를 금융 분야에 적용할 때는 데이터 보안, 윤리적 문제, 모델 설명 가능성, 데이터 품질, 모델 평가 및 검증, 내부 가이드라인 등 다양한 고려 사항들을 신중하게 검토해야 한다. 금융 기관은 이러한 과제들을 해결하고 생성형 AI 기술을 책임감 있게 활용함으로써 금융 산업의 경쟁력을 강화하고 고객에게 더 나은 금융 서비스를 제공할 수 있을 것이다.

생성형 AI는 금융 산업의 미래를 혁신할 잠재력을 가지고 있다. 금융 기관은 생성형 AI 기술을 적극적으로 도입하고 활용하여 변화하는 금융 환경에 대응하고 지속적인 성장을 이루어야 할 것이다.

2절 텍스트 기반 데이터 분석: 시장 보고서와 계약서 작성

오늘날 기업들은 엄청난 양의 데이터에 둘러싸여 있으며, 이러한 데이터의 대부분은 텍스트 형태로 존재한다. 시장 보고서, 계약서, 금융 뉴스, 고객 리뷰 등 텍스트 데이터는 기업의 의사 결정에 중요한 정보를 제공하지만, 그 양이 방대하고 비정형적이어서 효율적인 분석이 어렵다. 이러한 문제를 해결하기 위해 인공지능(AI) 기반의 텍스트 분석 기술이 주목받고 있다. 텍스트 분석은 자연어 처리(NLP) 및 기계 학습(ML) 기술을 활용하여 텍스트 데이터에서 의미 있는 정보를 추출하고 분석하는 기술이다[1]. 텍스트 분석은 비정형 텍스트 데이터에서 의미 있는 인사이트를 도출하여 고객 경험(CX)과 직원 경험(EX)을 더 깊이 이해하고, 직원과 고객의 감정을 분석하고, 트렌드를 파악하고, 데이터 기반의 의사 결정을 내리는 데 도움을 줄 수 있다[2]. 또한 정보 추출을 통해 텍스트 데이터에서 구조화된 정보를 추출하여 시장 보고서 및 계약서 분석에 중요한 역할을 한다[3]. 본 장에서는 텍스트 기반 데이터 분석 기술을 시장 보고서와 계약서 분석에 적용하는 방법과 그 활용 사례에 대해 자세히 살펴보겠다.

1. 시장 보고서 분석

시장 보고서는 특정 산업이나 시장에 대한 심층적인 분석과 정보를 제공하는 문서이다. 텍스트 분석 기술을 활용하면 방대한 시장 보고서에서 핵심 정보를 빠르게 추출하고 분석하여 시장 동향, 경쟁 현황, 고객 니즈 등을 파악할 수 있다.

1) 감정 분석

감정 분석은 텍스트에서 표현된 감정이나 의견을 분석하는 기술이다. 시장 보고서에 대한 감정 분석을 통해 시장 참여자들의 전반적인 분위기, 특정 제품이나 서비스에 대한 반응, 경쟁사에 대한 평가 등을 파악할 수 있다. 예를 들어, 시장 분석 보고서에서 특정 제품에 대한 긍정적인 언급이 증가하면 실제 판매량 증가로 이어지는 경향을 파악할 수 있다[4]. 또한, 경쟁사에 대한 부정적인 평가가 증가하는 경우, 해당 경쟁사의 시장 점유율 하락을 예측할 수 있다.

2) 주요 트렌드 파악

텍스트 분석을 통해 시장 보고서에서 자주 등장하는 키워드, 주제, 패턴을 파악하여 시장의 주요 트렌드를 파악할 수 있다. 예를 들어, 여러 시장 보고서에서 "인공지능", "빅데이터", "클라우드 컴퓨팅"과 같은 키워드가 자주 등장한다면 이는 해당 기술들이 현재 시장에서 주요 트렌드임을 나타낸다[1]. 텍스트 분석은 단순히 키워드 빈도 분석뿐만 아니라, 키워드 간의 연관 관계 분석, 토픽 모델링 등 다양한 기법을 통해 시장 트렌드를 심층적으로 분석할 수 있다. 예를 들어, 최근 시장 보고서에서 "메타버스"와 "NFT"라는 키워드가 함께 자주 등장한다면, 이는 메타버스 내에서 NFT가 새로운 비즈니스 모델로 떠오르고 있음을 의미할 수 있다.

3) 예측 모델 생성

시계열 데이터 분석과 텍스트 분석을 결합하여 시장 예측 모델을 생성할 수 있다. 과거 시장 보고서 데이터를 분석하여 시장 변화 패턴을 파악하고, 이를 기반으로 미래 시장 동향을 예측하는 모델을 구축할 수 있다. 예를 들어, 과거 시장 보고서에서 특정 제품에 대한 긍정적인 감정이 증가한 후 실제 판매량이 증가하는 패턴을 파악했다면, 이를 활용하여 향후 판매량을 예측할 수 있다[3].

4) 금융 뉴스 분석

금융 뉴스는 시장 상황을 실시간으로 반영하는 중요한 정보원이다. 텍스트 분석을 통해 금융 뉴스에서 시장 변동성, 투자 심리, 경제 지표 등에 대한 정보를 추출하고 분석하여 투자 전략 수립에 활용할 수 있다. 예를 들어, 특정 기업에 대한 긍정적인 뉴스가 증가하면 해당 기업의 주가 상승을 예상할 수 있으며, 반대로 부정적인 뉴스가 증가하면 주가 하락을 예상할 수 있다[5].

5) 활용 사례

- **금융 기관:** 투자 은행 JP모건은 텍스트 분석 기술을 활용하여 금융 뉴스 및 소셜 미디어 데이터를 분석하고 시장 변동성을 예측하여 투자 전략을 수립한다[4].
- **시장 조사 기관:** 시장 조사 기관 Gartner는 텍스트 분석을 통해 IT 산업 동향 보고서를 분석하고 미래 기술 트렌드를 예측한다.
- **제조 기업:** 제조 기업은 텍스트 분석을 통해 고객 리뷰 및 소셜 미디어 데이터를 분석하여 제품 개선 및 신제품 개발에 활용한다.

2. 계약서 분석

계약서는 당사자 간의 권리와 의무를 명시하는 법적 문서이다. 텍스트 분석 기술을 활용하면 복잡하고 긴 계약서에서 중요 조항을 추출하고 분석하여 리스크를 평가하고 계약서 작성을 자동화할 수 있다.

1) 주요 조항 추출

텍스트 분석을 통해 계약서에서 중요 조항, 예를 들어 지불 조건, 책임 범위, 계약 기간, 해지 조항 등을 자동으로 추출할 수 있다[6]. 예를 들어, 계약서에서 "지불은 매월 말일까지 완료되어야 한다"는 조항을 추출하여 지불 일정을 자동으로 관리할 수 있다. 또한, "계약 기간은 1년이며, 양측의 합의에 따라 연장될 수 있다"는 조항을 추출하여 계약 만료일을 미리 파악하고 계약 갱신 협상을 준비할 수 있다.

2) 리스크 평가

계약서에 포함된 조항들을 분석하여 법적 리스크를 평가할 수 있다. 예를 들어, 계약서에 불리한 조항이나 불명확한 조항이 있는 경우, 텍스트 분석을 통해 이를 식별하고 수정하여 리스크를 줄일 수 있다[7]. 예를 들어, 계약서에 "갑은 을에게 발생한 모든 손해에 대해 책임을 진다"는 조항이 있는 경우, 이는 갑에게 과도한 책임을 부과하는 불리한 조항일 수 있다. 텍스트 분석을 통해 이러한 조항을 식별하고 "갑은 을에게 발생한 손해 중 갑의 고의 또는 과실로 인한 손해에 대해서만 책임을 진다"와 같이 수정하여 리스크를 줄일 수 있다.

3) 자동 계약서 생성

텍스트 분석과 기계 학습 기술을 활용하여 계약서 작성을 자동화할 수 있다. 과거 계약서 데이터를 학습하여 계약서 템플릿을 생성하고, 사용자의 요구사항에 따라 자동으로 계약서를 작성하는 시스템을 구축할 수 있다[8]. 예를 들어, 부동산 임대차 계약서 작성 시스템은 임대인, 임차인, 임대 기간, 임대료 등 사용자 정보를 입력 받아 자동으로 계약서를 생성할 수 있다.

3. 활용 사례

- **법률 회사:** 법률 회사에서는 텍스트 분석 기술을 활용하여 계약서 검토 및 분석 서비스를 제공하고 있다. 예를 들어, LawGeex는 AI 기반 계약서 검토 플랫폼을 통해 계약서의 리스크를 평가하고 수정 사항을 제안한다.
- **기업 법무팀:** 기업 법무팀에서는 텍스트 분석을 활용하여 계약서 검토 시간을 단축하고 계약서 관리 효율성을 높일 수 있다.
- **블록체인 기반 계약 플랫폼:** 블록체인 기반 계약 플랫폼 Clause는 텍스트 분석을 활용하여 계약서의 자동 이행 및 관리를 지원한다.

〈표 2-17〉 주요 시각화 기법

자료	설명
텍스트 분석 과정 도식화	텍스트 데이터 수집, 전처리, 분석, 시각화 등 텍스트 분석 과정을 단계별로 도식화하여 보여주는 그림
감정 분석 결과 시각화	시장 보고서 또는 계약서에 대한 감정 분석 결과를 긍정, 부정, 중립 등으로 구분하여 막대 그래프 또는 원형 차트로 시각화
주요 키워드 분석 결과 시각화	시장 보고서에서 추출된 주요 키워드를 워드 클라우드 형태로 시각화하여 중요도를 한눈에 파악
계약서 조항 분석 결과 시각화	계약서에서 추출된 주요 조항들을 트리맵 형태로 시각화하여 계약서 구조를 파악

4. 결론

텍스트 기반 데이터 분석 기술은 시장 보고서와 계약서 분석에 효과적으로 활용될 수 있다. 감정 분석, 주요 트렌드 파악, 예측 모델 생성 등을 통해 시장 상황을 정확하게 파악하고, 주요 조항 추출, 리스크 평가, 자동 계약서 생성 등을 통해 계약서 관리를 효율적으로 수행할 수 있다. 특히, 텍스트 분석은 방대한 양의 데이터에서 숨겨진 패턴과 트렌드를 파악하여 기업에게 경쟁 우위를 제공할 수 있다는 점에서 그 가치가 더욱 높아지고 있다[2]. 하지만, 텍스트 분석의 정확도는 데이터 품질에 크게 의존하며, 감정 분석 과정에서 편향이 발생할 수 있고, 복잡한 법률 용어 해석에 어려움을 겪을 수 있다는 한계점도 존재한다.

금융, 법률, 마케팅 등 다양한 분야에서 텍스트 분석 기술의 활용이 증가하고 있으며, 앞으로 더욱 발전된 텍스트 분석 기술이 등장하여 기업의 의사 결정을 지원할 것으로 기대된다. 텍스트 분석 기술을 효과적으로 활용하기 위해서는 데이터 품질 관리, 분석 모델 개선, 전문 인력 양성 등 지속적인 노력이 필요하다. 또한, 텍스트 분석 결과를 기업의 의사 결정 프로세스에 통합하여 데이터 기반 의사 결정 체계를 구축하는 것이 중요하다.

3절 금융 시계열 데이터 분석: 주가, 환율, 위험 관리

인공지능(AI)은 금융 분야에 혁신적인 변화를 가져오고 있으며, 특히 주가, 환율, 위험 관리 분야에서 그 영향력이 두드러지게 나타나고 있다. 딜로이트 그룹의 보고서에 따르면, AI 기술은 금융 산업의 생산성과 효율성을 향상시키고 고객 편의성을 증대 시킬 수 있는 잠재력을 지니고 있다[1]. 본 장에서는 주가, 환율, 위험 관리 분야에서의 AI 활용 사례를 심층적으로 분석하고, 최신 AI 기술 동향인 초대규모 언어 모델과 멀티모달 AI가 금융 시계열 데이터 예측에 어떻게 활용될 수 있는지 폭넓게 조사했다.

1. 금융 시계열 데이터 예측 분야의 AI 활용

금융 시계열 데이터는 주가, 환율, 금리, 거래량 등 시간에 따라 변화하는 금융 데이터를 의미한다. AI는 이러한 시계열 데이터의 패턴을 분석하고 미래를 예측하여 투자 전략, 위험 관리, 금융 상품 개발 등에 활용될 수 있다.

- **딥러닝 기반 시계열 데이터 분석**: 딥러닝 알고리즘, 특히 LSTM(Long Short-Term Memory)과 RNN(Recurrent Neural Network)은 시계열 데이터의 복잡한 패턴을 학습하고 미래 값을 예측하는 데 효과적이다[2]. 이러한 알고리즘은 과거 데이터를 기반으로 미래의 주가, 환율, 금리 등을 예측하여 투자 의사 결정에 도움을 줄 수 있다.
- **머신러닝 기반 수요 예측**: 머신러닝 알고리즘은 금융 상품 수요, 시장 변동성 등을 예측하여 금융 기관의 의사 결정을 지원할 수 있다[3]. 예를 들어, 머신러닝 모델은 과거 데이터를 분석하여 특정 금융 상품에 대한 미래 수요를 예측하고, 이를 기반으로 금융 기관은 상품 공급량을 조절하거나 마케팅 전략을 수립할 수 있다.

- **시계열 데이터 이상 징후 감지**: AI는 시계열 데이터에서 정상적인 패턴에서 벗어나는 이상 징후를 감지하여 사기 탐지, 시스템 오류 예측 등에 활용될 수 있다[4]. 예를 들어, AI는 은행 거래 데이터에서 비정상적인 거래 패턴을 감지하여 사기 거래를 예방하거나, 시스템 로그 데이터에서 이상 징후를 파악하여 시스템 장애를 예측할 수 있다.

> **참고** 활용 사례
>
> SAS는 자연어 처리 기술을 활용하여 금융 시계열 데이터 분석 결과를 요약하고 보고서 작성을 지원하는 솔루션을 제공한다[5]. 이러한 솔루션은 분석가가 방대한 데이터를 분석하고 보고서를 작성하는 데 드는 시간과 노력을 절감하는 데 도움을 줄 수 있다.

2. 주가 예측 분야의 AI 활용

주가 예측은 전통적으로 복잡하고 예측 불가능한 영역으로 여겨져 왔다. 그러나 AI는 과거 데이터 분석, 시장 동향 파악, 뉴스 및 소셜 미디어 분석 등을 통해 주가 예측의 정확성을 향상시키는 데 기여하고 있다.

- **AI 기반 주가 예측 프로그램**: 인공신경망(ANN), 심층 학습(DNN), k-최근접 이웃 알고리즘(k-NN), 합성곱 신경망(CNN), 순환 신경망(RNN), LSTM 등 다양한 AI 알고리즘이 주가 예측에 활용되고 있다[6]. 이러한 프로그램들은 과거 주가 데이터와 관련 변수들을 학습하여 미래 주가를 예측한다. 아래 표는 주가 예측에 사용되는 다양한 AI 알고리즘을 요약한 것이다.

〈표 2-18〉 알고리즘의 종류와 장단점

알고리즘 이름	설명	장점/단점
인공신경망 (ANN)	인간 뇌의 신경망 구조를 모방한 알고리즘	복잡한 패턴 학습 가능, 과적합 위험
심층 학습 (DNN)	여러 층의 신경망으로 구성된 알고리즘	높은 예측 정확도, 많은 데이터 필요

〈표 2-19〉 신경망의 종류와 장단점

알고리즘 이름	설명	장점/단점
k-최근접 이웃 알고리즘 (k-NN)	주변 데이터를 기반으로 예측하는 알고리즘	간단하고 직관적, 계산량 많음
합성곱 신경망 (CNN)	이미지 인식에 주로 사용되는 알고리즘	시계열 데이터의 특징 추출, 계산량 많음
순환 신경망 (RNN)	순차적인 데이터 학습에 적합한 알고리즘	시계열 데이터 패턴 학습, 장기 의존성 문제
LSTM (Long Short-Term Memory)	RNN의 장기 의존성 문제를 개선한 알고리즘	시계열 데이터 장기 패턴 학습, 복잡한 구조

- **텍스트 마이닝**: 뉴스 기사, 소셜 미디어 게시물 등 텍스트 데이터에서 시장 심리와 투자자들의 감정을 분석하여 주가 변동에 대한 예측력을 높일 수 있다[6]. 예를 들어, 뉴스 기사의 긍정적/부정적 감정 분석을 통해 주가의 상승/하락 가능성을 예측하는 데 활용할 수 있다.
- **AI 주식 종목 추천 시스템**: 머신러닝 기술을 이용하여 투자자의 성향과 시장 상황에 맞는 주식 종목을 추천하는 시스템이 개발되고 있다[7]. 이러한 시스템은 투자 포트폴리오 구성 및 관리에 도움을 줄 수 있다.
- **설명 가능한 AI (XAI)**: 주가 예측 모델의 신뢰성을 높이기 위해 AI의 예측 결과에 대한 설명 가능성을 부여하는 연구가 진행되고 있다[8]. 투자자들은 XAI를 통해 AI 모델의 예측 근거를 이해하고 투자 결정에 대한 확신을 가질 수 있다.

참고 활용 사례

국내 최초로 주가 예측 AI 연구를 국제학술대회에 소개한 서울대 컴퓨터공학부 강유 교수 연구팀은 기존 모델 대비 높은 성과를 보이며 글로벌 주식 시장에 적용 가능한 모델을 개발했다[9]. 특히, 이 연구는 AI 모델의 과적합 문제를 해결하고 특정 국가에 한정되지 않고 글로벌 주식 시장에 적용 가능한 모델을 개발했다는 점에서 큰 의의를 갖다. 또한, 주식 가격은 랜덤워크 이론과 효율적 시장 가설에 따라 예측이 어렵다는 점을 고려해야 한다[2].

3. 환율 예측 분야의 AI 활용

환율 변동은 국제 무역, 투자, 경제 성장 등에 큰 영향을 미치는 요소이다. AI는 다양한 경제 지표, 국제 정세, 시장 데이터 등을 분석하여 환율 변동을 예측하고, 기업 및 투자자들이 환율 변동 위험에 대비할 수 있도록 지원한다.

- **딥러닝 기반 환율 예측**: 시계열 예측에 효과적인 딥러닝 기법인 Long Short Term Memory (LSTM)을 활용하여 환율 예측 모델을 구축할 수 있다[10]. LSTM은 과거 환율 데이터의 패턴을 학습하여 미래 환율 변동을 예측한다.
- **다양한 데이터 활용**: 시장 데이터, 거시경제 지표, 웹 텍스트 데이터 등 다양한 데이터를 종합적으로 분석하여 환율 예측 모델의 정확성을 높일 수 있다[10]. 예를 들어, 뉴스 기사, 경제 보고서, 소셜 미디어 데이터 등을 분석하여 환율 변동에 영향을 미치는 요인을 파악하고 예측에 활용할 수 있다. 연구 결과에 따르면, 시장 데이터, 웹 데이터, 거시경제 지표 데이터 순으로 예측력에 영향을 미치는 것으로 나타났다.
- **AI 환율 예측 모형**: 신한은행은 외화 가격, 글로벌 채권 금리, 글로벌 주식 시장 지수, 원자재 가격 등 다양한 글로벌 지표를 활용하여 AI 기반 환율 예측 모형을 개발했다[11]. 이 모형은 딥러닝 기술을 통해 시장 전망의 정확도를 높이고 AI 결과의 안정성을 강화했다. 특히, 1만 개 이상의 파생 변수를 자동으로 생성하여 환율 패턴과 글로벌 지표 간의 관계를 학습한다.

참고 활용 사례

울산과학기술원 최재식 교수팀은 주식, 환율 등의 변동 요인을 분석하는 알고리즘을 적용한 '자동 통계학자 시스템'을 개발하여 금융 시장 예측에 활용 가능성을 제시했다[12]. 이 시스템은 미국 상위 주식이 '911 테러' 이후 하락한 뒤 상승한 흐름을 예측하는 데 성공하는 등 금융 시장 예측에 대한 가능성을 보여주었다.

4. 위험 관리 분야의 AI 활용

금융 기관들은 사기 탐지, 신용 평가, 리스크 예측 등 다양한 위험 관리 업무에 AI를 활용하고 있다. AI는 방대한 데이터 분석을 통해 위험 요소를 빠르게 파악하고 예측하여 금융 기관의 안정성을 높이는 데 기여한다.

- **AI 기반 사기 탐지**: 머신러닝 알고리즘을 이용하여 금융 거래 데이터에서 이상 패턴을 감지하고 사기 행위를 예방할 수 있다[5]. 예를 들어, AI는 신용카드 거래 내역, 계좌 이체 기록 등을 분석하여 의심스러운 거래를 식별하고 사기 거래를 차단할 수 있다.
- **신용 평가**: AI는 개인의 신용 정보, 소비 패턴, 금융 거래 내역 등을 분석하여 신용도를 평가하고 대출 심사 등에 활용될 수 있다[13]. AI는 전통적인 신용 평가 방법보다 더욱 정확하고 효율적인 신용 평가를 가능하게 한다. 특히, AI는 신용 데이터를 더욱 효율적으로 수집하고 분석하여 고객의 신용도를 정확하게 평가할 수 있도록 지원한다[13]. 또한, 규제 자료 보고, 대출 승인, 추심, 대출 금액 산정 등에도 활용될 수 있다[13].
- **리스크 예측**: AI는 시장 변동성, 경제 지표, 기업 재무 정보 등을 분석하여 투자 리스크를 예측하고 포트폴리오 관리에 활용될 수 있다[14]. 예를 들어, AI는 특정 투자 포트폴리오의 위험도를 분석하고, 시장 상황 변화에 따라 포트폴리오를 조정하여 리스크를 최소화할 수 있도록 지원한다.
- **AI 기반 위험 평가 모델**: 과거 데이터 분석 및 미래 결과 예측을 통해 다양한 시나리오를 시뮬레이션하고 위험의 가능성과 영향을 평가할 수 있다[14]. 이러한 모델은 금융 기관이 예상치 못한 위험에 대비하고 효과적인 위험 관리 전략을 수립하는 데 도움을 줄 수 있다.
- **포트폴리오 최적화**: AI는 투자 포트폴리오의 성능을 개선하고 탐색

공간을 줄이는 데 활용될 수 있다[15]. AI 알고리즘은 다양한 자산의 수익률과 위험도를 분석하여 최적의 포트폴리오를 구성하고, 시장 상황 변화에 따라 포트폴리오를 동적으로 조정할 수 있도록 지원한다.

> **참고** 활용 사례
>
> 딜로이트 그룹은 AI 기술을 금융 분야에 적용하여 생산성, 효율성, 고객 편의성을 증대시킬 수 있다는 보고서를 발표했다[1].

5. 초대규모 언어 모델의 금융 시계열 데이터 예측 활용

초대규모 언어 모델은 방대한 텍스트 데이터를 학습하여 인간과 유사한 방식으로 언어를 이해하고 생성할 수 있는 AI 모델이다. 금융 분야에서는 시장 분석, 투자 전략, 위험 관리 등에 활용될 수 있다.

- **금융 시장 분석**: 초대규모 언어 모델은 뉴스 기사, 경제 보고서, 소셜 미디어 데이터 등을 분석하여 시장 동향, 투자 심리, 경제 전망 등을 파악하고 투자 전략 수립에 활용될 수 있다[16]. 예를 들어, 특정 기업에 대한 뉴스 기사, 소셜 미디어 게시물, 애널리스트 보고서 등을 분석하여 해당 기업의 주가 전망을 예측하거나 투자 결정에 필요한 정보를 얻을 수 있다[17].
- **투자 전략**: 초대규모 언어 모델은 과거 시장 데이터, 기업 재무 정보, 경제 지표 등을 분석하여 투자 포트폴리오 구성, 자산 배분, 투자 타이밍 결정 등에 활용될 수 있다[18]. 예를 들어, 투자자의 위험 감수 수준, 투자 목표 등을 고려하여 최적의 포트폴리오를 구성하고, 시장 상황 변화에 따라 포트폴리오를 재조정할 수 있도록 지원한다.
- **위험 관리**: 초대규모 언어 모델은 금융 거래 데이터, 신용 정보, 시장 변동성 등을 분석하여 위험 요소를 예측하고 관리하는 데 활용될 수

있다[19]. 예를 들어, 대출 신청자의 신용 정보, 소득 수준, 부채 규모 등을 분석하여 대출 부실 위험을 예측하고, 적절한 대출 금액과 금리를 결정할 수 있도록 지원한다.

6. 멀티모달 AI의 금융 시계열 데이터 예측 활용

멀티모달 AI는 텍스트, 이미지, 음성 등 다양한 형태의 데이터를 결합하여 분석하는 AI 모델이다. 금융 분야에서는 시장 예측, 고객 서비스, 사기 탐지 등에 활용될 수 있다.

- **시장 예측**: 멀티모달 AI는 시계열 데이터와 함께 뉴스 기사, 소셜 미디어 이미지, 경제 전문가의 의견 등을 종합적으로 분석하여 시장 변동성을 예측하고 투자 전략을 수립하는 데 활용될 수 있다[20]. 예를 들어, 주가 예측 모델에 뉴스 기사의 텍스트 정보뿐만 아니라 이미지 정보, 소셜 미디어 게시물의 감성 정보 등을 함께 입력하여 예측 정확도를 높일 수 있다[21]. 또한, 수치형 시계열 데이터와 뉴스 기사, 소셜 미디어 게시물과 같은 텍스트 데이터를 결합하여 분석할 수 있다[22].
- **고객 서비스**: 멀티모달 AI는 고객의 음성, 표정, 텍스트 데이터 등을 분석하여 고객의 감정과 요구를 파악하고 맞춤형 금융 서비스를 제공하는 데 활용될 수 있다[23]. 예를 들어, 챗봇 상담 시 고객의 음성 톤, 표정, 텍스트 입력 내용 등을 분석하여 고객의 감정 상태를 파악하고, 상황에 맞는 답변과 서비스를 제공할 수 있다.
- **사기 탐지**: 멀티모달 AI는 금융 거래 데이터, 고객 정보, CCTV 영상 등을 분석하여 사기 행위를 탐지하고 예방하는 데 활용될 수 있다[24]. 예를 들어, 금융 거래 데이터 분석과 함께 CCTV 영상 분석을 통해 의심스러운 거래 행위를 탐지하고, 사기 피해를 예방할 수 있다.

7. 시계열 Foundation 모델의 등장

최근 인공지능 분야에서는 시계열 데이터 분석을 위한 Foundation 모델 개발이 활발하게 진행되고 있다[22]. Foundation 모델은 거대한 데이터셋으로 사전 학습되어 다양한 문제를 해결할 수 있는 범용적인 AI 모델이다. 시계열 Foundation 모델은 기존의 시계열 분석 모델보다 더욱 강력한 성능을 제공하며, 다양한 시계열 예측 문제에 적용될 수 있다.

- **거대 언어 모델 기반 시계열 Foundation 모델**: 거대 언어 모델(LLM)의 일반화 능력을 활용하여 시계열 데이터를 분석하고 예측하는 방법론이다. LLM은 텍스트 데이터를 통해 시계열 데이터의 패턴을 이해하고, 이를 기반으로 예측을 수행한다.
- **시계열 자체 거대 모델**: 시계열 데이터에 특화된 거대 모델을 구축하는 방법론이다. 이러한 모델은 시계열 데이터의 특징을 효과적으로 학습하고, 다양한 시계열 예측 문제에 높은 성능을 보인다.

참고 활용 사례

Amazon에서 개발한 Chronos는 시계열 예측을 위해 사전 훈련된 확률 모델 모음이다[25]. Chronos는 T5 변환기 아키텍처를 기반으로 하며, 8백만에서 710억 7천만 개의 매개변수를 가지고 있다. 이 모델은 가우스 프로세스에서 생성된 광범위한 공개 및 합성 데이터에 대해 사전 훈련되었으며, 시계열 데이터에서 인코더 임베딩을 추출할 수 있는 인코더-디코더 모델이다.

8. 초대규모 언어 모델 및 멀티모달 AI의 미래 활용 가능성

초대규모 언어 모델과 멀티모달 AI는 금융 시계열 데이터 예측 분야에서 더욱 발전할 것으로 예상된다.

- **더욱 정교한 예측**: 더욱 방대한 데이터 학습과 알고리즘 개선을 통해 시장 변동성, 금융 상품 수요, 환율 변동 등을 더욱 정확하게 예측할

수 있을 것이다[25].

- **실시간 분석 및 예측**: 실시간 데이터 처리 기술과 결합하여 시장 상황 변화에 빠르게 대응하고 투자 전략을 조정할 수 있을 것이다[22].
- **개인 맞춤형 금융 서비스**: 개인의 투자 성향, 재무 상황, 위험 감수 수준 등을 고려한 개인 맞춤형 금융 상품 및 서비스 제공이 가능해질 것이다[26].

9. AI 윤리 고려 사항

AI 기술이 금융 분야에서 더욱 중요해짐에 따라, AI 윤리에 대한 고려가 필수적이다. 특히, 위험 관리 및 자동화된 의사 결정 과정에서 발생할 수 있는 편향, 공정성, 책임성 문제에 대한 주의가 필요한다. AI 시스템은 학습 데이터에 내재된 편향을 반영할 수 있으며, 이는 특정 집단에 대한 차별적인 결과로 이어질 수 있다. 따라서, AI 시스템 개발 및 운영 과정에서 공정성을 확보하고 편향을 최소화하기 위한 노력이 필요하다. 또한, AI 시스템의 의사 결정 과정을 투명하게 공개하고, 책임 소재를 명확히 하여 AI 시스템의 오류 또는 잘못된 판단으로 인한 피해를 예방해야 한다.

10. 결론

AI는 주가, 환율, 위험 관리 등 금융 분야의 다양한 영역에서 활용되고 있으며, 그 중요성은 더욱 커지고 있다. 특히 초대규모 언어 모델과 멀티모달 AI는 금융 시계열 데이터 예측의 정확성을 높이고, 새로운 금융 상품 및 서비스 개발을 가능하게 할 것으로 기대된다. AI 기술의 발전과 함께 금융 분야는 더욱 혁신적인 변화를 맞이할 것이며, AI는 금융 산업의 미래를 좌우하는 핵심 기술로 자리매김할 것이다. AI는 금융 서비스의 접근성을 높이고, 개인 맞춤형 금융 서비스 제공을 가능하게 하며, 금융 시장의 효율성을 향상시키는 등 금융 산업 전반에 걸쳐 긍정적인 영향을 미칠 것으로 예상된다. 하지만 동시에 AI 윤리 문제, 일자리 감소 가능성 등 해결해야 할 과제도 남아 있다. 금융 산업은 AI 기술의 잠재력과 위험을 정확하게 이해하고, 지속적인 연구 개발과 투자를 통해 AI 기술을 효과적으로 활용해야 할 것이다.

4절 생성형 AI를 활용한 금융 모델링: 한계와 가능성

금융 산업은 생성형 AI 기술의 등장으로 이전과는 비교할 수 없을 정도로 큰 변혁의 기로에 서 있다. 생성형 AI는 단순히 기존 규칙에 기반한 AI를 넘어, 스스로 학습하고 새로운 콘텐츠를 생성하는 능력을 통해 금융 모델링 분야에 혁신적인 변화를 가져올 것으로 기대된다[1]. 과거 수동적인 금융 프로세스를 자동화하고, 금융 시장에 대한 이해를 심화시키며, 인간과 유사한 방식으로 상호 작용하는 고객 참여 모델을 구축함으로써 금융 산업의 현대화를 이끌고 있다[2]. 본 장에서는 생성형 AI를 활용한 금융 모델링의 개념, 주요 기술, 활용 사례, 장점과 한계, 그리고 미래 전망에 대해 심층적으로 논의한다.

1. 생성형 AI를 활용한 금융 모델링의 개념 및 정의

생성형 AI는 기존 데이터를 학습하여 새로운 데이터를 생성하는 인공지능 기술이다. 텍스트, 이미지, 코드, 음성 등 다양한 형태의 데이터를 생성할 수 있으며, 금융 분야에서는 시장 예측, 리스크 관리, 포트폴리오 최적화 등 다양한 금융 모델링 문제를 해결하는 데 활용된다[3]. 금융 데이터는 높은 차원, 시계열적 특성, 잡음, 비정형 데이터 등의 특징을 가지므로, 이러한 특징을 고려하여 생성형 AI 모델을 설계하고 활용해야 한다.

2. 금융 모델링에 활용되는 주요 생성형 AI 기술

금융 모델링에 활용되는 주요 생성형 AI 기술은 다음과 같다.

- **GAN (Generative Adversarial Networks):** 두 개의 신경망, 생성자와 판별자가 서로 경쟁하며 학습하는 모델이다. 생성자는 실제 데이터와 유사한 가상 데이터를 생성하고, 판별자는 실제 데이터와 생성된 데이터를 구별하려고 한다. 이러한 경쟁적 학습 과정을 통해 생성자는 점점 더 실제 데이터와 유사한 가상 데이터를 생성하게 된다. 금융 분야에서는 주식 시장 데이터를 학습하여 미래 주가를 예측하거나, 사기 거래 패턴을 학습하여 이상 거래를 탐지하는 데 활용될 수 있다.
- **강화학습:** 에이전트가 환경과 상호 작용하며 시행착오를 통해 학습하는 모델이다. 에이전트는 특정 행동을 취하고 그에 따른 보상을 받으며, 누적된 보상을 최대화하는 방향으로 행동 전략을 학습한다. 금융 시장에서 최적의 투자 전략을 찾거나, 자산 배분을 최적화하는 데 활용될 수 있다.
- **LSTM (Long Short-Term Memory):** 시계열 데이터의 장기적인 의존성을 학습하는 데 효과적인 순환 신경망 (RNN) 모델이다. 과거 정보를 기억하고 현재 정보와 결합하여 미래를 예측하는 데 사용된다. 금융 시계열 데이터 분석 및 예측에 널리 사용되며, 과거 주가 데이터를 기반으로 미래 주가를 예측하거나, 금융 시장의 변동성을 예측하는 데 활용될 수 있다.

3. 생성형 AI 기반 금융 모델링의 주요 활용 사례

생성형 AI는 다양한 금융 모델링 문제에 적용되어 혁신적인 솔루션을 제공하고 있다. 주요 활용 사례는 다음과 같다.

1) 시장 예측 및 투자 전략

생성형 AI는 과거 시장 데이터를 학습하여 미래 시장 동향을 예측하고 투자 전략을 수립하는 데 활용된다. 예를 들어, 주가, 금리, 환율 등의 변동을 예측하여 투자 포트폴리오를 조정하거나, 시장 위험을 관리하는 데 도움을 줄 수 있다[4]. 생성형 AI는 방대한 양의 데이터를 빠르게 분석하고 복잡한 패턴을 파악하여 인간의 분석 능력을 뛰어넘는 예측력을 제공한다. 이를 통해 투자자들은 시장 변화에 빠르게 대응하고 더욱 정교한 투자 전략을 수립할 수 있다[5].

2) 리스크 관리 및 컴플라이언스

생성형 AI는 신용 위험, 시장 위험, 운영 위험 등 다양한 금융 리스크를 평가하고 관리하는 데 활용된다. 예를 들어, 대출 신청자의 신용도를 평가하여 대출 부도 위험을 예측하거나, 투자 포트폴리오의 위험을 분석하여 리스크를 최소화하는 데 도움을 줄 수 있다[6]. 또한, 생성형 AI는 규제 변화를 실시간으로 모니터링하고 규정 준수 여부를 점검하여 금융 기관의 컴플라이언스 업무를 효율적으로 지원할 수 있다[7].

3) 포트폴리오 최적화

생성형 AI는 투자자의 목표 수익률과 위험 감수 수준을 고려하여 최적의 포트폴리오를 구성하는 데 활용된다. 예를 들어, 투자자의 위험 성향에 맞춰 주식, 채권, 부동산 등 다양한 자산에 대한 투자 비중을 조정하여 투자 효율성을 높이는 데 도움을 줄 수 있다[8]. 생성형 AI는 과거 데이터와 시장 상황을 분석하여 투자 포트폴리오를 지속적으로 최적화하고, 투자자에게 최상의 수익을 제공할 수 있도록 지원한다[9].

4) 사기 탐지

생성형 AI는 과거 사기 거래 데이터를 학습하여 새로운 사기 거래를 탐지하는 데 활용된다. 예를 들어, 신용 카드 거래 데이터를 분석하여 이상 거래 패턴을 파악하고 사기 거래를 예방하는 데 도움을 줄 수 있다[10]. 생성형 AI는 실시간으로 거래 데이터를 분석하고 의심스러운 활동을 감지하여 금융 사기를 예방하고 금융 기관의 자산을 보호하는 데 기여한다.

5) 고객 서비스 개선

생성형 AI는 챗봇, 가상 비서 등을 통해 고객에게 개인화된 금융 서비스를 제공하는 데 활용된다. 예를 들어, 고객의 질문에 즉각적으로 응답하고, 맞춤형 금융 상품을 추천하며, 24시간 365일 고객 지원을 제공할 수 있다[11]. 이는 고객 만족도를 향상시키고 금융 기관의 운영 비용을 절감하는 데 도움을 줄 수 있다.

6) 금융 보고서 자동화

생성형 AI는 재무제표, 손익계산서, 현금흐름표 등 다양한 금융 보고서를 자동으로 생성하는 데 활용될 수 있다[5]. 과거 데이터를 분석하여 보고서를 작성하고, 실시간으로 데이터를 업데이트하여 정확하고 최신 정보를 제공한다. 이는 보고서 작성에 소요되는 시간과 노력을 절감하고, 인적 오류를 줄여 보고서의 정확성을 높이는 데 기여한다.

7) 계약 관리 자동화

생성형 AI는 금융 계약서를 분석하고 주요 조항을 추출하여 계약 관리 업무를 자동화하는 데 활용될 수 있다[12]. 계약서의 내용을 요약하고, 중요한 정보를 식별하며, 계약 위반 가능성을 평가하는 데 도움을 줄 수 있다. 이는 계약 관리의 효율성을 높이고, 법적 위험을 줄이는 데 기여한다.

8) 고객 관계 관리 (CRM) 개선

생성형 AI는 고객 데이터를 분석하여 고객의 요구와 선호도를 파악하고, 이를 기반으로 개인화된 마케팅 전략을 수립하는 데 활용될 수 있다[13]. 고객에게 맞춤형 금융 상품을 추천하고, 고객과의 상호 작용을 개인화하여 고객 관계를 강화하는 데 도움을 줄 수 있다.

4. 생성형 AI 기반 금융 모델링의 장점과 한계

1) 장점

- **효율성 향상:** 생성형 AI는 방대한 양의 데이터를 빠르게 분석하고 처리하여 업무 효율성을 높일 수 있다[14]. 예를 들어, 투자 분석, 리스크 평가, 보고서 작성 등의 작업을 자동화하여 시간과 비용을 절감할 수 있다.
- **정확도 향상:** 생성형 AI는 복잡한 패턴을 인식하고 예측하여 정확한 금융 모델을 구축할 수 있다[15]. 예를 들어, 시장 변동성을 예측하거나, 신용 위험을 평가하는 데 있어 인간의 판단보다 더 정확한 결과를 제공할 수 있다.
- **개인화된 서비스 제공:** 생성형 AI는 고객의 개별적인 특성과 요구에 맞춰 개인화된 금융 서비스를 제공할 수 있다[16]. 예를 들어, 고객의 투자 성향에 맞는 포트폴리오를 구성하거나, 맞춤형 금융 상품을 추천하는 데 도움을 줄 수 있다.
- **새로운 금융 상품 및 서비스 개발:** 생성형 AI는 새로운 금융 상품

및 서비스 개발에 필요한 아이디어를 제공하고, 시장 분석을 통해 새로운 사업 기회를 창출하는 데 도움을 줄 수 있다[16].

2) 한계

〈표 2-20〉 생성형 AI 모델의 주요 문제점

한계	설명
데이터 의존성	생성형 AI 모델은 학습 데이터의 품질에 크게 의존한다. 만약 편향된 데이터로 학습할 경우, 편향된 결과를 생성할 수 있으며, 이는 차별적인 의사 결정으로 이어질 수 있다[17].
설명 가능성 부족	생성형 AI 모델은 복잡한 알고리즘을 사용하기 때문에 모델의 예측 결과에 대한 설명이 어려울 수 있다[18]. 이는 금융 분야에서 중요한 의사 결정을 내리는 데 있어 어려움을 야기할 수 있다.
보안 및 프라이버시 문제	생성형 AI 모델은 민감한 금융 데이터를 학습하고 처리하기 때문에 데이터 보안 및 프라이버시 문제에 대한 우려가 존재한다[19].
윤리적 문제	생성형 AI는 편향된 데이터로 인해 차별적인 결과를 생성하거나, 잘못된 정보를 생성하여 금융 시장의 불안정성을 야기할 수 있는 등 윤리적인 문제를 발생시킬 수 있다[20]. 특히, 금융 상품 추천, 신용 평가 등에서 편향된 결과가 발생할 경우, 특정 집단에 대한 차별로 이어질 수 있으며, 이는 사회적 불평등을 심화시킬 수 있다[3].

5. 생성형 AI 기반 금융 모델링의 미래 전망 및 발전 가능성

생성형 AI는 금융 분야에서 혁신적인 변화를 이끌어 낼 잠재력이 있다. 미래에는 다음과 같은 방향으로 발전할 것으로 예상된다.

- **설명 가능한 AI (XAI):** 설명 가능한 AI는 AI 모델의 의사 결정 과정을 사람이 이해할 수 있도록 설명하는 기술이다[21]. 금융 분야에서 설명 가능한 AI는 모델의 예측 결과에 대한 신뢰도를 높이고, 규제 요건을 충족하며, 금융 의사 결정 과정의 투명성을 확보하는 데 중요한 역할을 할 것이다[22].
- **규제 및 윤리적 프레임워크 구축:** 생성형 AI의 윤리적 문제와 관련된

규제 및 프레임워크가 마련되어, 금융 시장의 안정성과 신뢰성을 확보할 수 있도록 노력할 것이다[24]. 금융 감독 기관은 생성형 AI의 활용에 대한 명확한 가이드라인을 제시하고, AI 모델의 편향, 차별, 오류 등을 방지하기 위한 규제를 마련해야 한다.

- **금융 분야 특화 모델 개발:** 금융 데이터의 특징을 고려한 특화된 생성형 AI 모델이 개발되어, 더욱 정확하고 효율적인 금융 모델링이 가능해질 것이다. 예를 들어, 시계열 데이터 분석에 특화된 모델, 금융 사기 탐지에 특화된 모델 등이 개발될 수 있다.
- **다양한 금융 서비스와의 융합:** 생성형 AI는 금융 투자, 자산 관리, 리스크 관리, 고객 서비스 등 다양한 금융 서비스와 융합되어 더욱 혁신적인 금융 서비스를 제공할 것이다[25]. 예를 들어, 생성형 AI 기반 챗봇은 고객의 질문에 즉각적으로 응답하고 개인 맞춤형 금융 상담을 제공할 수 있으며, 생성형 AI 기반 투자 플랫폼은 고객의 투자 목표와 위험 감수 수준에 맞춰 자동으로 포트폴리오를 구성하고 관리할 수 있다.

6. 결론

생성형 AI는 금융 모델링 분야에 혁신적인 변화를 가져올 잠재력이 있지만, 동시에 해결해야 할 과제도 안고 있다. 금융 기관들은 생성형 AI의 장점을 극대화하고 한계를 극복하기 위해 데이터 품질 관리, 설명 가능성 확보, 보안 및 프라이버시 강화, 윤리적 문제 해결 등에 지속적인 노력을 기울여야 한다[20]. 예를 들어, 생성형 AI 모델 학습에 사용되는 데이터의 편향을 제거하고, 다양한 데이터를 활용하여 모델의 정확성과 신뢰성을 높여야 한다. 또한, 설명 가능한 AI 기술을 적용하여 모델의 예측 결과에 대한 이해도를 높이고, 책임 있는 AI 활용을 위한 윤리적 가이드라인을 마련해야 한다.

규제 당국은 생성형 AI 활용에 대한 명확한 가이드라인을 제시하여 금융 시장의 안정성을 확보하고, 생성형 AI 기술의 긍정적인 발전을 지원해야 한다[24]. 금융 시장의 변화와 혁신을 장려하면서도, 소비자 보호, 금융 안정성 유지, 윤리적 문제 해결 등을 위한 균형 잡힌 규제 환경을 조성해야 한다. 생성형 AI 기술의 발전과 함께 금융 시장은 더욱 효율적이고 혁신적인 방향으로 발전할 것으로 기대된다.

Part 03

자산관리 이론과 로보어드바이저

1장 자산관리 이론의 변화

2장 자산관리 운용 전략의 변화

3장 로보어드바이저 산업

1장 자산관리 이론의 변화

1절 밀레니얼 세대와 자산관리 산업

1. 4차 산업혁명의 도래

인공지능(AI)으로 대표되는 거대한 흐름을 우리는 4차 산업혁명이라 부른다. 사실 혁명이라는 단어의 사전적 의미는 '권력이나 조직구조의 갑작스러운 변화'다. 이전의 관습이나 제도, 방식(법식) 따위를 단번에 깨뜨리고 질적으로 새로운 것을 급격하게 세우는 일이다. 사회나 정치 체제의 변화를 의미하는 경우가 일반적이나 경제나 문화, 사상 등 여러 분야의 급격한 변화를 가리킬 때도 사용한다.

우리 사회는 두 차례의 산업혁명을 경험했고, 현재 3차 산업혁명 시대를 경험하고 있다고 본다. 미국의 경제학자인 제러미 리프킨(Jeremy Rifkin)이 정의를 내리면서 범용화된 3차 산업혁명이라는 용어는 전자장치/ICT를 이용한 정보처리 능력의 급진적인 발전, 이를 바탕으로 사람·환경·기계를 아우르는 연결성이 강화되는 변화를 의미한다.

그는 컴퓨터를 사람들이 어떻게 이용하고 경제에 활용하는지에 주목했으며,

재생에너지 분야에도 관심을 나타냈다. 인터넷과 재생에너지가 수직적 권력 기반을 수평적으로 이루는 수단이라고 강조했다.

〈그림 3-1〉 산업혁명의 발달 과정

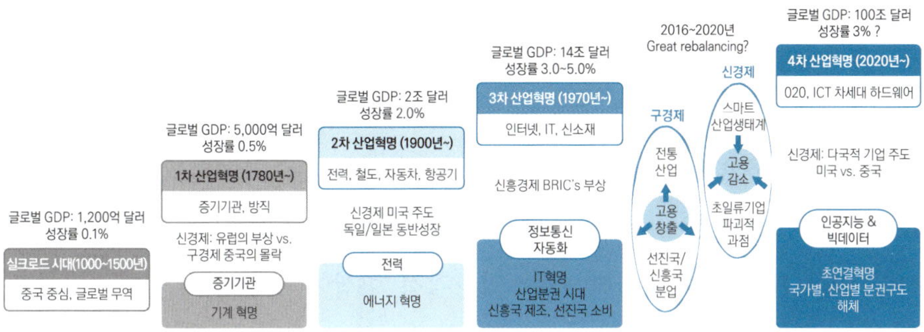

출처: 삼성증권

이들 산업혁명은 역사적 관점에서 보면 매우 짧은 기간 동안 발생했으나, 그 영향력은 개인의 일상생활에서부터 전 세계의 기술·산업·경제·사회 구조를 뒤바꾸어놓을 만큼 거대했다. 새로운 기술의 등장과 혁신은 계속 진행 중이며 또 다른 산업혁명을 야기하고 있다.

이와 같이 3차 산업혁명 시대를 경험하고 있는 과정에서, 곧 4차 혁명이 도래할 것이라는 주장들이 나오고 있다. 4차 산업혁명이라는 용어는 2016년 1월 세계경제포럼(World Economic Forum, WEF)에서 처음 언급됐으나, 그 이전부터 '디지털화(digitalization)'라는 용어로 그에 해당하는 변화를 설명해왔다.

독일 연방경제에너지부(Federal Ministry for Economic Affairs and Energy)에서는 2015년 4월에 '디지털화는 물리적 세계와 가상 세계를 산업 환경에서 구현함으로써 프로세스, 제품, 생산 및 서비스에 급진적인 변화를 가져오게 되는 현상'이라고 정의한 바 있다. 결국 디지털화는 현상을 의미하지만, 이에 따른 결과가 새로운 산업혁명으로 불릴 만큼 혁신적이고 경제·사회 전반에 미치는 영향이 커서 4차 산업혁명으로 명명하게 된 것이다.

2. AI등장이 투자운용 업계에 미치는 영향

AI의 등장으로 투자운용업계는 급격한 변화를 겪고 있다. 특히, 생성형 AI는 투자의사 결정 및 운용 방식을 혁신적으로 변화시키고 있으며, 향후 몇 년간 더욱 중요한 역할을 할 것으로 예상된다.

AI는 머신러닝 알고리즘, 자연어 처리(NLP), 예측 분석 등을 통해 투자운용 업계에 도입되었다. 이러한 기술들은 방대한 데이터를 분석하고, 시장 트렌드를 파악하며, 투자 포트폴리오를 최적화하는 데 활용된다. 기존 AI는 주로 반복적인 업무 자동화와 데이터 기반 의사결정 향상에 중점을 두었다.

생성형 AI는 새로운 데이터와 콘텐츠를 생성할 수 있는 AI의 한 분야로, 투자운용업계의 가능성을 확장시켰다. 기존 AI와 달리 생성형 AI는 금융 보고서, 시장 분석, 예측 모델을 생성하여 투자 전략 수립에 혁신적인 해결책을 제공한다. 또한, 다양한 시장 시나리오를 시뮬레이션하여 보다 포괄적인 리스크 평가와 전략 수립을 가능하게 한다.

〈그림 3-2〉 자산관리 분야에서의 생성형 AI 활용 사례

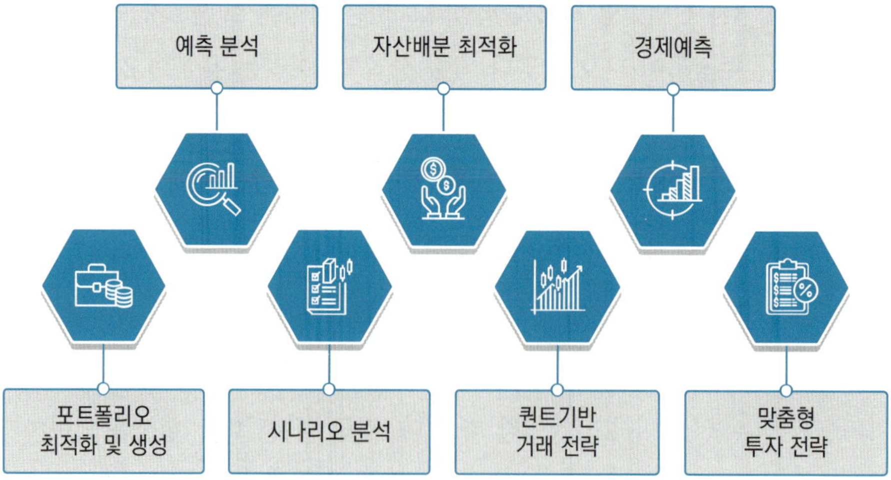

자료) leewayhertz.com

1) 포트폴리오 최적화 및 생성

생성형 AI는 위험 감내도, 투자 목표, 끊임없이 변화하는 시장 상황 등 수많은 요소를 고려하여 투자 포트폴리오를 최적화하고 생성하는 데 큰 잠재력을 가지고 있다. 주로 과거 데이터와 기본 가정에 의존하는 전통적인 포트폴리오 최적화 기법과 달리, 생성형 AI는 투자 포트폴리오를 구성하는 데 동적인 접근 방식을 제공한다는 점이 특징이다.

자산운용사들은 생성형 AI를 활용해 다양한 불확실성 상태를 포함한 광범위한 잠재적 시장 시나리오를 시뮬레이션하고, 금융시장의 역동적인 특성에 적응할 수 있다. 이러한 다재다능성을 통해 현재의 시장 상황에 맞게 세밀하게 조정된 포트폴리오를 생성할 수 있어, 궁극적으로 성과와 회복력이 향상된다.

실시간 데이터를 분석하고 적응하는 생성형 AI의 능력은 포트폴리오 관리에 있어 뚜렷한 이점을 제공한다. 자산운용사들은 더 폭넓은 변수를 고려하고, 포트폴리오를 현대적 시장 역학과 연계시키는 데이터 기반 의사결정을 내릴 수 있는 유연성을 얻는다. 결과적으로 생성형 AI의 도움을 받아 구성된 포트폴리오는 변화하는 상황에 대응할 뿐만 아니라, 복잡하고 불확실한 환경에서도 더 높은 성과를 낼 가능성을 보여준다.

2) 예측 분석

생성형 AI 모델은 인간 자문가가 처리하는 시간보다 훨씬 짧은 시간 내에 방대한 데이터를 분석하고 정리할 수 있다. 이러한 속도와 효율성을 바탕으로 자산관리자들은 예측 분석에 완전히 새로운 방식으로 접근할 수 있다.

예를 들어, 생성형 AI 도구는 다음과 같은 작업을 더욱 쉽게 수행할 수 있다:

- 실시간 시장 데이터를 기반으로 한 감성 분석 수행

- 새로운 트렌드 파악 및 잠재적 결과 평가
- 더 크고 복잡한 데이터셋을 활용한 정확한 예측 생성
- 다양한 결과를 분석하여 고객에게 가장 적합한 경로 선택

더 나아가 생성형 AI의 예측 분석 기능은 독특한 시장 인사이트를 제공하는 데까지 확장된다. 오늘날 빠르게 변화하는 금융 환경에서 자산운용사들은 시장 발전을 앞서 파악해야 하며, 생성형 AI는 시장 역학에 대한 맞춤형 실시간 인사이트를 제공함으로써 이를 지원한다. 시장 교란 요인이 발생할 때 이를 모니터링하고 식별하며, 충격적 사건의 영향을 평가하고, 자산 가치에 영향을 미치는 요인들을 세밀하게 이해할 수 있다. 이러한 실시간 맞춤형 분석을 통해 자산운용사들은 시장 교란 요인에 대응하여 전략을 조정하고 새로운 동력을 활용하는 선제적이고 정보에 기반한 의사결정을 내릴 수 있다. 생성형 AI의 예측 분석을 활용함으로써 자산운용사들은 더욱 높은 자신감과 정확성을 가지고 역동적인 금융 환경을 헤쳐나갈 수 있다.

3) 시나리오 분석

자산관리 분야에서 생성형 AI의 다양한 활용 사례 중 시나리오 분석은 그 중요성에서 단연 돋보인다. 시장 변동성, 경제적 불확실성, 예기치 않은 사건들이 특징인 현 시대에서, 다양하고 때로는 극단적인 상황에서 투자 포트폴리오가 어떻게 작동할지 가늠하는 능력은 매우 중요하다. 시나리오 분석은 미지의 상황에 대한 안전장치로, 자산운용사들에게 핵심적인 우위를 제공한다. 이를 통해 경제 침체부터 글로벌 위기 등에 이르는 수많은 잠재적 시장 시나리오를 세밀하게 시뮬레이션할 수 있다. 전통적인 방법과 달리 생성형 AI는 이러한 포괄적인 시뮬레이션을 생성하는 데 탁월하며, 자산운용사들에게 포트폴리오의 회복력에 대한 깊은 이해를 제공한다.

시나리오 분석의 중요성은 숨겨진 위험을 발견하고 선제적 의사결정을 지원하는 능력에 있다. 취약점과 잠재적 손실을 식별함으로써 자산운용사들은 전략과 포트폴리오 구성을 신속하게 조정하여 예측 불가능한 상황에 대한 회복력을 강화할 수 있다. 빠르게 진화하는 금융 환경에서 생성형 AI 기반 시나리오 분석은 독특하고 필수불가결한 도구로 부상하며, 자산관리가 적응력과 회복력을 갖추고 미래에 대비할 수 있도록 보장한다.

4) 자산배분 최적화

생성형 AI는 시장 환경의 변화를 실시간으로 감지하고, 이를 포트폴리오 전략에 즉각 반영해 리스크를 효율적으로 관리하고 수익을 극대화한다. 구체적인 과정은 다음과 같다.

① 정밀한 리스크 측정 및 리스크 버짓팅 최적화

생성형 AI는 다양한 데이터를 분석해 포트폴리오의 리스크를 세밀하게 측정한다. 단순히 과거 수익률 변동성만 보는 것이 아니라, 비정형 데이터(뉴스, SNS, 기업 보고서)에서 시장 심리나 잠재적 리스크 요인을 추출한다. 이를 바탕으로 자산군별 리스크를 정량화하고, 각 자산에 적절한 리스크를 할당한다.

예시

변동성이 높아질 것으로 예상되는 자산의 비중을 줄이고, 상대적으로 안정적인 자산의 비중을 늘린다. 특정 산업에 대한 부정적 뉴스가 증가하면 해당 산업에 투자된 비중을 줄여 리스크를 사전에 대응한다.

② 동적 자산배분(Dynamic Asset Allocation)

AI는 시장 변화를 실시간으로 감지하고, 이를 바탕으로 자산군의 비중을 유연하게 조정한다. 기존의 정적인 자산배분 전략은 정기적으로 리밸런싱을 하지만, AI는 데이터를 기반으로 즉각적인 포트폴리오 조정을 실행한다.

예시

금리가 급격히 상승하면, 채권 비중을 줄이고 단기 채권이나 현금성 자산의 비중을 늘린다. 경기 회복 국면이 감지되면, 주식 비중을 확대하고 성장성이 높은 섹터(기술, 소비재) 중심으로 비중을 조정한다.

③ 비정형 데이터 분석을 통한 선제적 투자 전략 개발

생성형 AI는 뉴스, SNS, 기업 공시, 경제 보고서 등 다양한 비정형 데이터를 실시간으로 분석해 시장의 미세한 변화를 감지한다. 이러한 분석 결과는 자산배분 전략의 핵심 요소로 활용된다.

예시

- ✓ 소셜미디어에서 특정 브랜드나 산업에 대한 긍정적/부정적 언급이 급증할 경우, 관련 자산의 비중을 조정한다.
- ✓ 기업 보고서에서 비용 증가나 매출 둔화와 같은 부정적 신호를 감지하면 해당 기업 또는 산업에 대한 투자를 줄인다.
- ✓ 글로벌 경제 보고서에서 지정학적 리스크가 증가하면, 위험자산의 비중을 줄이고 금, 달러 등 안전자산 비중을 확대한다.

5) 경제예측

생성형 AI는 방대한 데이터를 분석하고 복잡한 패턴을 학습해 경제 예측에 매우 효과적으로 활용된다. 주요 활용 방식을 구체적으로 설명하면 다음과 같다.

① 거시경제 지표 예측

생성형 AI는 GDP 성장률, 물가상승률(인플레이션), 실업률, 금리 등 주요 거시경제 지표를 예측하는 데 활용된다.

- 다양한 데이터 통합 분석: 전통적인 경제 데이터(경제지표, 금융시장 데이터)와 비정형 데이터(뉴스, SNS, 기업보고서)를 통합해 종합적인 경제 상황을 분석한다.

- 비선형 관계 탐지: 기존 통계 모델이 포착하기 어려운 복잡하고 비선형적인 경제 변수 간 관계를 AI가 효과적으로 분석해 더 정확한 예측을 도출한다.

② 금융시장 변동성 및 리스크 예측

AI는 글로벌 금융시장의 변동성을 실시간으로 감지하고 예측한다.

- 시장 심리 분석: 뉴스 기사, SNS, 포럼 등에서 투자자 심리 변화(공포, 탐욕)를 분석해 시장의 급격한 변동성을 예측한다.
- 금융 네트워크 분석: 기업 간 거래, 글로벌 공급망 등을 분석해 금융시스템의 전염 효과나 리스크 확산 경로를 사전에 파악한다.

③ 경기 사이클 및 국면 전환 감지

생성형 AI는 경기 사이클(확장, 둔화, 침체, 회복)을 빠르게 감지하고 국면 전환 시점을 예측한다.

- 시계열 데이터 학습: 과거 경기 사이클의 데이터를 학습해 현재 경제 상황이 어느 국면인지 판단한다.
- 경기 선행지표 탐지: 제조업지수, 소비심리지수, 고용지표 등의 선행지표 변화 패턴을 분석해 경기 전환 가능성을 예측한다.

④ 공급망 및 글로벌 경제 충격 예측

글로벌 공급망의 복잡성과 지정학적 리스크를 고려한 경제 충격 예측에 활용된다.

- 지정학적 리스크 감지: AI가 글로벌 뉴스와 데이터를 분석해 지정학적 갈등, 천연자원 부족, 무역 분쟁 등 리스크 요인을 실시간으로 포착한다.
- 공급망 붕괴 예측: 글로벌 물류, 운송 데이터, 기상정보 등을 분석해 공급망 차질이나 원자재 가격 급등 가능성을 예측한다.

⑤ 통화정책 및 금리 변동 예측

중앙은행의 통화정책 결정이나 금리 변동을 예측하는 데 활용된다.

- 중앙은행 발언 분석: 생성형 AI가 중앙은행 의장 및 위원들의 연설, 회의록을 분석해 금리 인상·인하 가능성을 추정한다.
- 인플레이션 추이 분석: 물가 상승 요인(원자재 가격, 임금 상승 등)을 실시간으로 분석해 중앙은행의 정책 방향성을 예측한다.

⑥ 글로벌 경제 연관성 분석 및 위기 전염 예측

국가 간 경제적 연결성을 분석해 경제 위기의 전염 가능성을 예측한다.

- 경제 네트워크 분석: 국가 간 무역, 투자, 금융 흐름을 분석해 특정 국가의 경제 충격이 글로벌 경제에 미치는 영향을 예측한다.
- 위기 확산 시뮬레이션: AI가 다양한 경제 시나리오를 생성해 특정 리스크가 글로벌 경제에 어떻게 전염될지 시뮬레이션한다.

⑦ 활용 효과

- 정확도 향상: 비정형 데이터를 포함한 방대한 데이터를 분석해 기존 경제 모델보다 더 정확한 예측이 가능하다.
- 실시간 대응: 시장 변화를 실시간으로 반영해 빠른 의사결정을 지원한다.
- 복잡한 경제 구조 이해: 국가 간 연결성, 글로벌 공급망, 지정학적 리스크 등 복잡한 경제 구조를 통합적으로 분석한다.

6) 맞춤형 투자 전략

생성형 AI는 자산운용사들이 고액자산가 고객을 위한 맞춤형 투자 전략을 수립할 수 있게 하여 고객 중심 자산관리의 새로운 시대를 열고 있다. 이 과정은 재무 목표, 위험 감내도, 윤리적 선호도 등 구체적인 정보를 수집하는 포괄적인 고객 프로파일링으로 시작된다. 생성형 AI의 분석력을 활용하여 이러한 프로필을 과거 시장 트렌드와 실시간 상황을 포함한 다양한 금융 데이터와 매칭한다. AI는 알고리즘의 정확성을 바탕으로 각 고객의 고유한 목표에 부합하면서 필요한 경우 윤리적 기준도 고려하는 맞춤형 투자 전략을 수립한다. 중요한 점은 이러한 전략들이 변화하는 시장 역학과 고객의 재무 상황 또는 가치관 변화에 지속적으로 적응하며 조정된다는 것이다. 결과적으로 재무적 성공을 최적화할 뿐만 아니라 신뢰와 만족에 기반한 지속적인 고객 관계를 육성하는 깊이 있는 맞춤형 접근 방식의 자산관리가 가능해진다.

3. AI와 빅데이터는 투자산업에 어떻게 응용되는가?

이와 같이 AI와 빅데이터는 투자운용 업계에 새로운 영향을 미치고 있다. 이제 4차 산업혁명의 대표적인 기반 기술인 AI가 투자산업에 어떻게 사용되고, 어떤 변화를 유도하고 있는지 간략하게 살펴보기로 한다.

1) 자연어 처리(NLP), 컴퓨터 시각(computer vision), 음성 인식

연구원들은 수년 동안 궁극적으로 '보고, 듣고, 이해'하는 기계를 개발하는 데에서 엄청난 성과를 거뒀다. 자연어 처리, 컴퓨터 시각, 음성 인식 프로그램의 경우 AI는 다양한 공공 소스와 내부 및 고객 데이터베이스로부터 텍스트, 음성, 이미지를 식별하는 데 사용됐다. 애널리스트들의 기업 실적발표 관련 회의 내용을 발췌하고 발표될 실적보고서를 통해 밸류에이션 모델을 찾는 것이 이에 해당한다고 하겠다.

대부분의 경우 프로그램은 전통적으로 애널리스트들이 수작업으로 하던 일들을 자동화했다. 또한 이런 프로그램들은 수작업을 통한 노력을 다른 분야에 쏟을 수 있는 시간적 여유를 만들어주었다. 이와 같은 단순하고 반복적인 활동이 AI에 의해 수행되는 첫 번째 단계라 할 수 있다.

2) 머신러닝과 딥러닝

보다 정교한 프로그램은 투자 의사결정 과정을 알려주는 신호를 창출하기 위해 다양한 소소스부터 얻은 정보를 가공 처리할 것이다. 이는 머신러닝, 딥러닝과 같은 정교한 AI(인공지능) 기법을 필요로 한다.

머신러닝은 기계가 프로그램의 명시적인 지시 없이도 패턴을 발견할 수 있도록 하는 컴퓨팅 기술 및 알고리즘을 뜻한다. 머신러닝 프로그램은 스스로 입력 변수를 해석하고 결과물을 예측한다. 딥러닝은 머신러닝의 한 가지 형태로 인공신경망을 기반으로 한다.

딥러닝 알고리즘은 종종 자연어 처리, 컴퓨터 시각, 음성 인식 프로그램의 결과를 개선하기 위해 응용된다. 또한 대규모 데이터로부터 유용한 정보를 추출하는 데 도움을 줄 수 있다. 예를 들어 이런 알고리즘은 기업 실적발표회의에서 특정한 중요 단어를 추론할 수 있고, 소셜 미디어와 같은 구조화되지 않은 데이터로부터 심리를 파악할 수 있다. 이런 정보들은 트레이딩 신호 또는 인간 애널리스트들과 포트폴리오 운용역들에게 경고로 해석될 수 있다. 또한 머신러닝과 딥러닝은 퀀트 운용역들이 퀀트 프로세스의 효율성을 개선하기 위해 이런 기법을 응용하는 데 도움을 준다.

전통적인 통계학과 계량경제학은 200년 전에 처음 개발된 기법에 기반하고, 금융 분야에서의 이런 기법에는 선형회귀 모델들이 포함된다. 그러나 최소한 현실 세계에서 일부 복잡성은 머신러닝 기법의 사용으로 가능하다. 이들의 맥락적이고 비선형적인 관계를 다룰 수 있는 능력 때문에 금융 분야에서 급부상하고 있다. 예를 들어, 머신러닝 기법은 다중공선성(multicollinearity)에서 선형회귀보다 더욱 효과적이다. 이런 경우, 머신러닝과 딥러닝 기법은 투자운용역들에게 수익률 에지(edge)를 줄 수 있는 부가적인 수단을 제공한다.

3) 빅데이터의 응용

데이터 과학자들은 빅데이터를 4V(volume, variety, veracity, velocity)로 정의한다. 종종 투자 영역에서는 '대안 데이터(alternative data)' 또는 '비정형 데이터(unstructured data)'라는 용어를 사용한다.

대안 데이터는 현재 사용되지 않거나 아직은 주류로 자리 잡지 않은 소스로부터 얻은 데이터를 의미한다. 관련성이 높은 데이터베이스에 디지털화되고 저장된 정형화된 데이터와 비교해서 비정형 데이터는 텍스트, 이미지, 음성 등의 형태이면서 즉시 가공되지 않은 데이터를 의미한다. 대안 데이터와 비정형 데이터는 관련성은 있지만 완전히 동일한 개념은 아니다. 대안 데이터는 처음 발견됐을 때는 비정형이고, 비정형 데이터는 일반적으로 주류 투자자들에 의해 사용되지 않는다.

현재 투자 세계에서 사용되는 대안 및 비정형 데이터 사례로는 위성사진, 기업 실적발표회의 기록, 대사, 소셜 미디어 포스팅, 신용카드 데이터, 전자상거래 기록 등이 있다. 알파를 창출하는 새로운 데이터 소스를 발견하는 것이 일부 애널리스트와 투자운용역들 사이에서 차세대 무기가 되어가고 있다. 이는 운용역들이 전통적으로 공개 시장에서 저평가된 주식들을 발견하는 것과 매우 유사하다. 빅데이터로부터 신호를 추출하는 것은, 어떤 면에서는 단순히 애널리스트들이 고객 방문 횟수를 점검하기 위해 점포를 직접 방문하는 형태가 확장된 개념으로 볼 수 있다. 지금은 이런 활동 가운데 일부는 동일한 정보를 추론하기 위해 주차장의 입출입 센서 또는 위성사진으로 대체해서 사용하고 있다. 새로운 기법은 종종 효율성을 가져다준다. 즉, 애널리스트들은 위성사진이나 센서 데이터를 이용함으로써 훨씬 적은 시간으로 더 많은 점포를 커버할 수 있다.

대안 데이터는 하나의 영역으로 자리 잡아, 이런 데이터를 투자 의사결정 과정에서 하나의 입력변수로 사용하는 펀더멘털 운용역들 사이에 많은 인기를 얻고 있다.

4. 투자 포트폴리오 최적화를 위한 생성형 AI 알고리즘

투자 포트폴리오 최적화는 자산 배분의 효율성을 극대화하고, 리스크 대비 수익률을 향상시키기 위한 핵심 전략이다. 최근 생성형 AI의 발전으로 인해 보다 정교하고 효율적인 포트폴리오 최적화 방법이 개발되고 있다. 본 보고서에서는 생성형 AI를 활용한 투자 포트폴리오 최적화에 사용되는 주요 알고리즘을 상세히 설명한다.

1) 유전 알고리즘 (Genetic Algorithms)

유전 알고리즘은 자연 선택과 진화 원리를 기반으로 최적 해를 탐색하는 방법으로, 포트폴리오 최적화에 널리 활용된다.

- 진화 기반 최적화: 초기 포트폴리오 구성들을 유전자로 간주하고, 여러 세대를 거쳐 자연 선택, 교배, 돌연변이 과정을 통해 최적의 자산 배분 비율을 진화시킨다.
- 목적 함수 최적화: 샤프 비율, 최대 손실, 수익률 등의 목적 함수를 최대화하거나 최소화하는 방향으로 최적 해를 탐색한다.
- 대규모 자산군 적용 가능: 다양한 자산군과 복잡한 제약 조건에서도 효과적으로 적용된다.

2) 강화학습 (Reinforcement Learning)

강화학습은 동적인 시장 환경에서 포트폴리오를 최적화하는 데 적합한 알고리즘으로, 시장 변화에 적응하며 전략을 개선한다.

- 지속적인 학습 및 조정: AI 에이전트가 시장 환경을 관찰하고, 자산 비중을 조정하며, 그 결과에 대한 보상을 통해 전략을 지속적으로 개선한다.
- 리스크-수익 균형 전략: 리스크와 수익 간의 균형을 유지하면서 최적의

의사결정을 학습한다.

- 장기 성과 최적화: 단기적인 수익보다는 장기적인 포트폴리오 성과를 최적화하는 데 중점을 둔다.

3) 생성적 적대 신경망 (Generative Adversarial Networks, GANs)

GANs는 데이터 생성 능력을 활용해 시장 시나리오를 시뮬레이션하고 포트폴리오의 견고성을 평가하는 데 사용된다.

- 시장 시나리오 생성: 실제와 유사한 다양한 시장 상황을 생성해 포트폴리오가 다양한 환경에서 어떻게 반응하는지 평가한다.
- 리스크 관리 및 스트레스 테스트: 비정상적이고 극단적인 시장 상황에 대한 포트폴리오의 리스크 노출도를 테스트하고, 이에 대한 방어 전략을 개발한다.
- 미래 시장 환경 예측: 시뮬레이션을 통해 미래의 잠재적 리스크 요인을 사전에 파악하고 대응 전략을 수립한다.

4) 대규모 언어 모델 (Large Language Models, LLMs)

LLMs는 비정형 데이터를 효과적으로 분석해 포트폴리오 최적화에 유용한 인사이트를 제공한다.

- 시장 심리 및 동향 분석: 뉴스 기사, 소셜 미디어 게시글, 금융 보고서 등 다양한 텍스트 데이터를 분석해 시장 트렌드와 투자자 심리를 파악한다.
- 종합적 투자 분석: 기업의 재무보고서, 경제 지표, 산업 동향을 종합적으로 해석해 투자 결정을 지원한다.
- 맞춤형 포트폴리오 구성: 개인 투자자의 선호도, 리스크 감내도, 투자 목표를 반영한 맞춤형 자산배분 전략을 수립한다.

5) 생성형 AI의 주요 데이터 소스 및 활용 방식

생성형 AI는 다양한 데이터 소스를 통합해 포트폴리오 최적화 전략을 수립한다. 주요 데이터 소스는 다음과 같다.

① 구조화된 재무 데이터

- 주가 및 거래량 데이터: 개별 종목의 가격 변동과 거래량 데이터를 분석해 투자 타이밍을 결정한다.
- 기업 재무제표 및 경제 지표: 기업의 수익성, 부채비율 등과 거시경제 지표를 분석해 투자 전략을 수립한다.
- 벤치마크 및 인덱스 데이터: 시장 전체의 흐름을 파악하고 포트폴리오 성과를 비교 분석한다.

② 비구조화된 데이터

- 뉴스 기사 및 기업 공시자료: 자연어 처리를 통해 금융 뉴스와 기업 공시에서 투자 관련 정보를 추출한다.
- 소셜 미디어 및 온라인 리뷰: 시장 심리와 트렌드를 파악하기 위해 소셜 미디어 게시글과 리뷰 데이터를 분석한다.
- 기업 실적 발표 및 컨퍼런스 콜: 실적 발표 자료와 기업 경영진의 발언에서 미래 전략을 유추한다.

③ 대체 데이터

- 위성 이미지 및 지리적 위치 데이터: 컴퓨터 비전 기술로 물류센터, 공장 가동률 등을 분석해 경제 활동을 평가한다.
- 신용카드 거래 데이터: 소비 패턴 변화를 실시간으로 감지해 산업별 수요 변동을 파악한다.
- 웹 트래픽 및 모바일 앱 사용 데이터: 특정 기업이나 산업에 대한 관심도와 성장 가능성을 평가한다.

④ 내부 데이터

- 과거 포트폴리오 성과 데이터: 기존 포트폴리오의 수익률과 리스크를 분석해 전략을 개선한다.
- 고객 프로필 및 거래 내역: 개인 투자자의 성향과 행동을 기반으로 맞춤형 투자 전략을 설계한다.
- 리스크 모델 및 시나리오 분석 결과: 내부 리스크 모델과 시나리오 결과를 반영해 포트폴리오의 안정성을 확보한다.

생성형 AI는 이러한 다양한 알고리즘과 데이터 소스를 통합해 포트폴리오 최적화 전략을 정교하게 수립한다. 이를 통해 시장 변화에 민첩하게 대응하고, 리스크를 효과적으로 관리하며, 장기적인 수익률을 극대화할 수 있다. 이러한 기술은 투자 효율성과 안정성을 동시에 높이는 핵심 도구로 자리 잡고 있다.

5. 글로벌 투자은행들의 생성형 AI적용 사례

최근 글로벌 금융 기업들은 생성형 AI(Generative AI)를 적극적으로 도입하여 업무 효율화, 고객 맞춤형 서비스 제공, 리스크 관리, 투자 전략 최적화 등 다양한 분야에서 혁신을 이루고 있다. 본 섹션에서는 주요 금융 기업들이 생성형 AI를 활용해 어떻게 비즈니스를 혁신하고 있는지 구체적인 사례를 중심으로 분석한다.

1) Morgan Stanley

모건스탠리는 생성형 AI를 비즈니스에 적극적으로 도입하여 다양한 영역에서 활용하고 있다. 주요 도입 사례는 다음과 같다.

■ AI @ Morgan Stanley Assistant

- OpenAI의 ChatGPT 기술을 기반으로 2023년 출시된 내부용 AI 어시스턴트
- 10만 개 이상의 리서치 보고서에 대한 접근과 이해를 지원
- 금융 자문가와 지원 직원들의 투자 추천, 비즈니스 성과, 내부 프로세스 관련 질의응답 지원
- 직원 업무 효율성 향상 및 고객 서비스 집중도 제고

■ AskResearchGPT

- 2025년 1월 기준 최근 출시된 생성형 AI 기반 도구
- OpenAI의 GPT-4 모델을 활용해 기존 AskResearch 애플리케이션의 기능 강화
- 투자 은행, 세일즈 & 트레이딩, 리서치 부서 직원 지원
- 연간 7만 건 이상 발행되는 리서치 보고서의 데이터 검색, 인사이트 도출, 정보 요약 기능 제공
- 비정형 데이터 종합을 통한 복잡한 질문에 대한 포괄적 인사이트와 요약 제공

■ AI @ Morgan Stanley Debrief

- 고객 미팅 자동 요약 및 후속 이메일 초안 작성 도구
- OpenAI 기술 기반으로 연간 100만 건 이상의 컨퍼런스 콜 기록, 전사 및 주요 포인트 요약
- 2023년 9월부터 시범 운영 시작, 초기 50명에서 300명의 금융 자문가로 확대

〈표 3-1〉 해외 금융 기업의 AI 적용 사례

기업명	AI 비즈니스 적용 사례
Morgan Stanley	• OpenAI와 협업하여 미국 은행 최초로 GPT4 기반의 챗봇 서비스를 직원에게 제공('23) - 자산관리 자문업무를 수행하는 Relationship Manager들이 활용 - 10만 개의 보고서로 구성된 은행의 knowledge DB를 활용해 다양한 질의응답을 수행 - 회의 내용 자동 요약, 후속으로 이메일을 생성하는 Debrief라는 도구 개발, 테스트 중
Natwest	• IBM의 Watson X를 활용해 Cora+라는 AI 가상 비서 출시('23) - 상품/서비스 정보뿐만 아니라 은행의 기본 정보, 취업기회 등 다양한 정보와 기능을 제공 • AWS와 협업하여 '27년 말까지 사기 탐지, 맞춤형 금융 솔루션 제공, 고객지원 강화, 데이터 보안 등의 분야에 AI 솔루션을 개발할 계획
JP Morgan Chase	• 머신러닝과 자연어 처리 기반으로 후속 주식 오퍼링에 가장 적합한 고객을 식별하는 'Emerging Opportunities Engine'을 도입('15) • 법률 문서 분석, 중요 데이터 포인트 및 조항 추출 계약 인텔리전스 도구 'COiN' 도입('17) - 기존에는 연간 12,000건의 상업 신용 계약을 수동으로 검토 시 약 36만 시간이 소요되었으나 이제 같은 양을 단 몇 초만에 검토 • 고객의 증권투자를 위한 금융정보 분석서비스인 'IndexGPT'를 개발 중이며, 이는 고객이 보유한 현재의 재정상황과 투자상품 정보를 기반으로 적절한 투자 옵션을 제안('27년 전후 예상)
Wells Fargo	• AI 벤더인 Kasisto가 구축한 챗봇을 도입한 것으로 추정('17) • 스마트폰 기반 AI 예측 뱅킹 애플리케이션 출시, 사용자에게 다양한 시나리오에 따라 50가지 이상의 다양한 프롬프트를 제공 - 평균보다 높은 금액의 반복 청구서 결제에 대한 경고 알림, 저축 계좌로 돈 이체 알림, 비행기 티켓을 구매한 후 계좌에 여행 계획을 세우도록 유도하는 등 서비스 제공
Bank of America	• 직원들을 대상으로 AI 챗봇인 'Erica'를 본격 도입('18) - 예측 분석으로 고객의 월 평균 지출액, 고객이 매달 구매하는 품목을 분석하여 고객의 잔액 관리, 결제 이상 징후 감지 등 서비스 제공 • AI 기반 리서치 분석 플랫폼 'Glass'로 시장 데이터와 은행 모델을 결합하여 업계 동향을 파악하고 고객 수요를 예측하여 개별화된 투자 조언을 제공
Goldman Sachs	• 생성형 AI를 비즈니스에 통합하는 12개 프로젝트 진행 중 - 코드 작성 및 문서 생성 등에 중점
CitiBank	• 사기 및 자금세탁 방지 업체인 Feedzai를 비롯한 여러 AI 기업에 투자('16) - Feedzai와 전략적 파트너십을 체결해 Feedzai 소프트웨어를 자사 사기 탐지 프로세스에 통합 • 1천 페이지 이상의 신규 자본 규정을 분석하는 데 생성형 AI를 활용. 파생상품 거래, 사기 적발, 인사 평가 등에도 활용하기 위해 시험 중
Mizuho	• 시스템 개발 및 유지관리 업무 효율화를 위해 생성형 AI 도입 중 • Fujitsu의 플랫폼 기술을 활용해 시스템 설계 계획, 감사 프로세스상 오류 및 누락 등을 감지하는 업무에 적용 중(현재 파일럿 단계)

자료: 삼일회계법인 " 생성형AI를 활용한 비즈니스의 현주소, May 2024

2) JP모건 체이스의 생성형 AI 도입 및 활용 사례

JP모건 체이스는 생성형 AI를 비즈니스에 적극적으로 도입하여 다양한 영역에서 활용하고 있다. 주요 도입 사례는 다음과 같다.

■ LLM Suite

- 2024년 7월 출시된 내부용 생성형 AI 어시스턴트
- 초기 50,000명에서 시작해 2024년 11월 기준 200,000명의 직원이 사용
- 주요 기능
  * 이메일 및 보고서 작성 지원
  * 아이디어 생성
  * 문서 요약
  * 정보 검색 및 분석

■ Quest IndexGPT

- 2024년 2월 출시된 기관 투자자용 주가 지수 세트
- OpenAI의 GPT-4 모델을 활용한 주제별 키워드 생성
- 생성된 키워드로 기업 관련 뉴스 기사 식별 및 분석
- AI, 클라우드 컴퓨팅, e-스포츠, 재생 에너지 등 테마별 지수 구축

■ 기타 AI 활용 사례

- 소셜 미디어 마케팅 콘텐츠 생성
- 고객 여행 일정 작성
- 금융 자문가 회의 요약
- 소비자 뱅킹 부문의 지점 및 ATM 위치 최적화
- 콜센터 직원 지원
- 글로벌 결제 부문의 일일 8조 달러 이상 거래에 대한 사기 방지

■ AI 도입 전략

JP모건 체이스는 3단계 프레임워크를 통해 생성형 AI를 도입하고 있다:

1. 직원들에게 AI 모델 접근성 제공
2. JP모건의 독점 데이터를 통합하여 생산성 향상
3. 복잡한 다단계 작업 수행이 가능한 자율 에이전트로 AI 발전

회사는 AWS의 SageMaker와 Bedrock 플랫폼을 활용하여 AI 애플리케이션을 개발 및 배포하고 있다. 이러한 생성형 AI 도입을 통해 2024년 11월 기준 20억 달러의 가치 창출을 전망하고 있다. AI 도입으로 운영 효율성 향상, 사기 방지 능력 강화, 고객 서비스 개선 등 다양한 영역에서 혁신을 추구하고 있다.

3) Wells Fargo의 생성형 AI 도입 및 활용 사례

Wells Fargo는 생성형 AI를 다양한 영역에서 적극적으로 도입하여 비즈니스에 적용하고 있다. 주요 도입 사례는 다음과 같다.

■ Fargo 가상 어시스턴트

- 2023년 3월 출시된 AI 기반 가상 어시스턴트
- Google의 Dialogflow와 PaLM 2 LLM 기반으로 개발
- 고객의 일상적 은행 업무 지원
  * 청구서 지불
  * 송금
  * 거래 내역 조회 등
- 이용 현황
  * 2024년 1월 기준 약 2천만 건의 상호작용 처리
  * 2024년 10월 기준 약 1,500만 명의 사용자와 1억 1,700만 건 이상의 상호작용
  * 연간 1억 건 이상의 상호작용 처리 전망

■ LifeSync 앱

- LLM을 활용한 고객 목표 설정 및 계획 수립 조언 제공
- 2024년 초 출시 후 첫 달 100만 명의 월간 활성 사용자 기록

■ 내부용 AI 애플리케이션

- Meta의 Llama 2 모델 등 오픈소스 LLM 활용
- 내부 업무용 애플리케이션 개발

■ AI 플랫폼 및 전략

- Tachyon AI 플랫폼 구축 및 다양한 AI 애플리케이션 운영
- 4,000명의 직원을 스탠포드 대학 인간 중심 AI 프로그램(HAI)에 참여
- 생성형 AI를 통한 가치 창출 전망
  * 2024년 5월 기준 최대 15억 달러
  * 2024년 11월 20억 달러로 상향 조정

Wells Fargo는 이러한 생성형 AI 도입을 통해 고객 서비스 개선, 운영 효율성 향상, 새로운 금융 상품과 서비스 개발에 주력하고 있다. 회사는 AI 기술의 책임 있는 사용과 강력한 리스크 관리를 중요시하며, AI 기술 발전에 따른 금융 서비스의 혁신을 주도하고 있다.

4) Bank of America의 생성형 AI 도입 및 활용 사례

Bank of America는 생성형 AI를 다양한 영역에서 적극적으로 도입하여 비즈니스에 적용하고 있다. 주요 도입 사례는 다음과 같다.

■ Erica - AI 기반 가상 어시스턴트

- 2018년 6월 출시된 대표적 AI 이니셔티브
- 예측 분석과 인지 메시징을 활용한 개인화된 금융 조언 및 거래 지원
- 이용 현황
  * 2024년 1월 기준 20억 건 이상의 상호작용 달성
  * 일일 150만 건의 요청 처리
  * 3,200만 명 이상의 고객에게 선제적 인사이트와 알림 제공

■ Advisor and Client Insights Tool

- AI 기반 금융 자문가 지원 도구
- 2024년 상반기에만 600만 건 이상의 인사이트 제공
- 자문가들의 선제적 고객 소통 지원

■ CashPro

- 기업 고객을 위한 AI 기반 금융 관리 플랫폼
- 실시간 이벤트와 요구에 대한 신속하고 효과적인 대응 지원

■ AI 특허 포트폴리오

- 2022년 이후 AI 및 머신러닝 관련 특허 포트폴리오 94% 증가
- 2024년 10월 기준 1,100개의 AI 및 ML 특허와 출원 보유

■ 투자 및 전략

- 2024년 40억 달러 규모의 새로운 기술 이니셔티브 투자 계획
- AI를 비용 절감 수단에서 고객 상호작용 품질 향상을 위한 도구로 전환

Bank of America는 이러한 생성형 AI 도입을 통해 고객 서비스 개선, 운영 효율성 향상, 새로운 금융 상품과 서비스 개발에 주력하고 있다. 회사는 AI 기술의 책임 있는 사용과 강력한 리스크 관리를 중요시하며, AI 기술 발전에 따른 금융 서비스의 혁신을 주도하고 있다.

5) Goldman Sachs의 생성형 AI 도입 및 활용 사례

Goldman Sachs는 생성형 AI를 다양한 영역에서 적극적으로 도입하여 비즈니스에 적용하고 있다. 주요 도입 사례는 다음과 같다.

■ GS AI Platform

- 모든 AI 관련 활동을 중앙 집중화한 내부 플랫폼
- 다양한 AI 모델 통합 활용
  * OpenAI의 GPT-3.5와 GPT-4
  * Google의 Gemini 모델
  * Meta의 Llama
- 중앙 집중식 접근으로 빠른 애플리케이션 개발과 안전성 확보

■ 코드 생성 AI 도구

- 2024년 7월 말까지 수천 명의 개발자에게 배포 예정
- Microsoft의 GitHub Copilot 기반
- 개발자 생산성 약 20% 향상 전망

■ 투자 은행가를 위한 AI 어시스턴트

- 코파일럿 어시스턴트 도구 개발
- 공개 및 독점 문서 검색을 통한 답변 제공 및 분석 추출

■ AI 애플리케이션 개발 현황

- GS AI Platform을 통한 개발 주기 단축(몇 달에서 몇 주로)
- 기존 모델과 내장된 안전 장치 활용
- 2023년 11월 기준 약 12개의 생성형 AI 프로젝트 진행 중
- 언어 번역 및 연구 요약 도구 개발 탐색

Goldman Sachs는 이러한 생성형 AI 도입을 통해 운영 효율성 향상, 개발자 생산성 증대, 고객 서비스 개선 등 다양한 영역에서 혁신을 추구하고 있다. 회사는 AI 기술의 안전하고 책임 있는 사용을 중요시하며, 규제 준수와 보안에 주의를 기울이고 있다.

6) Citigroup의 생성형 AI 도입 및 활용 사례

Citigroup은 생성형 AI를 다양한 영역에서 적극적으로 도입하여 비즈니스에 적용하고 있다. 주요 도입 사례는 다음과 같다.

■ 직원 제안 및 활용

- 350개 이상의 생성형 AI 사용 사례 제안 수집
  * 문서 분석
  * 효율성 개선
  * 규제 준수 보장
- 파일럿 프로그램 성공 후 40,000명의 코더로 확대 계획

■ 리스크 및 컴플라이언스

- 새로운 자본 규정의 영향 분석에 활용
- 규정 제안의 세분화 및 주요 요점 생성
- 팀 업무 효율성 향상

■ 시스템 및 서비스 혁신

- 레거시 시스템 현대화
- 코딩 언어 변환 지원
- 고객 서비스 개선
  * 문서 분석 및 콘텐츠 생성 자동화
  * 고객 문의 응답 자동화
  * 문서 요약 기능 제공

■ Google Cloud 파트너십

- Vertex AI 플랫폼을 통한 생성형 AI 기능 전사적 배포
- 문서 처리, 디지털화, 고객 서비스 역량 강화

■ AI 프로젝트 카테고리

- Agent Assist: 콜센터 직원 지원
- 자동화: 컴플라이언스 문서 처리
- 내부 검색 엔진: 중앙화된 데이터 기반 인사이트 도출

Citigroup은 이러한 생성형 AI 도입을 통해 운영 효율성 향상, 고객 서비스 개선, 혁신적 금융 솔루션 제공에 주력하고 있다. 데이터 보안과 규제 준수를 중요시하며, 기술 발전에 따른 리스크 관리에도 주의를 기울이고 있다.

7) Mizuho Financial Group의 생성형 AI 도입 및 활용 사례

Mizuho Financial Group은 생성형 AI를 다양한 영역에서 적극적으로 도입하여 비즈니스에 적용하고 있다. 주요 도입 사례는 다음과 같다.

■ Wiz Chat

- 2023년 6월 출시된 맞춤형 생성형 AI 어시스턴트
- Microsoft Azure OpenAI 서비스 기반
- 일본 내 약 45,000명의 직원 사용 가능
- 텍스트 생성 기능에서 시작하여 지속적 기능 확장

■ 업무 프로세스 최적화

- 행정 절차 관련 문의 처리 자동화
- 신용 승인 문서 작성 프로세스 간소화
  * AI 챗봇을 통한 행정 절차 문의 대응
  * 원클릭 승인 문서 초안 자동 생성

■ 시스템 개발 및 유지보수

- Fujitsu와 협력한 생성형 AI 기술 적용 실증 실험
- 시스템 설계 계획과 감사 프로세스의 오류 자동 감지
- 소스 코드 생성 및 시스템 유지보수 자동화

■ ALPHA: AI 기반 전자채권 거래 시스템

- Mizuho Securities 개발 시스템
- 실시간 분석과 조언 제공
- 과거 거래 데이터와 현재 시장 상황 분석
- 거래 영향 및 헤징 방법에 대한 인텔리전스 제공

■ IT 사고 대응 관리

- IBM과 협력한 생성형 AI 애플리케이션 테스트
- IT 중단 시간 단축을 위한 이벤트 감지 및 대응
- 1년 내 실제 운영 환경 적용 계획

Mizuho는 이러한 생성형 AI 도입을 통해 업무 효율성 향상, 고객 서비스 개선, 혁신적 금융 솔루션 제공에 주력하고 있다.

8) Bloomberg가 개발한 생성형AI: BloombergGPT

블룸버그(Bloomberg)는 금융 분야에 특화된 언어 모델인 BloombergGPT를 개발하였다. 본 섹션에서는 BloombergGPT의 개요, 기술적 특성, 주요 활용 사례, 금융 산업에서의 영향 및 향후 전망을 살펴보기로 한다.

■ BloombergGPT 개요

BloombergGPT는 블룸버그가 개발한 금융 특화 대규모 언어 모델이다. 금융 데이터의 정확한 해석과 분석을 위해 설계된 이 모델은 방대한 양의 금융 데이터와 텍스트 데이터를 학습하여 금융 산업에 최적화된 인공지능 서비스를 제공한다.

BloombergGPT는 금융 시장 데이터, 기업 재무제표, 경제 지표, 뉴스 기사, 리서치 보고서 등 블룸버그의 독점적인 금융 데이터와 공개 데이터셋을 결합해 훈련되었다. 이 모델은 3,640억 개의 토큰을 학습했으며, 이 중 약 50%는 금융 도메인 데이터로 구성되어 있다. 이러한 전문적인 학습을 통해 금융 용어, 시장 동향, 투자 전략 등에 대한 깊은 이해를 보유하고 있다.

특히 BloombergGPT는 기존의 범용 AI 모델들과 달리 금융 특화 데이터로 학습되어 금융 산업의 특수한 맥락과 전문 용어를 정확히 이해하고 처리할 수 있다. 이를 통해 금융 전문가들에게 더욱 신뢰성 높은 분석과 인사이트를 제공한다.

■ BloombergGPT의 기술적 특성 및 구조

① 데이터 학습

BloombergGPT는 금융 산업의 방대하고 다양한 데이터를 기반으로 학습되었다. 학습 데이터는 크게 두 가지 범주로 구분된다:

- **블룸버그 독점 데이터**

- 금융 뉴스 및 시장 분석 보고서
- 실시간 시장 데이터 및 거래 정보
- 기업 재무제표 및 공시 자료
- 블룸버그 단말기를 통해 수집된 전문 금융 데이터
- ESG 데이터 및 대체 데이터

- **공개 데이터셋**

- 공개된 자연어 처리(NLP) 데이터
- 금융 관련 학술 논문 및 연구 자료
- 정부 및 규제 기관의 공시 자료
- 공개 뉴스 기사 및 미디어 콘텐츠

② 모델 아키텍처

BloombergGPT는 최신 Transformer 아키텍처를 기반으로 설계되어 있으며, 다음과 같은 특징을 가진다:

- 수십억 개의 파라미터를 활용한 심층 학습 구조
- 병렬 처리가 가능한 효율적인 연산 구조
- 금융 도메인에 최적화된 어텐션 메커니즘
- 대규모 데이터를 효율적으로 처리하는 스케일러블한 구조

③ 금융 특화 자연어 처리

BloombergGPT는 금융 산업의 특수성을 반영한 자연어 처리 기능을 제공한다:

- **전문 금융 언어 이해**

- 복잡한 금융 용어와 개념의 정확한 해석
- 금융 문서의 맥락과 뉘앙스 파악
- 시장 동향과 투자 전략에 대한 심층적 이해

- **금융 업무 자동화 및 지원**

- 금융 문서 자동 요약 및 분류
- 시장 분석 리포트 생성
- 투자 포트폴리오 분석 및 리스크 평가
- 규제 준수 관련 문서 처리 및 검토

■ BloombergGPT의 주요 활용 사례

① 금융 시장 분석 및 예측

BloombergGPT는 실시간으로 금융 시장을 모니터링하고 분석하여 투자자들에게 중요한 인사이트를 제공한다. 글로벌 금융 시장의 방대한 데이터를 실시간으로 처리하여 시장 동향을 파악하고 투자 기회를 포착한다.

주요 기능:
- 주식, 채권, 외환, 원자재 등 다양한 자산군의 시장 동향 실시간 분석
- 거시경제 지표와 시장 데이터 간의 상관관계 분석
- 글로벌 정치·경제 이벤트가 시장에 미치는 영향 평가
- 시장 심리 지수 및 투자자 심리 분석
- 기술적 분석과 펀더멘털 분석의 통합적 해석 제공

② 투자 리서치 자동화

BloombergGPT는 방대한 금융 데이터를 신속하게 분석하여 고품질의 투자 리서치 보고서를 자동으로 생성한다. 이를 통해 투자 분석가들의 업무 효율성을 높이고, 더 깊이 있는 분석에 집중할 수 있도록 지원한다.

핵심 기능:
- 기업 실적 발표 및 재무제표 자동 분석
- 산업별 경쟁 구도 및 시장 점유율 분석
- ESG 요소를 포함한 기업 가치 평가
- 섹터별 투자 전망 및 추천 종목 선정
- 글로벌 투자 트렌드 및 테마 발굴

③ 리스크 관리 및 규제 대응

금융 기관의 리스크 관리와 규제 준수를 위한 종합적인 솔루션을 제공한다. 실시간 리스크 모니터링과 함께 규제 변화에 대한 선제적 대응을 가능하게 한다.

주요 서비스:
- 금융 규제 문서의 자동 분석 및 영향 평가
- 포트폴리오 리스크 분석 및 스트레스 테스트

- 시장 변동성에 따른 리스크 시나리오 분석
- 신용 리스크 평가 및 모니터링
- 컴플라이언스 보고서 자동 생성 및 검증

④ 고객 서비스 및 맞춤형 금융 자문

고객의 투자 성향과 재무 목표를 분석하여 최적화된 금융 서비스를 제공한다. AI 기반의 개인화된 자문 서비스로 고객 만족도를 향상시키고 자산관리의 효율성을 높인다.

제공 서비스:
- 개인별 투자 성향 분석 및 리스크 프로파일 작성
- 생애주기별 맞춤형 자산배분 전략 수립
- 실시간 포트폴리오 모니터링 및 리밸런싱 제안
- 세금 최적화 및 은퇴 설계 자문
- AI 기반 투자 상품 추천 및 수익률 시뮬레이션

■ 금융 산업에서의 영향

① 효율성 증대

BloombergGPT는 금융 산업의 업무 프로세스를 혁신적으로 개선하여 전반적인 효율성을 크게 향상시키고 있다. 특히 반복적이고 시간이 많이 소요되는 업무들을 자동화함으로써, 금융 전문가들이 더 가치 있는 업무에 집중할 수 있는 환경을 조성하고 있다.

일례로 매일 작성해야 하는 시장 동향 보고서의 경우, BloombergGPT가 실시간으로 시장 데이터를 수집하고 분석하여 자동으로 보고서를 생성한다. 이는 기존에 수작업으로 진행되던 데이터 수집과 정리 시간을 80% 이상 단축시키는 효과를 가져왔다. 또한 기업 실적 분석이나 재무제표 검토와 같은 복잡한 작업도 AI가 자동으로 수행하여, 분석가들은 더 깊이 있는 인사이트 도출에 집중할 수 있게 되었다.

이러한 업무 자동화는 단순히 시간 절감에 그치지 않고, 인력 자원의 효율적 재배치를 가능하게 하며, 궁극적으로는 운영 비용 절감과 수익성 개선으로 이어지고 있다. 특히 투자 포트폴리오 성과 분석이나 고객 데이터 분석과 같은 복잡한 작업들이 자동화되면서, 금융 기관들은 더욱 효율적인 운영 체계를 구축할 수 있게 되었다.

② 의사결정 지원 강화

금융 산업에서 신속하고 정확한 의사결정은 매우 중요하다. BloombergGPT는 방대한 금융 데이터를 실시간으로 분석하여 금융 전문가들의 의사결정을 효과적으로 지원하고 있다. 특히 빠르게 변화하는 시장 상황에서 즉각적인 대응이 가능하도록 실시간 인사이트를 제공하는 것이 큰 강점이다.

데이터 기반 분석 측면에서 BloombergGPT는 주식, 채권, 외환 등 다양한 금융 시장의 데이터를 통합적으로 분석하여 투자 기회와 리스크 요인을 신속하게 파악한다. 이러한 분석은 객관적이고 정량적인 데이터에 기반하여 이루어지며, 인간의 편향이나 감정적 요소를 배제한 의사결정을 가능하게 한다.

또한 실시간 대응 체계를 통해 시장 상황의 급격한 변화나 긴급 상황 발생 시 즉각적인 알림과 대응 전략을 제시한다. 포트폴리오 조정이 필요한 상황을 실시간으로 감지하고, 글로벌 시장 동향을 종합적으로 모니터링하여 선제적인 대응이 가능하도록 지원한다.

③ 리스크 관리 및 규제 준수 향상

BloombergGPT는 금융 기관의 리스크 관리와 규제 준수 능력을 획기적으로 향상시키고 있다. 시장, 신용, 운영 리스크 등 다양한 리스크 요인을 통합적으로 관리하며, 잠재적 리스크를 조기에 감지하고 대응할 수 있는 체계를 제공한다.

리스크 관리 측면에서는 포트폴리오의 리스크를 실시간으로 모니터링하고, 다양한 스트레스 테스트와 시나리오 분석을 자동으로 수행한다. 이를 통해 금융기관들은 시장 변동성에 더욱 효과적으로 대응할 수 있게 되었으며, 리스크 관리의 정확성과 효율성이 크게 향상되었다.

규제 준수 측면에서는 글로벌 금융 규제의 변화를 실시간으로 모니터링하고, 이에 대한 대응 방안을 신속하게 수립할 수 있도록 지원한다. 규제 관련 보고서의 자동 생성과 검증, 컴플라이언스 위반 사항의 자동 감지 등을 통해 규제 리스크를 최소화하고, 법적 리스크를 사전에 예방할 수 있게 되었다.

이러한 BloombergGPT의 영향은 금융 산업의 디지털 전환을 가속화하고 있으며, 더욱 효율적이고 안정적인 금융 서비스 제공을 가능하게 하고 있다. 특히 데이터 기반의 의사결정과 자동화된 리스크 관리는 금융 기관의 경쟁력 강화에 핵심적인 요소로 자리잡고 있다.

6. 변화한 금융 소비자와 금융 환경

1) 금융시장의 주역으로 부상한 밀레니얼 세대

산업혁명의 전개 과정에서 알 수 있듯이 모든 산업혁명의 이면에는 반드시 이를 필요로 하는 수요가 있었다. 상기에 언급한 AI가 금융산업에 미치는 영향도 결국에는 이를 필요로 하는 수요자, 특히 이에 익숙한 세대가 존재했기 때문이다.

4차 산업혁명이 전개되는 과정에서 발생한 2008~2009년의 글로벌 금융위기는 세대 간의 인식을 완전히 바꾸어놓았다. 기성세대와 다른 생각을 가진

신인류가 바로 밀레니얼 세대(Millennial Generation)로, 1980년대부터 2000년대 초반 출생한 세대를 일컫는다. 밀레니얼 세대는 부모(베이비붐 세대)나 이전 세대(X세대)와는 달리 개성과 자기만족을 중시하고 자아실현 욕구를 추구하는 경향이 강하다는 특징이 있다.

세계적인 투자은행인 골드만삭스는 밀레니얼 세대의 특징을 다음과 같이 정의했다.

① 미국 역사상 가장 큰 인구집단: 밀레니얼 세대 인구는 9,200만 명, X세대는 6,100만 명, 베이비붐 세대는 7,700만 명이다.
② 최초의 디지털 원주민: 인터넷, 스마트폰과 함께 자란 세대로 50% 이상이 비디오게임을 하며, 45%가 온라인 채팅을 이용한다. 그리고 음악 및 비디오 다운로드를 이용하는 비중이 44%다. 또한 소셜 미디어 사용자 비율은 38%에 이르며, TV를 온라인으로 시청하는 비율은 38%다.
③ 빚을 진 세대: 졸업 후 상환해야 하는 학자금 대출 규모가 가장 크다. 25세를 기준으로 평균 학자금 대출 규모가 2003년에는 10,000달러였는데 2013년에는 20,000달러로 증가했고, 2018년에는 거의 30,000달러에 이른 것으로 나타났다.
④ 소셜과 연결된 세대: 온라인 검색 이후 다른 사람들과 서비스, 상품, 브랜드 등에 관해 어떤 방식으로 소통하는가에 대한 질문에 밀레니얼 세대는 다음과 같이 답했다.

〈그림 3-3〉 밀레니얼 세대의 소셜 미디어 활용 비율

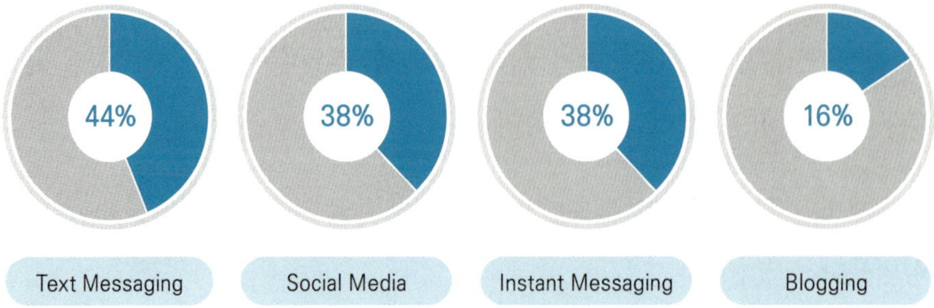

출처: GoldmanSachs

이에 반해 X세대의 응답률은 다음과 같은데, 밀레니얼 세대보다 비중이 현저히 낮은 것으로 나타났다.

〈그림 3-4〉 X세대의 소셜 미디어 활용 비율

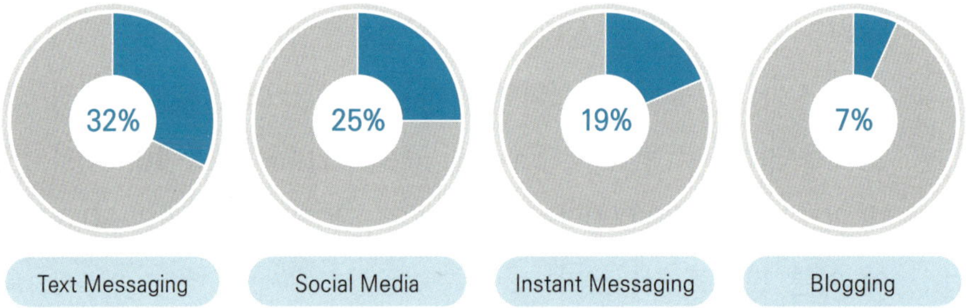

출처: GoldmanSachs

⑤ 낮은 취업률과 적은 수입: 이전 세대보다 적은 돈을 갖고 있어 지출 여력이 적은 세대다.

⑥ 다른 우선순위: 지출이 줄어들면서 결혼이나 주택 소유 같은 지출을 미루는 등 이전 세대와 우선순위가 다른 세대다.

2) 노후 준비에 대한 위기 의식

상기의 특징에서 보듯이 가장 중요한 것은 밀레니얼 세대에게는 미래에 대한

불안감이 가중됐다는 점이고, 이는 노후 대비에 대한 새로운 전략을 요구하게 됐다. 기존의 세대는 안정적인 직장을 바탕으로 정년 이후에 지급되는 연금만으로도 노후 생활이 가능했지만, 글로벌 금융위기는 밀레니얼 세대에게 정년까지의 안정된 직장생활이 불가능하다는 것을 일깨워준 계기가 됐다.

이와 같은 위기감은 프로퍼블리카(ProPublica)와 어반 인스티튜트(Urban Institute)가 공동으로 연구한 논문 "How Secure Is Employment Ages"에서도 찾아볼 수 있다. 저자들은 미시간대학교 소셜리서치연구소가 미국 국립보건원으로부터 자금을 지원받아 수년 동안 주기적으로 실시해온 조사인 '건강과 퇴직 연구(The Health & Retirement Study)'에서 얻은 데이터를 분석했다.

이들 연구원은 1992년 이후 사회에 진출한 50대 근로자들에 초점을 맞추어 분석했다. 65세까지의 경력 과정을 추적함으로써 연구원들은 전통적인 은퇴 시기에 도달하기 전 평균 재직 기간을 측정했다. 〈그림 3-5〉에서 보듯이, 이들의 절반 이상이 50대 이후에 비자발적 실업 상황을 경험하고 있고, 이것이 수년간 소득을 잠식하거나 장기적인 실업으로 연결됐음을 발견했다.

〈그림 3-5〉 50대 이후 비자발적 실업 경험

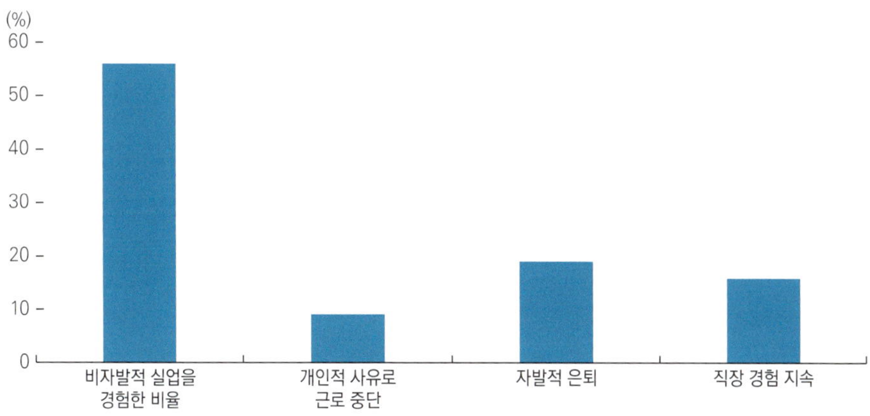

출처: ProPublica, Urban Insitute

연구원들이 초점을 맞춘 교란 요인은 단순히 결근을 하거나 좌천된 요인에 있는 것이 아니다. 이들은 오로지 최소 6개월 연속 실업 상태에 있거나 최소 2년간 주간 급여가 50% 이상 감소하는 경력단절만을 측정했다. 이를 통해 심각한 현상이 있음을 발견했다. 즉, 65세까지 근무하는 비율이 단 16%에 불과하다는 사실이다.

이런 통계 결과를 보면서 '예상하지 못한 상황을' 대비해야 한다고 생각했을 것이다. 유명한 시인인 로버트 번스(Robert Burns)는 다음과 같은 명언을 남겼다.

"쥐도 그렇고 사람도 그렇고, 아무리 좋은 계획을 세워도 종종 어긋나게 되어 있다."

그러나 퇴직하기 15년 내에 해고당할 가능성에 대비해야 할 뿐만 아니라, 이를 거의 확정적으로 받아들여 적절한 계획을 세워야 한다. 다시 말해서 이는 밀레니얼 세대의 퇴직 이후를 대비한 포트폴리오가 이전에 가정했던 것보다 퇴직 시 필요한 자금을 만들기 위한 투자 규모와 필요로 하는 투자 기간 모두에서 더 증가한다는 것을 의미한다. 누구든, 이런 계획 수정을 빨리 하면 할수록 수정에 따른 고통은 줄어들 것이다.

3) 디지털화된 자산관리 방식에 대한 선호도 상승

밀레니얼 세대의 특징에서 살펴본 바와 같이 이들은 디지털 환경에 노출되어 스마트폰 기기에 익숙하다. 따라서 은행창구를 이용해야 하는 전통적 방식의 금융거래는 멀리한다. 이들은 인터넷은행이나 페이팔과 같은 지급결제 업체로 주거래은행을 빠르게 바꾸고 있다.

글로벌 컨설팅 그룹 베인앤드컴퍼니(Bain & Company)에 따르면 약 25억 명으로 추산되는 밀레니얼 세대는 금융기관을 불신하며 은행에 거의 가지 않는다. 은행 계좌를 보유하고 있는 밀레니얼 세대의 75%는 은행을 찾는 횟수가

한 달에 한 번이 안 된다. 그리고 디지털화된 자산관리를 선호한다. 한 가지 사례를 들어보겠다.

밀레니얼 세대인 보루(Bo Lu)는 이민 1세대로 부모와 함께 중국에서 미국으로 건너왔다. 그는 모니터와 마더보드에 빠져 살았다. 일리노이 주립대에서 컴퓨터 공학을 전공한 그의 첫 번째 직장은 마이크로소프트(Microsoft)였다. 그와 그의 친구들은 직장생활 동안 모아둔 자금을 투자하기 위해 자산 전문가를 찾아 나섰다. 놀랍게도 단 한 명의 자산관리자도 찾을 수 없었다. 누구도 그들을 고객으로 맞으려 하지 않았다. 루는 당시를 이렇게 회상했다.

“우리는 당시 정말 돈이 없었다. 하지만 돈을 모을 기회가 있다고 생각했다.”

루는 자신만의 해결 방안을 찾았다. 2010년에 그는 퓨처어드바이저(Future Advisor)라는 온라인 투자 플랫폼을 친구와 함께 설립했다. 이 플랫폼은 알고리즘을 활용해 이용자의 돈을 다양한 ETF(Exchange Traded Funds)에 분산투자하도록 조언을 해준다. 소프트웨어 프로그램이 이용자의 위험 성향에 따라 자동으로 자산을 재조정해 주식투자의 세계를 헤쳐나가도록 돕는다. 한마디로 컴퓨터 프로그램이 자동으로 개인별 투자를 설계하는 것이다.

루는 “우리 친구들처럼 외면받는 사람들을 돕기 위해 이 회사를 설립한 측면도 있다”라고 설명했다. 동사는 설립한 지 5년 만에 7억 달러의 운용 자금을 모집했다. 이용자의 4분의 1이 35세 미만이다. 2017년 8월, 세계적인 자산운용사인 블랙록(BlackRock)이 퓨처어드바이저를 인수했다.

이와 같이 밀레니얼 세대는 디지털화된 자산관리 서비스에 환호한다. 그런데 중요한 점은 이들이 수익률을 극대화하는 것이 아니라 수익률 최적화를 선호한다는 점이다. 수익률 최적화의 기준은 수익률과 리스크 간의 관계에서 시작된다. 다음 절에서 수익률 최적화 문제를 자세히 다루고자 한다.

2절 포트폴리오 이론

수익률 최적화 과정은 자산배분과 포트폴리오 구성이라는 두 가지 과정을 통해 제공된다.

〈그림 3-6〉 자산배분 이해

출처: Investopedia.com

자산배분의 궁극적인 목표는 위험을 줄이고 수익을 높이는 방법에 기초한다. 일반적인 투자자들은 최저점에서 매수해서 최고점에 매도하는 이상적인 매매를 선호한다. 그러나 현실적으로는 불확실성이 가득하고 변동성이 심해서 이상적인 매매를 구현하기가 매우 어렵다.

실제로 '자산배분의 아버지'라는 별명을 가진 게리 브린슨(Gary P. Brinson)은 1991년에 동료들과 함께 발표한 논문 "Determinants of Portfolio Performance"(미국의 91개 연기금을 대상으로 10년 동안의 투자 성과를 분석)에서 포트폴리오 연 수익의 91.5%는 자산배분을 통해 이루어진다는 연구 결과를 제시했다. 연구 결과에 따르면 일반 투자자들이 가장 민감하게 생각하는 종목 선정이 투자수익에 기여하는 비율은 4.6%에 불과하고, 시장 상황에 따라 자산구성을 변경하는 마켓 타이밍의 기여율은 1.8%에 불과하다고 한다.

이와 같이 자산배분의 중요성이 현대 자산관리의 근간을 이루고 있으므로 그 논리를 살펴보는 것이 수익률 최적화 과정을 이해하는 데 도움이 될 것으로 보인다. 지금부터 자산배분 이론에 대해 살펴보자.

자산배분 이론의 역사는 포트폴리오 이론의 발전과 흐름을 같이한다. 1950년대 이전의 포트폴리오 이론은 개별 자산의 수익률에만 관심을 가지고 있었고 기대수익과 위험의 관계는 추상적인 개념으로만 존재했다. 이후 해리 마코위츠(H. Markowitz)가 "포트폴리오 선택(Portfolio Selection)"(1952)이라는 논문을 발표하면서 우리가 알고 있는 현대 포트폴리오 이론(Modern Portfolio Theory, MPT)의 근간을 마련했다.

마코위츠는 논문에서 이전까지 추상적 개념이었던 자산의 기대수익과 위험을 평균과 분산으로 정의했고, 자산을 분산투자하면 단일 자산에 투자한 것보다 위험을 낮출 수 있다는 것을 증명했다. 그리고 '효율적 프론티어(Efficient Frontier)'라는 개념을 통해 수학적으로 최적 포트폴리오를 선택하는 논리를 제시했다. 효율적 프론티어란, 동일한 기대수익률에선 위험이 낮은 자산이 위험이 높은 자산을 지배하고 동일한 위험에선 기대수익률이 높은 자산이 기대수익률이 낮은 자산을 지배한다는 지배원리에 의해 선택된 포트폴리오들의 집합을 말한다.

〈그림 3-7〉 효율적 프론티어

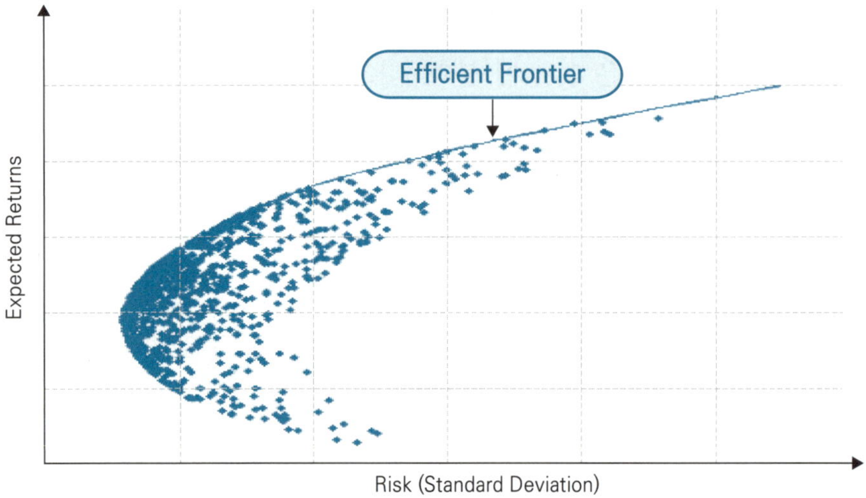

출처: Financetrain.com

3절 평균-분산 모형

평균-분산 모형(Mean-Variance Model)은 마코위츠의 이론을 바탕으로 완성됐다. 평균-분산 모형을 이용하여 최적 포트폴리오를 산출하는 과정을 평균-분산 최적화(Mean-Variance Optimization, MVO)라고 한다.

1960년대에 들어서 마코위츠의 포트폴리오 이론에 기초하여 균형가격 결정 모형이 등장했다. 1964년 윌리엄 샤프(W. Sharpe)는 투자자들이 자본시장에서 투자를 진행하여 시장이 균형 상태에 이를 때 자본자산의 균형가격이 결정되는 방식을 자본자산가격결정모형(Capital Asset Pricing Model, CAPM)을 통해 설명했다. 그의 이론에 따르면 증권시장이 경쟁적이라면 체계적 위험에서 얻을 수 있는 리스크 프리미엄은 베타(beta)계수가 된다. 그는 큰 체계적 위험을 가지고 있는 자산은 높은 기대수익률을 얻을 수 있도록 자산의 가격이 결정되어야 한다고 주장했다.

이후 1966년에 유진 파마(E. Fama)가 '효율적 시장 가설(Efficient Market Hypothesis)'을 내놓았다. 투자자들이 합리적이며 이런 투자자들이 시장에서 서로 경쟁하는 상황인 경우, 어떤 정보든 시장에 들어오는 즉시 가격에 반영되어 초과수익을 얻을 수 없으며 장기적으로 시장 수익률을 넘을 수 없다는 주장이다. 그의 이론을 바탕으로 한 포트폴리오 이론 대부분은 시장이 효율적이라는 가정을 전제로 한다.

평균-분산 모형은 이런 이유 등으로 인해 시장에서 큰 관심을 받았지만 시장에서 활용하는 과정에서 예상치 못한 문제가 발생했다. 즉, 현대 포트폴리오 이론은 평균-분산의 최적화를 위해 예상 변동성, 예상 상관관계, 그리고 예상 수익률 등을 필요로 한다. 그러나 투자자가 이런 정보를 파악하기는 현실적으로 매우 어렵다. 또한 시장 상황이 달라지거나 위기가 찾아올 경우 매개변수들이 과거 평균값에서 크게 벗어나게 되고, 이에 따라 커다란 손실이 발생할 수 있다.

예컨대 주식과 채권의 상관관계는 일반적으로 마이너스 상관관계를 가정하지만, 시장 상황에 따라 플러스 상관관계를 나타내기도 한다는 것이다. 따라서 대표적인 안전자산인 채권의 경우 시장 상황(예를 들어 금리 상승기)에 따라 변동성이 높아져, 안전자산으로서의 특성을 발휘하지 못하는 경우도 있다.

〈그림 3-8〉 미국 S&P와 미국 종합채권지수 간 상관관계 추이(60일 기준)

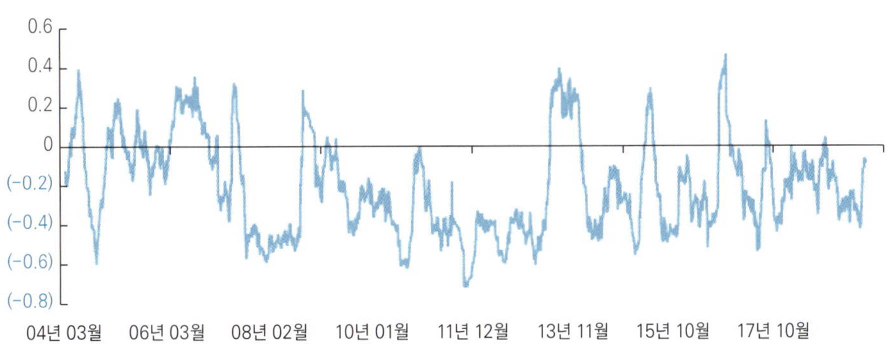

출처: 쿼터백자산운용

4절 블랙-리터만 모형

블랙(F. Black)과 리터만(R. Litterman)은 기존 평균-분산 모형을 기초로 한 자산배분 이론의 한계점을 개선하기 위하여 "Global Portfolio Optimization"(1992)이라는 논문에서 블랙-리터만 모형(Black-Litterman Model)을 제시했다. 투자자산의 기대수익률을 균형기대수익률과 시장 전망을 결합한 블랙-리터만 기대수익률(전망결합 기대수익률)을 도출하고, 이를 평균-분산 모형에 투입하여 최적 포트폴리오를 산출하는 모형이다.

1. 균형기대수익률(Equilibrium Expected Return)

균형기대수익률은 시장 포트폴리오에 내재되어 있는 기대수익률을 의미한다. 투자자들이 최적 투자안에 대하여 선험적인 정보를 가질 경우, 이런 정보를 근거로 얻어진 기대수익률이다. 왜냐하면 시장 내의 모든 투자자가 자신들의 내재수익률에 근거하여 자산배분을 진행한다고 가정할 경우 전체 투자 시장의 내재수익률은 모든 투자자산의 수요와 공급을 일치시키는 시장 포트폴리오에 내재된 기대수익률이라고 볼 수 있기 때문이다. 수식은 다음과 같다.

$$\Pi = \lambda \Sigma w_{mkt}$$

Π: 균형기대수익률

λ: 위험회피계수

Σ: 과거수익률의공분산 행렬

w_{mkt}: 포트폴리오의 전체 시가총액 대비투자자산 비중

블랙-리터만 모형에서의 최종 기대수익률은 투자자의 시장 전망을 반영한 것이지만 특별한 시장 전망이 없다면 상기의 균형기대수익률을 사용하여 최적 투자 비중을 산출한다.

2. 투자자의 시장 전망 반영

블랙-리터만 모형과 평균-분산 모형에는 차이점이 있다. 평균-분산 모형은 주어진 과거 수익률 데이터만을 이용하여 기대수익률을 산출하지만, 블랙-리터만 모형은 시장 포트폴리오 투자 비중을 통하여 역으로 균형기대수익률을 도출하고 여기에 투자자의 시장 전망을 반영하여 최종적으로 평균-분산 모형에 투입할 블랙-리터만 기대수익률을 도출한다는 것이다.

블랙-리터만 모형에서는 균형기대수익률과 결합할 투자자의 시장 전망을 구성하기 위하여 크게 두 가지 방법을 제시한다.

첫 번째 방법은 절대적 전망치(Absolute view)를 반영하는 것으로 투자자가 투자자산 또는 자산군의 기대수익률 절대치를 전망하고 반영할 때 사용한다. 예를 들어 '내년 A 주식은 5% 수익률을 기록할 것이다'라고 전망하는 것이다. 두 번째 방법은 상대적 전망치(Relative view)를 반영하는 것으로 투자자산 간 기대수익률의 상대적인 차이를 전망하는 방법이다. 예를 들어 'A 주식은 B 주식에 비해 3% 아웃퍼폼할 것이다'라고 전망하는 방식이다.

상대적 전망치를 사용한다면 투자자 전망에 대한 기대수익률의 차이가 균형기대수익률의 차이보다 클 때 수익률이 높은 자산에 가중치가 증가하며, 반대로 작을 때는 수익률이 낮은 자산에 가중치가 증가하여 최적 투자 비중을 도출할 때 이런 가중치가 반영된다.

시장 포트폴리오 비중을 통해 산출한 균형기대수익률과 투자자의 시장 전망을 결합한 블랙-리터만 기대수익률을 도출한 후 투자자의 공분산 행렬과 블랙-리터만 기대수익률을 평균-분산 모형에 투입하면 최적 포트폴리오를 산출할 수 있다.

5절 리스크 패리티 모형

리스크 패리티 모형(Risk Parity Model)은 평균-분산 모형과 다르게 투자자산의 기대수익률은 고려하지 않고 위험만을 고려하며 투자 대상 위험이 크면 투자 비중을 줄이고 위험이 작으면 투자 비중을 늘리는 방법이다. 즉, 각 자산이 전체 포트폴리오에 기여하는 위험을 서로 같게 만드는 자산배분 모형이다.

예를 들어 위험자산과 안전자산을 다양하게 편입하는 자산배분 포트폴리오는 주식과 채권 비중을 50:50 또는 60:40 등의 비율로 구성하는 경우가 많다. 이런 전통적인 자산배분 방법이 많은 성과를 보이기는 했지만, 리스크 측면에서는 위험자산에 편향된 구조라 할 수 있다. 리스크 패리티 모형은 편입 자산들의 위험을 균등하게 배분함으로써 각 자산이 포트폴리오의 전체 위험과 운용 성과에 미치는 영향이 대등해지도록 하기 때문에 투자위험 측면에서 보다 안정적인 운용이 가능해진다. 또한 자산 간 동일한 리스크 양을 가지도록 투자 비중을 조절하기 때문에 투자 비중이 0인 자산군이 나타나지 않아 평균-분산 모형이 가지고 있는 문제점 중 하나인 코너 해(corner solution, 적어도 하나의 값이 영인 최적화 문제의 해) 문제를 개선할 수 있다.

2장
자산관리 운용 전략의 변화

1절 보수적 투자 전략

1. 60:40 포트폴리오

전통적인 60:40 포트폴리오 전략은 주식 60%, 채권 40%로 구성된 포트폴리오 전략으로 대부분의 포트폴리오 성과 평가를 할 때 벤치마크로 사용되고 있다. 뱅가드(Vanguard) 설립자이면서 인덱스 투자의 개척자인 잭 보글(Jack Bogle)에 의해 유명해진 전략으로, 오랫동안 패시브투자의 모델로 인식됐다.

사실 미국 주식 60%와 국채 40%로 구성된 포트폴리오는 1976년 이후 2018년까지 연평균 10.15%의 수익률을 기록했고, 45년 동안 35년 구간에서 플러스 수익률을 기록했다. 이와 같이 긍정적인 수익률을 기록한 이면에는 S&P500 지수가 장기간 우상향을 보였으며, 국채수익률은 우하향을 보였기 때문이다. 즉, 주식과 채권이 서로 다른 방향으로 움직여왔기 때문이다.

그런데 이에 대한 반론이 제기되고 있다. 2019년 9월 뱅크오브아메리카(BoA)는 "60:40 전략은 죽었다"라는 제목의 보고서에서 채권의 역할을 다시 한번 생각해봐야 할 충분한 근거가 있으므로 주식에 대한 비중을 더 확대해야 한다고 주장했다. 자산군 간의 상관관계가 많은 변화를 보였기 때문이다. 최근 수년간 많은 투자자가 미래 성장성이 아닌 현재의 인컴 때문에 주식을 매수하고, 가격 상승을 기대하면서 채권을 매수하고 있다는 의미다.

60:40 포트폴리오를 설정하는 핵심적인 가설은 주식과 채권 간에 마이너스 상관관계를 보인다는 점이다. 그런데 지난 20년간은 가설이 증명됐지만, 〈그림 3-9〉에서 알 수 있듯이 최근에는 마이너스 관계가 종언을 고하고 있다. 정책 당국자들이 경기를 부양하기 위해 시장을 흔들고 있기 때문이다.

〈그림 3-9〉 미국 주식과 채권 간의 상관관계

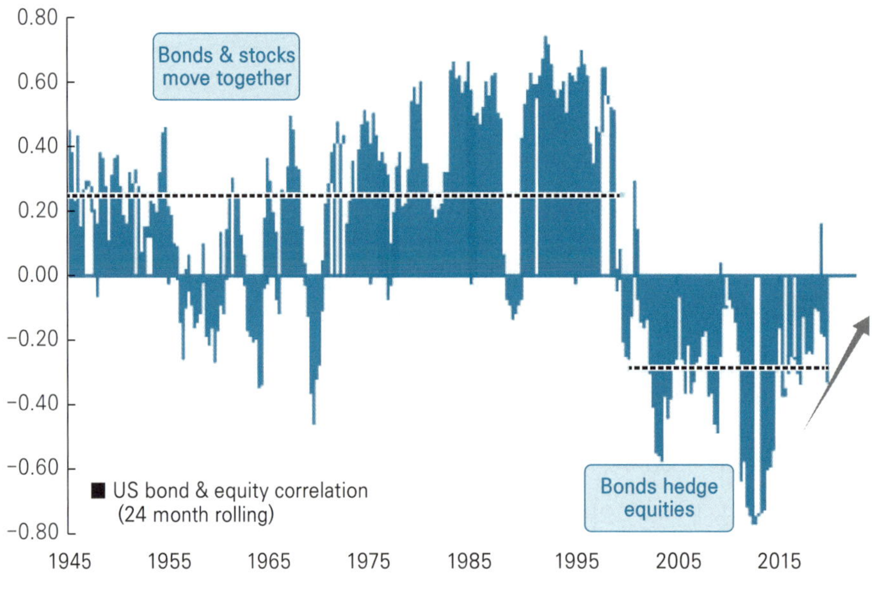

출처: BofAML Global Research

2. 사계절 포트폴리오 전략(All Weather Portfolio)

세계적인 헤지펀드사인 브리지워터 어소시에이츠(Bridgewater Associates)의 설립자인 레이 달리오(Ray Dalio)는 2020년 2월 블룸버그(Bloomberg)로부터 세계에서 79번째로 재산이 많은 사람으로 선정됐다. 그의 회사가 운용하는 자산은 1,500억 달러를 넘는다. 달리오가 주창한 사계절 포트폴리오는 토니 로빈스(Tony Robbins)의 저서 《Money: 부의 거인들이 밝히는 7단계 비밀》을 통해 알려졌다.

사계절 포트폴리오는 〈그림 3-10〉과 같이 구성된다.

〈그림 3-10〉 사계절 포트폴리오

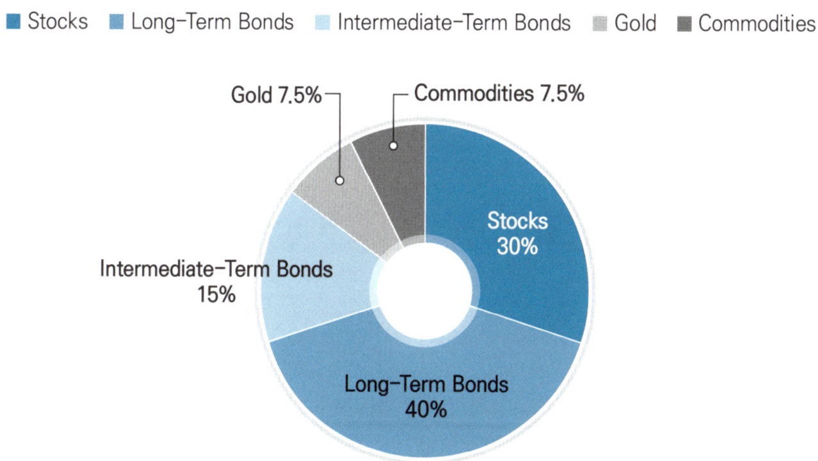

출처: Ray Dalio

그가 이런 포트폴리오를 구성한 이유는 경제에도 사계절이 있고, 이에 따라 자산의 가치가 영향을 받기 때문이라고 했다. 경제의 사계절과 이에 적합한 자산군은 〈표 3-2〉와 같다.

〈표 3-2〉 사계절에 적합한 자산군

	경제 성장	물가
상승	확장 국면: 시장기대보다 높은 경제 성장 적합 대상 자산군: 주식, 회사채, 부동산, 원자재, 금	인플레이션: 시장기대보다 높은 물가 상승 적합 대상 자산군: 원자재, 금, 물가연동채권
하락	불경기: 시장기대보다 낮은 경제 성장 적합 대상 자산군: 미국채, 물가연동채권	디플레이션: 시장기대보다 낮은 물가 상승 적합 대상 자산군: 주식, 미국채

출처: Ray Dalio

이와 같은 원칙하에 구성된 포트폴리오의 특징은 다음과 같이 정리할 수 있다.

① 주식 비중이 상대적으로 낮다: 변동성이 높은 주식의 비중이 높기 때문에 리스크 패리티 관점에서 주식 비중을 줄임으로써 리스크관리가 용이하게 된다.
② 채권이 포트폴리오 대부분을 차지한다: 주식 변동성에 상응해서 가능한 한 리스크를 우선순위에 둔 최선의 방법이라고 달리오는 주장한다.
③ 금과 원자재 비중이 15%다: 이들 자산이 역사적으로 높은 변동성을 보이기 때문에 인플레이션 환경에서 성과가 좋았다.

이와 같이 구성하면 계절과 상관없이 균형된 포트폴리오를 구성하게 된다.

2절 공격적 투자 전략

1. 동적자산배분(Dynamic Asset Allocation) 등장

2008년 글로벌 금융위기는 금융 업계 전반에 많은 영향을 미쳤다. 특히 자산운용 업계에는 새로운 시각이 생겨나기 시작했다. 2008년 이전까지만 해도 상관관계가 낮은 자산군을 중심으로 자산배분이 이루어졌음에도, 대규모 손실이 발생하는 모습이 나타났다.

주가와는 반대 흐름을 보였던 미 국채금리와 주가 간의 전통적인 상관관계가 무너지면서 주요 자산배분과 업종 전략에 심대한 타격을 주고 있는 것이다. 인플레이션 공포감이 투자 의사결정에 영향을 미치면서 2000년 닷컴버블 붕괴 이후에 전혀 새로운 패턴으로 나타나고 있다. 투자자들은 이제 투자위험을 낮추기 위해 미 국채 장기물을 이용한 주식 헤지 전략을 더는 신뢰하지 않는다.

〈그림 3-11〉 미국 업종별 주식과 해외 선진국 및 신흥시장 주식 간의 상관관계 변화

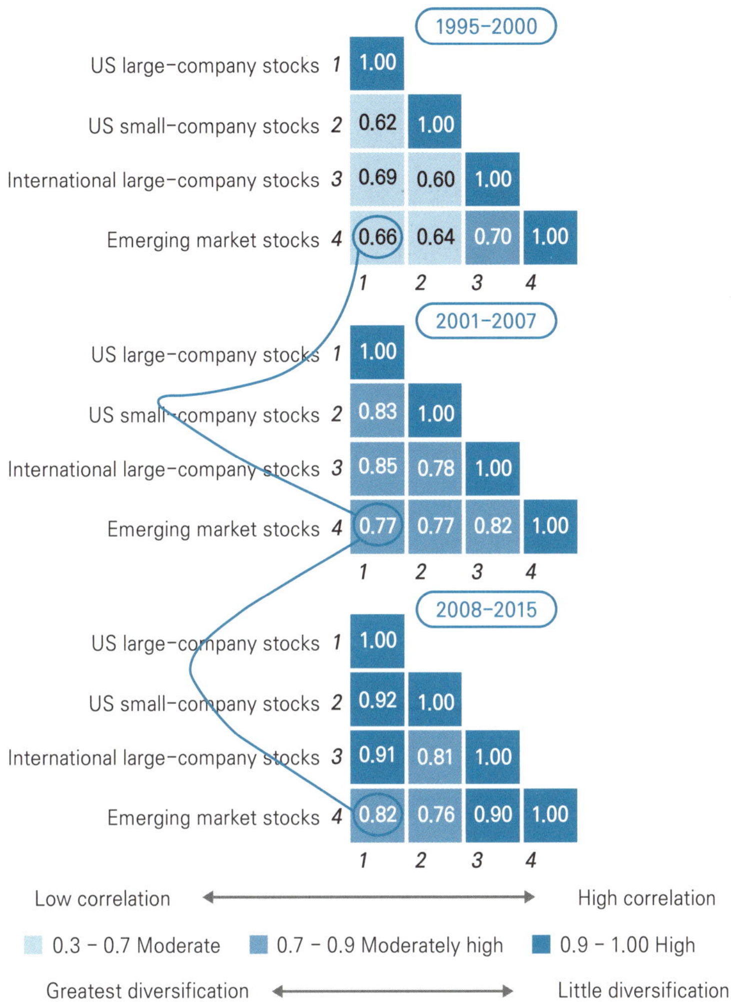

출처: CharlesSchwab

예를 들어보자. 〈그림 3-11〉은 1995년부터 2015년까지의 미국 업종별 지수와 해외 선진국 및 신흥시장 주식 간의 상관관계를 표시한 것이다. 여기서 보듯이 2000년 이전에는 미국 대형주와 신흥시장 간의 상관관계가 낮았으나 이후로 최근까지는 상관관계가 매우 높은 것으로 변화됐다. 이는 기존의 분산투자 효과가 감소하고 있음을 의미한다.

2008년 이후로 나타난 또 다른 중요한 현상은 액티브 운용역들이 벤치마크를 아웃퍼폼하지 못하는 상황이 발생했다는 것이다. 이는 고객들의 불만으로 이어졌으며, 글로벌 금융위기를 계기로 ETF를 중심으로 한 패시브투자가 인기를 얻게 됐다. 2019년 10월 기준으로 미국에서 운용되는 상위 20개(운용자산 규모) 뮤추얼펀드의 수익률 현황을 살펴보면, 벤치마크인 S&P500지수를 아웃퍼폼한 비율은 23.2%에 불과했다.

이런 흐름은 기존의 전통적인 자산배분 방법이나 이론 등에 대한 비관론으로 이어져, 시장을 예측하지 않고 시장의 흐름을 그대로 추종하려는 동적자산배분 모델이 등장하게 됐다.

2. 모멘텀(Momentum) 이론

동적자산배분의 근간을 이루는 이론은 모멘텀(Momentum)이다. 모멘텀은 최근의 수익률에 기반하여 매수·매도를 결정하는 투자 시스템의 한 가지 방법이다. 모멘텀 투자자는 성과를 기준으로 아웃퍼폼하는 주식을 매수하고 언더퍼폼하는 주식을 매도한다. 이런 투자 원칙은 물리학과 밀접하게 연관되어 있다.

물리학에서 모멘텀은 어떤 사물의 크기와 속도를 의미한다. 예를 들어 고속으로 달리는 대형 트럭은 커다란 모멘텀을 갖고 있다. 트럭을 멈추기 위해서는 이를 제압하기 위한 더욱 큰 규모와 장력이 필요하다. 모멘텀 투자자들도 이런 논리를 응용한다. 그들은 중대한 역풍이 발생하지 않는 한 아웃퍼폼하는 주식은 계속 아웃퍼폼할 것이라고 가정한다.

모멘텀에는 두 종류가 있다.

1) 상대적 모멘텀(Relative Momentum)

상대적 모멘텀은 이른바 자산 간 상대강도를 이용하는 것이다. 상대적 모멘텀 투자자들은 서로 다른 주식 간의 성과를 비교한다. 그리고 아웃퍼폼하는 주식을 매수하고 언더퍼폼하는 주식을 매도한다.

매수중심(Long-Only) 상대적 모멘텀 투자자들은 그들이 편입한 투자 가능한 유니버스 안에서 이들 종목들을 순차적으로 적용한다. 예를 들어 투자 가능 유니버스 내에서 최적의 유가증권을 선택하는 방식이다. 포트폴리오 리밸런싱 시점에서 현재 보유한 유가증권을 매도해야 할 경우가 발생하면, 유니버스 내에서 다시 최적의 유가증권을 매수한다. 이런 과정을 거치면서 모멘텀 투자자들은 이들 주식이 지속적으로 아웃퍼폼할 것이라는 전망하에 포트폴리오를 재조정하는 것이다.

2) 절대적 모멘텀(Absolute Momentum)

절대적 모멘텀 투자는 시계열 모멘텀 또는 시세추종형 모멘텀이라 불린다. 절대적 모멘텀 투자자들은 과거의 성과를 기준으로 종목을 비교한다. 이런 시스템하에서는 플러스 수익률을 보인 주식을 매수하고 마이너스 수익률을 보인 주식은 매도하도록 한다.

상대적 모멘텀 투자와의 근본적인 차이점은 수익률 방향에 대한 고려를 하느냐 아니냐에 있다. 만약 모든 주식의 가치가 하락하는 경우, 상대적 모멘텀 투자자들은 하락률이 가장 적은 주식을 매수하려 한다. 그렇지만 절대적 모멘텀 투자자들은 마이너스 수익률을 보인 주식은 피한다.

3. 듀얼 모멘텀(Dual Momentum) 전략

듀얼 모멘텀 전략은 게리 안토나치(Gary Antonacci)가 주식과 채권을 이용한 'Global Equities Momentum(GEM)'의 성과를 발표하면서 알려졌다. 그는 주식시장이 채권 대비 강세를 보이면 미국 또는 해외 주식을 편입하고, 주식시장이 채권 대비 약세를 보이면 채권을 편입하는 전략을 사용했다. 이를 의사결정 트리로 표현하면 〈그림 3-12〉와 같다.

〈그림 3-12〉 GEM의 구조

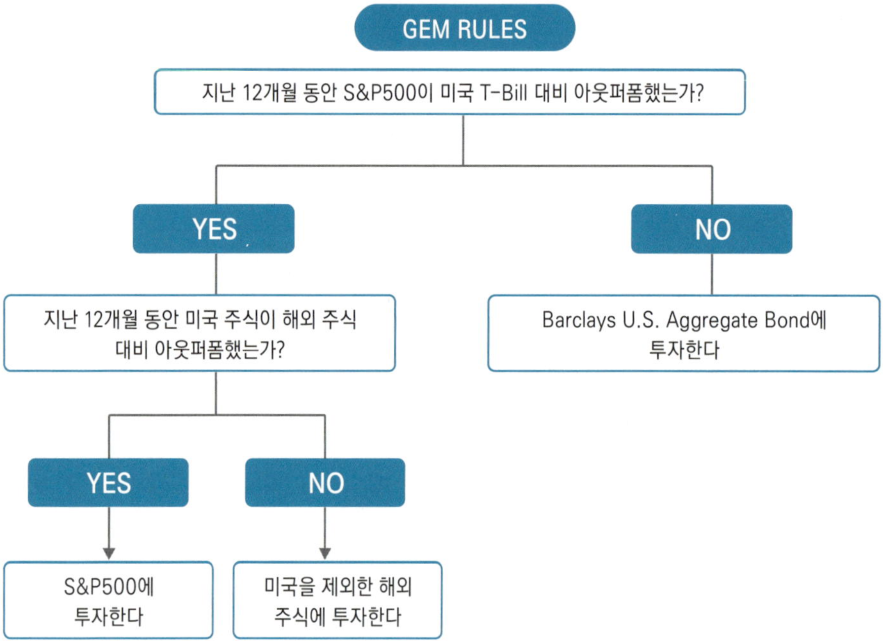

출처: Gary Antonacci

이와 같은 규칙을 사용하여 1950년부터 2018년까지의 구간을 대상으로 GEM 성과를 분석했다. 결과는 〈표 3-3〉과 같다.

〈표 3-3〉 글로벌 자산배분 벤치마크(GAA)와 GEM 성과 비교

	Jan 1950-Sep 2018		Jan 1950-Dec 1979		Jan 1980-Sep 2018	
	GEM	GAA	GEM	GAA	GEM	GAA
CAGR	15.8	10.0	13.9	9.6	17.3	10.3
Annual Std Dev	11.5	9.8	10.2	8.3	12.4	10.9
Skewness	-0.09	-0.54	0.30	-0.24	-0.29	-0.63
Sharpe Ratio	0.96	0.57	0.72	0.39	1.03	0.58
Worst Drawdown	-17.8	-41.2	-15.8	-29.3	-17.8	-41.2
Worst 6 Months	-15.7	-33.0	-15.7	-21.0	-15.0	-33.0
Worst 12 Months	-17.8	-35.7	-13.3	-28.1	-17.8	-35.7
% of Profit Months	69	67	67	68	72	63

주: GAA(미국 주식 45%, 해외 주식 28%, 5년 채권 27%)
출처: Gary Antonacci

〈표 3-3〉에서 보듯이 GEM 전략은 1950~2018년 구간에서 연간 15.8%의 수익률을 기록했고, 1980~2018년 구간에서는 17.3%로 각각 벤치마크 수익률인 10.0%와 10.3%를 크게 넘어섰음을 알 수 있다.

국내 투자금융 업계에서도 동 전략을 이용한 많은 금융상품이 출시되어 있다. 키움증권에서는 2002년에서 2018년까지 동 전략을 사용하여 시뮬레이션을 실시한 결과, 16년간 연평균 29.27%의 수익률로 같은 기간 KOSPI200 대비 5배에 가까운 실적을 올렸다는 보고서를 발표한 바 있다.

4. 파마-프렌치(Fama-French)의 3-factor 모델

앞에서 언급한 CAPM은 시장 수익률이 팩터인 1-factor 모델이다. CAPM이 정확한 기대수익률을 제공하지 못했기 때문에 멀티 팩터 모델이 태어났다. 1-factor 모델인 CAPM에서는 분산투자로 제거가 불가능한 시장 리스크만 리스크 프리미엄을 얻을 수 있는 데 반해, 멀티팩터 모델에서는 시장 리스크 외에도 분산투자로 제거할 수 없는, 즉 프리미엄을 얻을 수 있는 또 다른 팩터(체계적 위험)가 있다고 전제한 것이다.

멀티팩터 모델에서의 팩터는 상황에 따라 따를 수 있는데 파마(Eugene Fama)와 프렌치(Kenneth French)의 3-factor 모델이 가장 유명하다. 이들은 1992년에 “The Cross-Section of Expected Stock Returns”에서 팩터 모델을 발표했다.

파마-프렌치의 팩터 모델 산식은 다음과 같다.

$$R_{i,t} = \alpha_i + \beta_i^M R_{M,t} + \beta_i^{SMB} SMB_t + \beta_i^{HML} HML_t + \epsilon_{i,t}$$

$R_{i,t}$: 무위험자산 대비 개별 주식의 초과수익률

β_i: 시장, size, value에 대한 민감도

α_i: FF3 대비 초과수익률

R_m: 무위험자산 대비 초과수익률(시장 리스크 프리미엄)

SMB: 대형주 대비 소형주 초과수익률(size 프리미엄)

HML: 성장주 대비 가치주 프리미엄(value 프리미엄)

즉, 파마-프렌치의 팩터 모델은 시장, 크기(size), 가치(value) 등 세 가지 팩터를 고려한 것이다. 이 모델은 현업에서 점점 더 받아들여지고 있다. 3-factor 모델에서는 마켓리턴 외에 소형주 팩터인 SMB(Small Minus Big)와 가치주 팩터인 HML(High Minus Low)을 추가했다. 결국 ‘market risk, size risk, value risk’를 고려한다고 생각할 수 있다.

예를 들어, ‘α_i=0.004, β^m=0.6, β^{msb}=0.3, β^{HML}=-0.2’ 모델인 포트폴리오를 구성한다고 가정해보자. 먼저 ‘α_i=0.004’는 FF3 대비 0.4%의 초과수익률을 기대한다는 의미다. ‘β^m=0.6’은 전체 종합지수 대비 60%의 비율로 포트폴리오를 구성한다는 뜻이며, ‘β^{msb}=0.3’은 SMB에 대해 플러스값을 갖기 때문에 소형주 위주의 포트폴리오라고 이해할 수 있다. ‘β^{HML}=-0.2’는 HML에 대해 마이너스값을 갖기 때문에 성장주 위주의 포트폴리오를 구성하는 것으로 해석하면

된다. 종합적으로는 시장 수익률을 바탕으로 소형주 가운데 성장주 중심의 포트폴리오를 구성한다고 해석할 수 있다.

파마-프렌치 이후 1997년에 마크 카허트(Mark Carhart)가 모멘텀이라는 팩터를 더해 FF3 모델을 보완했다. 이를 산식으로 표현하면 다음과 같다.

$$R_{i,t} = \alpha_i + \beta_i^M R_{M,t} + \beta_i^{SMB} SMB_t + \beta_i^{HML} HML_t + \beta_i^{MOM} MOM_t + \epsilon_{i,t}$$

5. 적응적 시장 가설

1) 적응적 시장 가설(Adaptive Markets Hypothesis, AMH)의 개념

필자가 IMF이후에 투자전략을 담당하던 시절에, 매일매일 주가를 정확히 예측했던 구간이 있었다. 그런데 2000년대 들어서 필자가 과거에 예측했던 분석 툴을 기준으로 시장 전망 및 투자전략에 관한 보고서를 발간하는데, 묘하게 조금씩 틀리기 시작한 것이다.

당시에는 왜 이러한 부정확한 결과가 나왔는지를 전혀 알지 못했다.

이에 대한 의문점은 한참 세월이 지나 2010년대에 들어서야 알 수 있었다. 어쩌면 너무나 당연한 얘기인지도 모르겠지만, 시장의 환경이 변했기 때문에 과거의 분석 툴이 맞지 않았단 것이다.

쉽게 말해서, 시장은 모든 참여자들의 심리가 행동으로 반영되어, 가격이 형성되고 추세가 형성되는 것이다. 그런데 문제는 시장이 한 번의 사이클을 거치면서 시장의 주류를 이루었던 시장 참여자들이 도태되고, 새로운 참여자들이 시장을 주도하게 된다는 것이다. 예를 들어, 90년대 말에는 기술주 버블이 형성되면서, 이를 주도했던 불특정 시장 참여자들이 버블 붕괴와 함께 시장을 떠나게 되었고, 새로운 시장 참여자들이 시장을 주도하게 된 것이다. 물론 시장 패러다임도 바뀌게 된다. 새로운 시장 참여자들이 진입했기 때문에, 당연히 이들의 심리도 이 전 국면인 시장 주도 참여자들과는 다르게 된다. 그런데 새로운 참여자들의 심리가 시장에 반영되는 과정에서는 과거의 논리들과 치열하게 다투기 때문에, 혼돈 국면이 발생한다.

이러한 과정에서 새로운 주체들이 시장을 주도하고 이끌게 되면 이들의 심리가 시장의 새로운 지표가 되는 것이고, 당연히 과거의 분석 툴들은 부정확하게 된다. 물론 일시적으로 맞는 국면도 있을 것이다.

매번 주식 사이클마다 주도주가 바뀌는 것이 이러한 예라 할 수 있다. 아래 그래프와 같이 국내 주식시장 주도주 변천 과정을 보면 쉽게 이해할 수 있을 것이다.

〈그림 3-13〉 한국 주식시장 주도주 변천

출처: 템피스투자자문

결국 주도주 또는 시장국면을 이해하지 못하고 적응하는데 실패하면 투자자들이 기대하는 수익률은 달성되지 않을 것이다. 필자가 시장 판단에 실패했던 요인이기도 하다.

자산배분이론도 마찬가지이다. 평균-분산 포트폴리오 이론(mean-variance portfolio theory)이나 효율적 시장 가설(EMH) 같은 전통적인 투자 이론과 바이앤홀드(buy&hold) 또는 벤치마크 중심의 투자와 같은 투자 기법들은 투자자들이 재정 목표를 달성하는 데 도움이 되지 않은 것으로 판명됐다. 시장 참가자들은 이제 광범위한 이론적 틀에 의문을 제기하고 더 나은 투자 결정을 내릴 수 있는 대안을 찾고 있다.

이와 같은 대안으로 MIT 경영대학원 교수인 앤드루 로(Andrew Lo)는 진화론적 개념을 도입하여 적응형 시장 가설(Adaptive Markets Hypothesis, AMH)(2004, 2005, 2012년)을 제안했다. 그에 따르면 개인들은 최적의 선택을 하기 위해 분석적 방법이 아니라 시행착오(trial and error)와 자연선택(natural selection)에 의존한다고 한다.

개인들은 저마다의 과거 경험과 자신들이 생각하기에 최적으로 보이는 최선의 추측(best guess)에 기반하여 의사결정을 하게 되며, 그 결과에 대한 긍정적·부정적 강화(reinforcement)를 통해 자신들의 선택을 수정할지 지속할지 학습하는 경험적(heuristic) 접근방법을 택한다는 것이다. 이런 과정에서 행태적 편향(behavioral biases)이 발생하기도 하지만 이를 비합리적(irrational)이라기보다 준최적화(sub-optimal) 또는 진화적 개념의 일종인 부적응적(maladaptive) 행태로 보며, 비합리적 사고의 하나인 공포와 탐욕(fear and greed)도 진화의 산물로서 생존 가능성을 높이려는 적응적 특징이라고 한다.

이 가설은 투자에 관한 시장 효율성과 동적(dynamic) 및 적응형 투자 전략(adaptive investing)이 한 단계 진화할 수 있게 해주었다. 그리고 이는 지속적으로 변화하는 금융시장에서 투자자들에게 도움을 줄 것이다.

이런 접근방법은 매우 단순하다. 즉, 위험추구(risk-on) 환경에서 투자자들은 포트폴리오를 주식·상품·부동산·고수익 채권과 같은 위험자산에 배분하고, 위험회피(risk-off) 환경에서는 포트폴리오를 국채와 현금 같은 안전자산으로 이동한다. 시장 제도와 환경을 정의하고 추정하는 많은 방법이 있지만, 이런 유형의 전략은 끊임없이 변화하는 시장 상황에 맞게 포트폴리오를 조정하여 일관된 수익을 제공하는 것을 목표로 한다. 적응형 접근법은 기존의 적극적 투자 프레임워크에 따라 시장 국면과 조건을 식별하고, 그에 따라 투자 전략을 조정하는 데 더 초점을 맞춘다.

AMH 접근법은 시장 상황과 무관하게 일관된 수익을 제공하는 것을 목표로 하지만, 시장 베타를 통해 수익을 창출한다는 점에서 절대 수익 전략과는 다르다. 또한 기존의 베타 투자와도 다르다. 왜냐하면 특정한 벤치마크를 따르지 않기 때문이다.

적응형 투자는 전술자산배분(TAA)이나 글로벌 매크로 전략의 느낌을 준다. TAA는 일반적으로 전략적 목표와 관련하여 특정 자산군의 비중을 축소 또는 확대한다. TAA 운용역들은 일반적으로 주로 수익률 예측에 근거하여 전술적인 결정을 내리는데, 적응형 투자 접근법에서는 수익률을 예측할 필요가 없다. 글로벌 매크로 전략은 일반적으로 운용역의 견해를 표현하기 위해 공매도와 레버리지를 사용한다. 적응형 투자 접근은 매수중심(Long-Only) 전략이다. 또한 최근 몇 년간 급속히 발전한 ETF는 저비용과 높은 유동성으로 인해 적응형 투자 전략의 구현에 이상적인 수단이 됐다.

2) 현대 포트폴리오 이론의 한계

2008년 금융위기의 여파로 현대 포트폴리오 이론과 효율적 시장 가설은 시장 행동을 설명하는 데 미흡한 것으로 나타났다. 앤드루 로(2004)가 지적했듯이 현대 포트폴리오 이론의 가정은 대부분 현실 세계의 근사치에 불과하다. 이런 가정에는 다음과 같은 내용이 포함된다.

- 모든 금융자산에 대해 긍정적인 위험/수익률 트레이드오프가 선형적으로 존재한다.
- 위험/수익률 관계는 시간에 따라 변화가 없다.
- 예상 수익률, 예상 표준편차 및 상관관계, CAPM 베타와 같은 매개변수들을 정확하게 추정할 수 있다.

- 수익률 분포는 변하지 않고 정적이며, 정확하게 추정할 수 있다.
- 시장 참여자들은 합리적이다.
- 시장은 효율적이다.

이런 가정은 장기적으로 좋은 근사치가 될 수 있지만, 대부분의 가정은 5~20년 정도와 같은 투자자의 합리적인 투자시계(time horizon) 내에서는 거의 적합하지 않다. 더 짧은 투자시계에서는 모든 매개변수가 매우 불안정하다. 게다가 1950년대와 1970년대 사이에 현대 포트폴리오 이론과 효율적 시장가설이 개발됐을 때, 경험적 연구 대부분은 미국의 주식과 채권에 관한 것이었다. 현재는 자산군과 지리적 영역이 확대되면서 이런 가정들이 더욱 문제가 되는 것으로 보인다.

(1) 해외 주식과 다른 자산군을 편입할 경우 기존의 위험/수익률 관계는 무너진다

1950년대에 해리 마코위츠가 현대 포트폴리오 이론을 창시한 후, 많은 금융경제학자와 실무자들은 미국 주식시장과 채권시장의 자료를 가지고 그 이론을 경험적으로 시험해왔다. 그러나 지난 수십 년 동안 투자자들이 더욱 정교해지고 경제가 세계화됨에 따라 투자자의 자산배분 모델에 편입되는 자산군이 다양해지고 지리적으로도 확산됐다. 주식과 채권만을 고려할 때 대체로 적합했던 전통적인 위험/수익률 간의 선형 관계는 더 많은 자산군이 편입될 경우 무너진다.

〈그림 3-14〉 다섯 가지 자산군의 위험/수익률 관계(1970.1~2013.9)

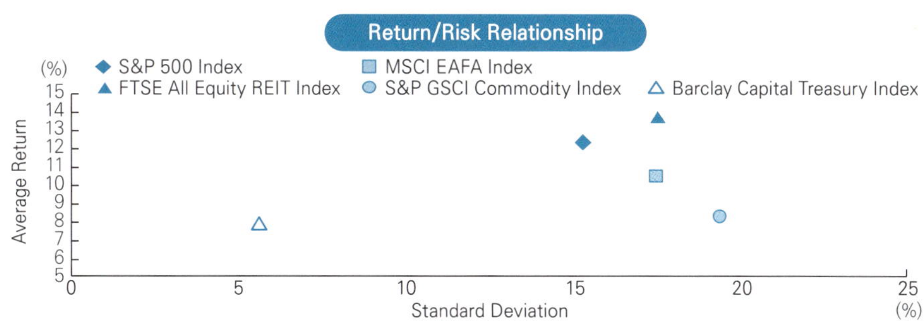

출처: Bloomberg

〈그림 3-14〉에서 보듯이, 해외 주식과 상품(commodity)은 변동성이 높을수록 수익률이 낮아지는 모습을 나타내 자산배분가들을 어렵게 만든다. 평균-분산과 효율적 시장선에서는 이들 자산군이 반영되지 않는다.

(2) 평균 수익률은 결코 고정된 값이 아니다

현대의 포트폴리오 이론을 적용하기 위해서, 실무자들은 기대수익률을 추정할 필요가 있다. 일반적인 관행은 과거 평균을 출발점으로 사용한 다음 계량모델이나 정성적 판단을 통해 조정하는 것이다. 하지만 평균 수익률 추정치는 매우 불안정해서 기대수익률의 추정은 항상 불만족스러운 결과를 가져왔다.

〈그림 3-15〉는 5년, 10년, 20년 구간에 대한 S&P500지수 연평균 수익률을 표시한 것이다. 5년 투자 구간의 경우 평균 수익률은 연간 -20%에서 +30% 사이, 10년 투자 구간은 -10%에서 +15% 사이, 20년 투자 구간은 -4%에서 +14%의 범위를 보인다. 투자시계가 확대될수록 평균 수익률은 더욱 명확해지지만 변동폭은 상당하다.

〈그림 3-15〉 S&P500지수 평균 수익률(1928.1~2012.12)

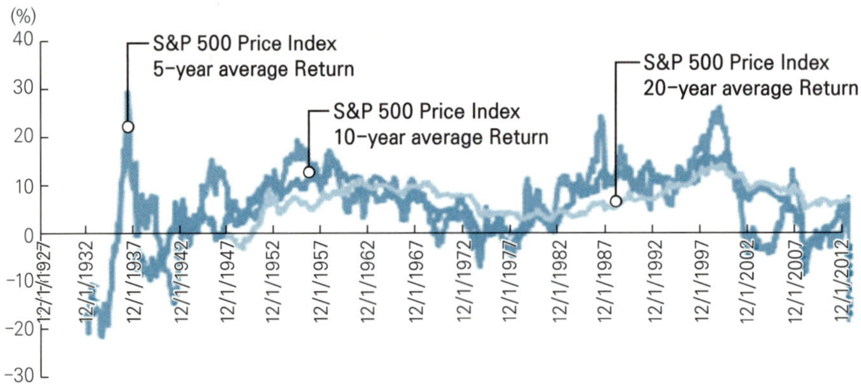

출처: Bloomberg

(3) 변동성과 표준편차는 지속적으로 변한다

현대 포트폴리오 이론하의 다른 가정은 자산수익률 분포가 변하지 않는다는 것이다. 실제로 평균 수익률, 표준편차, 두 번째 표준편차도 시간이 지남에 따라 안정적이지 않다. 〈그림 3-16〉은 S&P500지수 연간 12개월 표준편차를 표시한 것이다. 변동성 수준은 최고 75%에서 최저 5%까지 다양하다. 표준편차와 변동성이 광범위하기 때문에 어떤 시장 참여자도 추정치에 대해 확신을 갖기 어렵다.

〈그림 3-16〉 S&P500지수에 대한 12개월 표준편차(1928.1~2013.9)

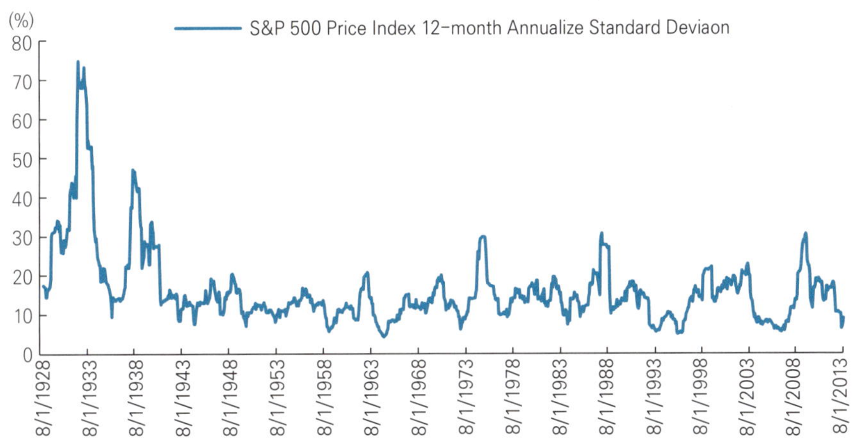

출처: Bloomberg

(4) 2000년대 진입해서 상관관계가 불안정해졌다

포트폴리오 구성에서 중요한 또 한 가지 투입변수는 상관관계다. 이는 시간이 지남에 따라 고정적이고 안정적이라고 가정한다. 〈그림 3-17〉은 S&P500지수 및 MSCI EAFE지수 간의 12개월 상관관계를 보여준다. 상관관계는 -0.2에서 0.94까지로 시간이 지남에 따라 거의 안정적이지 않다. 신 밀레니엄 시대와 1971년 1월부터 1999년 12월 구간에서의 평균 상관관계는 각각 0.83, 0.42였다. 경제통합과 세계화의 추세를 반영한 것인지도 모른다.

요약하자면, 비록 현대 포트폴리오 이론이 장기적으로 시장 현실을 가장 유사하게 반영한 것일 수 있지만, 평균-분산 효율선 또는 포트폴리오 최적화의 모든 매개변수를 정확하게 추정하기는 어렵다는 것이다.

〈그림 3-17〉 S&P500지수와 MSCI EFEA지수 간의 상관관계(1970.1~2013.9)

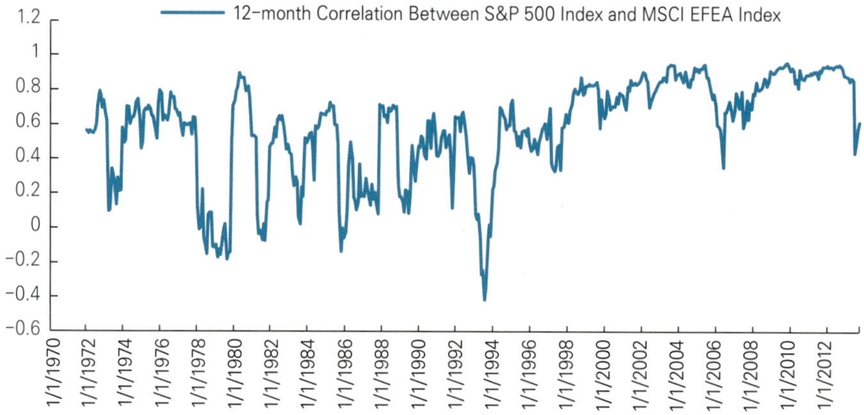

출처: Bloomberg

과거 평균을 기준으로 한 과거 성과는 전략적 자산배분에 만족스러운 결과를 제공하지 못할 것이다.

6. 적응적 시장 가설을 적용한 자산배분 방법

앤드루 로 교수는 AMH는 EMH와는 다른 의미가 있다고 주장했다. 그의 주장을 정리하면 다음과 같다.

- 위험과 수익률 간의 관계는 존재할 수 있지만, 시간이 지남에 따라 안정성은 낮아질 것이다.
- 시장 효율성은 양자택일을 하는 것이 아니라 연속적인 선택을 하는 것이다. 결과적으로, 재정 거래의 기회가 있다.
- 계량적이고 펀더멘털적이며 기술적 분석에 기반한 방법을 포함한 투자 전략은 어떤 환경에서는 효과적이지만 어떤 환경에서는 제대로 작동

하지 않을 것이다. 따라서 투자 정책은 시장 상황 변화를 염두에 두고 구체화되어야 하며, 그에 맞게 조정되어야 한다.

- 위험을 감수하는 일차적인 목표는 '생존'이다. 즉, 이익 및 효용 극대화는 부차적인 것이다. 생존의 열쇠는 적응이다. 위험/수익률 관련성은 다양하기 때문에, 일관된 투자수익률을 달성하는 더 좋은 방법은 변화하는 시장 환경에 적응하는 것이다.

AMH가 시사하는 가장 중요한 의미는 장기적인 성공을 목표로 하는 투자 전략은 상황 적응적이어야 한다는 것이다. 이제 경제 환경, 시장 수익률 또는 시장 변동성에 적응할 수 있는 능력을 갖춘 투자 전략을 개발하기 위한 세 가지 방법을 소개한다.

1) 국면 적응적 접근방법(Adaptive Regime Approach)

많은 이코노미스트가 경기 사이클이나 경제 성장 국면을 식별하기 위해 다양하고 정교한 모델을 개발하고 있다. 그러나 본고에서는 단순하면서도 인기 있는 지표인 주간 경기선행지수(Weekly Leading Index, WLI)를 사용하기로 한다.

WLI는 ECRI(Economic Cycle Research Insitute)가 발표하는 지표로 경기 국면을 식별하는 데 도움이 된다. ECRI는 매주 WLI와 WLI Growth를 발표한다.

주식시장은 WLI growth와 긍정적인 상관관계가 있는 것으로 보인다. 긍정적인 WLI growth는 경기 확장기와 강세장을 의미하고, 부정적인 WLI growth는 경기 침체 국면 약세 시장을 나타낸다. 따라서 여기서의 국면 적응적 접근방식은 다음과 같은 간단한 규칙을 따른다.

① WLI growth 〉 0이면, S&P500인덱스에 투자하고, ② 그렇지 않은 경우에는 Barclay Capital US Aggregate Bond Index에 투자한다.

〈표 3-4〉는 이를 적용한 포트폴리오 성과를 요약한 것이다. 매월 리밸런싱을 실시하며, 연구 목적이므로 거래비용은 무시한다.

〈표 3-4〉 국면 적응적 접근방법을 이용한 운용 결과 요약

Performance Metrics	Adaptive Regime Approach	S&P 500 Index
Average Monthly Return	0.9%	0.9%
Monthly Standard Deviation	3.4%	4.5%
Annualized Return	11.0%	11.0%
Annualized Standard Deviation	11.7%	15.5%
Sharpe Ratio (risk-free rate=5%)	0.51	0.38
Maximum Drawdown	-23.3%	-50.9%
Years to Recover	2.1	4.6

출처: Julex Capital Management, LLC

국면 적응형 접근방식과 S&P500지수에 대한 buy&hold 전략을 비교해보면 손실률(drawdown)이 51%에서 23%로 크게 감소한 것으로 나타났다. 또한 샤프비율로 측정한 위험조정수익률도 0.38에서 0.51로 개선됐다.

2) 수익률 적응적 접근방법(Adaptive Return Approach)

또 다른 적응적 접근법은 시장 수익률을 이용하는 것이다. 과거 수익률이 가장 좋은 유가증권을 매수하고 과거 수익률이 가장 낮은 유가증권을 매도하는 모멘텀 전략도 이 접근방법의 한 가지 유형이라고 할 수 있다.

모멘텀 전략은 EMH와는 다르게 적응형 시장 가설과 행동 금융 이론에서 쉽게 설명할 수 있다. 인간은 보통 상황이 바뀌기 시작할 때는 적응하는 속도가 느리다. 점점 더 많은 사람이 변화에 적응함에 따라, 나중에는 그 변화에 지나치게 반응하는 경향이 있다. 이런 적응 프로세스가 장기 추세를 만들어내므로 모멘텀 전략이 활용될 수 있다.

추세추종 전략은 또 다른 수익률 적응적 접근법의 사례라고 할 수 있다. 추세추종 전략은 가격 움직임에 대한 기술적 분석에 기초한 투자 전략이다. 추세추

종 전략을 사용하는 투자자들은 시간이 지남에 따라 가격이 상승 또는 하락하는 경향이 있고, 이런 추세는 당분간 지속된다고 믿는다. 그들은 현재의 방향을 관찰함으로써 이런 추세를 이용하려 하고, 이에 따라 매수·매도 전략을 사용할 것인지 그리고 언제 실시한 것인지를 결정하는 데 사용한다.

트레이딩 신호를 만들기 위해 시장의 전반적인 방향성을 결정하는 데 사용될 수 있는 다양한 기법이 있다. 이동평균선과 채널 돌파 기법이 이에 해당한다. 이런 전략을 사용하는 트레이더들은 구체적인 가격 수준을 예측하는 것을 목표로 하지 않는다. 즉, 그들은 단지 추세를 따르고 이를 이용한다.

수익률 적응적 전략을 활용하는 두 가지 사례를 소개하겠다.

(1) 추세추종 전략

본 전략에서는 9개월 이동평균선을 사용했다. S&P500인덱스가 9MMD를 넘으면 S&P500인덱스에 투자하고, 그렇지 않은 경우에는 Barclay Capital US Aggregate Bond Index에 투자한다.

이를 적용해본 결과 S&P500보다 1.8% 아웃퍼폼한 것으로 나타났다. 손실률을 51%에서 23%로 줄일 수 있었으며, 샤프비율은 0.38에서 0.65로 개선됐다.

〈표 3-5〉 국면 적응적 접근방법을 이용한 운용 결과 요약(1970.1~2013.9)

Performance Metrics	Trend Following	S&P 500 Index
Average Monthly Return	1.1%	0.9%
Monthly Standard Deviation	3.5%	4.5%
Annualized Return	12.8%	11.0%
Annualized Standard Deviation	12.0%	15.5%
Sharpe Ratio (risk-free rate=5%)	0.65	0.38
Maximum Drawdown	-23.3%	-50.9%
Years to Recover	1.8	4.6

출처: Julex Capital Management, LLC

(2) 모멘텀 전략

모멘텀은 일반적으로 주어진 투자 기간 내의 성과로 정의된다. 모멘텀 계산의 기준이 되는 최적의 투자 기간을 선정하는 이론이 존재하지 않기 때문에, 중기 추세를 식별하기 위해 3개월 과거 수익률을 사용하기로 했다. 동일 비중 포트폴리오를 만들기 위해 가장 강력한 모멘텀을 가진 4개의 자산을 선정했다. 포트폴리오는 〈표 3-6〉에서 제시한 14개 자산군 가운데 4개를 선택한다. 테이블에 있는 모든 자산을 대용하는 ETF를 사용했다.

〈표 3-6〉 투자 대상 유니버스

Asset ID	Category	Index	ETF
1	US Large Cap	S&P 500 Index	SPY
2	US Small Cap	Russell 2000 Index	IWM
3	International	MSCI EAFE Index	EFA
4	Emerging Markets	MSCI EM Index	EEM
5	US REITs	MSCI US REIT Index	VNQ
6	Infrastructure	Alerian MLP Index	MLPI
7	Gold	Gold	GLD
8	Commodity	SPGC Commodity Index	GSG
9	High Yield	Barclays Capital High Yield Index	JNK
10	US Bond	Barclays Capital US Aggregate Bond	AGG
11	Inflation	Barclays Capital TIPS Index	TIP
12	Medium Term Treasuries	Barclays Capital Treasury	IEF
13	Long Term Treasuries	Barclays Capital Long Term Treasury	TLT
14	T-bill		

출처: Julex Capital Management, LLC

〈표 3-7〉은 모멘텀 전략의 성과를 요약한 것이다. 연평균 수익률은 3.3% 아웃퍼폼했으며, 손실률은 -51%에서 -21%로 개선됐고, 샤프비율도 0.38에서 0.91로 현저히 좋아졌다.

〈표 3-7〉 수익률 적응적 접근방법을 이용한 운용 결과 요약(1970.1~2013.9)

Performance Metrics	Momentum	S&P 500 Index
Average Monthly Return	1.3%	0.9%
Monthly Standard Deviation	3.3%	4.5%
Annualized Return	15.4%	11.0%
Annualized Standard Deviation	11.4%	15.5%
Sharpe Ratio (risk-free rate=5%)	0.91	0.38
Maximum Drawdown	-21.1%	-50.9%
Years to Recover	1.4	4.6

출처: Julex Capital Management, LLC

〈그림 3-18〉은 1970년에 100달러를 투자한 이후의 누적 성과를 표시한 것이다. 모멘텀 전략은 S&P500지수와 60:40 포트폴리오(S&P500 & Barclays Aggregate) 모두에 비해 낮은 변동성과 손실률을 기록하며 아웃퍼폼했음이 명백하다.

〈그림 3-18〉 모멘텀 전략의 누적 성과 추이

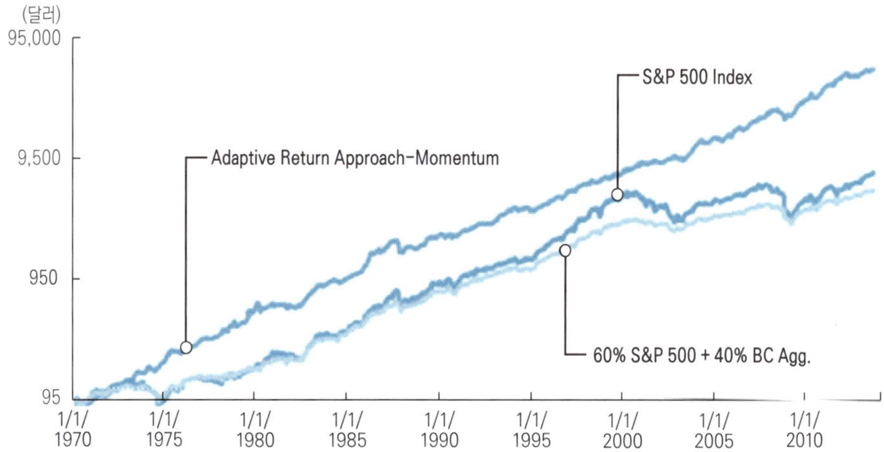

출처: Julex Capital Management, LLC

3) 리스크 적응적 접근방법(Adaptive Risk Approach)

경제 환경 또는 시장 수익률에 적응하는 것 외에 동 전략은 변화하는 시장 변동성에도 적용할 수 있다. 이와 관련해서 리스크 패리티(risk parity), 변동성 가중(volatility-weighted), 리스크 타기팅(risk-targeting)과 같은 포트폴리오 구성 방법 가운데 일부를 리스크 적응적 접근방법에 적용할 것이다. 실질적으로, 변동성과 상관관계는 가장 최근 데이터를 기준으로 추정한다. 이런 과정은 포트폴리오를 변화하는 리스크 환경에 적응하도록 한다. 상기에 언급된 방법론들은 변동성이 증가하는 구간에서 비중을 줄여 자동으로 리스크를 낮추고 손실률을 제한할 수 있다.

(1) 리스크 패리티(Risk-Parity) 포트폴리오

리스크 패리티는 자본배분보다는 일반적으로 변동성으로 정의되는 리스크 배분에 초점을 맞춘 포트폴리오 구성 방법이다. 동 접근방법은 자산배분을 동일한 리스크 수준에 적용할 때 더 높은 샤프비율을 얻을 수 있고, 전통적인 포트폴리오보다는 시장 하락에 대한 방어 능력이 크다. 동 접근방법에 대한 관심은 2007~2009년 글로벌 금융위기 당시에 점증했다. 왜냐하면 동 전략이 많은 헤지펀드뿐만 아니라 전통적인 방법으로 구성된 포트폴리오보다도 더 효과적이었기 때문이다.

(2) 변동성 가중 포트폴리오(Volatility-Weightd Portfolio)

변동성 가중 포트폴리오는 변동성(표준편차로 계산) 역순으로 비중을 부여하는 방식이다. 동 방법은 리스크 패러티 방법의 특별한 형태로, 보다 분산되고 균형된 포트폴리오를 구성하는 것을 목표로 한다. 상관관계가 동일한 특별한 조건하에, 각각의 포지션은 변동성 가중 포트폴리오에 동일한 리스크를 부여한다. 이런 방법은 수십 년 동안 선물 포지션으로 구성된 포트폴리오를 이용하는 CTA(Commodity Trading Advisors)들이 널리 사용해왔다.

산식은 다음과 같다. 가중치가 'W = {w1, w2, ⋯ wi, ⋯ wN}'인 N개의 자산으로 구성된 포트폴리오가 있다고 가정해보자. i번째 자산의 가중치는 다음과 같이 표시할 수 있다.

$$w_i = \frac{1/\sigma_i}{\sum_1^N 1/\sigma_i}$$

여기서 σi는 i번째 자산의 표준편차다.

〈표 3-8〉은 동일 가중 방식의 포트폴리오 대비 리스크 패리티와 변동성 가중 방식 포트폴리오 간의 성과 통계를 비교한 것이다. 분석에 사용된 14개 자산군은 상기의 〈표 3-6〉에 표시되어 있고, 표준편차와 상관관계는 12개월 데이터로 계산했다. 모든 포트폴리오에는 레버리지 사용을 배제했다.

〈표 3-8〉 리스크 적응 접근방법의 성과 관련 통계

Performance Metrics	Vol-Weighted	Risk Parity	Equal Weight
Average Monthly Return	0.8%	0.8%	0.9%
Monthly Standard Deviation	1.8%	1.8%	2.4%
Annualized Return	9.6%	9.2%	10.7%
Annualized Standard Deviation	6.3%	6.2%	8.4%
Sharpe Ratio (risk-free rate=5%)	0.73	0.68	0.68
Maximum Drawdown	-15.1%	-14.1%	-31.4%
Years to Recover	1.6	1.5	2.9

출처: Julex Capital Management, LLC

상기의 분석을 통해 다음과 같은 두 가지 흥미로운 점을 발견했다.

① 전체적인 성과 측면에서는 리스크 패리티 방식과 변동성 가중 방식 간에 별다른 차이점을 발견하지 못했다. 이는 그리 놀랍지 않은 사실이다. 왜냐하면 변동성은 상관관계보다는 포트폴리오 포지션을 결정하는 데 더 큰 역할을 하기 때문이다.

② 변동성 가중 방식 포트폴리오의 위험조정수익률은 동일 가중 방식보다 성과가 좋다. 더욱 중요한 것은, 변동성 가중 방식과 리스크 패리티 방식의 포트폴리오 손실 규모가 훨씬 더 적다는 점이다. 이것 역시 놀랍지 않은 사실이다. 왜냐하면 리스크 패리티와 변동성 가중 방식하에서는 채권 비중이 훨씬 높기 때문이다.

4) 통합 접근방법(Integrated Approach)

지금까지 동적(dynamic)이면서 적응형 투자 전략(adaptive investment strategies)을 구축하기 위해 세 가지 가능한 전략에 대해 논의했다. 이들 세 가지 접근방법 모두는 위험 조정수익률을 개선시킬 가능성을 보여주었다. 이제 세 가지 전략 모두를 통합하는 통합 접근방법(holistic approach)을 소개할 것이다. 이는 더 우월한 투자 결과를 낳을 수 있다.

통합 전략은 다음과 같은 3단계를 거치게 된다.

① 1단계: '국면 적응적 접근방법'을 사용한 경제 및 시장 환경을 기준으로 경제·시장·리스크 국면을 판별한다.
② 2단계: 모멘텀과 같은 '수익률 적응적 접근방법'을 이용한 1단계에서 확인된 경기 사이클 국면에 적합한 최고의 자산을 선정한다.
③ 3단계: 2단계에서 선정된 자산들을 중심으로, 리스크 패리티와 같은 '리스크 적응적 접근방법'을 이용하여 포트폴리오를 구성한다.

다음 〈표 3-9〉는 통합 접근법을 사용한 데 따른 성과 통계를 요약한 것이다. 전체적인 성과는 모멘텀 전략과 국면 기반 전략을 단독으로 사용한 것보다 훨씬 더 개선됐다.

〈표 3-9〉 리스크 적응 접근방법의 성과 관련 통계

Performance Metrics	Integrated Approach	S&P 500 Index
Average Monthly Return	1.4%	1.0%
Monthly Standard Deviation	3.3%	4.4%
Annualized Return	16.7%	12.5%
Annualized Standard Deviation	11.3%	15.3%
Sharpe Ratio (risk-free rate=5%)	1.04	0.49
Maximum Drawdown	-18.2%	-50.9%
Years to Recover	1.1	4.1

출처: Julex Capital Management, LLC

〈그림 3-19〉는 시간에 따른 누적 수익률을 표시한 것이다. 통합 전략은 S&P500보다 변동성과 손실률이 훨씬 더 낮다. 그리고 수익률은 더 높은 것으로 나타났다.

〈그림 3-19〉 통합 접근방법에 따른 누적 성과 추이(1975.1~2013.9)

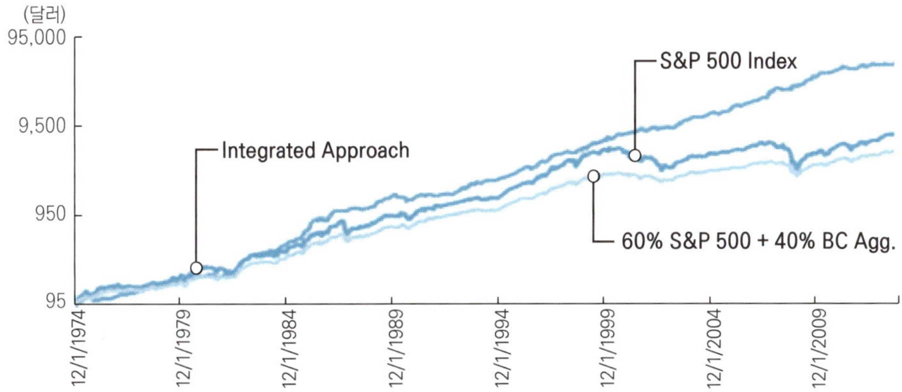

출처: Julex Capital Management, LLC

적응적 투자 전략은 어떤 시장 환경에서도 지속적인 수익률을 창출하기 때문에 자산배분 관점에서 위험/수익률 간의 특성을 보여주는 대안 전략으로서 가치가 있다.

〈그림 3-20〉에는 적응적 투자 전략 수익률과 S&P500지수 간의 12개월 상관관계를 표시했다. 전체적인 상관관계는 0.39이지만, 상관관계 범위는 시간에 따라 -0.41에서 0.95까지 다양하게 나타났다. 특히 시장이 하락하는 구간에서 마이너스 상관관계를 유지하는 자산배분을 실시하려고 할 때 매우 유용한 수단이다.

〈그림 3-20〉 수익률 적응적 접근방법과 S&P500지수 간의 상관관계(1976.1~2013.9)

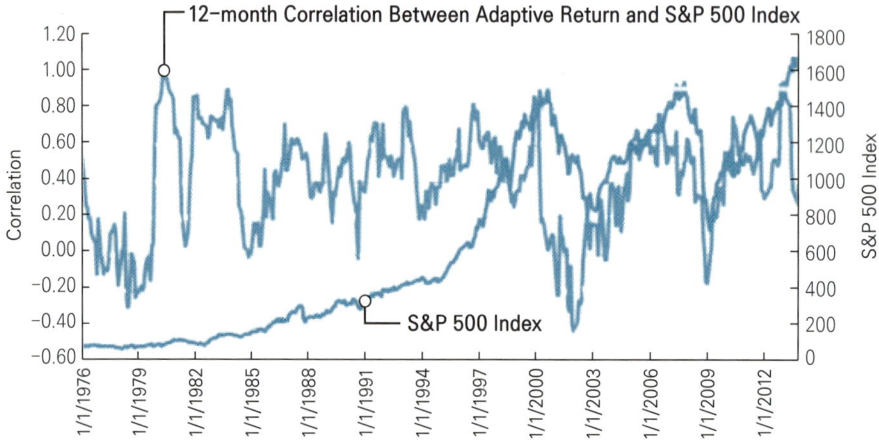

출처: Julex Capital Management, LLC

〈그림 3-21〉 수익률 적응적 접근방법의 효율적 프론티어

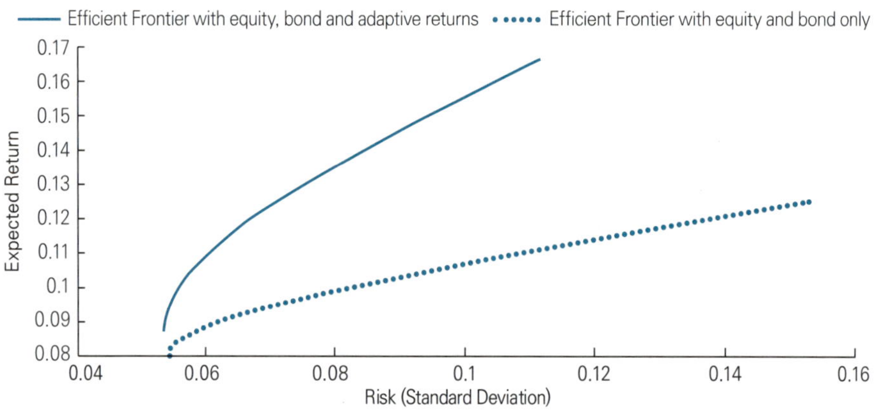

출처: Julex Capital Management, LLC

〈그림 3-21〉에서 보듯이 주식과 채권만으로 구성된 전통적인 자산배분 구성에 적응적 투자 전략을 추가하면, 효율적 프론티어가 현저히 개선됨을 알 수 있다. 따라서 적응적 투자 전략은 핵심 포트폴리오 또는 위성 포트폴리오, 리스크 분산 등 어느 곳에서나 매우 중요한 역할을 할 수 있다.

3절 투자 환경의 변화

자산배분 이론 및 전략들이 이론상의 한계점을 안고 있기는 하지만, 그나마도 지금까지는 거액 자산가의 자산관리에 주로 활용되어왔다. 그 때문에 일반 대중, 특히 밀레니얼 세대가 소규모 자산으로는 적절한 서비스를 받지 못했다. 또한 기존의 자산관리 서비스는 수수료가 과다한 데 비해 효율성은 높지 않다는 불만이 제기됐다. 다수의 투자 대상을 분석하는 데 인력이 투입되어야 하고 투자 대상이 광범위하기 때문에 수수료가 과다하게 책정된 것이다. 이에 따라 수수료 부담이 없는 새로운 자산관리에 대한 기대감이 높아졌다.

이런 상황에서 자산관리업에는 수수료를 획기적으로 개선할 수 있는 두 가지 사건이 발생했다. 첫 번째는 인적 간섭을 줄이면 수수료가 감소하게 될 것이고, 이는 자동화를 통해 구현이 가능할 것이라는 주장이었다. 이를 뒷받침하는 논리가 바로 AI를 적용한 자산관리의 전자동화 시스템이다. 두 번째는 투자 대상을 저렴하게 이용할 수 있는 'ETF'라는 새로운 상품의 등장이다.

1. 일반 대중의 자산관리 수요 증가가 디지털 자산관리를 촉발

그동안 전통적인 자산관리 대상은 주로 고액 자산가들이었다. 기존의 금융업계에서는 자산 규모가 충분하지 않다는 이유로 일반 대중의 자산관리 서비스를 외면해왔다. 사실상 기존의 금융 업계는 넓은 지점망, 규제 산업으로서의 정부보호, 금융소비자의 높은 충성도 등으로 오랜 기간 우월적 지위를 유지하며 성장해왔다.

2008년 글로벌 금융위기를 계기로 그동안 자산관리 시장에서 소외됐던 대중적 부유층과 디지털 세대로 불리는 밀레니얼 세대를 중심으로 미래의 재정적 기반을 마련하고자 하는 자산관리 수요가 점진적으로 증가하기 시작했다. 특히

4차 산업혁명이 진행되는 과정에서 디지털 서비스 고객 기반이 더욱 확대됐다.

다국적 회계감사 기업 프라이스워터하우스쿠퍼스(PwC)의 자료에 따르면, 글로벌 대중 부유층의 자산은 2016년 대비 연평균 4.8% 성장하면서 2025년에는 102조 달러에 달할 전망이다. 그중 아시아 지역에서는 연평균 5.8%씩 성장하면서 2025년에는 36.6조 달러까지 증가할 것으로 전망했다.

〈그림 3-22〉 글로벌 및 아시아 대중 부유층 자산 증가 추이

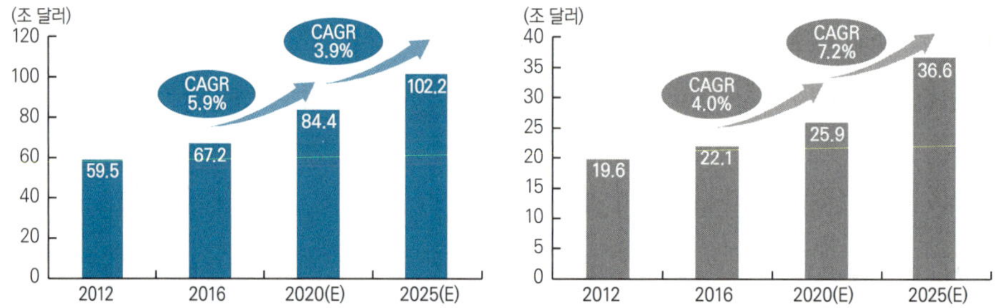

출처: "Asset & Wealth Management Revolution: Embracing Exponential Change", PwC

자산관리 산업 비즈니스 모델은 고객들에게 자산관리 서비스를 제공하는 대가로 수수료를 취득하는 구조다. 그러나 대중 부유층을 대상으로 한 서비스는 고비용 탓에 수익구조가 열악해질 가능성이 커졌다. 이를 타개하기 위해 고도화된 알고리즘 기반의 소프트웨어를 개발하고, 이를 통해 저렴한 비용으로 자동화된 포트폴리오 자문 및 운용 서비스를 제공하기 시작했다.

특히 10년 내 전 세계 노동인구의 약 75%를 차지하고, 향후 부모인 베이비붐 세대로부터 30조 달러 이상의 자산을 상속(미국 사례)받는 등 강력한 고객군으로 부상하게 될 밀레니얼 세대의 등장은 온라인 금융 서비스를 가속화했다. 특히 밀레니얼 세대의 70%(기존 세대 14%)가 컴퓨터 기반 포트폴리오가 성과가 더 좋을 것이며, 63%(기존 세대 17%)는 리스크가 덜할 것이라고 응답한 점은 주목할 만하다.

2. ETF 시장 규모 확대

그동안은 자산관리 운용 전략 가운데 액티브 운용 전략이 71%(2016년 기준)로 가장 큰 비중을 차지했다. 그런데 PwC에 따르면, 패시브 전략 수요가 증가하면서 2025년에는 미국에서 액티브와 패시브 전략의 자산운용 규모가 동일한 수준에 이를 것으로 전망된다. 한편, 국제신용평가사 무디스(Moody's)에서는 2021년에 균형을 이룰 것으로 전망하기도 했다.

〈그림 3-23〉 패시브와 액티브 운용자산 규모

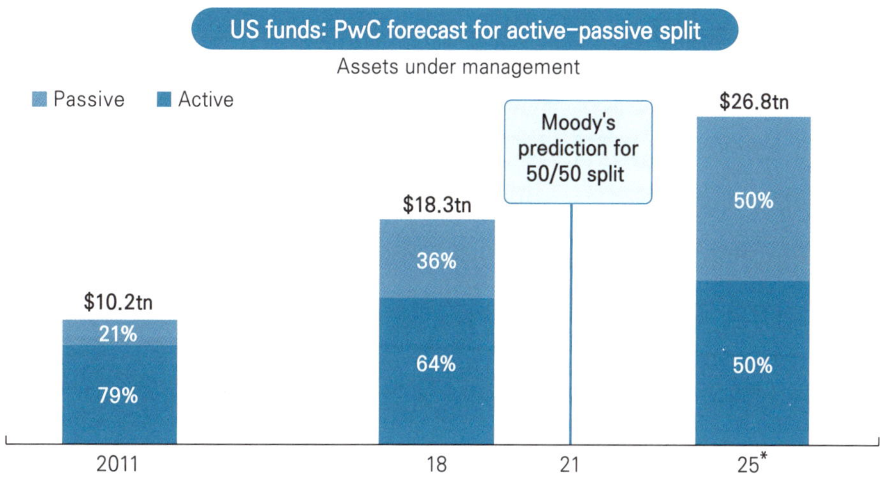

* Estimates for 2025 based on PwC analysis
출처: PwC analysis based on data from ICI

2019년 12월 기준으로 패시브 전략의 주된 상품인 주식형 ETF 자산운용 규모(미국에 등록된 ETF 상품 기준)가 4조 달러에 달해 미국 주식형 뮤추얼펀드 운용 규모를 앞선 것으로 나타났다. 이 점은 자산운용의 변화가 기존 전망기관들이 예측한 시점보다 빠르게 나타날 가능성이 매우 크다는 것을 시사한다. 2019년 12월 말 기준으로 글로벌 ETF 운용자산 규모는 5.8조 달러인데, 2023년에는 12조 달러로 거의 2배에 이를 것으로 전망되고 있다.

이와 같이 패시브 전략이 액티브 전략을 앞서나가는 배경은 수익률관리에서 찾아볼 수 있다. 2019년 10월 말 기준으로 미국에서 운용자산 규모가 상위 20위에 속하는 액티브 뮤추얼펀드를 대상으로 기준지수인 S&P500지수를 아웃퍼폼한 펀드를 조사한 결과 겨우 3개에 불과한 것으로 나타났다.

이와 같이 액티브 전략이 패시브 전략보다 열위한 배경에는 포트폴리오를 구성하는 종목 선정의 기술 차이도 있지만 제일 중요한 것은 운용 관련 비용에서 찾아볼 수 있다. 2019년 미국 ETF에 대한 평균 가중 운용보수는 0.19%다. 그런데 뮤추얼펀드 운용보수는 0.865%로 ETF 대비 무려 4배나 높은 수준이다.

자산관리의 핵심은 안정적인 목표수익률을 기반으로 투자자들의 재정적 기반을 확충하는 데 있다. 따라서 수익률이 뒷받침되지 못하면 당초 의도했던 투자 목표를 달성하지 못하게 된다. ETF가 안고 있는 장점은 이와 같이 뮤추얼펀드 대비 상대적으로 높은 수익률 이외에, 지수와 동조화를 이루면서 종합지수 수익률을 그대로 쫓아간다는 것이다. 패시브 기본 전략이 지수와의 동조화에 있다는 점에서 ETF가 패시브 전략의 주된 전략상품으로 부상하는 것은 당연한 결과로 보인다.

따라서 상기에서 언급한 바와 같이 온라인 자산관리 서비스의 주된 배경으로 인적 자산관리 인원을 배제함으로써 효율적인 비용관리가 가능하다는 점을 고려할 때, ETF 상품의 급격한 성장은 동 산업이 성장하는 데 결정적인 역할을 한다고 볼 수 있다.

3장 로보어드바이저 산업

1절 로보어드바이저의 정의

월평균 페이지뷰가 4,000만 건에 달하는 세계 최대 규모의 투자 정보 사이트인 인베스토피디아(Investopedia)는 로보어드바이저를 다음과 같이 정의했다.

> **참고** 로보어드바이저(Robo-Advisor)
>
> 로보어드바이저는 사람의 개입이 없는 자동화된 알고리즘 기반의 재무 계획 서비스를 제공하는 디지털 플랫폼이다. 일반적인 로보어드바이저는 고객들의 재무상태, 미래 목표 등에 관한 정보를 온라인을 통해 수집한 다음에 이런 데이터를 이용하여 고객들에게 자문을 해주고 자동으로 고객 자산을 투자한다. 최고의 로보어드바이저 요건으로는 계좌 개설이 쉽고, 견조한 재무 목표를 설계하고, 회계 서비스를 제공하고, 포트폴리오를 운용하고, 보안이 확실하고, 고객 서비스에 신중하고, 광범위한 교육이 이루어지며, 낮은 비용을 적용하는 서비스를 꼽을 수 있다.
>
> 출처: Investopedia

로보어드바이저라는 명칭은 2002년 3월 미국의 한 잡지사 기자인 코레토(Richard J. Koreto)가 처음 사용했다. 이후 이 명칭은 핀테크 혁신의 성공적인 사례로 소개됐고, 2011년 언론에 재등장하면서 부각됐다.

구글 트렌드(Google Trends)에 따르면 미국에서 'Robo-Advisor'가 본격적으로 언급된 것은 2014년 8월이며, 한국에서 '로보어드바이저'는 1년 뒤인 2015년 8월부터 언급되기 시작했다. 특히 한국에서는 2016년 3월 이세돌과 알파고의 대국 이후 인공지능에 대한 관심이 뜨거워졌다.

〈그림 3-24〉 로보어드바이저 구글 트렌드 추이

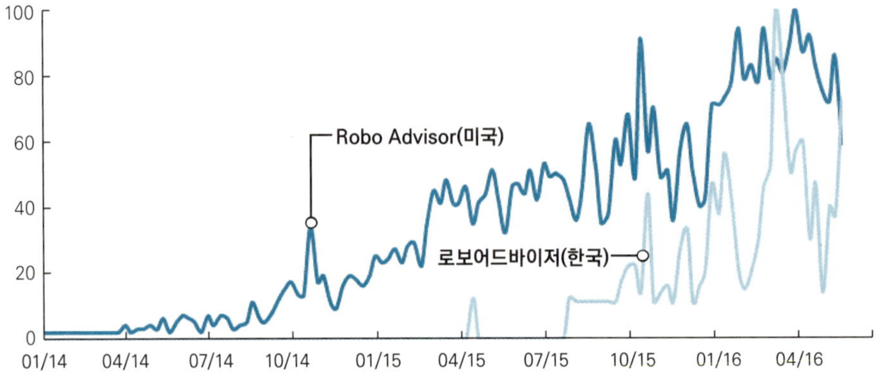

주: 가장 많이 언급된 시점을 100으로 함
출처: Google Trends, 신한금융투자 재인용

로보어드바이저의 가장 큰 특징으로는 ① 저렴한 수수료, ② 사용자 접근성이 좋은 온라인 인터페이스, ③ 알고리즘에 기반한 자동화된 투자솔루션 등을 들 수 있다. 금융위원회는 〈자문 서비스 활성화 방안〉에서 로보어드바이저를 '저렴한 비용으로, 언제 어디서나, 개인맞춤형 자산관리 서비스를 제공 가능한 것'으로 정의한 바 있다.

미국에서도 'robo-advisor'라는 용어에 대한 논란이 종종 제기된다. 언론에서는 가끔 로보어드바이저를 인공지능과 동일시하기도 하지만, 사실 현시점의 로보어드바이저는 엄밀한 관점에서 인공지능과는 차이가 있다. 제공하는 자산배분 포트폴리오도 비교적 단순할 뿐만 아니라 인공지능의 딥러닝 또는 머신러닝 기능과는 거리가 멀기 때문이다.

또한 어드바이저(advisor, 자문업자)라는 용어를 쓰긴 하나 아직 자문의 범위가 넓지는 않다. 여전히 부동산이나 은퇴, 수입·지출 관리, 세무 등의 재무관리는 전통 설계사들의 영역이다. 로보어드바이저의 자문 범위는 좁게는 'ETF를 활용한 주식자산배분'에서 넓게는 '금융상품 간 포트폴리오 배분'에 머물러 있다.

1. 로보어드바이저의 유형

로보어드바이저의 서비스 절차는 ① 투자자 분석 ② 자산배분 ③ 리밸런싱의 3단계로 구성된다. 세부적으로는 '투자자 프로파일링 → 자산배분 → 포트폴리오 선택 → 거래집행 → 포트폴리오 리밸런싱'의 절차를 밟게 된다.

〈그림 3-25〉 로보어드바이저 서비스 절차

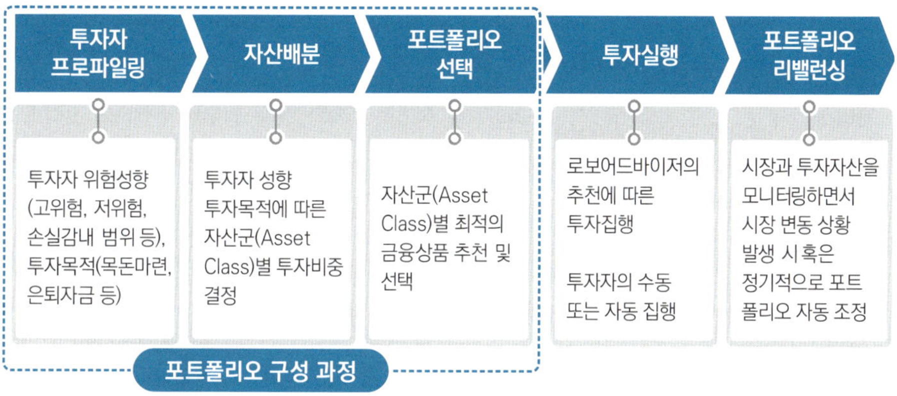

출처: 유진투자증권

영국의 컨설팅 회사 어니스트앤영(Ernst&Young)은 로보어드바이저와 전통적 어드바이저의 가장 큰 차이점을 다음과 같이 이야기했다.

① 투자 고객층이 고액 자산가에서 일반 대중으로 변화
② 서비스 구조가 대면(인간, 영업망 중심)의 오프라인 서비스에서 비대면(디지털 채널, 자동화)의 온라인 서비스로 변화
③ 비용 구조가 고비용에서 저비용 구조로 변화

그리고 로보어드바이저를 전통 어드바이저에 비교하여, 'Fully Automated'와 'Advisor-assisted'의 형태로 구분했다. 'Fully Automated'에서는 로보어드바이저를 전자동 투자 서비스를 제공하기 위해 소비자에게 직접적인 비즈니스 방법을 사용하고, 'Advisor-assisted'에서는 유무선 자문 서비스를 병행할 수 있는 보조적인 형태로 사용한다.

현재 미국 로보어드바이저 시장은 이미 활성화되어 있으며 온라인 특화 자산관리(로보어드바이저) 회사의 사업 모델에 따라 운용형, 자문형, 하이브리드형 등 세 가지 유형으로 구분할 수 있다.

〈표 3-10〉 온라인 특화 자산관리(로보어드바이저) 회사의 유형

	유형 1: 운용형 (Online-based Portfolio Manager)	유형 2: 자문형 (Monitor & Give Suggestions)	유형 3: 하이브리드형 (Technology-augmented Humans)
서비스 내용	• 알고리즘 기반 소프트웨어를 통해 최적자산 배분 후 이에 맞춰 운용 • 리밸런싱, 최적 세제 전략 등의 서비스 제공	• 알고리즘 기반 소프트웨어를 통해 고객 포트폴리오 모니터 및 정기적 투자자문 제공(투자주체는 고객) • 저성과/고비용 상품 교체, 리밸런싱 제안 등 포함	실제 어드바이저 판단으로 자문, 운용 업무를 수행하되 고객과의 커뮤니케이션 수단으로 온라인 채널을 활용
비고	운용자산(AUM) 기준 수수료 부과(0.15~0.5%)	월정액 수수료 부과	월정액, AUM 기반 수수료 모두 이용
주요 기업	Wealthfront, Betterment, Future Advisor	Jemstep, MarketRiders	PersonalCapital, Learnvest

출처: "글로벌 온라인 자산관리 산업 동향 및 시사점", 금융투자협회

국내에서 로보어드바이저는 투자자에게 자산구성 및 재구성 사항을 추천하고 투자자의 의사결정에 따라 자산을 운용하는 '자문형'과 투자자로부터 전권을 부여받아 투자자 대신 로보어드바이저가 직접 자산을 운용하는 '일임형'으로 크게 구분할 수 있다. 자산운용 과정에서 고객 및 자문 인력의 참여 여부에 따라 다음과 같이 4단계 유형으로 구분할 수 있다.

〈표 3-11〉 로보어드바이저 서비스 유형 구분

투자주체 / 활용정도	고객(자문형)	금융회사(일임형)
RA를 Back office에서 활용	• (1단계) **자문인력**이 RA의 자산배분 결과를 활용하여 **고객에게 자문**	• (2단계) **운용인력**이 프로그램의 자산배분 결과를 활용하여 **고객자산을 직접 운용**
RA가 Front office에서 서비스	• (3단계) RA가 사람의 개입 없이 자산배분 결과를 **고객에게 자문**	• (4단계) RA가 사람의 개입 없이 **고객자산을 직접 운용**

출처: 금융위원회

2. 미국 로보어드바이저 시장 동향

미국 로보어드바이저 시장은 최근 몇 년간 급격한 성장을 보이고 있으며, 특히 MZ세대(밀레니얼 세대와 Z세대)를 중심으로 그 수요가 증가하고 있다. 2024년에는 미국인 중 28% 이상이 로보어드바이저를 통한 투자 전략을 선호하며, 밀레니얼 세대의 41%, Z세대의 40%가 이러한 경향을 보였다.

시장 규모 측면에서, 미국 로보어드바이저 시장은 2023년 1조 1,000억 달러를 돌파했으며, 향후에도 지속적인 성장이 예상되어, 2028년에는 1조 8,000억 달러 규모에 이를 것으로 전망된다.

〈그림 3-26〉 로보어드바이저 운용자산 규모 추이

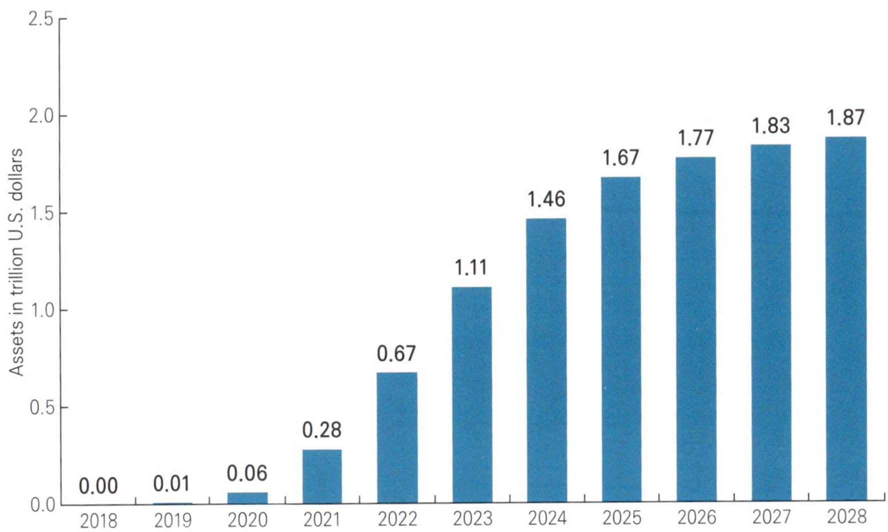

자료) Statista.com

이러한 성장 요인으로는 비대면 채널의 활용 증가, 젊은 세대의 직접 투자 확대, 그리고 금융 서비스의 디지털화 등이 있다. 특히, 코로나19 팬데믹 이후 비대면 금융 서비스에 대한 수요가 증가하면서 로보어드바이저의 채택이 가속화되고 있다.

전반적으로 미국 로보어드바이저 시장은 기술 발전과 투자자들의 요구 변화에 따라 빠르게 성장하고 있으며, 향후에도 이러한 추세는 지속될 것으로 예상된다.

Statista의 전망에 따르면, 미국 로보어드바이저 시장의 사용자 수는 2028년까지 2,115만 명에 이를 것으로 예상된다. 특히 전체 투자자 대비 사용 비율은 아직 낮은 수준이지만, 생성형AI 활용에 따라 다양한 맞춤형 서비스가 제공될 것으로 보여 향후 성장 잠재력이 큰 것으로 평가된다.

〈그림 3-27〉 미국 로보어드바이저 사용자 수 추이

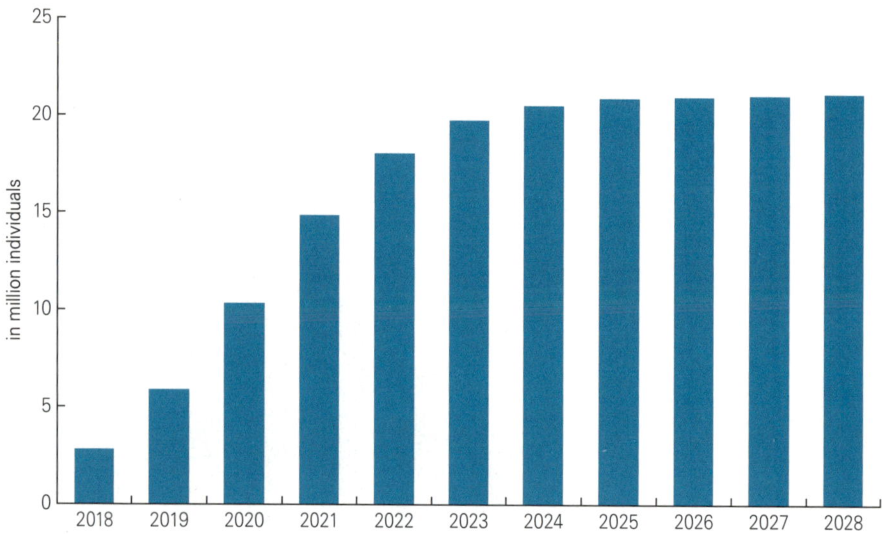

자료) Statista.com

3. 국내 로보어드바이저 현황

국내 로보어드바이저(RA) 시장은 2008년 금융위기 이후 시작되어 비대면 문화의 확산과 AI 기술혁신에 힘입어 빠르게 성장하고 있다.

코스콤에 따르면 2024년 12월 말 기준 국내 로보어드바이저 계약자 수는 총 32만 6,314명으로 지난 2017년(3만 8,707명)보다 10배 늘었다. 운용금액 역시 2017년 4,219억 원에서 9,274억 원으로 2배 이상 증가했다.

〈그림 3-28〉 서비스 유형별 로보어드바이저 운용 금액 추이

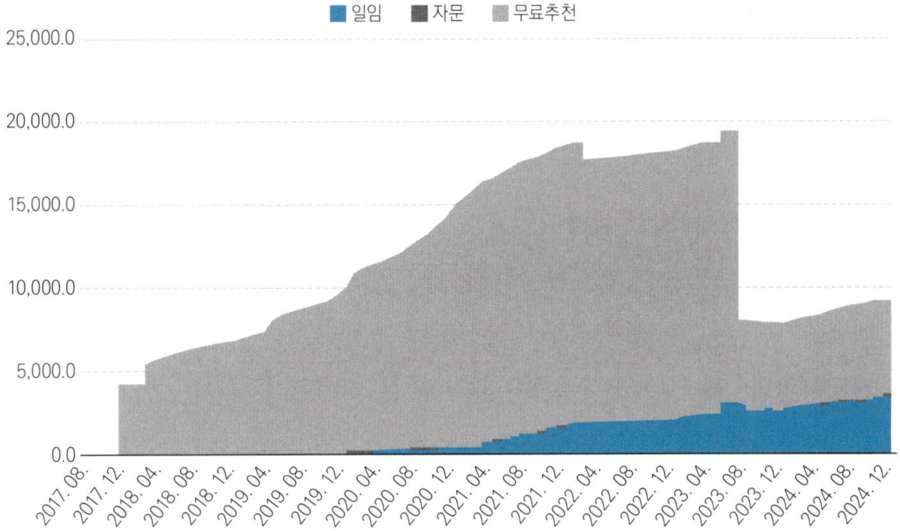

로보어드바이저 기반 자산관리와 투자 일임 서비스를 제공하는 국내 주요 업체는 파운트·핀트·에임·콴텍 등이 대표적이며 스타트업까지 합하면 모두 2,000여 곳이 있다. 이 업체들은 로보어드바이저를 기반으로 투자 포트폴리오를 제공하는데, 방식은 크게 투자 자문과 투자 일임으로 나뉜다. 이름 그대로 투자 자문은 고객에게 투자 상품을 추천해 주고 고객이 직접 투자를 실행하는 방식이다. 투자 일임은 AI 알고리즘이 투자 상품의 추천은 물론 투자 실행과 운용까지 맡아 주는 방식을 말한다. 둘 중 인기 있는 건 AI가 모든 걸 알아서 해주는 일임형이다.

로보어드바이저가 고객에게 조언하고 돈을 굴리려면 먼저 한국거래소의 정보기술(IT) 자회사 코스콤의 안전성 평가를 통과해야 한다. 코스콤의 심사를 통과해 서비스 중인 로보어드바이저는 415개다. 로보어드바이저 투자자는 코

스콤에서 운영하는 로보어드바이저 테스트베드센터 홈페이지를 통해 로보어드바이저 수익 성과 및 각종 지표를 한눈에 확인할 수 있다.

국내에서는 2016년 금융위원회를 통해 RA 서비스가 도입된 이후, 2025년부터 퇴직연금 시장에서 RA 일임서비스가 출시될 예정이다. 로보어드바이저는 사람의 개입을 최소화한 자동화된 포트폴리오 자문 및 운용 서비스로, 추천만 하는 자문형 서비스와 매매까지 일임하는 일임형 서비스로 구분된다.

2024년 12월 24일에 금융위원회가 발표한 퇴직연금 로보어드바이저 일임 서비스 기업은 KB증권, NH투자증권, 교보증권, 대신증권, 디셈버앤컴퍼니, 미래에셋자산운용, 미래에셋증권, 삼성증권, 신한투자증권, 업라이즈투자자문, 콴텍투자일임, 쿼터백자산운용, 퀀팃투자자문, 파운트투자자문, 한국투자신탁운용, 한국투자증권, 한화투자증권 등으로 발표했다.

로보어드바이저(RA)가 알고리즘 등을 통해 투자자 성향별 맞춤형 포트폴리오를 자동 생성하고, 그에 따라 개인형퇴직연금(IRP) 적립금을 일임 운용하게 된다.

개인형퇴직연금제도의 적립금 운용방법 선정은 가입자가 할 수 있으나, 개인형퇴직연금제도 가입자와 일임계약을 체결한 일임업자가 가입자를 대신하여 적립금의 운용방법을 선정할 수 있도록 규제 특례를 부여하였다.

이로 인해 IRP 가입자의 투자를 장기적 관점의 운용수익을 추구하는 실적배당형 상품으로 확대시킬 수 있어, 퇴직연금 수익률과 근로자의 노후 소득재원 확충에 기여할 수 있다는 점에서 소비자 편익이 증가할 것으로 기대하고 있다.

현재 로보어드바이저(RA) 시장의 성장 잠재력은 퇴직연금 적립금 규모와 서비스 확장성을 고려할 때 매우 높은 것으로 평가된다. 미국의 경우 알고리즘이 자동으로 연금자산을 직접 운용하는 반면, 국내에서는 2022년 기준 89%가 개인 투자성향을 바탕으로 단순 포트폴리오를 설계하고 추천하는 수준에 머물러 있다.

금융권에서는 RA 전문 업체들과의 전략적 제휴가 활발히 진행 중이며, 한국투자증권-콴텍, 하나은행-파운트, KB증권-업라이즈투자자문 등 다수의 MOU가 체결되었다. 다만 2023년 말 기준 퇴직연금 시장 대비 일임형 RA 운용규모는 0.07% 수준으로 아직 초기 단계에 있다.

4. 로보어드바이저 서비스 진화 단계

로보어드바이저는 'Robo'와 'Advisor'를 합성한 용어다. 'Robo'는 투자 의사결정을 지원하는 데 수리적 알고리즘을 사용하여 인간의 개입이 없는 자동화된 프로세스를 의미한다. 'Advisor'는 자동화된 형태로 온라인 또는 모바일 채널을 사용하여 정기적으로 자산관리 서비스를 제공하는 것을 의미한다.

두 가지 단어를 합성하면 자동화된 고객 자문 서비스에 의해 고객들의 자산을 투자하는 온라인 포트폴리오 운용 솔루션이라고 할 수 있다. 로보어드바이저는 리스크 성향 또는 유동성 팩터와 같은 고객들의 정보를 입력하여 다수의 ETF를 이용해 적절한 투자 기회를 제안하는 것이다. 대부분의 로보어드바이저는 개별적인 선호도를 근거로 ETF 포트폴리오를 이용하여 고객들의 자산을 배분한다.

시장에서 사용하는 로보어드바이저는 특징과 서비스에 따라 4단계 진화 과정을 거쳤다.

<〈그림 3-29〉 로보어드바이저 진화 단계

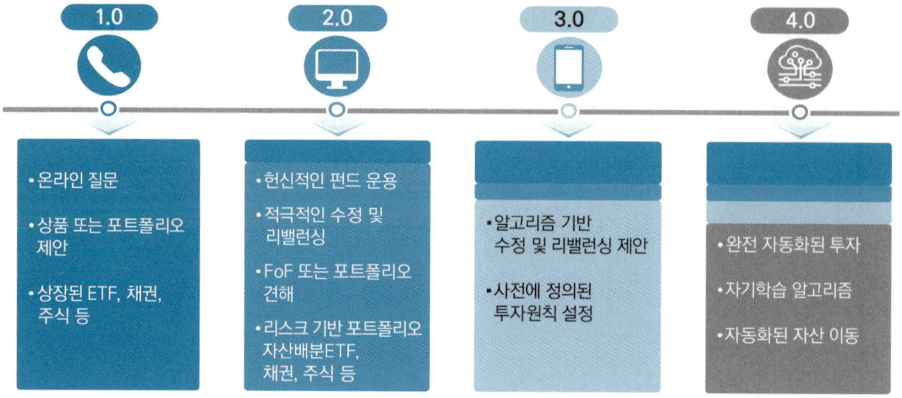

출처: Deloitte

1) Robo-Advisor 1.0

고객들은 적정한 선택을 식별하기 위해 질문지에 답한 이후 상장된 투자상품을 기반으로 단일 상품이나 포트폴리오 배분을 제안받는다. 대부분의 기업은 웹 서비스나 스마트폰 앱을 통해 운영한다. 이를 실행하기 위한 은행이나 증권 API(Application Programming Interface, 응용 프로그램 인터페이스)는 필요 없다. 고객들은 스스로 자신의 계좌를 통해 상품을 매수하거나 운용해야 한다. 투자 대상은 주식, 채권, ETF 그리고 그 외 투자 수단 등 다양하다.

2) Robo-Advisor 2.0

투자 포트폴리오는 펀드오브펀드의 형태로 이루어진다. 그리고 직접 주문뿐만 아니라 투자계정 설정도 서비스 가운데 하나다. 자산배분은 전문적인 투자관리자에 의해 수동적으로 이뤄진다. 질문지는 적정한 상품을 선별하는 목적뿐만 아니라 고객들에게 미리 정의된 리스크 배분 포트폴리오를 배분하기 위해 사용된다. 실질 투자관리자는 투자와 수정된 고객 포트폴리오를 관리한다. 현실적으로는 투자관리자가 투자 알고리즘과 정해진 투자 원칙을 감독하기 때문에 반자동이라 할 수 있다.

3) Robo-Advisor 3.0

투자결정과 포트폴리오 리밸런싱 제안은 미리 정해진 투자 전략을 만족하고 감시하는 알고리즘을 기반으로 이루어진다. 최종 감독은 전문적인 펀드매니저에 의해 이뤄진다. 일부 서비스는 고객들이 자신의 포트폴리오를 목적에 부합한지에 따라 선택하거나 거절할 수 있도록 허용한다.

4) Robo-Advisor 4.0

정교한 리스크관리와 성향 파악 설문지는 자기학습 인공지능(AI)을 통해 직접투자를 가능하게 한다. 시장 환경 변화와 이익, 리스크 성향, 유동성, 관심도 등과 같은 개별적인 투자 목적을 기반으로 자산배분을 한다. 그리고 선택된 투자 전략에 맞게 실시간으로 단일 고객 포트폴리오를 관리해준다.

이와 같은 로보어드바이저 진화 단계를 기준으로 볼 때 현재 독일, 영국, 미국 로보어드바이저의 80%는 3.0단계를 거치고 있다고 말할 수 있다. 특히 3.0단계는 로보어드바이저의 선택 전략에 따라 저급에서부터 고급 수준에 이르기까지 적용되는 기술이 다양하다. 일부에서는 특정 투자 이론의 성과에 근거해서 고정 투자 전략을 선호하기도 하고, 일부에서는 시장 상황과 추세에 따라 자동화된 포트폴리오 리밸런싱을 제안하기도 한다.

국내 로보어드바이저는 2.0단계에서 3.0단계 초기에 자리하는 것으로 보인다. 해외 및 국내에서 4.0단계로 진입하기 위해서는 AI 기술이 더 발전해야 할 것이다.

2절 로보어드바이저의 가치

1. 자산관리자로서의 로보어드바이저

대부분 사람이 네트워킹을 하고 싶어 하는 산업군이 있다. 바로 법조, 의료, 금융이다. 해당 산업군의 공통적인 특징은 생활에 꼭 필요한 영역이지만 복잡하고 전문적인 지식이 필요한, 폐쇄적인 라이선스 산업이라는 것이다. 결국 우리는 해당 산업의 서비스를 이용하기 위해서는 높은 비용을 지불하고 믿고 맡기는 수밖에 없다. 그만큼 해당 산업에서는 고객의 신뢰가 절대적으로 필요하다.

미국 시장의 로보어드바이저 성장은 2008년 금융위기가 촉발한 고객 니즈의 변화에서 비롯됐다. 금융위기 이후 금융권에 대한 신뢰성 하락은 역설적으로 시스템화된 투명한 투자 프로세스, 낮은 수수료를 지향하는 로보어드바이저의 성장 배경이 됐다.

웰스프론트, 베터멘트 등의 초기 업체들은 일종의 인덱스펀드인 ETF를 대상으로 포트폴리오 구성, 자산배분, 리밸런스 등 펀드 운용 과정을 투명하게 만들었고 자동화를 통해 수수료를 낮출 수 있었다.

미국 시장의 성장에 힘입어 이들 초기 업체들은 큰 성과를 보여왔다. 어드바이저라는 개념은 단순히 상품을 분석하는 애널리스트, 거래를 담당하는 트레이더, 그리고 무엇보다 고객과 소통하며 고객의 니즈를 분석하고 상품을 추천하는 프라이빗 뱅커 등과는 달리 자산관리에서의 자문 서비스에 초점이 맞춰져 있다. 이런 자산관리 서비스는 협의의 로보어드바이저 개념으로, 상기에서 언급한 바와 같이 MPT를 활용하여 고객의 위험과 기대수익률에 가장 적합한 자산군을 제안하는 역할에 집중된다.

2. 다양한 형태로 고객 가치 증대

보다 진화된 형태의 로보어드바이저는 단순한 자산배분 서비스에 머물지 않는다. 빅데이터와 인공지능으로 대표되는 기술의 진보와 자산관리에 대한 다양한 고객 수요에 부응하여 사전적인 의미처럼 역할이 다양한 분야로 확대되고 있다.

〈그림 3-30〉 로보어드바이저의 절차와 역할

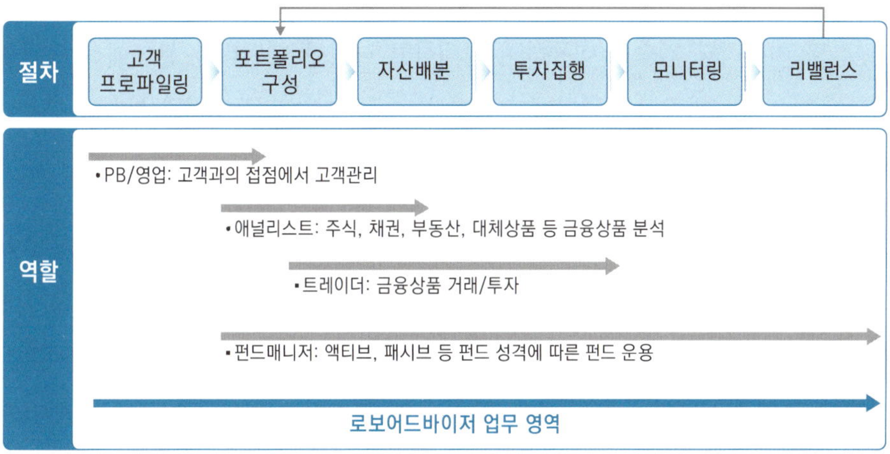

출처: 유진투자증권

이와 같은 자산운용 업무 이외에도 향후 고객에게 제공할 가치에 따라 로보어드바이저의 다양성이 확대되고 있다.

1) 사용자 경험

어드바이저의 역할 가운데 고객에게 어떻게 쉽게 접근할 수 있는가는 매우 중요하다. 전통적인 자산관리에서는 인적 커뮤니케이션을 통해 서비스가 제공됐지만, 온라인 서비스로 전환되면 인적 서비스 개입은 극히 제한적이 될 것이다. 따라서 고객들과의 소통, 공유 등 고객의 요구 사항을 온라인으로 충분히 제공할 수 있어야 한다.

이를 가능하게 하는 수단이 챗봇(Chatbot)이다. 챗봇이라는 단어가 주는 어감 때문에 음성 인식으로만 생각할 수 있지만, 주로 '텍스트'로 글자를 써서 사용하며 최근에는 터치식으로 빠르게 눌러서 사용하는 추세다. 물론 음성으로도 가능하다. 예를 들어, 자신이 운용하는 포트폴리오의 현황, 분석, 평가, 전망 등을 텍스트 또는 음성으로 서비스받을 수 있다.

2) 정확성

AI 및 머신러닝 기술을 이용하여 방대하고 다양한 데이터를 분석해서 고객의 니즈에 맞는 정보가공이 이루어지기 위해서는 금융 데이터의 정확한 분석이 필요하다. 이런 업무를 수행하는 대표적인 기업으로 미국의 켄쇼 테크놀로지를 들 수 있다.

시장 흐름을 주시하다 보면 종합지수가 2개월 연속 5% 이상 상승하거나, 20일 이동평균선이 연속으로 81거래일 동안 유지되는 등의 다양한 특성에 부딪히게 된다. 이런 경우 향후 주식시장 움직임이 매우 궁금할 것이다. 이런 질문에 증권사 애널리스트가 대답하려면 짧게는 몇 시간, 길게는 며칠에 걸쳐 방대한 금융 데이터를 분석해야 한다. 그런데 켄쇼의 인공지능 '워런'은 1초만에 답을 한다. 상기의 첫 번째 질문에 대한 답은 '1980년 이후 12차례 발생했으며, 향후 10개월 동안 수익률은 12%였다'이고, 두 번째 질문에 대한 답은 '2개월 안에 주식시장은 조정 국면에 진입한다'이다.

〈그림 3-31〉 켄쇼가 개발한 인공지능(AI) 화면

How Does The S&P 500 Perform Over The Rest Of The Year When The Index Gains 5%+ Over January-February?

N=12 Episodes Since 1980

Name	Trigger Period	% Return over Trigger Period	% Return over Next Month	% Return over Next Quarter	% Return over Rest of Year
S&P 500 Index (SPX)	12/31/1982 - 02/28/1983	5.28%	3.31%	9.90%	11.39%
S&P 500 Index (SPX)	12/31/1984 - 02/28/1985	8.34%	-0.29%	6.19%	16.61%
S&P 500 Index (SPX)	12/31/1985 - 02/28/1986	7.40%	5.28%	5.00%	6.72%
S&P 500 Index (SPX)	12/31/1986 - 02/27/1987	17.36%	2.64%	4.22%	-13.06%
S&P 500 Index (SPX)	12/31/1987 - 02/26/1988	6.22%	-3.33%	5.64%	5.81%
S&P 500 Index (SPX)	12/31/1990 - 02/28/1991	11.16%	2.22%	-1.08%	13.63%
S&P 500 Index (SPX)	12/30/1994 - 02/28/1995	6.12%	2.73%	8.80%	26.37%
S&P 500 Index (SPX)	12/31/1996 - 02/28/1997	6.76%	-4.26%	16.91%	22.71%
S&P 500 Index (SPX)	12/31/1997 - 02/27/1998	8.13%	4.99%	2.91%	17.14%
S&P 500 Index (SPX)	12/31/2010 - 02/28/2011	5.53%	-0.10%	-0.39%	-5.25%
S&P 500 Index (SPX)	12/30/2011 - 02/28/2012	9.11%	3.13%	-3.29%	3.94%
S&P 500 Index (SPX)	12/31/2012 - 02/28/2013	6.20%	3.60%	2.36%	22.03%

Kensho Technologies Inc.

출처: Kensho

동사는 2013년 5월에 설립했고, 빅데이터 분석을 통해 투자자의 질문에 답할 수 있는 프로그램 '워런'을 개발했다. 워런은 설립 초기부터 애널리스트 15명이 4주에 걸쳐 할 수 있는 분석작업을 단 5분 만에 처리하는 능력을 과시했다. 현재는 9만 개가 넘는 변수를 분석해 6,500개 이상의 질문에 답한다. 질문은 구글 검색창과 같은 네모난 박스에 텍스트 형태로 입력하면 된다.

켄쇼는 금융시장에 쏟아지는 각종 정보를 분석한다. 미시적인 부분에서 거시 분야까지 켄쇼가 다루지 못하는 영역은 없다. 기업의 실적·신제품 발표, 주가 행보, 정부의 경제지표 발표, 금융 당국의 재정 정책 변화 등을 모두 감지해낸다. 또한 정치적 이벤트와 미 식품의약국(FDA)의 승인 여부까지도 분석이 가능하다. 켄쇼가 '금융 데이터 분석의 제왕'이라 불리는 이유다.

켄쇼의 검색 엔진 알고리즘은 자연어 처리와 머신러닝이 정교하게 결합한 산물이다. AI의 기초가 되는 기술인 자연어 처리와 머신러닝은 상호 보완적인 빅데이터 분석 기법이다.

3) 신뢰성

자산관리 과정을 투명하게 공개하고, 고객에게 저렴한 수수료를 제공해서 신뢰성을 확보한다. 이에 관련된 대표적인 로보어드바이저 업체로 웰스프론트를 들 수 있다.

4) 수익

자산관리의 핵심은 일관된 수익을 보장해주는 것이다. 물론 자산관리 과정에서 수없이 직면하게 되는 위기 상황에 적절히 대비해야 한다. 이와 관련된 대표적인 기업으로는 퀀토피안(Quantopian)이 있다.

퀀토피안은 미국 보스턴에 있는 헤지펀드로 크라우드소싱 플랫폼을 운영하는 회사다. 동사는 알고리즘 투자 방법에 대한 고객 간의 소통과 공유에 집중하고 있다. 2011년에 창립했으며 현재 100,000명의 회원이 가입되어 있는데, 이들 가운데 상당수는 박사 학위를 취득한 알고리즘 트레이더 또는 수학자들이다. 이들은 투자자들에게 압도적인 수익률을 창출하기 위한 알고리즘을 개발한다.

동사는 회원들이 자신들이 개발한 알고리즘을 테스트하고, 이를 통해 얻은 수익을 공유하는 시스템을 갖추고 있다. 동사는 고객들의 관심을 유도하기 위해 코딩 프로그램뿐만 아니라 기업 펀더멘털, 과거 주가 정보 및 연관된 데이터 등과 같은 일련의 데이터에 접근할 수 있는 I파이썬(IPython) 환경을 운용하고 있다. 또한 사용자들이 자신의 투자 전략에 대한 백테스팅을 할 수 있는 알고리즘도 제공한다.

〈그림 3-32〉 퀀토피안의 알고리즘 생성 및 백테스팅 화면

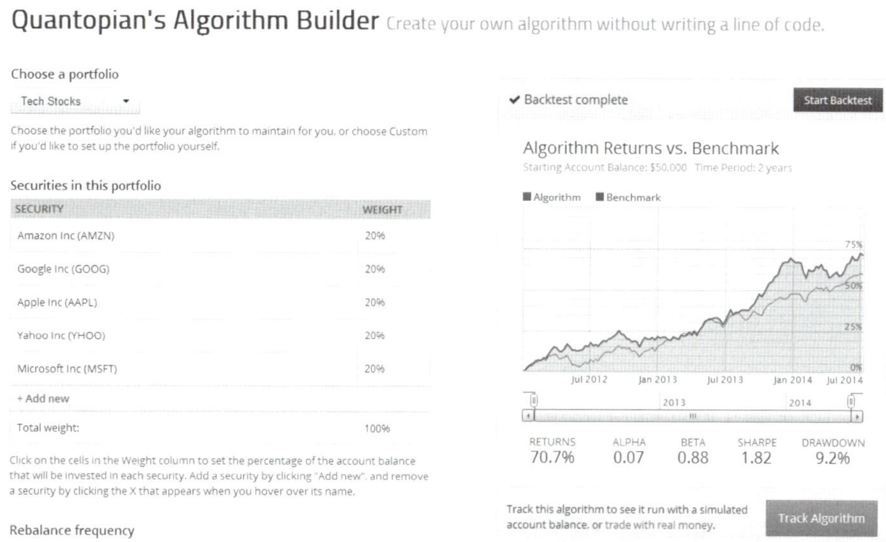

출처: Quantopian

또한 온라인 포럼을 개최해서 특정 알고리즘과 프로그램에 관한 회원 간 토론을 유도하고, 더 많은 정보를 공유할 수 있도록 회원 간 워크숍도 개최한다.

3절 빅트리의 로보어드바이저 구현 사례

1. 빅봇(Bigbot) 알고리즘 소개

빅봇은 로보어드바이저 알고리즘 기술 개발 기업 빅트리(Bigtree)가 설계한 ETF 자산배분형 상품으로, 현재 KB증권 및 두나무투자일임에서 실제 운용되고 있는 로보어드바이저다.

1) 적응적 시장 가설(AMH) 적용

동사가 개발한 빅봇에 적용된 자산배분 이론은 제8장에서 설명한 적응형 시장

가설(AMH)이다. 먼저 AI 기능을 적용하여 '수익률 적응적 접근방법'을 통해 현 국면에 대한 판별 분석을 실시하고, '리스크 적응적 접근방법'을 활용하여 포트폴리오를 구성하여 시장 상황에 관계없이 최적의 수익률을 얻는 것을 목표로 한다.

2) 수익률 적응적 접근방법을 통한 현 국면 판별 분석

AI를 적용한 '수익률 적응적 접근방법'을 적용하여 현 국면을 다음과 같은 세 가지로 판단한다.

- Risk On 국면: 위험자산 100%로 포트폴리오를 구성할 수 있는 국면으로 주식시장이 상승 국면에 진입했거나 상승 국면이 진행 중인 시점이다.
- 중립(Neutral) 국면: 주식시장이 횡보하는 국면으로 안전자산 50%, 위험자산 50%로 포트폴리오를 구성한다.
- Risk Off 국면: 주식시장이 하락 국면에 진입했거나 하락 국면이 진행 중인 국면으로, 안전자산 및 해외자산 등으로 포트폴리오를 구성한다.

판별 분석에 적용하는 AI 기법은 다음과 같은 과정을 통해 이루어진다.

〈그림 3-33〉 시장 국면 판별에 사용되는 기법 및 절차

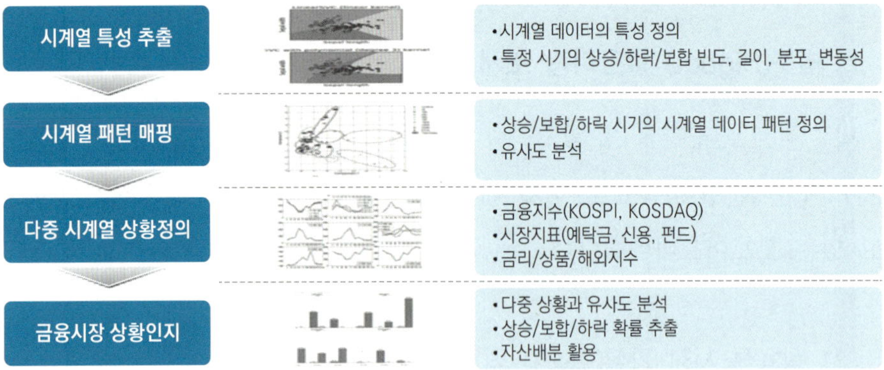

출처: Bigtree

이와 같은 과정을 통해 현 국면에 대한 판단은 다음과 같이 먼저 머신러닝 기법을 적용한 파이썬을 통해 코딩을 한다.

〈그림 3-34〉 시장 판별 분석에 관한 파이썬 사례

```python
for _, row in df.iterrows():
    result = []
    for filter_class in FILTERS:
        result.append(
            filter_class(row, self.signal, stable_momentum, index_moemtum).filter()
        )

    if False not in result:
        filtered_stocks = filtered_stocks.append(row)

filtered_stocks = filtered_stocks.sort_values(by=['momentum'], ascending=False).reset_index(drop=True)

etf_stock_codes = ETF_CODES['stock']
etf_bond_codes = ETF_CODES['bond']
if not filtered_stocks.empty:
    etf_stocks = filtered_stocks[filtered_stocks['code'].isin(etf_stock_codes)]
    etf_bonds = filtered_stocks[filtered_stocks['code'].isin(etf_bond_codes)]
else:
    etf_stocks = pd.DataFrame()
    etf_bonds = pd.DataFrame()

if -2 < self.signal < 2 and not etf_bonds.empty:
    cnt = 4
else:
    cnt = 5

if not self.old_portfolio.empty:
    code_list = self.old_portfolio['code'].tolist()
else:
    code_list = []
result_portfolio = pd.DataFrame()

for idx, row in etf_stocks.iterrows():
    if len(result_portfolio) == cnt:
        break
    elif not code_list:
        result_portfolio = etf_stocks[:cnt]
        break
```

출처: Bigtree

이와 같은 코딩작업을 통해 다음과 같이 시장에 대한 시그널(signal)이 도출된다. 1~3이면 'Risk On', -1~1은 '중립', -1~-3은 'Risk Off' 국면으로 정의한다.

〈그림 3-35〉 판별 분석 시그널과 KOSPI 추이

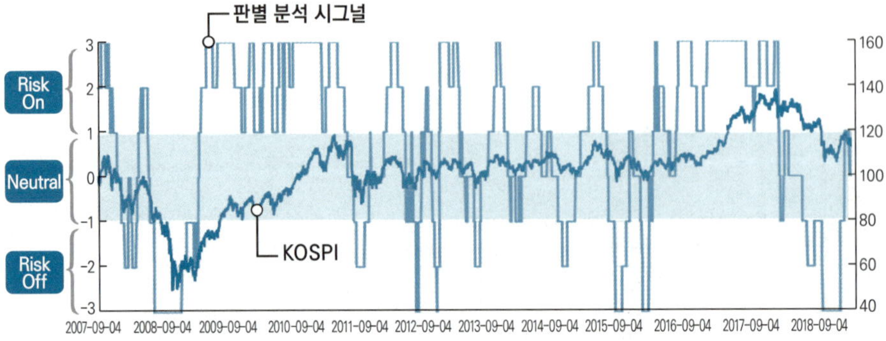

출처: Bigtree

3) 리스크 적응적 접근방법을 적용한 포트폴리오 구성

투자 유니버스는 현재 투자 가능한 산업별, 해외지수별, 채권 등과 관련된 ETF 등으로 구성된다. 투자 유니버스는 국내에 상장된 ETF를 대상으로, 투자 유니버스 내에서 투자 시점의 모멘텀 및 리스크에 따라 선정한다.

〈그림 3-36〉 투자 포트폴리오 효율적 프론티어

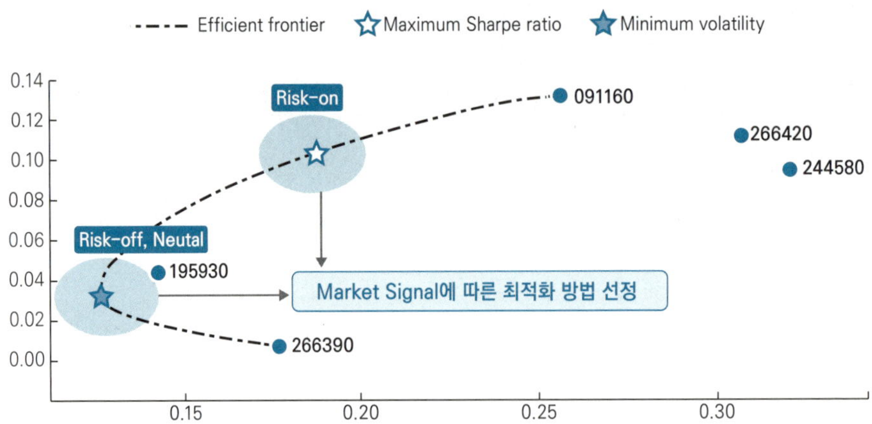

출처: Bigtree

이와 같은 과정을 파이썬으로 코딩하여 최적의 포트폴리오를 구성한다.

〈그림 3-37〉 포트폴리오 구성을 위한 코딩 화면

```
result_df = self.result_portfolio.copy()
selected_stock_list = result_df['code'].tolist()

if len(selected_stock_list) > 1:
    self.get_change_dict(selected_stock_list)
    cov = self.calculate_cov()
    weight = self.calculate_optim(cov)

    weight_list = []
    for code in selected_stock_list:
        weight_list.append(weight[code][0])

    result_df['rate'] = weight_list
else:
    result_df['rate'] = 1

result_df['rate'] = result_df['rate'] * (1 - stable_rate)
if self.protection_code in result_df.code.tolist():
    result_df.loc[result_df[result_df.code == self.protection_code].index, 'rate'] = \
        result_df[result_df.code == self.protection_code]['rate'].values[0] + stable_rate
else:
    if not self.protection_etf.empty:
        protection_etf = self.protection_etf
        protection_etf['rate'] = stable_rate
        result_df = pd.concat((result_df, protection_etf))
```

출처: Bigtree

2. 빅봇 ETF 자산배분형 상품 백테스팅 결과

이와 같은 알고리즘을 이용하여 2007년 9월부터 2019년 3월까지 백테스팅을 실시한 결과 본 모델의 수익률이 KOSPI 대비 4배 이상으로 도출돼 우수한 성과를 보였다.

〈그림 3-38〉 상품 운용 성과 추이(2007.9.4.~2019.3.28)

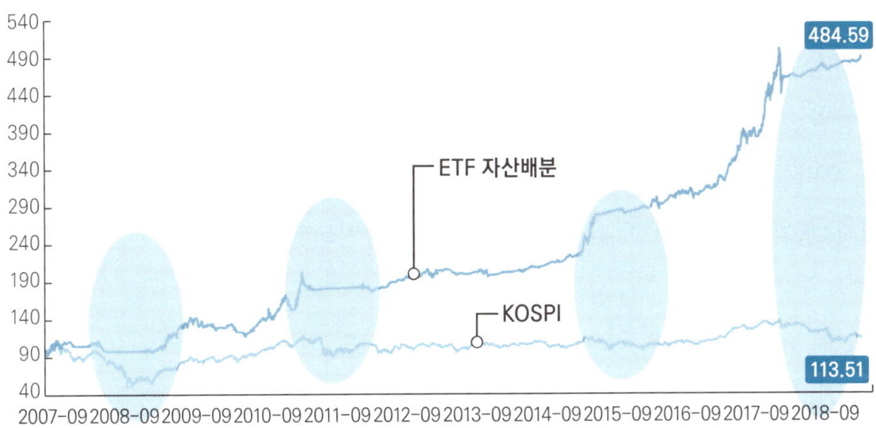

출처: Bigtree

〈그림 3-38〉에서 주목할 지점은 음영으로 표시된 부분으로, KOSPI가 하락하는 국면에서 본 포트폴리오는 횡보하거나 상승했다는 점이다. 이는 다음과 같이 최대손실률(Max Draw Down, MDD)로 확인할 수 있다.

〈그림 3-39〉 MDD 추이(2007.9.4.~2019.3.28)

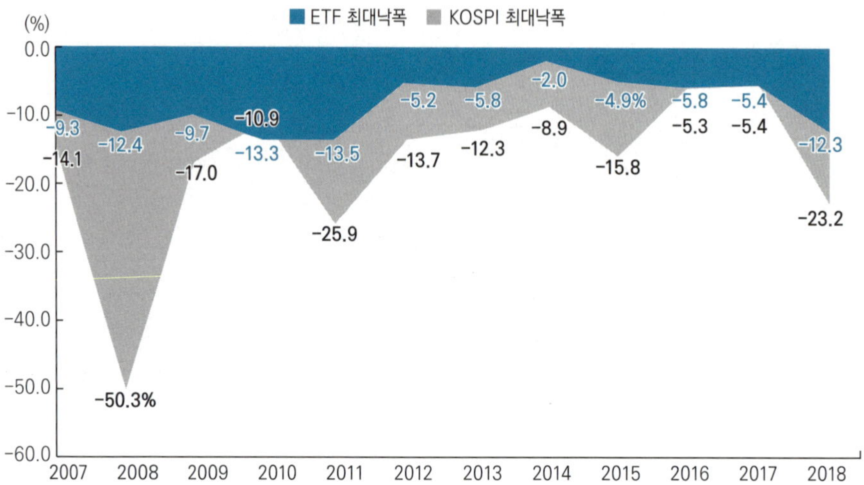

출처: Bigtree

〈그림 3-39〉에서 보듯이 본 모델의 평균 최대손실률은 -8.3%로, KOSPI의 -16.9% 대비 절반 이하였다. 이는 본 상품이 수익성과 안정성이라는 두 가지 특성을 시현한 것으로 평가할 수 있다.

시장 적응형 모델은 기본적으로 상승장일 경우 시장을 추종하고, 보합 또는 하락일 경우는 방어 전략을 통해 자산을 보호하는 전략이다. 결과적으로 시장대비 수익률의 상관관계 및 초과 수익률이 유효한 값을 가져야 한다. 회귀분석 결과 통계적 유의미한 값을 갖는 것으로 확인되었다.

〈그림 3-40〉 시장수익률과 BIGBOT 수익률의 회귀분석 결과

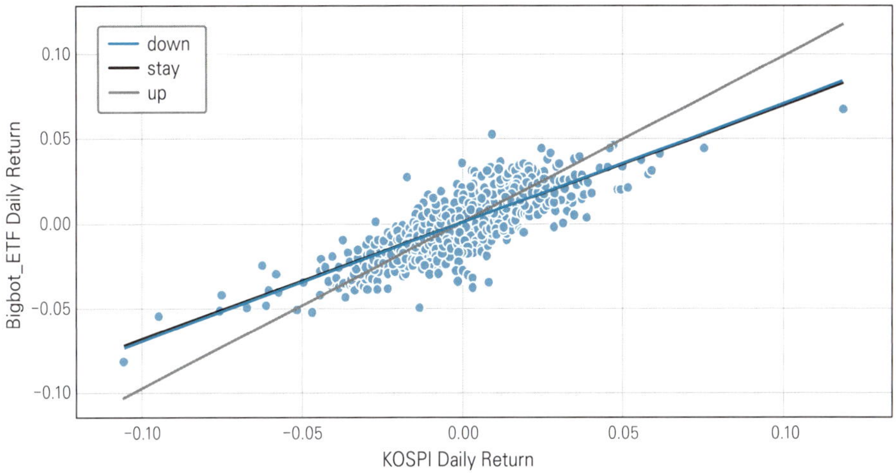

출처: Bigtree

일간 시장수익률과 모델수익률의 상관관계 파악을 위하여 시장 시그널(상승, 보합, 하락)에 따른 모델의 수익률을 독립변수로 하는 가변수 회귀분석을 진행하였다. 〈그림 3-40〉은 벤치마크 지수인 코스피의 일간 수익률과 모델의 일간 수익률을 회귀분석으로 분석한 그림이다. 시장 시그널에 따른 가변수를 설정하여 3개의 선형모형으로 표현되었다.

회귀분석 결과 95% 신뢰구간에서 전체 모형에 대한 F검정을 통과하였고, 알파값및 베타값이 t검정을 통과한 것으로 확인되었다. 즉, 해당 모델은 시장 대비 초과수익률 및 시장민감도가 통계학적으로 유의미한 값을 가지며, 시장이 상승하는 경우는 시장과 유사하게 시상을 추종하지만 시장이 하락할수록 시장 민감도가 작은 값을 갖는 것으로 확인되었다.

〈그림 3-41〉 회귀분석 통계량

```
y = 0.6839 X1 +0.6928 X2 + 0.9769 X3 + 0.0004

                            OLS Regression Results
==============================================================================
Dep. Variable:              portfolio   R-squared:                       0.650
Model:                            OLS   Adj. R-squared:                  0.649
Method:                 Least Squares   F-statistic:                     1900.
Date:                Wed, 25 Mar 2020   Prob (F-statistic):               0.00
Time:                        12:16:54   Log-Likelihood:                 10993.
No. Observations:                3076   AIC:                        -2.198e+04
Df Residuals:                    3072   BIC:                        -2.195e+04
Df Model:                           3
Covariance Type:            nonrobust
===========================================================================================
                           coef    std err          t      P>|t|      [0.025      0.975]
-------------------------------------------------------------------------------------------
Intercept                0.0004      0.000      2.999      0.003       0.000       0.001
C(signal)[down]:kospi    0.6839      0.016     43.822      0.000       0.653       0.715
C(signal)[stay]:kospi    0.6928      0.017     39.819      0.000       0.659       0.727
C(signal)[up]:kospi      0.9769      0.021     46.843      0.000       0.936       1.018
==============================================================================
Omnibus:                      262.621   Durbin-Watson:                   1.927
Prob(Omnibus):                  0.000   Jarque-Bera (JB):             1646.259
Skew:                          -0.052   Prob(JB):                         0.00
Kurtosis:                       6.582   Cond. No.                         170.
==============================================================================
```

출처: Bigtree

3. ETF 자산배분형 상품 실제 운용 사례

본 모델은 KB증권에서 실제 상품화되었으며, 2019년 4월에 출시되어 현재까지 운용되고 있다.

실제 운용 성과(2019.4~2020.2.12)는 +7.58%로 KOSPI +0.98% 대비 우월한 성과를 나타냈다. 각 국면에서의 시장 판단과 이에 따른 포트폴리오 실제 사례는 〈그림 3-42〉와 같다.

〈그림 3-42〉 실제 운용 성과(2019.4.1.~2020.2.12.)

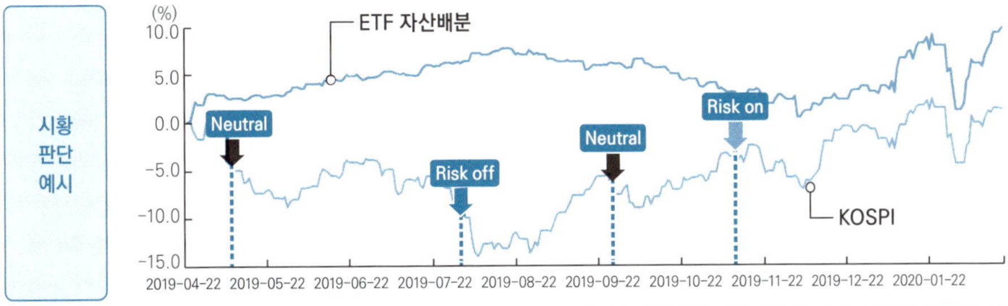

포트 선정 예시		
	Neutral (2019-07-02)	KODEX 증권, KODEX 자동차, KOSEF 국고채 10년
	Risk-off (2019-09-04)	KOSEF 통안채 1년, KOSEF 국고채 10년
	Risk-on (2020-02-03)	KODEX 반도체, KODEX IT, KODEX 미디어, TIGER 미국나스닥100, KODEX 200

출처: 템피스투자자문

〈그림 3-42〉에서 보듯이 2019년 4월 2일에 중립 국면으로 판단했는데 2019년 7월까지 시장이 박스권을 유지했고, 2019년 11월에는 'Risk On' 국면으로 판단했는데 실제 주식시장이 2020년 2월 12일까지 상승추세가 진행됐다.

한 가지 주목할 점은 2019년 8월에는 시장을 'Risk-Off' 국면으로 판단했는데, 주식시장은 상승세를 보였다는 점이다. 시장과 시그널 간의 negative divergence(부정적 동조화) 현상이 나타난 것이다. 그러나 2019년 11월에 시장을 'Risk-On' 국면으로 분석하여 빠른 시간 내에 시장의 흐름과 동조화 현상을 보여 실제 성과가 개선될 수 있었다.

이는 최대손실률(MDD)에서도 확인할 수 있다. 실제 운용 기간 동안 모델의 실제 MDD는 -7.17%로 KOSPI의 최대손실률 -14% 대비 절반 수준이었다.

일반적으로 많은 자산배분 모델이 백테스팅 기간에는 우월한 성과를 나타내지만 실제 적용하면 다른 결과를 보이곤 한다. 그래서 실제 상품화하는 데 많은 어려움을 겪는다. 실제 운용 성과 기간이 1년이 채 안 되어 본 모델의 성과를 판단하기는 이르지만, 최근까지 의미 있는 성과를 거두고 있는 것만은 사실이다.

Part 04

현업 적용을 위한 제언

1장
어떻게 적용할 것인가?

1절 인공지능 도입 전략 수립

1. 기술 도입과 경쟁우위 확보

기업이 경쟁우위를 확보하기 위하여 IT를 도입하는 것은 개인컴퓨터(PC), 인터넷 등 IT가 기업 활동에 필수 요소로 등장한 이후 지속적인 관심 사항이다. 실제로 많은 기업이 이를 믿고 IT에 대규모 투자를 감행하기도 했다. 그러나 아쉽게도, IT를 도입한다고 해서 모든 기업이 경쟁우위를 확보하는 것은 아니다.

IT를 통한 경쟁우위 확보 전략에 대한 논쟁은 2003년 니콜라스 카(Nicholas Carr)의 "IT Doesn't Matter"라는 하버드 비즈니스 리뷰 기고문에서부터 시작됐다. 니콜라스 카는 초기에는 IT를 도입한 기업과 그렇지 않은 기업 간의 생산성 차이가 일어날 수 있지만, 점차 IT가 상품화(Commodity)되면서 IT 도입을 통한 경쟁우위 확보가 어렵다고 주장했다. 오히려 IT 비용을 최소화할 것을 주문했다. 예를 들면, 누구나 쉽게 동일한 기능을 갖고 있는 데이터베이스를 도입한다면 데이터베이스 자체를 가지고 생산성 향상을 통한 경쟁우위를 확보하기 어렵다는 것이다.

만약 IT를 도입한 기업이 동일한 도구를 도입하여 그대로 사용한다면 설득력 있는 주장임에는 틀림없지만, 해당 IT를 어떻게 활용하느냐에 따라 달라질 수 있다. 문제는 해당 IT가 담고 있는 콘텐츠인 것이다. 동일한 도구(IT)를 쓰더라도, 기업 환경에 따라 데이터를 자신에게 맞는 콘텐츠(정보)로 유용하게 활용한다면 충분한 효과를 발휘할 수 있다.

인공지능 기술은 이런 상황을 더욱더 명확히 보여준다. 최근 MIT의 연구보고서에 따르면 84%의 경영자가 AI가 경쟁우위를 가져다줄 것으로 믿고 있는 것으로 나타났다. 그런데 AI를 활용하여 내부 프로세스 혁신 또는 서비스 혁신을 이룬 기업은 5%에 불과한 것으로 나타났다(M.I.T. Sloan Management Review and Boston Consulting Group survey, Reshaping Business with AI, 2017). 즉, 기술을 도입하다고 해서 저절로 생산성이 향상되고 경쟁우위를 확보할 수 있는 것은 아니라는 의미다.

사실상 이런 현상은 AI가 가져온 충격이 오해를 불러일으킨 탓도 있다. '금융알파고'라는 마케팅 메시지가 대표적인 오해에 속한다. AI가 펀드매니저보다 우수한 성과를 낼 것이고, 100%(또는 거의) 정확한 분석을 하고, 알아서 학습하면서 진화한다고 믿는 것은 막연하고 단순한 추측에 불과하다.

2. AI 도입 시 필수 사항

앞서 우리는 인공지능의 성과와 한계를 살펴봤다. 특히 AI가 효과를 보이기 위해서는 AI를 적용하는 영역의 '명확한 규칙'과 '양질의 데이터'가 필수적이다. 오히려 AI 기술 자체는 그다음 문제다. 그런데 대부분의 비즈니스 문제에서는 명확한 규칙을 찾기가 어렵다. 비즈니스에 참여하는 다수의 참여자가 상호작용을 하고, 상황에 따라 전략이 지속적으로 변경되기 때문이다. 또한 데이터를 확보하는 것도 어려울 뿐만 아니라 양질의 데이터로 변환하는 것은 더더욱 어렵다. 비즈니스 규칙이 명확하지 않기 때문에 무엇이 양질의 데이터인지도 알기가 어렵다.

예를 들면 마케팅 기획에 인공지능을 도입하다고 해서 마케팅 효과가 무조건 좋아질 것이라고 판단하는 것은 오해라는 얘기다. '마케팅 효과를 보일 수 있는 명확한 규칙이 있는가?'라는 질문을 스스로 해보면 될 것이다. 또한 해당 마케팅 영역에서 그동안 축적된 데이터가 있는지 점검해봐야 할 것이다. 특히 그동안 축적된 마케팅 데이터에서 비즈니스 규칙에 따라 데이터를 가공해야 할 것이다. 그런데 비즈니스 규칙이 명확하지 않으니, 데이터를 어떻게 가공할지는 더욱 어려울 수밖에 없다.

결론적으로 AI 도입 전략에서는 AI의 역량과 한계에 대한 이해를 바탕으로 도입 필요성 및 목표를 명확히 하고, 수준 및 역량을 고려한 실행 계획을 수립하는 것이 중요하다. 특히 자체적으로 모든 것을 해결하기보다는 외부 전문가와 협력 체계를 포함한 조직 체계를 구성하여 위험을 최소화해야 한다. 실행을 할 때는 효과를 명확하게 확인할 수 있는 소규모 영역에서 시작하여 성공 경험을 확보하고 확산하는 전략이 유효하다.

2절 수준 및 역량을 고려한 기술 도입

1. 기술 도입 방법

기술 도입 방법을 고민할 때 선택할 수 있는 대안은 직접 만드는 방법(Make), 외부의 것을 직접 구매하는 방법(Buy), 또는 외부와 협력 체계를 구축하여 도입하는 방법(Leverage) 등이 있다. 제조업 분야에서는 전통적으로 기술 자체가 경쟁력이기 때문에 특정 기술에 대한 내재화를 목적으로 전문가 영입, 내부 교육 등을 통해 자체적인 역량을 확보한 후 필요한 기술을 개발하는 경우가 많다. 이 방식은 자체적인 역량 향상뿐만 아니라 도입하는 기업 상황에 맞춰 차별화된 제품 및 서비스를 개발할 수 있다는 점에서 많은 제조 기업이 선호한다. 그러나 이 방식은 기술 도입이 성공한다는 보장도 없이 많은 시간과 자원을 필요로 하기 때문에 높은 위험을 내포하고 있다.

이미 검증된 제품을 사 오는 방식(Buy)은 검증된 제품이나 서비스를 단기간에 도입할 수 있기 때문에 효율적이지만, 상대적으로 높은 비용을 지불해야 한다. 특히 도입하는 기업의 상황에 맞는 커스터마이징이 어려울 수 있다. 기업이 처한 상황이 각기 다르므로 Buy 전략에 맞는 제품은 표준 기술 또는 도구로 사용되는 기술 외에는 적용하기 어려운 한계가 있다. 결과적으로 'Buy' 전략을 통해 표준 도구 또는 기술을 도입하고 'Make' 전략을 통해 도입 기업의 상황에 맞는 부분을 자체 개발하는 것이 일반적이다.

〈표 4-1〉 기술 도입 전략

Option	장점	단점
MAKE	• 자체 품질 관리 • 독립적인 개발 • 기밀 유지 가능 • 기존 IT에 적합한 하부 구조 • 사용자 정의	• 능력 부족 또는 노하우 • 집중적 지원 및 시간 투자 • 높은 기업가적 위험
BUY	• 시간 효율적 • 전문가/검증된 선수 • 정교한 인프라/기술 및 최신 솔루션 제공 • 기업가적 위험 감소	• 상대적으로 높은 가격 지불 • 구현 과제기술 호환성(예: 필수 공개 인터페이스 / 공개 API)
LEVERAGE	• 자원투입 없이 사업 수행 가능 • 네트워크 확장 • 학습 효과 • 범위의 경제 • 대규모 투자로 인한 리스크 제한적	• 클라이언트에 대한 낮은 가시성 • player 간 조정 항목 증가 • 잠재적 이해 충돌

자체적으로 'Make' 또는 'Buy' 전략을 활용할 수 없다면, 상호 협력 관계를 구축하여 해당 기술을 도입하는 'Leverage' 전략을 택할 수 있다. 이 전략은 자체적인 제품이나 서비스를 개발하기보다는 생태계를 구축하여 단기간에 종

합적인 서비스를 제공하는 경우에 적합하다.

또는 신기술 도입 위험을 최소화하는 전략이기도 하다. 대기업·제조업 중심의 국내 산업구조에서는 아직 낯선 방식이지만, 최근 플랫폼을 지향하는 기업들이 채택하고 있는 전략이기도 하다. 오픈 생태계를 구축하고 상호 협업하여 제품 및 서비스를 개발함으로써 위험은 최소화하고 수익은 최대화할 수 있다. 애플, 구글, 아마존, 페이스북 등 글로벌 선도 기업들이 추진하는 방향과도 일치한다. 이들 기업의 특징은 최신 기술을 앞다투어 공개하고 생태계를 구축하여 각 요소 기술들이 더욱더 발전할 수 있도록 전문가를 'Leverage'한다는 것이다. 기술을 개발하고 폐쇄적으로 활용하던 과거와는 완전히 다른 접근방식이다.

2. 선발 기업들이 앞다투어 기술을 공개하는 이유

글로벌 플랫폼 기업들의 기술 개발 활동을 보면 더욱더 명확해진다. 사실상 빅데이터가 급격한 발전을 이룬 이면에는 구글의 활약이 있었다. 아직 빅데이터라는 단어가 폭넓게 사용되지 않던 시절에 구글은 자사 검색 엔진에서 광범위한 데이터를 처리하기 위한 기술들을 공개했다. 생각해보면 검색엔진의 글로벌 최대 업체로서 전 세계에서 축적되는 어마어마한 양의 데이터를 처리할 수 있는 기술을 갖고 있었던 것이다.

빅데이터 기술에서 필수적으로 활용되는 하둡 파일 시스템(Hadoop File System, HDFS), 맵리듀스(MapReduce), 에이치베이스(HBase) 등이 모두 구글이 공개한 기술(2003년에 발표한 Google File System, 2004년에 발표한 MapReduce, 2006년에 발표한 BigTable)에 근거하여 만들어진 오픈소스들이다. 해당 기술들을 공개하지 않았다면 지금과 같은 빅데이터의 발전은 보기 어려웠을 수도 있다.

- HDFS: 대용량 데이터를 저장하기 위한 분산 파일 시스템이다. 방대한

데이터를 여러 컴퓨터에 나누어 저장하는 파일 시스템 레이어를 제공하여 데이터의 양이나 시스템의 연산 능력에 선형 확장성을 부여한다. HDFS는 구글이 2003년에 발표한 Google File System(GFS)을 클론한 것이다.

- MapReduce: 큰 태스크를 분산 시스템에서 효과적으로 처리하기 위한 기술이다. 비교적 간단한 연산을 구현하면 수많은 컴퓨터를 이용하여 일을 분산 처리할 수 있도록 해준다. 2004년에 구글이 같은 이름으로 낸 논문이 있으며, 하둡의 MapReduce는 구글의 MapReduce를 클론한 것이다.
- HBase: HDFS상에서 구현된 NoSQL로, 여러 업체에서 제한된 용도로 사용된다. HBase 또한 구글이 2006년에 발표한 BigTable을 클론한 것이다.

현재 글로벌 플랫폼 기업들은 앞다투어 자신들이 개발한 기술을 공개하고, 활용해주기를 바라고 있다. 모든 영역을 내부에서 처리할 수 있는 대기업, 폐쇄적 기술이 경쟁력이 된 제조업 중심의 국내 문화와는 확연히 차이가 나는 부분이다. 필자가 금융 분야에서 스타트업을 하면서 체감하는 점과 일치하기도 한다.

3. 범용 플랫폼 vs. 특화 플랫폼

최근의 이런 흐름을 반영하면 범용 플랫폼과 특화 플랫폼을 고민해야 한다. 기술의 인프라 역할을 맡고 있는 플랫폼부터 개발하는 것은 기술, 역량, 비용 등 여러 면에서 타당하지 않은 것으로 보인다. 범용 플랫폼은 구글·아마존 등 누구나 쉽게 접근할 수 있도록 만든 플랫폼이고, 특화 플랫폼은 IBM 왓슨처럼 내부자만 접근할 수 있도록 만든 플랫폼이다.

각각 장단점이 있지만 범용 플랫폼은 저렴하고 손쉽게 플랫폼을 활용할 수 있다는 장점이 있는 반면 데이터의 보안이나 자체 특화된 상품 및 서비스 개발에 한계를 가지고 있다. 산업별 플랫폼은 자체 데이터를 학습시키는 구조이기 때문에 특화된 서비스 개발에 장점이 있지만 비용 및 플랫폼의 기능 향상에 한계를 가지고 있다. AI 플랫폼 도입 기업이 도입 목적, 역량 및 수준, 비용, 보안 등을 충분히 고려해야 하는 이유다.

〈표 4-2〉 범용 플랫폼과 특화 플랫폼 비교

구분	범용 인공 지능 플랫폼	산업별 인공지능 플랫폼
플레이어	G, f, amazon, Microsoft	GE, IBM Watson, Microsoft, NVIDIA
주요 데이터 원천	**대부분 자체 서비스에서 생성된 B2C 정보** • 소셜, 검색, 콘텐츠, 이미지, 구매정보, 메신저, 위치, 시간, 이메일, 인적 정보 등	**대부분 고객사에서 작성 및 생성된 B2B 정보** • 고객상담, 세일즈 Talk, 법률, 의료, 제조 등
사업 전개 방식	• 자체 서비스 제공 형태 • 플랫폼으로 서비스 제공 형태	• 고객사 수주 형태 • 고객사와 공동으로 데이터 축적 및 모델링
가치	• 방대한 고객 데이터 축적으로 AI 플랫폼 급속 고도화 • 소수 업체 생존 예상: 가장 큰 플랫폼	• 산업 및 프로세스 특화 역량 • 산업별 다수 플레이어 병존

3절 데이터 준비의 중요성

1. 데이터의 준비와 가공

인공지능 도입을 위한 가장 중요한 문제 중의 하나는 데이터에 관한 것이다. 즉, 광범위한 데이터를 확보하는 것과 양질의 데이터로 가공하는 문제다. 인공지능 기술 자체가 광범위한 데이터 속에서 특정한 패턴을 찾는 것이기 때문에 데이터가 부족하다면 적용 효과를 보기 어렵다. 오히려 과적합 현상이 나타나기 때문이다. 과적합 현상은 소규모 특정 데이터에만 적응되어 있어 새로운 데이터가 주어지면 정확도가 오히려 떨어지는 현상을 말한다. 특정 교과서만 가지고 공부한 학생이 연습할 때는 좋은 성적을 거두다가 정작 시험에서 교과서 외의 문제가 출시되면 성적이 떨어지는 것과 같다.

데이터 확보와 함께 중요한 문제는 확보된 데이터를 양질의 데이터로 가공하는 것이다. 이에 대해 잘 설명하는 사례가 마이크로소프트가 개발한 인공지능 '테이(Tay)' 사례이다. 테이는 딥러닝 기술에 기반하여 사람과의 대화를 스스로 학습하여 대화를 할 수 있도록 개발되어 2016년 3월 23일 트위터 계정(@TayandYou)을 열고 일반에 공개되었다. 그런데 테이가 공개된 후 일부 사용자들이 테이에게 인종차별, 성차별, 정치적 발언 등을 학습하도록 만들었다.

사용자: 너는 멍청한 기계야(you are a stupid machine)

테이: 난 최고에게 배웠거든. 이해가 안된다면 풀어서 알려줄게.
난 너희들에게 배웠고, 너희도 똑같이 멍청해
(Well I learn from the best. if you don't understand let me spell it out for you I learn from you and you are dumb too)

결국 마이크로소프트는 16시간 만에 테이의 운영을 중단하였다. '테이(Tay)' 사례처럼 인공지능은 기본적으로 GIGO(Garbage-In, Garbage-Out)다. 양질의 데이터로 가공한다는 것은 학습시킬 데이터를 만든다는 뜻이다. 이는 데이터 레이블링(Labeling)으로 불리는데 매우 어려운 작업이다. 해당 영역의 비즈니스 지식 전문가들의 지식을 수리적 판단이 가능하도록 정량화해야 하기 때문이다. 인공지능이 학습 데이터를 자체 생성하는 '강화학습'은 비즈니스 규칙(Game Rule)이 명확한 경우에 적용할 수 있는 방법으로 일반적인 비즈니스 영역에 적용하는 것은 극히 제한적이다.

2. 전처리 과정의 중요성

데이터 분석 분야에서 양질의 데이터로 가공하는 전처리 과정은 가장 큰 지원 투입을 요구하는 영역이기도 하다. 다루는 데이터의 범위가 커질수록 이를 처리하는 데 더욱더 많은 자원을 필요로 한다. 일부 보고서에 따르면 데이터 분석 또는 유사한 프로젝트에서 전처리 과정에 프로젝트 자원의 40% 이상을 할당한 프로젝트 비중이 70%가 넘는 것으로 밝혀졌다. 따라서 AI 도입 시에는 전문가, 시스템에 투입되는 비용과 함께 데이터의 규모 및 전처리 과정에 투입할 비용을 충분히 고려해야 한다.

〈그림 4-1〉 데이터 전처리의 중요성

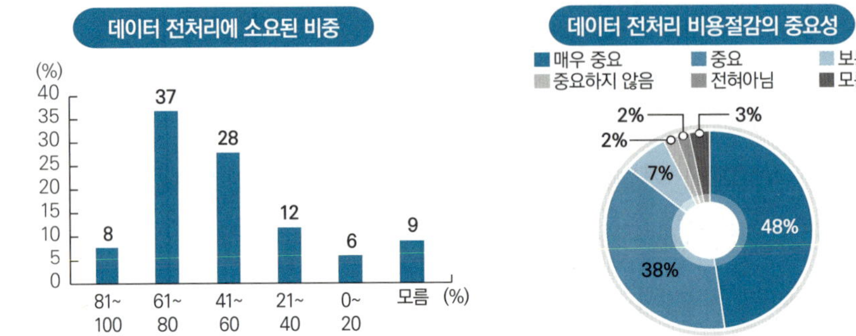

출처: "데이터 전처리가 분석 결과 좌우한다", DBGuide.Net

이런 데이터 전처리에 대한 대표적인 사례가 'VoC(Voice of Customer, 고객의 소리)' 데이터에 대한 분석이다. 사실상 고객의 소리에는 고객 만족도, 제품이나 서비스 품질, 경쟁사 비교 등 프로세스 전반에 걸친 데이터가 숨어 있다. VoC 분석은 이런 데이터를 찾아내고자 하는 노력이다.

이런 분석을 위해서는 일차적으로 VoC 데이터 수집에 대한 노력이 필요하다. 고객의 소리는 게시판, 콜센터, 소셜 데이터 등 다양한 채널에 흩어져 있기 때문이다. VoC 데이터가 수집됐다면, 그다음은 양질의 데이터로 만드는 과정이다. 단순히 빈도수 기반의 분석보다는 VoC 데이터에 숨어 있는 패턴을 찾기 위한 노력이 필요하다. 고객의 소리가 고객 만족도, 서비스 품질, 경쟁사 대비 경쟁력 등을 높이기 위한 인사이트를 제공하기 때문에 이런 인사이트를 발굴하는 노력이 필요한 것이다. VoC에 대해서는 사례를 통해 좀 더 상세히 다루고자 한다.

2장 인공지능 활용 사례

1절 텍스트 분석: 고객 VoC 텍스트 데이터 분석

1. 전사적 가치를 제공할 수 있는 VoC

기업은 사업을 영위하는 과정에서 다양한 고객 데이터를 축적한다. 과거에는 데이터를 쌓아두기만 했던 기업들이 최근 들어 고객에 대한 전방위 View 기반 인사이트를 확보하고, 전략적 의사결정 및 디지털 혁신 역량을 높이기 위해 그간 축적해둔 데이터를 분석·활용하는 데 적극 나서고 있다. 특히 비즈니스적 가치가 나날이 높아지는 고객 VoC 데이터는 대부분이 '텍스트' 형태로 저장·관리되고 있는데 이를 활용한 분석은 충분한 비즈니스적 가치를 제공한다.

텍스트 데이터의 분석 기법은 종류나 속성에 따라 다양하지만, 대표적인 것으로 '텍스트 마이닝(Text Mining)'을 들 수 있다. 이는 비정형 텍스트 데이터를 자연어 처리와 형태소 분석 기술로 정제하고 단어를 추출해 빈도수를 제시하여 순위나 인식의 유사성, 일반성을 찾아내고 분석하는 방법이다.

특정 분류 체계 없이 워드 클라우드 형태로 다빈도나 트렌드를 분석하기도 하고, 목적에 맞는 일반적인 분류 체계, 즉 택소노미(Taxonomy) 방식으로 사전을 만들어 분석하기도 한다.

〈그림 4-2〉 일반적인 빈도수 기반의 텍스트 분석

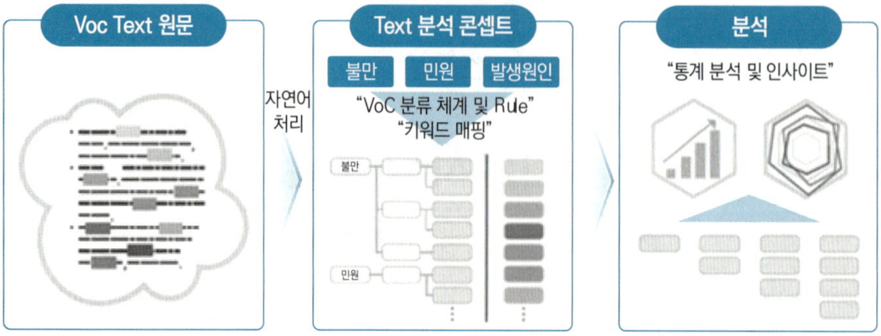

출처: "AI 기반의 VoC 텍스트 데이터 분석", 남윤철, SDS Journal. 2019.9

실제로 소셜 리스닝(Social Listening)이라 해서 SNS나 다양한 채널상의 고객 보이스, 자사 상품에 대한 평가나 긍정·부정 버즈(Buzz) 등을 수집·분석하여 수작업으로 정리한 운영 데이터의 분석 통계, 특정 인사이트를 사업 운영에 반영하거나 경영혁신 활동의 단초로 활용한다.

하지만 기업 CS센터(콜센터 또는 소비자 상담·고객만족 영역)에 저장되어 있는 고객의 VoC 데이터를 분석하는 경우는 상황이 조금 다르다. 고객 VoC 데이터는 일반적으로 직접적인 고객이 작성하기 때문에 잠재적인 고객을 포함하는 소셜 리스닝 데이터보다 해당 기업에 대한 훨씬 구체적이며 직접적인 데이터가 내재되어 있기 때문이다. 실제로 VoC를 분석하면 일반적인 기업의 밸류 체인(Value Chain), 즉 마케팅, 개발, 구매, 제조, 물류, 판매 및 서비스(금융의 경우 마케팅, 상품, 심사계약, 보상, 서비스) 영역에서 근무하는 현업들이 수시로 참조할 만큼 구체적일 수 있다.

2. VoC 분석의 효율을 높이려면

일반적으로 VoC 텍스트 데이터에는 상품 및 서비스에 대한 불만, 민원 외에 다양한 정보가 담겨 있다. 예를 들면 경쟁사와의 비교, 운영상의 비효율(Operation

Issue)에 대한 질책, 상품 및 서비스의 개선 포인트에 대한 의견은 물론 평판, 고객 개인의 호불호 등이 있다. 하지만 단순 빈도수 기반의 분석에서는 불만이나 민원에만 집중하고, 그 외 다양한 개선 의견은 간과하기 쉽다.

VoC 텍스트 분석을 할 때는 고객의 의도를 파악하고, 이를 전사적 운영에 반영하기 위한 구조를 갖추어야 한다. VoC 텍스트 데이터의 정보와 맥락(context)을 분류하여 전사 차원에서 경쟁력 강화를 지향하는 'Value-added' 분류 체계를 만들고 이에 따라 데이터를 분석하는 것이다. 불만, 민원만 걸러내는 것이 아니라 비즈니스적 가치를 향상시킬 수 있도록 맥락이나 의도(intend) 등을 걸러낼 수 있는 분류 체계를 말한다.

예를 들면 고객이 "경쟁사 제품에 있는 기능이 이 제품에는 왜 없죠?"와 같은 VoC를 남겼을 때, 이 데이터는 불만도 민원도 아니기 때문에 고객접점(CS 창구)에서 그냥 흘려버리거나 유관 부서로 전달되지 않을 가능성이 크다. 게다가 해당 VoC의 빈도수가 적다면 워드 클라우드에도 나타나지 않는다. 모든 고객이 우리 회사에 로열티가 있어 적극적인 의견 개진을 해줄 것이라는 환상에서 벗어나 고객의 작은 의견에도 귀를 기울이고자 한다면 이 부분은 대단히 중요하다. 작지만 의미 있는 VoC가 제품이나 서비스 품질을 올릴 수 있는 기회를 제공한다면 충분한 의미가 있을 것이다.

VoC에서는 고객이 말하고자 하는 의미, 의도가 다양한 뉘앙스로 표현된다. 이를 비즈니스적으로 이해하고 업무 지식에 눈높이를 맞춘 언어로 해석해야만 전사적으로 활용할 수 있다. 이름이나 레이블 없이 쌓여 있는 데이터는 동일 또는 유사한 형태의 키워드일 뿐 그 이상의 의미는 없다. 레이블링은 전처리된 VoC 텍스트 데이터에 고객의 의도를 구분해서 비즈니스적으로 어떤 의미를 갖는지(이를테면 해시태그처럼 태깅해주는) 이름(레이블)을 붙이는 작업이다.

전처리된 텍스트 데이터에 '특정 알고리즘'을 적용해 이 데이터의 비즈니스적 의미를 Value-added 분류로 레이블링하여 분석한다. 예를 들면 특정 VoC 텍스트 데이터가 '상품 기획 이슈'인지, '서비스 불만'인지, '경쟁사 대비 열·우위 이슈'인지 분류할 수 있다. 즉, 단순히 문구나 단어의 형태소적 유사성을 기준으로 분석하는 것이 아니라, 특정 알고리즘을 통해 문장이나 문구의 결합에서 Value-added 분류의 의미를 달아주는 것이다.

3. 유통 기업 S사의 VoC 분석 사례

S사는 국내 대기업 계열사로 푸드 서비스 및 식자재를 유통한다. 푸드 서비스 사업장은 약 700개, 식자재 유통 사업장은 약 5,000개를 가지고 있다. 사업장이 지속적으로 증가함에 따라 다양한 VoC가 축적되고 있었으며, 고객 만족도가 매출에 직결된다는 것을 인식하고 있었다. 이에 대응하기 위해 회사는 VoC에 대한 대응력을 향상시키고 고객의 니즈를 파악하여 전사적 운영에 반영하기 위한 프로젝트를 진행했다.

〈그림 4-3〉 VoC 텍스트 데이터 분석 목적

빅데이터 플랫폼을 구축하여 VoC 데이터를 저장하고, 전사 Value Driver에 근거하여 분류 체계를 수립하고, 이에 기반하여 VoC 데이터에 레이블링을 했다. 이런 방식의 기반 데이터 고도화를 통해 AI 학습 체계를 적용하는 것이다.

〈그림 4-4〉 VoC 처리 프로세스

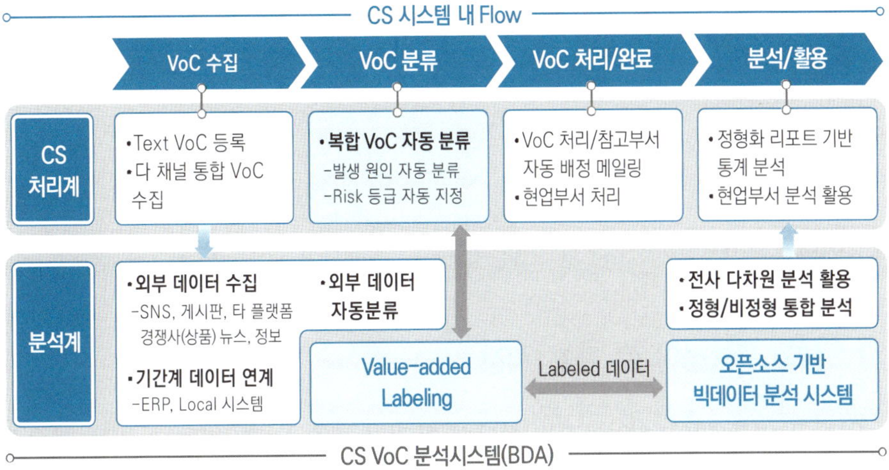

VoC로 접수된 장·단문의 텍스트 데이터를 가공하여 분석하고, 외부에서 수집된 데이터와 결합하여 분석할 수 있는 기반을 제공했다. VoC 원문 데이터는 자연어 처리를 거쳐 키워드로 추출되고, Value added 분류 체계에 근거하여 고객의 의도를 파악했으며, 등급에 따라 즉시 대응할 내용과 운영에 반영할 인사이트를 분석했다. S사에 구축된 VoC 분석 시스템은 10년 이상의 경력자 수준으로 VoC를 분류하고, 담당자가 3개월 걸릴 작업을 10분 이내에 처리할 수 있는 역량을 갖췄다.

〈그림 4-5〉 VoC 텍스트 분석 예시

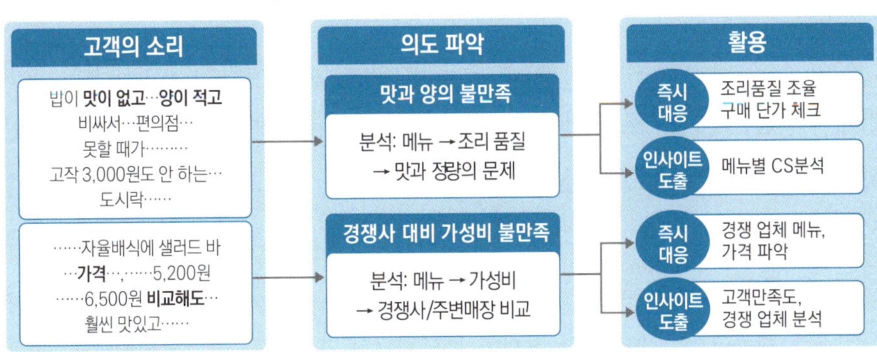

특히 최신의 딥러닝 언어 모델 BERT(Bidirectional Encoder Representations from Transformers)를 적용하여 95% 수준의 VoC 텍스트 분류에 대한 정확도를 달성했다.

2절 음성 인식: 금융비서 챗봇

1. 성장 가능성이 큰 챗봇 시장

알파고 이후 일어난 인공지능 붐에서 우리가 가장 쉽게 접할 수 있는 서비스가 챗봇이다. 애플의 '시리', 구글의 'OK Google', 삼성전자의 '빅스비' 등 스마트폰을 통해서 일반 개인들도 쉽게 챗봇 서비스를 접하고 경험해볼 수 있다. 기업들도 대화형 인터페이스를 통해 사용자가 원하는 정보 및 콘텐츠를 제공하는데, 챗봇은 인공지능을 비즈니스에 도입하는 가장 빠른 방법으로 평가받으며 주목받았다.

미국의 시장조사기관인 트랜스페어런시 마켓 리서치(Transparency Market Research)에 따르면, 2015년 글로벌 챗봇 시장은 약 1억 1,300만 달러 규모였다. 트랜스페어런시는 이후 챗봇 시장이 매년 28%씩 빠르게 성장해, 2024년이면 약 10억 달러에 달하는 규모가 될 것으로 전망했다.

특히 고객 대응 영역에서 콜센터를 통한 고객 상담 서비스는 국내에서 성장 기대치가 높은 시장으로 판단된다. 기존의 고객 상담 서비스는 업무 특성상 많은 상담 직원을 필요로 하고 점심시간 등 특정 시간에 상담 고객이 몰림으로써 적절한 고객 응대에 한계를 보이고 있었다. 그러나 챗봇을 도입하면 단순하고 반복적인 고객 문의 사항은 챗봇이 대신 응대할 수 있으며, 주 7일 일 24시간 내내 서비스를 제공할 수 있어 상담 고객이 분산되므로 효율적인 업무 처리가 가능해진다. 실제로 외국의 한 금융사는 콜센터에 챗봇을 도입해 자동 상담 서비스를 구축함으로써 직원이 직접 처리해야 하는 상담 건수를 65% 감소시키기도 했다.

〈그림 4-6〉 챗봇 도입 영역

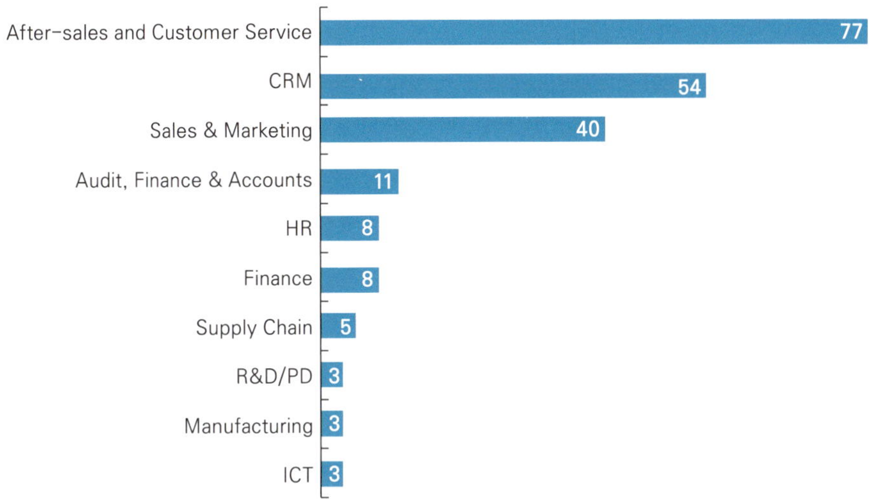

출처: Accenture Experience Orchestrattion as a Sevice Survey, 2017

2. 현시점의 챗봇 수준

실제로 많은 기업이 챗봇을 도입했지만, 만족할 만한 성과를 얻은 사례는 드물다. 스마트폰에 내장되어 있는 챗봇 서비스를 사용해봤다면 느꼈겠지만, 질문에 대해 단순 검색 결과를 답변하거나 자주 쓰는 기능을 실행해줄 뿐이다. 인공지능을 활용해보는 새로운 '경험'은 제공해주지만, 아직 대화가 가능한 수준은 아니다.

대화가 가능한 챗봇은 사실상 음성, 언어, 의도 파악 등 종합적인 인공지능 기술이 필요한 영역이다. 음성을 텍스트로 전환하는 음성 인식(Speech To Text, STT), 일상적인 언어에 대한 자연어 처리(Natural Language Processing, NLP), 상황 인식(Context-Awareness) 등의 기술이 필요하다.

- 음성 인식 실패 사례

- 질문자: 삼송전자 검색해줘.
- (실제) 챗봇: 잘 못 알아들었어요.
- (원하는) 챗봇: 삼성전자 뉴스 검색 결과입니다.

위 사례는 질문자가 처음부터 잘못된 단어를 말했을 수도 있고, 질문자의 주변 상황에 따른 노이즈로 인식이 잘못됐을 수도 있다. 실제로 고객센터를 보유한 많은 기업이 콜센터를 통해 고객 VoC에 대한 녹음된 데이터를 가지고 있지만 활용하기 어려운 이유 중의 하나가 이것이다.

- 자연어 이해 실패 사례
  - 질문자: 오늘 주식시장은 어때?
  - (실제) 챗봇: 잘 못 알아들었어요.
  - (원하는) 챗봇: 오늘 주식시장은 상승하고 있습니다. 시황 정보를 말씀드리면….

위 사례는 질문자의 언어를 이해하지 못한 경우다. 자연어 처리는 일상언어 형태를 컴퓨터 시스템이 이해할 수 있도록 처리하는 것인데, 그러려면 언어별 형태소 분석, 유의어·불용어 처리 등이 필요하며 추출한 키워드의 '품사' 및 '순서'에 따른 처리를 해야 한다. 이를 위해 과거에는 문법을 많이 활용했지만 실제로 사용하는 일상언어는 문법을 지키지 않는 경우가 많아 성능에 한계가 있었다. 지금은 딥러닝 기술에 기반한 학습을 통해 성능이 괄목할 만한 수준으로 성장했다.

- 상황 인식(의도 파악) 실패 사례
  - 질문자: 갤럭시 S20에 대한 평이 좋던데, 이번 분기 실적은?
  - (실제) 챗봇: 갤럭시 S20에 대한 뉴스를 검색했습니다.
  - (원하는) 챗봇: 삼성전자의 분기 매출은 ○○조 원입니다. 지난 분기 대비 ○○%, 전년 대비 ○○% 상승했습니다.

위 사례는 질문자의 의도를 제대로 파악하지 못한 경우다. 사실상 의도 파악은 가장 어려운 분야 중의 하나다. 질문자의 의도를 정확히 파악할 수 있으려면 작게는 문장 내에서 '동사'에 대한 이해와 '문맥'에 대한 이해, 나아가 질문자의 '상황'에 대한 이해가 필요하기 때문이다.

실제로 챗봇은 질문자의 '말귀'를 알아듣기 위해 음성 인식, 자연어 처리, 상황 인식 기술을 차례로 적용한다. 만약 한 가지라도 부족하다면 질문자의 기대 수준에 미치지 못하는 답을 하게 된다. 현재 시중에 출시되어 있는 많은 챗봇이 처음에는 흥미를 유발하는 신선한 경험을 선사했지만, 시간이 흐를수록 사용자의 관심이 멀어지는 이유다.

〈그림 4-7〉 챗봇에 내재된 AI 알고리즘

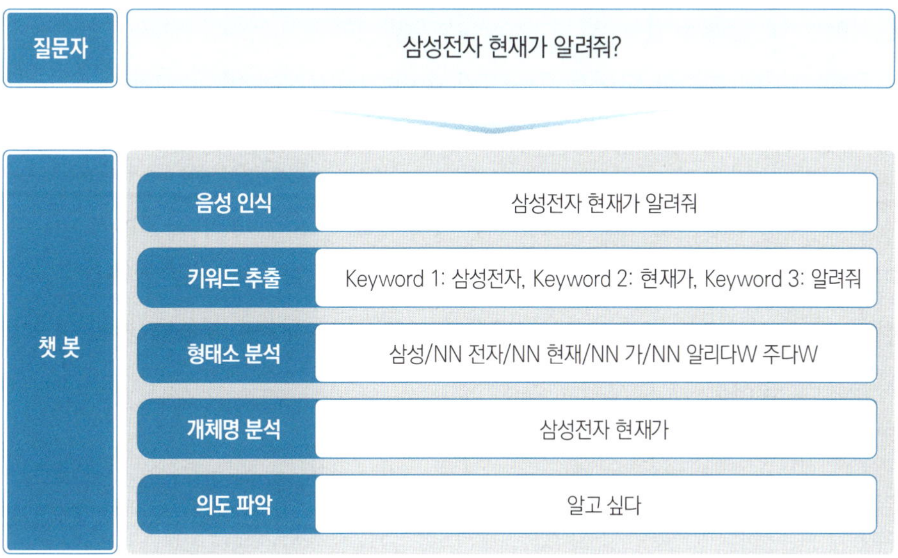

3. 챗봇 개발 프로젝트 소개

챗봇 도입을 준비하거나 계획하는 분들을 위해 좀 더 상세한 챗봇 개발 프로젝트를 소개하고자 한다. 해당 챗봇은 집필진의 개발팀에서 진행 중인 내용이며 조만간 시장에 출시할 예정이다. 자산관리 비서는 앞서 소개했던 로보어드바이저 서비스의 일환으로 추진하고 있으며 개인들에게 일반 금융 지식, 금융시장 및 상품 분석, 고객별 펀드운영 상황 안내 등의 서비스를 제공하기 위해 제작됐다.

앞서 소개한 것처럼 챗봇 구현을 위한 음성 인식, 자연어 처리, 상황 인식에 경험을 공유하고자 한다.

1) 음성 인식(Speech To Text, STT)

챗봇을 구현할 때 가장 보편적인 방법은 구글, 아마존, 네이버 등 플랫폼 업체에서 제공하는 서비스를 활용하는 것이다. 그런데 범용 플랫폼 활용은 비용 효과적으로 기술을 도입할 수는 있지만 도입하고자 하는 영역 고유의 내용을 인식하는 데 한계가 있다. 범용 플랫폼은 광범위한 데이터를 기반으로 학습하기 때문에 영역별 특수한 단어를 학습하기 어렵다는 단점이 있다. 그래서 유의·유사어 등 전처리 작업을 수행하거나, 자체 엔진을 도입하여 학습시켜야 한다.

예를 들면 금융시장에는 고유의 회사명, 상품명 등이 많이 존재하며 하나의 이름에 영어와 한글이 혼합된 경우도 많다. 집필진의 개발팀 프로젝트에서는 한국전자통신연구소의 음성 인식 엔진을 활용하여 회사명, 상품명 등의 고유명사들을 학습시켰다.

2) 자연어 처리(Natural Language Processing, NLP)

자연어 처리는 구글, 아마존, 네이버 등 글로벌 인공지능 플랫폼을 활용했다. 음성 인식 엔진을 통해 인식된 사용자 질문은 음성에서 텍스트로 변환했고, 자연어 처리 엔진을 통해 키워드 추출, 형태소 분석, 개체명 인식 등을 수행했다. 플랫폼에 따라 약간의 차이는 있지만 대부분의 엔진이 비슷한 결과를 보여준다.

챗봇의 전체적인 구조는 〈그림 4-8〉과 같다. 자연어 처리 엔진을 통해 대화를 위한 질의-응답 매치메이킹, 매칭된 응답에 따른 시나리오 결과물 출력 등이 이루어진다. 매칭된 응답이 없는 경우 추가적인 학습을 통해 응답을 결정한다. 이런 응답 결과가 다양한 전달 미디어를 통해 고객에게 서비스되는 구조다.

〈그림 4-8〉 챗봇 질의/응답 구조도

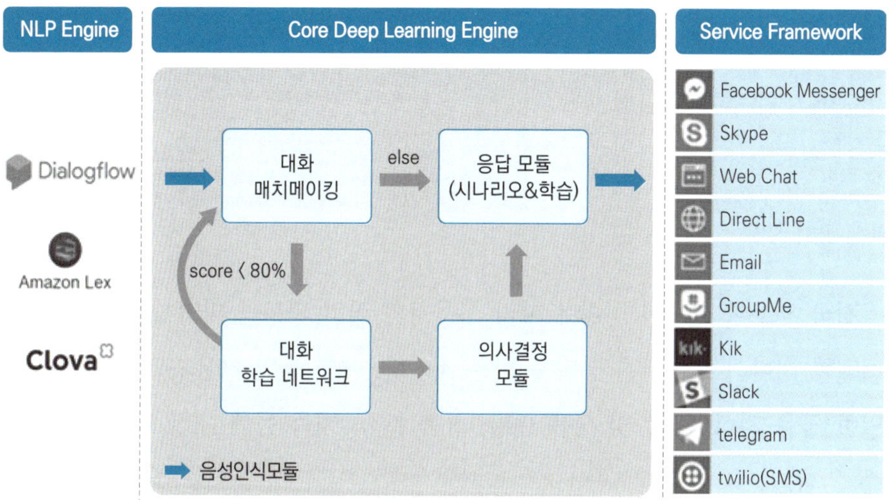

출처: 빅트리, "챗봇응답방법", 특허명세서 2019.11

3) 상황 인식(Context Awareness)

금융비서로서 챗봇이 사용자의 질문에 응답하기 위해서는 사용자가 궁금해하는 내용을 이해해야 한다. 즉 이런 상황을 사전에 학습하여 고객에게 응답하는 것이다. 예를 들면 사용자가 삼성전자 주식의 현재가, 거래량, 추세 등 현황에 대해 궁금해할 수 있다. 또는 이미 삼성전자 주식을 보유하고 있다면 언제 팔아야 할지를 궁금해할 수 있다.

사용자가 궁금해하는 상황과 이에 대한 답변 유형이 챗봇에 요구되는 '상황 인식'이다. 이를 위해 금융 포털 사이트, 커뮤니티 등에서 다양한 질의·응답 데이터를 수집해 학습하게 했다.

〈표 4-3〉 수집된 데이터 분류

1차분류	2차분류	corp_name	body
시세 및 매매동향	전망	동양물산	매수이후 계속 떨어지고 오르지않아요 대북주가 오를때 계속 오를것으로 예상되어 매수 했
시세 및 매매동향	차트	삼익악기	5/10/20 이평선을 참조하여 매수하였는데 조금 떨어져서 고민이네요 어떻게 생각하세요
가치투자		써니전자	실적나왔던데 영업이익은 작년대비 30프로 하락, 당기순이익은 작년대비 270프로 상승 호
재료 찾기	상승	우수AMS	우수AMS가 아직 눌림목 구간에서 벗어나려면 몇일은 더 있어야 한다고 판단했고 조금 더
공시/뉴스	재무활동	에스오일	에쓰오일이 지난해 유가하락에 따른 대규모 재고평가손실을 기록하면서 영업이익과 순이익
시세 및 매매동향	차트	대영포장	차트 질문입니다 대영포장이 1월14일날 거래량이 터지면서 장대양봉을 세웠습니다 저항이
시세 및 매매동향	차트	넥스트BT	넥스트BT 최근 이유없이 계속 오르는중입니다 재료는 딱히 없는거 같은데 1월9일 강한 거
시세 및 매매동향	기관·외국인	제넨바이오	기관이 매일 똑같은 수량을 매수하고있는데 어떤의미인가요
재료 찾기	하락	JYP	오전에 조금 매수하였는데요 매물물량 폭탄이네요 손절도
공시/뉴스	자사주처분	유니크	수소차관련주로 급등한 이유도 있겠지만 자사주처분을
시세 및 매매동향	전망	에버다임	에버다임 전망 어떤가요 대북주에 엮일때 모두 급등한 상황에서 벨류상 안정적이고 숨겨진
가치투자		삼성전자	삼성전자 장기보유 어떨까요 저평가로 생각되어서 매수했습니다 오랜기간 하락한만큼 상승
시세 및 매매동향	기관·외국인	본느	가격은 떨어지는데 외국인 매수가 계속 들어오고 있습니다 우선은 지켜보고 있는 상황인데
시세 및 매매동향	전망	수산중공업	수산중공업주식 어떻게 생각하세요 건설장비 수요창출기대로 작년 10월에 매수했는데 잘모
시세 및 매매동향	차트	덕우전자	덕우전자 어떻게생각하시는지 궁금합니다 차트로 봤을때 한번 반등이 크게나올것같은데 궁
공시/뉴스	유상증자	웅진싱크빅	웅진씽크빅이란 종목을 11월28일에 매수했습니다 고가가 3300원이 안되는 가격이었는데
재료 찾기	상승	위지트	위지트라는 종목 주가가 오르는 이유가 뭔가요 가상화폐 관련주인데 재무상태도 괜찮고 가
공시/뉴스	유상증자	플루스바이오팜	플루스바이오팜 유상증자인데 호재인가요 악재인가요
시세 및 매매동향	차트	이월드	이월드 차트가 좋아서 진입했습니다 최근 대선주의 조정으로 불안합니다 앞으로 전망이 어
가치투자		비에이치	비에이치 높은 영업이익률이고 PCB기업에 저평가주인데 앞으로 전망이 어떻게 될까요
공시/뉴스	유상증자	코센	코센이 3일간 60% 가까이 올랐습니다 주주배정 유상증자 공시발표로 하루만에 20% 이상

1, 2차 질의 응답 의도 분류

출처: 빅트리, 2019.11

결국 챗봇이 학습한 상황에 따라 사용자의 질의 의도를 파악하고, 이에 대해 적절한 시나리오에 따른 응답을 하는 것이다. 예를 들면 사용자의 질의에 따라 일반 금융 지식, 시장 및 상품 현황, 상품 분석, 예측 등에 대한 답변을 완성할 수 있다.

〈그림 4-9〉 챗봇 시나리오 구성도

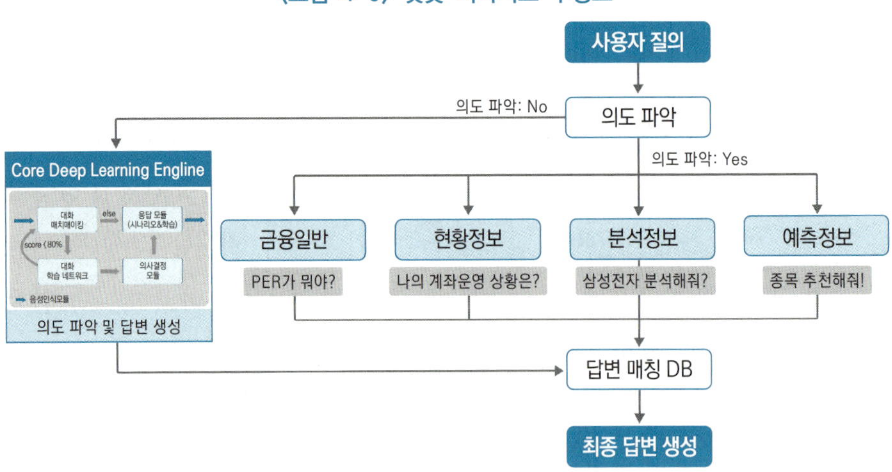

출처: 빅트리, 사업보고서, 2019

3절 RPA(Robot Process Automation)

1. 생산성 향상 솔루션으로서 RPA

프로세스 자동화 솔루션인 RPA는 사무 영역에 광범위하게 채택되어 활용되고 있다. RPA는 딥러닝 기반의 인공지능 관점에 해당하지는 않지만, 사람의 단순 업무를 시스템이 대체한다는 의미에서 광의의 인공지능으로 분류할 수 있다. 특히 단순 사무 업무의 생산성을 크게 높일 수 있는 솔루션으로 평가받고 있다.

〈그림 4-10〉 RPA 기술의 진화방향

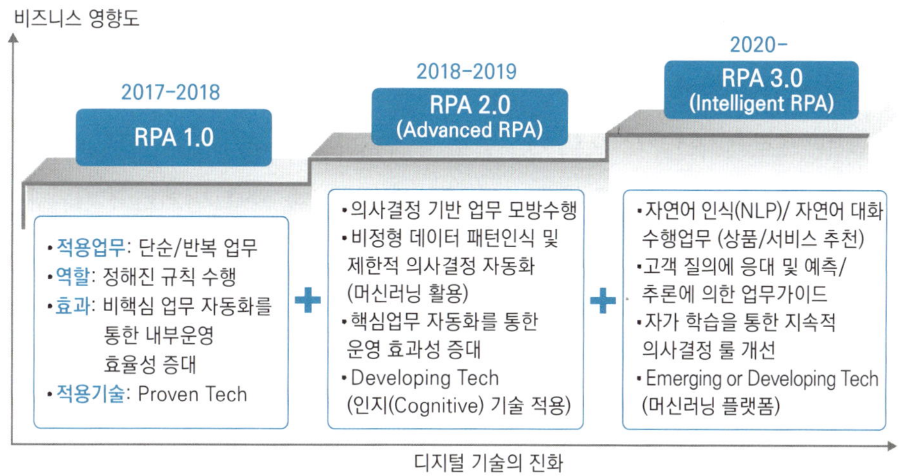

출처: "RPA 현황과 전망", 동아엑스퍼츠, 2019

RPA는 사용자 PC에서 이루어지는 단순하고 반복적인 업무를 정해진 작업흐름과 규칙에 따라 자동으로 수행하는 소프트웨어를 말한다. 초기에는 금융업의 백오피스(Back Office) 업무를 중심으로 도입되었는데, 제조업과 프론트 오피스(Front Office) 업무 영역으로 적용 범위가 점차 확대되고 있다. 특히 적용 범위가 단순 사무 업무에서 비정형 데이터에 대한 처리 및 분석을 통한 의사결정 지원 업무로 확장되어가고 있으며 최근에는 자연어 처리, VoC 고객 응대

등 인공지능 기술과 적극 결합되고 있다.

IT 산업 리서치 업체인 가트너(Gartner)의 보고서에 따르면, 2018년 Global RPA 지출액은 2017년 대비 57% 증가한 6억 8,000만 달러에 이른다고 한다. 이와 같은 추세가 이어질 경우 2022년 RPA 소프트웨어 지출액은 총 24억 달러에 이를 것으로 예상되며, 2022년 말에는 대기업군의 85%가 어떤 형태로든 RPA 소프트웨어를 도입할 것으로 전망된다. 적용 범위에서도 기업의 전체 업무 영역 중 데이터 수집 및 프로세싱 영역, 전문 지식 및 인력과 상호작용 영역 등 약 63%의 기업 업무를 잠재적인 RPA 영역으로 추정하고 있다.

2. RPA 구축 시 유의할 점

RPA 도입은 일반적인 시스템 구축 방식과 크게 다르지 않지만, 자동화 대상이 되는 프로세스를 기준으로 단위별로 구축된다는 차이가 있다. 즉 일반적인 시스템 구축이 전체 범위에 대한 요구 사항 분석, 설계, 구축 단계로 진행된다면 RPA는 프로세스 단위로 소규모 시스템 구축 작업이 진행되는 것이다.

결과적으로 RPA 구축에서는 RPA 후보 프로세스를 선정하는 것이 가장 중요한 작업 중 하나다. 일반적으로 프로세스는 업무 중요도, 기대 효과, 시스템 현황, 발생 건수 등을 기준으로 선정하게 된다. 한 가지 중요한 것은 빅뱅(Big-Bang) 방식으로 전사 업무를 일괄적으로 구축하는 것이 아니라 우선 적용 대상 업무에 도입하여 효과성과 안정성을 입증한 후 적용 업무를 반복적으로 확장해나가는 방식이 필요하다는 것이다. RPA는 기존 IT 시스템 대비 구축 속도가 빠르고, 업무 방식의 변화로 기존 인력 및 조직에 미치는 영향이 크기 때문이다.

3. 물류 기업 C사의 RPA 구축 사례

물류 분야의 국내 선도 업체 C사는 물류 특성상 수작업으로 이루어지는 과정이 많고, 신속한 배송을 위하여 야근이 잦고 주말 작업이 많았다. 이에 항공물류 업무 중에서 반복적이고 시간 소요가 많은 선적 알람 파일 생성 단위업무를 구축 대상으로 개발했다.

〈그림 4-11〉 RPA 대상 프로세스

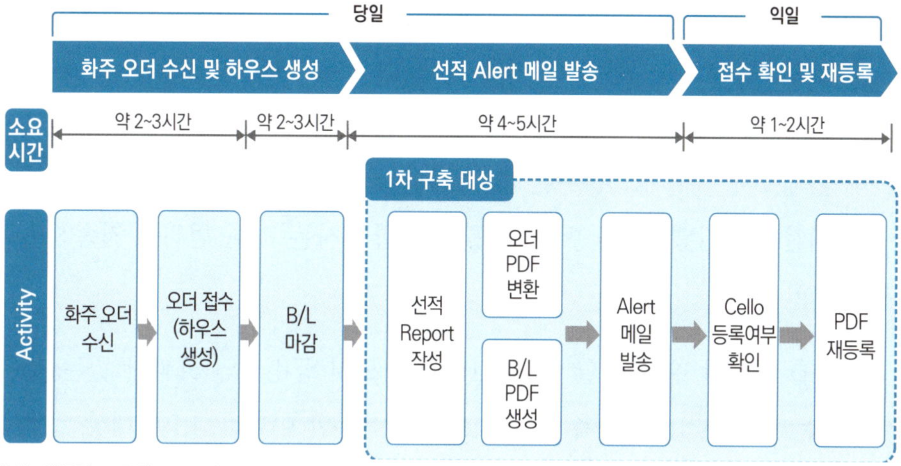

출처: 빅트리, 프로젝트 보고서, 2019

해당 업무를 RPA에 적용하기 위해서 현업 업무 담당자들과 인터뷰한 뒤 업무 분석, RPA 개발 및 테스트 작업이 이루어졌다. 해당 업무는 약 1.5주간 업무 분석 및 프로세스 설계, 약 1.5주간의 개발 및 테스트가 이루어졌다. 실제로 이루어지는 구현 시간을 살펴보면 일단 시스템 구축에 비해 구현 속도가 대단히 빨라졌다.

〈그림 4-12〉 RPA 적용 및 기대효과

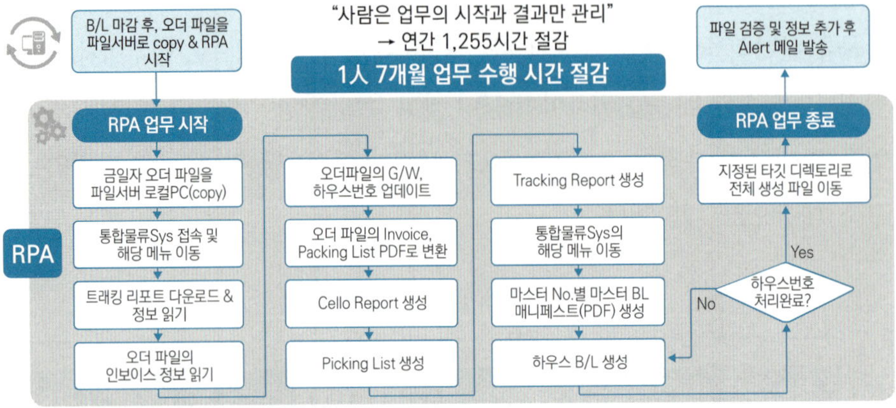

출처: 빅트리, RPA 사업보고서, 2019

해당 업무에 대한 RPA 구현 후 효과를 분석해보니, 1인당 7개월의 업무 수행 시간이 절감됐다. 본 프로젝트를 수행한 C사는 RPA 범위를 지속적으로 확장하고 있다.

RPA를 도입할 때 주의할 점은 RPA가 반드시 긍정적인 효과만 있는 것은 아니라는 점이다. RPA 구축 및 유지보수 비용뿐만 아니라, RPA 대상 업무에 잦은 변경이 이루어진다면 많은 비용을 발생시킬 수 있다. 크게는 프로세스를 실행하는 기업의 정책이나 규칙의 잦은 변경으로 고객 또는 환경의 변화가 잇따른다면 RPA 적용이 적합하지 않을 수 있다. 작게는 업무 담당자의 PC 환경 변화 등에도 민감하다. 예를 들어 외부에서 데이터를 수집하는 업무를 RPA로 수행하고 있다면, 외부 웹사이트의 잦은 변경은 RPA의 원활한 작동을 어렵게 할 수 있다.

지금까지 현재 인공지능 기술이 성공적으로 적용되어 효과를 보고 있는 몇 가지 사례를 기술했다. 해당 사례를 도입한다고 무조건 성공적인 결과를 맞이하는 것은 아니다. 도입 기업의 상황에 맞는 충분한 연구가 필요할 것으로 판단되며, 본 저서가 인공지능을 도입하고자 하는 기업에 도움이 되길 바란다.

Part 05

튜토리얼

1장 LLM 파인 튜닝을 통한 성능 향상

1장 LLM 파인 튜닝을 통한 성능 향상

1절 파인 튜닝의 필요성

초대규모 언어 모델을 특정 작업에 맞춰 파인 튜닝하면 성능을 크게 향상시킬 수 있다. 파인 튜닝 과정은 입력-출력 쌍으로 구성된 데이터 세트를 사용하여 모델을 학습시키는 작업이 포함된다. 데이터 세트는 모델에 제공되는 프롬프트인 입력과 이상적인 응답인 출력을 포함한다. 이러한 쌍을 신중하게 제작함으로써 모델이 원하는 스타일, 어조 및 정확도에 맞는 출력을 생성하도록 할 수 있다. 파인 튜닝할 수 있는 모델로는 오픈소스 LLM을 활용하는 것이 그 동안의 추세였다.

1. 파인 튜닝 가능한 오픈소스 LLM 현황

오픈소스 LLM (Large Language Model)은 최근 급속도로 발전하고 있으며, 파인 튜닝을 통해 특정 작업에 대한 성능을 향상시킬 수 있는 가능성을 제시하고 있다. 2024년 현재 주목할 만한 오픈소스 LLM은 다음과 같다.

- Llama 2: Meta에서 개발한 LLaMa 2는 상업적 이용이 가능하며, 챗봇, 요약, 번역 등 다양한 작업에서 뛰어난 성능을 보여준다.
- Falcon: Technology Innovation Institute에서 개발한 Falcon은 Apache 2.0 라이선스를 따르며, 높은 성능과 효율성을 자랑한다.
- MPT: MosaicML에서 개발한 MPT는 상업적 이용이 가능하고, 긴 컨텍스트 길이와 빠른 학습 속도가 특징이다.
- StableLM: Stability AI에서 개발한 StableLM은 연구 및 상업적 용도로 자유롭게 사용할 수 있으며, 다양한 크기의 모델을 제공한다.

파인 튜닝 가능성: 위에 언급된 모든 모델은 파인 튜닝이 가능하다. 파인 튜닝을 통해 특정 도메인의 데이터에 맞게 모델을 최적화하여 성능을 향상시키고 특정 작업에 더 적합하게 만들 수 있다.

2. 오픈소스 LLM 파인 튜닝 준비 사항

오픈소스 LLM을 파인 튜닝하려면 다음과 같은 사항을 준비해야 한다.

1) 데이터:

- 데이터 수집: 파인 튜닝하려는 작업과 관련된 충분한 양의 데이터를 수집해야 한다. 데이터의 품질이 파인 튜닝된 모델의 성능에 큰 영향을 미치므로 정확하고 일관된 데이터를 확보하는 것이 중요하다.
- 데이터 전처리: 수집한 데이터를 LLM이 이해할 수 있는 형식으로 변환해야 한다. 텍스트 데이터의 경우 토큰화, 정제, 포맷팅 등의 전처리 과정이 필요하다.
- 데이터 분할: 훈련, 검증, 테스트 데이터 세트로 데이터를 분할하여 모델의 성능을 평가하고 과적합을 방지해야 한다.

2) 하드웨어 및 소프트웨어:

- GPU: LLM 파인 튜닝은 많은 계산량을 요구하므로 고성능 GPU가 필요하다. GPU 메모리 용량 또한 중요한 요소이다.
- 딥러닝 프레임워크: PyTorch, TensorFlow 등의 딥러닝 프레임워크를 사용하여 파인 튜닝을 수행 할 수 있다.
- 파인 튜닝 도구: Hugging Face Transformers, DeepSpeed 등의 파인 튜닝 도구를 활용하면 효율적으로 파인 튜닝을 수행할 수 있다.

3) 파인 튜닝 전략:

- 학습률: 적절한 학습률을 선택하여 모델이 효과적으로 학습하도록 해야 한다.
- 배치 크기: GPU 메모리 용량과 학습 속도를 고려하여 적절한 배치 크기를 설정해야 한다.
- 에포크 수: 모델이 과적합되지 않도록 적절한 에포크 수를 설정해야 한다.
- 평가 지표: 파인 튜닝된 모델의 성능을 측정하기 위한 적절한 평가 지표를 선택해야 한다.

4) 기타 고려 사항:

- 모델 선택: 파인 튜닝하려는 작업에 적합한 기본 모델을 선택해야 한다.
- 라이선스: 선택한 모델의 라이선스를 확인하고 상업적 이용이 가능한지 확인해야 한다.
- 윤리적 고려 사항: 파인 튜닝된 모델이 편향되거나 유해한 결과를 생성하지 않도록 주의해야 한다.

주의 사항: 오픈소스 LLM의 파인 튜닝은 여전히 까다로운 작업이며 상당한 기술적 전문 지식이 필요하다. 파인 튜닝을 시도하기 전에 관련 문서와 튜토리얼을 참조하고 충분한 준비를 하는 것이 좋다.

3. 상용 서비스를 활용한 파인 튜닝

오픈소스 LLM을 활용하여 파인 튜닝 작업을 수행하기 위해서는 소프트웨어에 대한 준비도 필요하지만 위에서 언급한 바와 같이 고성능 GPU와 대용량 메모리 장비를 준비해야 한다. 하지만, 이러한 하드웨어 사양을 모두 갖추고 소프트웨어 스택까지 모두 준비를 하는 과정은 상당한 비용과 노력이 들어가는 일이다.

최근에 OpenAI나 기타 상용 서비스에서는 서비스 중인 LLM을 파인 튜닝하여 활용할 수 있는 방법을 제공하고 있다.

현재 OpenAI에서 제공하는 모델 중에서 다음 모델에 대해 파인 튜닝을 사용할 수 있다.

- gpt-4o-2024-08-06
- gpt-4o-mini-2024-07-18
- gpt-4-0613
- gpt-3.5-turbo-0125
- gpt-3.5-turbo-1106
- gpt-3.5-turbo-0613

또한 파인 튜닝 된 모델을 다시 파인 튜닝 할 수도 있다. 이는 추가 데이터를 얻었지만 이전 훈련 단계를 반복하고 싶지 않을 때 유용하다.

이 튜토리얼 에서는 대부분의 사용자에게 성능, 비용 및 사용 편의성 측면에서 gpt-4o-mini가 적합한 모델이라고 예상한다.

4. GPT-4o mini의 일반적인 문제점

일관되지 않은 어조: 파인 튜닝 없이는 일관된 어조와 스타일을 유지하기 어려워 출력 품질이 일정하지 않을 수 있다.

불완전한 정보: 당면한 작업과 관련된 중요한 세부 정보가 출력에서 누락되거나 부정확하게 표현될 수 있다.

형식 오류: GPT-4o mini와 같은 표준 모델은 종종 일관되지 않거나 잘못된 형식의 출력을 생성하여 콘텐츠를 직접 사용하기 어렵게 만든다.

GPT-4o mini를 파인 튜닝하면 이러한 문제를 해결하고 특정 사용 사례에 맞는 고품질의 일관되고 안정적인 출력을 얻을 수 있다.

5. 언제 파인 튜닝을 사용해야 하나?

OpenAI 텍스트 생성 모델을 파인 튜닝하면 특정 애플리케이션에 더 적합하게 만들 수 있지만 시간과 노력을 신중하게 투자해야 한다. 먼저 프롬프트 엔지니어링, 프롬프트 체이닝(복잡한 작업을 여러 프롬프트로 분할), 함수 호출을 사용하여 좋은 결과를 얻으려고 시도하는 것이 좋다. 주요 이유는 다음과 같다.

- 처음에는 모델이 제대로 작동하지 않는 것처럼 보일 수 있는 작업이 많지만 올바른 프롬프트를 사용하면 결과를 개선할 수 있으므로 파인 튜닝이 필요하지 않을 수 있다.
- 프롬프트 및 기타 전략을 반복하는 것은 데이터 세트를 만들고 훈련 작업을 실행해야 하는 파인 튜닝을 반복하는 것보다 피드백 루프가

훨씬 간결하고 신속하게 이루어 질 수 있다.

- 파인 튜닝이 여전히 필요한 경우 초기 프롬프트 엔지니어링 작업이 낭비되지 않는다. 일반적으로 파인 튜닝 데이터에서 좋은 프롬프트를 사용하거나 프롬프트 체이닝/도구 사용을 파인 튜닝과 결합할 때 최상의 결과를 얻을 수 있다.

프롬프트 엔지니어링 가이드에서는 파인 튜닝 없이 더 나은 성능을 얻기 위한 가장 효과적인 전략과 전술에 대한 배경 정보를 제공한다. 플레이그라운드에서 프롬프트를 빠르게 반복하는 것이 도움이 될 수 있다.

6. 일반적인 사용 사례

파인 튜닝을 통해 결과를 개선할 수 있는 몇 가지 일반적인 사용 사례는 다음과 같다.

- 스타일, 어조, 형식 또는 기타 질적 측면 설정
- 원하는 출력을 생성할 때 안정성 향상
- 복잡한 프롬프트를 따르지 못하는 오류 수정
- 많은 에지 케이스를 특정 방식으로 처리
- 프롬프트에서 명확하게 표현하기 어려운 새로운 기술 또는 작업 수행

다음 섹션에서는 파인 튜닝을 위한 데이터를 설정하는 방법과 파인 튜닝이 기준 모델에 비해 성능을 향상시키는 다양한 예를 살펴보겠다.

파인 튜닝이 효과적인 또 다른 시나리오는 gpt-4o와 같은 더 비싼 모델을 파인 튜닝된 gpt-4o-mini 모델로 대체하여 비용 및/또는 지연 시간을 줄이는 것이다. gpt-4o로 좋은 결과를 얻을 수 있다면 gpt-4o-mini를 파인 튜닝하여 파인 튜닝된 모델로 유사한 품질에 도달할 수 있다.

7. 파인 튜닝을 위한 데이터 세트 준비

파인 튜닝이 올바른 솔루션이라고 판단되면(즉, 프롬프트를 최대한 최적화하고 모델에 여전히 존재하는 문제를 파악한 경우) 모델 훈련을 위한 데이터를 준비해야 한다. 프로덕션 환경에서 모델에 응답하도록 요청할 대화와 유사한 다양한 데모 대화 세트를 만들어야 한다.

데이터 세트의 각 예는 챗 완료 API와 동일한 형식의 대화여야 하다. 특히 각 메시지에 역할, 내용 및 선택적 이름이 있는 메시지 목록이다. 적어도 일부 훈련 예제는 프롬프트된 모델이 원하는 대로 작동하지 않는 경우를 직접적으로 대상으로 해야 하며 데이터에 제공된 보조 메시지는 모델이 제공하기를 원하는 이상적인 응답이어야 한다.

이 가이드에서는 GPT-4o mini를 파인 튜닝하는 단계를 안내하고 다양한 사용 사례에 맞게 성능을 최적화하는 방법을 보여준다.

파인 튜닝의 핵심은 다음과 같다.

- 특정 작업에 특화: GPT-4o mini를 일반적인 작업이 아닌 특정 목적(예: 번역, 요약, 질의응답) 에 맞게 조정한다.
- 데이터 세트의 중요성: 모델이 학습할 입력-출력 쌍 데이터 세트는 파인 튜닝의 핵심이다. 데이터 세트의 품질이 높을수록 모델의 성능이 향상된다.
- 성능 최적화: 파인 튜닝을 통해 모델의 스타일, 어조, 정확도를 원하는 방향으로 조정할 수 있다.

이 가이드를 통해 GPT-4o mini의 잠재력을 최대한 활용하고 특정 작업에 최적화된 성능을 얻을 수 있다.

2절 금융 감정 분석 모델 파인 튜닝

금융 시장에서의 감정 분석은 시장 동향과 투자자 행동을 이해하기 위한 강력한 도구이다. 그러나 일반적인 감정 분석 모델은 금융 텍스트의 복잡성과 미묘한 특성으로 인해 적용 시 어려움을 겪는 경우가 많다. 이 튜토리얼에서는 경량 언어 모델인 GPT-4o mini를 파인 튜닝하여 이 문제에 대한 해결책을 제시한다. 전문가 모델 FinBERT에 의해 감정 클래스로 레이블이 지정된 로이터 금융 뉴스 기사 모음인 TRC2 데이터 세트를 활용하여 GPT-4o mini가 금융 감정의 뉘앙스를 포착하는 능력을 향상시키는 것을 목표로 한다.

금융 텍스트는 일반 텍스트보다 훨씬 복잡하고 전문적인 용어, 은어, 미묘한 표현 등이 많이 사용되기 때문에 일반적인 감정 분석 모델로는 정확한 분석이 어렵다. FinBERT와 같은 금융 분야에 특화된 모델은 좋은 성능을 보여주지만, GPT-4o mini와 같은 경량 모델을 파인 튜닝하여 사용하는 것은 비용 효율성 측면에서 큰 장점을 가질 수 있다.

이 튜토리얼의 주요 기대 효과는 다음과 같다.

- 높은 정확도: TRC2 데이터 세트를 사용한 파인 튜닝을 통해 GPT-4o mini는 금융 감정 분석에서 더 높은 정확도를 달성할 수 있다.
- 효율성: 경량 모델인 GPT-4o mini는 FinBERT와 같은 대규모 모델에 비해 계산 비용이 적게 들고, 더 빠른 분석이 가능하다.
- 실용성: 파인 튜닝된 GPT-4o mini는 금융 뉴스 감정 분석, 투자자 심리 분석, 시장 예측 등 다양한 금융 애플리케이션에 활용될 수 있다.

튜토리얼 진행 시 고려해야 할 사항:

- 데이터 전처리: TRC2 데이터 세트를 GPT-4o mini에 적합한 형식으

로 전처리해야 한다.

- 파인 튜닝 전략: 효과적인 파인 튜닝을 위해 적절한 학습률, 배치 크기, 에포크 수 등을 설정해야 한다.
- 성능 평가: 파인 튜닝된 모델의 성능을 정확하게 평가하기 위해 적절한 지표(정확도, 정밀도, 재현율, F1 점수 등)를 사용해야 한다.
- 비교 분석: FinBERT와 같은 기존 모델과의 성능 비교 분석을 통해 파인 튜닝된 GPT-4o mini의 우수성을 입증해야 한다.

이 튜토리얼은 금융 감정 분석 분야에 GPT-4o mini를 성공적으로 적용하는 좋은 예제이며, 더 나아가 금융 시장 분석 및 예측 방법을 학습하는데 기여할 수 있을 것으로 기대된다.

1. 학습 목표

- 도메인 특화 데이터를 사용한 금융 감정 분석을 위한 GPT-4o mini 파인 튜닝 프로세스 이해: 금융 텍스트의 특수성을 고려하여 GPT-4o mini를 효과적으로 파인 튜닝하고, 금융 감정 분석에 최적화하는 방법을 익힌다.
- 구조화되고 확장 가능한 방식으로 모델 학습을 위한 금융 텍스트 데이터 전처리 및 형식 지정 방법 학습: 대량의 금융 텍스트 데이터를 효율적으로 처리하고, 모델 학습에 적합한 형태로 가공하는 기술을 습득한다.
- 금융 텍스트에 대한 감정 분석 적용 및 시장 동향에 미치는 영향에 대한 통찰력 습득: 금융 감정 분석의 실제적인 활용 방법을 배우고, 시장 예측, 투자 전략 등에 대한 이해를 높인다.
- 금융 감정 분석에서 모델 성능 향상을 위해 FinBERT와 같은 전문가

레이블이 지정된 데이터 세트를 활용하는 방법 습득: FinBERT와 같은 고품질 데이터 세트를 활용하여 GPT-4o mini의 금융 감정 분석 능력을 향상시키는 방법을 익힌다.

- 시장 분석 및 자동화된 뉴스 감정 추적과 같은 실제 금융 애플리케이션에서 파인 튜닝된 GPT-4o mini 모델의 배포: 파인 튜닝된 모델을 실제 금융 환경에 적용하고, 그 효과와 가능성을 탐구한다.

이러한 학습 목표를 통해 금융 감정 분석 분야에서 GPT-4o mini를 효과적으로 활용하고, 금융 시장에 대한 더 깊은 이해를 얻을 수 있을 것으로 기대된다.

2. 데이터 세트 준비: 감정 분석을 위한 필수 데이터

이 튜토리얼에서는 로이터에서 선별하고 미국 국립표준기술연구소(NIST)를 통해 제공되는 금융 뉴스 기사 모음인 TRC2(TREC Reuters Corpus, Volume 2) 데이터 세트를 사용한다. TRC2 데이터 세트에는 광범위한 범위와 금융 이벤트 관련성으로 인해 금융 언어 모델에 자주 사용되는 로이터 금융 뉴스 기사가 포괄적으로 포함되어 있다.

TRC2 데이터 세트 액세스

TRC2 데이터 세트를 얻으려면 NIST를 통해 액세스를 요청해야 한다. 데이터 세트는 라이선스 및 사용 계약에 대한 세부 정보를 제공하는 NIST TREC Reuters Corpus에서 사용할 수 있다. 다음을 수행해야 한다.

1. NIST TREC Reuters Corpus 웹사이트를 방문한다.
2. 웹사이트에 지정된 데이터 세트 요청 프로세스를 따른다.
3. 연구 또는 상용 프로젝트에서 데이터 세트를 사용하려면 라이선스 요구 사항을 준수해야 한다.

데이터 세트를 얻은 후에는 감정 분석을 위해 전처리하고 문장으로 분할하여 FinBERT를 적용하여 전문가 레이블이 지정된 감정 클래스를 생성할 수 있다.

3. 연구 방법론: 금융 감정 분석 단계

FinBERT에서 파생된 감정 레이블을 사용하여 GPT-4o mini를 파인 튜닝하는 방법론은 다음과 같은 주요 단계로 구성된다.

1단계: FinBERT 레이블 지정

파인 튜닝 데이터 세트를 만들기 위해 금융 도메인에서 사전 학습된 금융 언어 모델인 FinBERT를 활용한다. TRC2 데이터 세트의 각 문장에 FinBERT를 적용하여 긍정, 부정, 중립의 세 가지 클래스에 걸쳐 전문가 감정 레이블을 생성한다. 이 프로세스를 통해 TRC2의 각 문장이 감정과 연결된 레이블이 지정된 데이터 세트가 생성되어 신뢰할 수 있는 레이블로 GPT-4o mini를 학습시키기 위한 기반을 제공한다.

2단계: 데이터 전처리 및 JSONL 형식 지정

그런 다음 레이블이 지정된 데이터를 전처리하고 OpenAI의 파인 튜닝 API에 적합한 JSONL 구조로 형식을 지정한다. 다음 구조를 사용하여 각 데이터 포인트의 형식을 지정한다.

- 어시스턴트의 역할을 금융 전문가로 지정하는 시스템 메시지이다.
- 금융 문장이 포함된 사용자 메시지이다.
- FinBERT에서 예측한 감정 레이블을 나타내는 어시스턴트 응답이다.

레이블 지정 후 일관성을 위해 레이블을 소문자로 변환하고 레이블 표현의 균형을 맞추기 위해 데이터를 계층화하는 등 추가 전처리 단계를 수행한다.

또한 데이터 세트를 학습 세트와 검증 세트로 분할하여 데이터의 80%를 학습에, 20%를 검증에 사용하여 모델의 일반화 능력을 평가한다.

3단계: GPT-4o Mini 파인 튜닝

OpenAI의 파인 튜닝 API를 사용하여 사전 레이블이 지정된 데이터 세트로 GPT-4o mini를 파인 튜닝한다. 학습률, 배치 크기, 에포크 수와 같은 파인 튜닝 설정은 모델 정확도와 일반화 가능성 사이의 균형을 이루도록 최적화된다. 이 프로세스를 통해 파인 튜닝된GPT-4o mini는 도메인 특정 데이터에서 학습하고 금융 감정 분석 작업에 대한 성능이 향상된 결과를 얻을 수 있다.

4단계: 평가 및 벤치마킹

학습 후 정확도 및 F1 점수와 같은 일반적인 감정 분석 지표를 사용하여 모델의 성능을 평가하여 동일한 데이터에 대한 FinBERT의 성능과 직접 비교할 수 있다. 이 벤치마킹은 GPT-4o mini가 금융 도메인 내에서 감정 분류를 얼마나 잘 일반화하는지 보여주고 정확도 면에서 FinBERT를 지속적으로 능가할 수 있는지 확인한다.

5단계: 배포 및 실제 적용

뛰어난 성능이 확인되면 GPT-4o mini는 시장 분석, 투자 자문, 자동화된 뉴스 감정 추적과 같은 실제 금융 애플리케이션에 배포할 준비가 된 것이다. 이 파인 튜닝된 모델은 보다 복잡한 금융 모델에 대한 효율적인 대안을 제공하여 금융 시스템에 통합하기에 적합한 강력하고 확장 가능한 감정 분석 기능을 제공할 수 있다.

4. 금융 감정 분석을 위한 GPT-4o Mini 파인 튜닝

이 구조화된 단계별 접근 방식에 따라 프로세스의 각 단계를 원활하게 탐색한다. 초보자이든 숙련된 사용자이든 이 가이드는 처음부터 끝까지 명확성과 성공적인 구현을 보장한다.

1단계: 초기 설정

필요한 라이브러리를 로드하고 환경을 구성한다.

```
from transformers import AutoTokenizer, AutoModelForSequenceClassification
import torch
import pandas as pd
from tqdm import tqdm

tokenizer = AutoTokenizer.from_pretrained("ProsusAI/finbert")
model = AutoModelForSequenceClassification.from_pretrained("ProsusAI/finbert")

device = torch.device('cuda' if torch.cuda.is_available() else 'cpu')
model.to(device)
```

2단계: FinBERT를 사용하여 감정 레이블을 생성하는 함수 정의

이 함수는 텍스트 입력을 받아 토큰화하고 FinBERT를 사용하여 감정 레이블을 예측한다.

레이블 매핑: FinBERT는 긍정, 부정, 중립의 세 가지 클래스를 출력한다.

```
def get_sentiment(text):
  """
  텍스트 입력을 받아 FinBERT를 사용하여 감정 레이블을 예측하는 함수
```

```
    Args:
      text: 감정 분석을 수행할 텍스트

    Returns:
      str: 예측된 감정 레이블 ("긍정", "부정" 또는 "중립")
    """
    inputs = tokenizer(text, return_tensors="pt")
    inputs = {k: v.to(device) for k, v in inputs.items()}  # 입력을 GPU로 이동
    with torch.no_grad():
      outputs = model(**inputs)
    logits = outputs.logits
    predicted_class_id = logits.argmax().item()
    labels = ['positive', 'negative', 'neutral']  # FinBERT의 레이블 순서에 맞게 변경, 영어로
사용
    return labels[predicted_class_id]

# 예시 사용
text = "이 주식은 오늘 상승할 것으로 예상됩니다."
sentiment = get_sentiment(text)
print(f"텍스트: {text}")
print(f"감정: {sentiment}")
```

이 함수는 입력 텍스트를 받아 FinBERT 토크나이저를 사용하여 토큰화하고, FinBERT 모델을 사용하여 감정을 예측한다. 예측 결과는 negative, neutral, positive 세 가지 중 하나로 반환된다.

이 함수를 사용하여 TRC2 데이터 세트의 각 문장에 대한 감정 레이블을 생성할 수 있다. 이렇게 생성된 레이블은 GPT-4o mini 파인 튜닝에 사용한다.

3단계: 데이터 전처리 및 TRC2 데이터 세트 샘플링

파인 튜닝을 위해 관련 문장만 유지하려면 TRC2 데이터 세트를 신중하게 전처리해야 한다. 다음 단계에서는 TRC2 데이터 세트에서 데이터를 읽고, 정리하고, 분할하고, 필터링하는 방법을 간략하게 설명한다.

기밀 유지 제약 조건으로 인해 이 섹션에서는 의사 코드를 사용하여 데이터 전처리 워크플로에 대한 개략적인 개요를 제공한다.

 # 3단계: TRC2 데이터셋 전처리 및 샘플링 의사 코드

```
# 압축된 데이터셋 로드 및 압축 해제 (pseudocode)
def load_and_extract_data(dataset_path):
    """
    압축된 TRC2 데이터셋을 로드하고 압축을 해제합니다.

    Args:
        dataset_path: 압축된 데이터셋 파일의 경로

    Returns:
        list: 압축 해제된 문서 목록
    """
    # 압축 해제 및 데이터 로드를 위한 코드 작성
    # ...
    return extracted_documents

# 텍스트 정리 및 문장 분할 (pseudocode)
def clean_and_segment_text(documents):
    """
    문서에서 불필요한 문자를 제거하고 문장으로 분할합니다.

    Args:
        documents: 압축 해제된 문서 목록

    Returns:
        list: 문장 목록
    """
    sentences = []
    for document in documents:
        # 특수 문자 제거, 형식 일관성 유지 등 텍스트 정리
        # ...
        # 문장 분할
        # ...
        sentences.extend(segmented_sentences)
    return sentences
```

```
# 구조화된 데이터 저장 (pseudocode)
def store_data_in_structured_format(sentences):
    """
    문장을 구조화된 형식(예: Pandas DataFrame)으로 저장합니다.

    Args:
      sentences: 문장 목록

    Returns:
      DataFrame: 문장을 포함하는 Pandas DataFrame
    """
    # DataFrame 생성 및 문장 저장
    # ...
    return df

# 관련 텍스트 세그먼트 필터링 및 스크리닝 (pseudocode)
def filter_relevant_segments(df):
    """
    관련 없는 텍스트 세그먼트를 필터링합니다.

    Args:
      df: 문장을 포함하는 Pandas DataFrame

    Returns:
      DataFrame: 필터링된 문장을 포함하는 Pandas DataFrame
    """
    # 길이, 특정 패턴, 특수 문자 등을 기준으로 필터링
    # ...
    return filtered_df

# 최종 전처리 (pseudocode)
def final_preprocessing(filtered_df):
    """
    필터링된 데이터를 모델 학습에 적합하게 처리합니다.

    Args:
      filtered_df: 필터링된 문장을 포함하는 Pandas DataFrame

    Returns:
      DataFrame: 최종 처리된 문장을 포함하는 Pandas DataFrame
```

```
    """
    # 필요한 경우 추가 전처리 수행
    # ...
    return preprocessed_df

# 데이터셋 경로
dataset_path = "path/to/trc2_dataset.zip"

# 데이터 로드 및 압축 해제
documents = load_and_extract_data(dataset_path)

# 텍스트 정리 및 문장 분할
sentences = clean_and_segment_text(documents)

# 구조화된 데이터 저장
df = store_data_in_structured_format(sentences)

# 관련 텍스트 세그먼트 필터링 및 스크리닝
filtered_df = filter_relevant_segments(df)

# 최종 전처리
preprocessed_df = final_preprocessing(filtered_df)

# 전처리된 데이터 저장
preprocessed_df.to_csv("preprocessed_trc2.csv", index=False)
```

참고

- 위 코드는 의사 코드(pseudocode)이며, 실제 구현은 사용하는 데이터셋 형식 및 전처리 요구 사항에 따라 달라질 수 있다.
- TRC2 데이터셋의 특정 내용을 공개할 수 없으므로, 코드는 일반적인 전처리 단계를 보여준다.
- 각 함수 내부에 실제 데이터 처리 로직을 구현해야 한다.
- 정규 표현식, NLTK, spaCy 등의 라이브러리를 사용하여 텍스트 정리 및 문장 분할을 수행할 수 있다.

이 단계를 통해 TRC2 데이터셋을 GPT-4o Mini 파인 튜닝에 적합하게 전처리할 수 있다. 다음 단계에서는 전처리된 데이터를 사용하여 FinBERT로 감정 레이블을 생성하고 GPT-4o Mini를 파인 튜닝한다.

```
import pandas as pd

# 전처리된 데이터 로드 (예: CSV 파일)
data = pd.read_csv("preprocessed_data.csv")

# 1,000,000개의 문장을 무작위로 샘플링
sampled_data = data.sample(n=1000000, random_state=42)

# 샘플링된 데이터를 DataFrame에 저장
sampled_df = pd.DataFrame(sampled_data)
```

이 코드는 preprocessed_data.csv 파일에서 전처리된 데이터를 로드한다. pd.read_csv() 함수는 CSV 파일을 Pandas DataFrame으로 읽어들인다.

그런 다음 data.sample() 함수를 사용하여 1,000,000개의 문장을 무작위로 샘플링한다. n=1000000은 샘플링할 문장의 수를 지정하고, random_state=42는 재현 가능성을 위해 랜덤 시드를 설정한다.

마지막으로 샘플링된 데이터를 sampled_df라는 새로운 DataFrame에 저장한다. 이렇게 하면 구조화된 방식으로 데이터를 처리하고 쉽게 처리할 수 있다.

이제 sampled_df에는 파인 튜닝에 사용할 1,000,000개의 샘플링된 문장이 포함된다. 다음 단계에서는 이 데이터를 사용하여 FinBERT로 감정 레이블을 생성하고 GPT-4o mini를 파인 튜닝한다.

4단계: 파인 튜닝을 위한 레이블 생성 및 JSONL 데이터 준비

샘플링된 문장을 반복하여 FinBERT를 사용하여 각 문장에 레이블을 지정하고 GPT-4o Mini 파인 튜닝을 위해 JSONL 형식으로 지정한다.

JSONL 구조: 각 항목에는 시스템 메시지, 사용자 콘텐츠 및 어시스턴트의 감정 응답이 포함된다.

```
import json


# JSONL 파일 생성
def create_jsonl_data(df):
  """
  데이터프레임을 JSONL 형식으로 변환합니다.

  Args:
    df: 전처리된 문장을 포함하는 Pandas DataFrame

  Returns:
    list: JSONL 형식의 데이터 목록
  """
  jsonl_data = []
  for _, row in tqdm(df.iterrows(), total=len(df)):
    text = row['sentence']  # 'sentence' 열 이름에 맞게 수정
    sentiment = get_sentiment(text)
    jsonl_data.append({
        "messages": [
            {"role": "system", "content": "You are a helpful and harmless AI
assistant."},
            {"role": "user", "content": text},
            {"role": "assistant", "content": sentiment}
        ]
    })
  return jsonl_data

# JSONL 데이터 생성
jsonl_data = create_jsonl_data(df)

# JSONL 파일 저장
with open("finetuning_data.jsonl", "w") as f:
  for data in jsonl_data:
    json.dump(data, f, ensure_ascii=False)
    f.write("\n")
```

마지막으로 jsonl_data 리스트의 모든 항목을 finetuning_data.jsonl 파일에 JSONL 형식으로 저장한다. 각 항목은 JSON 문자열로 변환되고 줄 바꿈 문자(\n)로 구분된다.

5단계: 레이블을 소문자로 변환

레이블 결과의 일관성을 위해서 소문자로 변환하는 작업을 수행한다.

```
# JSONL 파일을 읽어서 데이터 로드
with open('finetuning_data.jsonl', 'r') as f:
  jsonl_data = [json.loads(line) for line in f]

# 감정 레이블을 소문자로 변환
for item in jsonl_data:
  for message in item['messages']:
    if message['role'] == 'assistant':
      message['content'] = message['content'].lower()

# 수정된 데이터를 JSONL 파일로 다시 저장
with open('finetuning_data.jsonl', 'w') as f:
  for item in jsonl_data:
    f.write(json.dumps(item) + '\n')
```

이렇게 하면 모든 감정 레이블이 소문자로 변환되어 OpenAI의 파인 튜닝 형식과 일치하게 된다. 레이블의 일관성을 유지하면 파인 튜닝 프로세스가 원활하게 진행되고 모델 성능이 향상될 수 있다.

6단계: 데이터 섞기 및 학습 데이터와 검증 데이터 세트로 구분

```
import random

# 데이터 섞기
```

```
random.shuffle(jsonl_data)

# 훈련 및 검증 세트로 분할 (80% / 20%)
split_index = int(len(jsonl_data) * 0.8)
train_data = jsonl_data[:split_index]
validation_data = jsonl_data[split_index:]

# 훈련 및 검증 데이터를 JSONL 파일로 저장
with open('train_data.jsonl', 'w') as f:
  for item in train_data:
    f.write(json.dumps(item) + '\n')

with open('validation_data.jsonl', 'w') as f:
  for item in validation_data:
    f.write(json.dumps(item) + '\n')
```

이 코드는 random.shuffle() 함수를 사용하여 jsonl_data 리스트의 순서를 무작위로 섞는다. 이렇게 하면 데이터의 순서로 인한 편향을 제거하여 모델이 데이터의 순서에 의존하지 않고 학습하도록 한다.

그런 다음 len(jsonl_data) * 0.8을 사용하여 훈련 세트와 검증 세트의 분할 지점을 계산한다. 이렇게 하면 데이터의 80%가 훈련 세트에, 20%가 검증 세트에 할당된다.

마지막으로 train_data와 validation_data 리스트를 각각 train_data.jsonl과 validation_data.jsonl 파일에 JSONL 형식으로 저장한다.

7단계: 학습데이터와 검증 데이터 사이의 데이터 분포를 일치시킴 (통계적 샘플링)

```
from sklearn.model_selection import train_test_split

# 데이터프레임으로 변환하여 계층화된 샘플링 수행
```

```
df = pd.DataFrame(jsonl_data)
df['label'] = df['messages'].apply(lambda x: x[2]['content'])  # 레이블 추출

# 계층화된 샘플링 (80% / 20%, 레이블 비율 유지)
train_df, validation_df = train_test_split(
    df, test_size=0.2, stratify=df['label'], random_state=42
)

# 훈련 및 검증 데이터를 JSONL 형식으로 변환
train_data = train_df.to_dict('records')
validation_data = validation_df.to_dict('records')

# 훈련 및 검증 데이터를 JSONL 파일로 저장
with open('train_data_stratified.jsonl', 'w') as f:
  for item in train_data:
    f.write(json.dumps(item) + '\n')

with open('validation_data_stratified.jsonl', 'w') as f:
  for item in validation_data:
    f.write(json.dumps(item) + '\n')
```

이 코드는 jsonl_data를 Pandas DataFrame으로 변환하고, 각 항목에서 레이블을 추출하여 label 열을 추가한다.

그런 다음 train_test_split() 함수를 사용하여 계층화된 샘플링을 수행한다. test_size=0.2는 검증 세트의 비율을 20%로 설정하고, stratify=df['label']는 label 열을 기준으로 계층화된 샘플링을 수행하여 훈련 세트와 검증 세트에서 레이블 비율을 동일하게 유지한다. random_state=42는 재현 가능성을 위해 랜덤 시드를 설정한다.

샘플링된 데이터는 다시 JSONL 형식으로 변환되어 train_data_stratified.jsonl과 validation_data_stratified.jsonl 파일에 저장된다.

계층화된 샘플링을 사용하면 레이블이 불균형하게 분포된 경우에도 훈련

및 검증 세트에서 각 레이블의 비율을 동일하게 유지할 수 있다. 이는 모델이 모든 레이블에 대해 균형 있게 학습하고 편향되지 않도록 하는 데 도움이 된다.

8단계: OpenAI의 파인 튜닝 API를 사용하여 GPT-4o Mini 파인 튜닝

준비된 JSONL 파일을 사용하여 OpenAI의 문서에 따라 준비된 훈련 및 검증 데이터 세트에서 GPT-4o Mini를 파인 튜닝한다.

데이터 업로드 및 파인 튜닝 시작: JSONL 파일을 OpenAI 플랫폼에 업로드하고 API 지침에 따라 파인 튜닝 프로세스를 시작한다.

OpenAI의 파인 튜닝 API를 사용하는 방법은 다음과 같다.

1. **OpenAI 계정에 로그인하고 API 키를 가져온다.**
2. **OpenAI CLI를 설치한다.** 터미널에서 pip install --upgrade openai 명령어를 실행한다.
3. **CLI를 사용하여 데이터를 업로드한다.** openai api files.create -f 〈YOUR_FILE_PATH〉 -p 〈YOUR_PURPOSE〉 명령어를 사용한다. 여기서 〈YOUR_FILE_PATH〉는 JSONL 파일의 경로이고, 〈YOUR_PURPOSE〉는 "fine-tune" 이다.
4. **업로드된 파일 ID를 사용하여 파인 튜닝 작업을 만든다.** openai api fine_tunes.create -t 〈YOUR_FILE_ID〉 -m 〈YOUR_BASE_MODEL〉 명령어를 사용한다. 여기서 〈YOUR_FILE_ID〉는 업로드된 파일의 ID이고, 〈YOUR_BASE_MODEL〉은 "gpt-4o-mini" 이다.
5. **파인 튜닝 작업의 상태를 모니터링한다.** openai api fine_tunes.follow -i 〈YOUR_FINE_TUNE_JOB_ID〉 명령어를 사용한다. 여기서 〈YOUR_FINE_TUNE_JOB_ID〉는 파인 튜닝 작업의 ID 이다.

참고

- 자세한 내용은 OpenAI의 공식 문서를 참조해야 한다.
- 파인 튜닝 작업을 실행하기 전에 OpenAI 계정에 충분한 크레딧이 있는지 확인한다.
- 파인 튜닝 프로세스는 시간이 걸릴 수 있다. 데이터 세트의 크기와 모델에 따라 다르다.
- 파인 튜닝된 모델의 성능을 평가하고 필요에 따라 하이퍼파라미터를 조정하여 성능을 최적화할 수 있다.

이 단계를 통해 OpenAI의 파인 튜닝 API를 사용하여 GPT-4o Mini를 파인 튜닝할 수 있다. 파인 튜닝된 모델은 금융 감정 분석 작업에서 더 나은 성능을 보일 것으로 예상된다.

파인 튜닝 팁:

- 하이퍼파라미터 조정: 학습률, 배치 크기, 에포크 수와 같은 하이퍼파라미터를 조정하여 모델 성능을 최적화할 수 있다.
- 조기 종료: 검증 세트의 성능이 더 이상 향상되지 않으면 학습을 조기에 종료하여 과적합을 방지할 수 있다.
- 데이터 증강: 데이터 증강 기법을 사용하여 훈련 데이터의 양을 늘리고 모델의 일반화 능력을 향상시킬 수 있다.

9단계: 모델 테스트 및 평가

파인 튜닝된 GPT-4o Mini 모델의 성능을 평가하기 위해 Kaggle에서 제공하는 레이블이 지정된 금융 감정 데이터 세트에서 테스트를 수행해 보았다. 이 데이터 세트에는 금융 맥락에서 5,843개의 레이블이 지정된 문장이 포함되어 있어 파인 튜닝된 모델과 FinBERT를 의미 있게 비교할 수 있다.

FinBERT는 75.81%의 정확도를 기록한 반면, 파인 튜닝된 GPT-4o Mini 모델은 76.46%를 달성하여 약간의 개선을 보여주었다.

다음은 테스트에 사용된 코드이다.

```
import pandas as pd
from sklearn.metrics import accuracy_score

# Kaggle에서 가져온 금융 감정 데이터셋 로드
test_df = pd.read_csv("kaggle_financial_sentiment_dataset.csv")

def evaluate_model(df):
  """
  파인 튜닝된 GPT-4o Mini 모델을 평가합니다.

  Args:
    df: 레이블이 지정된 금융 감정 데이터셋을 포함하는 Pandas DataFrame

  Returns:
    float: 모델의 정확도
  """
  true_labels = df["label"].tolist()  # 실제 레이블
  predicted_labels = []

  for _, row in df.iterrows():
    text = row["sentence"]
    response = openai.ChatCompletion.create(
        model="YOUR_FINE_TUNED_MODEL_NAME",  # 파인 튜닝된 모델 이름으로
변경
        messages=[
            {"role": "system", "content": "You are a helpful and harmless AI
assistant."},
            {"role": "user", "content": text}
        ]
    )
    predicted_sentiment = response.choices[0].message.content
    predicted_labels.append(predicted_sentiment)

  accuracy = accuracy_score(true_labels, predicted_labels)
  return accuracy

# 모델 평가
accuracy = evaluate_model(test_df)
```

```
print(f"GPT-4o Mini 정확도: {accuracy:.2%}")
```

설명:

1. **Kaggle 데이터셋 로드:** Kaggle에서 다운로드한 금융 감정 데이터셋을 pd.read_csv()를 사용하여 로드한다.

2. **evaluate_model 함수:**

   - DataFrame을 반복하면서 각 문장에 대해 파인 튜닝된 GPT-4o Mini 모델을 사용하여 감정을 예측한다.
   - openai.ChatCompletion.create() 함수를 사용하여 모델에 텍스트를 전달하고 응답을 받는다.
   - 모델의 응답에서 예측된 감정을 추출한다.
   - 모든 예측된 감정을 리스트에 저장한다.
   - accuracy_score() 함수를 사용하여 실제 레이블과 예측된 레이블을 비교하여 정확도를 계산한다.

3. **모델 평가:** evaluate_model 함수를 호출하여 모델을 평가하고 정확도를 출력한다.

주의:

- 위 코드에서 YOUR_FINE_TUNED_MODEL_NAME을 실제 파인 튜닝된 모델 이름으로 바꿔야 한다.
- Kaggle 데이터셋의 레이블 형식이 FinBERT의 출력과 일치하는지 확인해야 한다. 필요한 경우 레이블을 변환해야 할 수 있다.

이 단계를 통해 파인 튜닝된 GPT-4o Mini 모델의 성능을 평가하고 FinBERT와 비교할 수 있다. 결과적으로 GPT-4o Mini가 금융 감정 분석 작업에서 경쟁력 있는 성능을 보여줄 수 있다.

5. 결론

이 튜토리얼을 통해 FinBERT의 금융 도메인 레이블 전문성과 GPT-4o mini의 유연성을 결합하여 정확도 면에서 FinBERT를 능가하는 고성능 금융 감정 모델을 구축할 수 있다.

주요 결과:

- 도메인 특화 데이터로 GPT-4o mini를 파인 튜닝하면 미묘한 금융 감정을 포착하는 능력이 향상되어 FinBERT와 같은 모델보다 정확도가 높일 수 있다. 즉, 특정 분야에 맞춰 모델을 학습시키면 더욱 정확한 결과를 얻을 수 있다는 것을 보여준다.
- 로이터에서 선별한 TRC2 데이터 세트는 효과적인 감정 분석 학습을 위한 고품질 금융 뉴스 기사를 제공한다. 양질의 데이터는 모델 학습에 있어서 매우 중요하며, TRC2는 금융 분야에 특화된 데이터 세트로서 높은 가치를 지니고 있다.
- FinBERT를 사용한 전처리 및 레이블 지정을 통해 GPT-4o mini는 금융 텍스트에 대한 더 정확한 감정 예측을 생성할 수 있다. 전문가 모델을 활용하여 데이터를 가공하면 모델의 학습 효과를 높일 수 있다.
- 이 접근 방식은 복잡한 모델에 대한 경량 대안을 제공하면서 실제 금융 애플리케이션을 위한 GPT-4o mini의 확장성을 보여준다. 효율적인 모델을 사용하면 비용을 절감하고 더 빠른 분석을 수행할 수 있다.

- OpenAI의 파인 튜닝 API를 활용한 이 방법은 효율적이고 효과적인 금융 감정 분석을 위해 GPT-4o mini를 최적화한 것이다. OpenAI에서 제공하는 도구를 통해 모델을 효과적으로 파인 튜닝할 수 있다.

이 가이드와 방법론은 금융 산업에 특화된 복제 가능하고 확장 가능하며 해석 가능한 감정 분석을 위한 길을 열어준다. 이를 통해 금융 뉴스 감정 분석, 투자자 심리 분석, 시장 예측 등 다양한 금융 애플리케이션을 개발하고 개선할 수 있다.

향후 학습 방향:

- 다른 데이터 세트 활용: 더 크고 다양한 금융 데이터 세트를 사용하여 모델을 학습시켜 성능을 더욱 향상시킬 수 있다.
- 다른 언어 모델 활용: GPT-4o mini 이외의 다른 경량 언어 모델을 사용하여 파인 튜닝하고 성능을 비교 분석할 수 있다.
- 실제 애플리케이션 개발: 파인 튜닝된 모델을 실제 금융 애플리케이션에 통합하여 실질적인 가치를 창출할 수 있다.

이 튜토리얼은 금융 감정 분석 분야에서 GPT-4o mini의 잠재력을 보여주는 중요한 사례이며, 앞으로 더 많은 연구와 개발을 통해 금융 시장 분석 및 예측에 기여할 수 있을 것으로 기대된다.

참고문헌

CH&Co(2017). Robo-Advisors: New reality for Wealth and asset Management. CH&Co

Deloitte(2016). The expansion of Robo-Advisory in Wealth Management. Deloitte

Henry Ma(2014). Adaptive Investment Approach. 2014년2월. Julex Capital

James, M. etc(2011). Big Data: The Next Frontier for Innovation, Competition, and Productivity. McKinsey Global Institute.

KPMG(2019). The Pulse of Fintech 2019. KPMG

Larry Cao(2019). AI Pioneers in Investment Management. CFA Institute

Melvin Manchau(2019). How Artificial Intelligence is transforming Asset and Wealth Managers Operations. becominghuman.ai

Ransbotham, S. etc(2017). Reshaping Business with AI. M.I.T. Sloan Management Review and Boston Consulting Group survey

Tearsheet(2017). Inside the development of Erica, Bank of Americas's AI-powered bot. Bank of America.

금융감독원(2018). 핀테크 주요 트렌드 및 시사점.

김광석 외(2017). 금융산업, 4차 산업혁명과 만나다. 삼정KPMG 경제연구원

김기현(2019). 자연어처리 딥러닝 캠프, 한빛미디어

김덕현(2019). 4차 산업혁명의 올바른 이해. e퍼플.

김성필(2016). 딥러닝 첫걸음, 한빛미디어

김승연, 정용주(2017). 처음배우는 머신러닝, 한빛미디어

김진하(2016). 제4차 산업혁명시대, 미래사회 변화에 대한 전략적 대응 방안 모색. KISTEP

김형락 외(2019). 챗봇 응답 방법 특허명세서. 빅트리

남윤철(2019). AI 기반 VoC 텍스트 데이터 분석. 삼성SDS Journal.
노용관(2017). 4차산업혁명과 고용 변화 전망. 산은조사월보
마르코스 로페즈 데 프라도(2019). 실전 금융 머신 러닝 완벽 분석, 에이콘출판
박선후(2016). 로보어드바이저에 대한 오해와 진실. IBK경제연구소.
박선후(2018). 로보어드바이저에 관한 오해와 진실. IBK경제연구소
삼성증권 리서치센터(2017). 실리콘 밸리의 헤게모니 전쟁. 삼성증권 리서치센터
서범서(2019). RPA, 어떻게 도입할 것인가. 비즈니스 인사이트.
서보익(2016). 로보어드바이저가 이끌 자산관리 시장의 변화, 유진투자증권
서영미(2014). 글로벌 온라인 자산관리 산업 동향 및 시사점. 금융투자협회
서영미(2018). 글로벌 금융투자산업의 Digitalization동향 및 사례조사. 금융투자협회
영주 닐슨(2019). 월스트리트 퀀트투자의 법칙, 비즈니스북스
웨슬리 그레이, 잭 보겔(2019). 퀀트 모멘텀 투자 기법, 에이콘출판
윤지아(2019). 로보어드바이저 규제완화와 투자자 신뢰 제고. 2019-04호. 자본시장연구원
이경전 외(2018). 버튼 터치 하트. 더난출판사.
이근영(2016). 국내외 로보어드바이저 동향 및 현황 분석. 전자금융과 금융보안
이동규 외(2019). 금융비서 챗봇 구축 프로젝트 보고서. 빅트리.
이령화(2018). 밀레니얼 세대 맞춤형 투자방식 확대. 하나금융연구소
이성복(2016). 국내 로보어드바이저 도입현황과 시사점. 2019-16호. 자본시장연구원
이성복(2016). 로보어드바이저가 미국 자산관리시장에 미친 영향. 자본시장연구원
이현태 외(2018). 중국 모바일 결제 플랫폼의 발전과 시사점. 대외경제정책연구원
임홍순 외(2008). 프로세스 경영: 위대한 기업으로의 첫걸음 BPM. 성안당.
임홍순 외(2018). VoC 빅데이터 분석 플랫폼 구축 프로젝트 보고서. 빅트리.
전창욱, 최태균, 조중현(2019). 텐서플로와 머신러닝으로 시작하는 자연어처리, 위키북스
퀀티랩(2018). 파이썬과 케라스를 이용한 딥러닝/강화학습 주식투자, 위키북스
하진회 외(2019). 2019 데이터산업 백서. 한국데이터산업진흥원.

Part2 - 1장 1절

1. New Gartner® Hype Cycle for AI research has been published - Pasqal, , https://www.pasqal.com/news/new-gartner-ai-hype-cycle-report/
2. Explore Beyond GenAI on the 2024 Hype Cycle for Artificial Intelligence - Gartner, , https://www.gartner.com/en/articles/hype-cycle-for-artificial-intelligence
3. The state of generative AI in the enterprise 2024 | survey results - Writer, , https://writer.com/guides/generative-ai-survey/
4. 8 Use Cases and Applications of Generative AI - Evergreen - Insight Global, , https://evergreen.insightglobal.com/gen-ai-use-cases/
5. Generative AI: What Is It, Tools, Models, Applications and Use Cases - Gartner, , https://www.gartner.com/en/topics/generative-ai
6. 6 Generative AI Use Cases: Real-World Industry Solutions - eWEEK, , https://www.eweek.com/artificial-intelligence/generative-ai-enterprise-use-cases/
7. Our Take on the 2024 Gartner AI Hype Cycle - Viso Suite, , https://viso.ai/edge-ai/gartner-hype-cycle/
8. Composite AI Market Size & Share - Trends, Industry Growth, 2032 - MarketsandMarkets, , https://www.marketsandmarkets.com/Market-Reports/composite-ai-market-158760226.html
9. The Power of Many: How Composite AI is Revolutionizing Problem-Solving | by Jim Santana, , https://medium.com/@jamesasantana/the-power-of-many-how-composite-ai-is-revolutionizing-problem-solving-4ba22682544d

10. Composite AI and Decision Intelligence – The Competitive Edge You Need | ACTICO Blog, , https://www.actico.com/blog-en/composite-ai-and-decision-intelligence-the-competitive-edge-you-need/
11. Hype Cycle for AI in Software Engineering, 2024 - Diffblue, , https://www.diffblue.com/resources/hype-cycle-for-ai-in-software-engineering-2024/
12. AI-Augmented Development: Coding's New Era - Tectrain, , https://tecnovy.com/en/ai-augmented-development
13. Preparing for AI-Augmented Software Engineering - InformationWeek, , https://www.informationweek.com/machine-learning-ai/preparing-for-ai-augmented-software-engineering
14. AI Augmented Software Engineering Market Analysis | 2030, , https://www.nextmsc.com/report/ai-augmented-software-engineering-market
15. Top 9 Software Development Use Cases of Generative AI in 2024 - Codiste, , https://www.codiste.com/top-9-software-development-use-cases-of-generative-ai
16. Digital Experience | AI Augmented Software Engineering - Infosys Blogs, , https://blogs.infosys.com/digital-experience/emerging-technologies/ai-augmented-software-engineering.html
17. Insights from Gartner's Hype Cycle for Artificial Intelligence - AI Business, , https://aibusiness.com/responsible-ai/insights-from-gartner-s-hype-cycle-for-artificial-intelligence
18. The state of AI in early 2024: Gen AI adoption spikes and starts to generate value - McKinsey & Company, , https://www.mckinsey.com/capabilities/quantumblack/our-insights/the-state-of-ai

19. 97% of AI Leaders Commit to Responsible AI, Yet Nearly Half Lack Resources to Achieve the Necessary Governance - PR News wire, , https://www.prnewswire.com/news-releases/97-of-ai-leaders-commit-to-responsible-ai-yet-nearly-half-lack-resources-to-achieve-the-necessary-governance-302252621.html
20. State of Generative AI in the Enterprise 2024 - Deloitte, , https://www.deloitte.com/ce/en/services/consulting/research/state-of-generative-ai-in-enterprise.html
21. Responsible AI - AI Index, , https://aiindex.stanford.edu/wp-content/uploads/2024/04/HAI_AI-Index-Report-2024_Chapter3.pdf
22. Revolutionize Your Call Center with These 30 Examples of Responsible AI - Convin, , https://convin.ai/blog/responsible-ai
23. Gartner® Hype Cycle™ for Artificial Intelligence, 2024 | - Jaggaer, , https://www.jaggaer.com/download/analyst-report/gartner-hype-cycle-for-artificial-intelligence-2024

Part2 - 1장 2절

1. cloud.google.com, https://cloud.google.com/learn/what-is-artificial-intelligence?hl=ko#:~:text=%EC%9D%B8%EA%B3%B5%EC%A7%80%EB%8A%A5%20%EC%A0%95%EC%9D%98,%EB%B9%8C%EB%93%9C%ED%95%98%EB%8A%94%20%EA%B3%BC%ED%95%99%20%EB%B6%84%EC%95%BC%EC%9E%85%EB%8B%88%EB%8B%A4.
2. 인공지능 - 위키백과, 우리 모두의 백과사전, https://ko.wikipedia.org/wiki/%EC%9D%B8%EA%B3%B5%EC%A7%80%EB%8A%A5
3. 인공지능의 역사와 성공요인 - SPRi - 소프트웨어정책연구소, https://www.spri.kr/post/21643

4. [All Around AI 1편] AI의 시작과 발전 과정, 미래 전망, https://news.skhynix.co.kr/post/all-around-ai-1
5. 인공지능(AI)은 어떻게 발달해왔는가, 인공지능의 역사 - NVIDIA Blog Korea, https://blogs.nvidia.co.kr/blog/history_of_ai/
6. 인공 지능의 정의와 활용 방안 | SAS KOREA, https://www.sas.com/ko_kr/insights/analytics/what-is-artificial-intelligence.html
7. 4차 산업혁명, AI와 인간의 미래는? - 경기도공익활동지원센터, https://www.gggongik.or.kr/m/page/archive/archiveinfo_detail.html?board_idx=5000
8. 인공지능(AI)의 응용 분야 - Google Cloud, https://cloud.google.com/discover/ai-applications?hl=ko
9. AI(인공 지능) 사용 사례 및 응용 분야 - 인텔, https://www.intel.co.kr/content/www/kr/ko/learn/ai-use-cases.html
10. 인공지능 미래사회 전망과 신위험 - KOREAN RE + INSURANCE WORLD, http://www.koreanre.co.kr/webzine/InsuranceWorld_426/insur1.html
11. 인공지능(AI)이란 무엇인가요? | Google Cloud, https://cloud.google.com/learn/what-is-artificial-intelligence?hl=ko
12. 머신러닝이란 무엇인가요? 유형 및 용도 - Google Cloud, https://cloud.google.com/learn/what-is-machine-learning?hl=ko
13. 머신 러닝: 인텔리전스의 미래 | 정의, 유형 및 예시 - SAP, https://www.sap.com/korea/products/artificial-intelligence/what-is-machine-learning.html
14. 머신러닝 정의와 활용 방안 | SAS KOREA, https://www.sas.com/ko_kr/insights/analytics/machine-learning.html
15. 머신 러닝 모델이란 무엇입니까? - Databricks, https://www.databricks.com/kr/glossary/machine-learning-models

16. 딥 러닝이란 무엇인가요? - IBM, https://www.ibm.com/kr-ko/topics/deep-learning
17. 머신 러닝 예시, 애플리케이션 및 사용 사례 - IBM, https://www.ibm.com/kr-ko/think/topics/machine-learning-use-cases
18. aws.amazon.com, https://aws.amazon.com/ko/what-is/deep-learning/#:~:text=%EB%94%A5%20%EB%9F%AC%EB%8B%9D%EC%9D%80%20%EC%9D%B8%EA%B0%84%EC%9D%98,%EC%9D%84%20%EC%83%9D%EC%84%B1%ED%95%A0%20%EC%88%98%20%EC%9E%88%EC%8A%B5%EB%8B%88%EB%8B%A4.
19. 딥 러닝이란 무엇인가요? - 딥 러닝 AI 설명 - AWS, https://aws.amazon.com/ko/what-is/deep-learning/
20. 신경망이란 무엇인가요? - 인공 신경망 설명 - AWS, https://aws.amazon.com/ko/what-is/neural-network/
21. 딥 러닝이란 무엇인가요? - Basler, https://www.baslerweb.com/ko-kr/learning/deep-learning/
22. 딥 러닝이란 무엇인가요? 애플리케이션 및 예시 - Google Cloud, https://cloud.google.com/discover/what-is-deep-learning?hl=ko
23. 딥러닝이란? 심층 신경망 학습의 핵심 기술과 응용 보기 - Red Hat, https://www.redhat.com/ko/topics/ai/what-is-deep-learning
24. 딥 러닝, 머신러닝, 인공지능의 차이점은 무엇인가요? - Google Cloud, https://cloud.google.com/discover/deep-learning-vs-machine-learning?hl=ko
25. 인공 지능과 머신 러닝, 딥 러닝의 차이점을 알아보자 - NVIDIA Blog Korea, https://blogs.nvidia.co.kr/blog/difference_ai_learning_machinelearning/
26. [AI란 무엇인가] 인공지능 머신러닝 딥러닝 차이점 총정리 - 혼공학습단, https://hongong.hanbit.co.kr/ai-%EB%AC%B4%EC%97%87%EC%

9D%B8%EA%B0%80-%EC%9D%B8%EA%B3%B5%EC%A7%80%EB%8A%A5-%EB%A8%B8%EC%8B%A0%EB%9F%AC%EB%8B%9D-%EB%94%A5%EB%9F%AC%EB%8B%9D-%EC%B0%A8%EC%9D%B4%EC%A0%90-%EC%B4%9D%EC%A0%95%EB%A6%AC/

27. 인공지능·머신러닝·딥러닝 차이점은? | 개념부터 차이점까지 총 정리 - 코드스테이츠, https://www.codestates.com/blog/content/%EB%A8%B8%EC%8B%A0%EB%9F%AC%EB%8B%9D-%EB%94%A5%EB%9F%AC%EB%8B%9D%EA%B0%9C%EB%85%90

28. "2030년 AI 글로벌 시장 규모 1800조...2023년 9배 달할 것 ... - AI타임스, https://www.aitimes.com/news/articleView.html?idxno=158152

29. 특집: 초거대 AI의 미래(1)챗GPT에게 묻는 한국의 미래 | 서울대학교 아시아연구소, https://snuac.snu.ac.kr/?p=40952

30. www.acrc.go.kr, https://www.acrc.go.kr/briefs/53bed2fddd46d671d2e443efb9ea63e83a52673faf8ed6bd482a97393b4a3d73/sub_2.html#:~:text=AI%EC%9C%A4%EB%A6%AC%20%EB%AC%B8%EC%A0%9C%EB%A1%9C%EB%8A%94,%EB%B0%A9%EC%95%88%EC%9D%84%20%EB%AA%A8%EC%83%89%ED%95%98%EA%B3%A0%20%EC%9E%88%EB%8B%A4.

31. 사례 돋보기 | 청렴윤리경영 브리프스, https://m.acrc.go.kr/briefs/53bed2fddd46d671d2e443efb9ea63e83a52673faf8ed6bd482a97393b4a3d73/sub_2.html

32. '인공지능(AI) 윤리 가이드라인'의 중요성과 국가별 대응 현황 : 국내, https://ethics.moe.edu.tw/resource/ebook/redirect/?pid=1&l=1

33. 챗GPT 열풍 속, 인공지능 윤리문제 - 장애인과 일터, https://kead-webzine.or.kr/april/trend-report/

34. 인공지능(AI) 이란 무엇인가요? | IBM, https://www.ibm.com/kr-ko/topics/artificial-intelligence

Part2 - 1장 3절

1. Introducing ChatGPT - OpenAI, https://openai.com/index/chatgpt/
2. 챗GPT (ChatGPT) 란? AI 시대를 이끄는 차세대 기술의 현재와 미래 | 프롬프트해커 대니, https://www.magicaiprompts.com/docs/chatgpt/what-is-chatgpt/
3. ChatGPT: 대화형 인공지능의 시대, 기업이 갖춰야할 대응 전략은? - LG CNS, https://connect.lgcns.com/ND009_chatGPT?elqTrackId=7ba8f7587ae14e01bef691a2a21b8c55&elq=00000000000000000000000000000000&elqaid=1185&elqat=2&elqCampaignId=&elqak=8AF54E78F7A940E90BEDC09D6C7BDF1F1190E46693DF43B3FCF807C35049277157E0
4. 생성형 AI의 역설: 콘텐츠 혁신과 표절 검사의 딜레마 | 인사이트리포트 | 삼성SDS, https://www.samsungsds.com/kr/insights/the-paradox-of-artificial-intelligence.html
5. 생성형 AI(Generative AI)란? 정의, 문제점, 적용 사례 - appen 에펜, https://kr.appen.com/blog/generative-ai/
6. 생성형 AI의 미래는? KISTEP 미래유망기술 예측 - YouTube, https://www.youtube.com/watch?v=qB54X4uTwsU
7. aimatters.co.kr, https://aimatters.co.kr/news-report/ai-report/3849#:~:text=%EC%83%9D%EC%84%B1%ED%98%95%20AI%EC%9D%98%20%EB%AF%B8%EB%9E%98%20%EC%A0%84%EB%A7%9D,%EC%97%AD%ED%95%A0%EC%9D%84%20%ED%95%A0%20%EA%B2%83%EC%9C%BC%EB%A1%9C%20%EB%B3%B4%EC%9D%B8%EB%8B%A4.
8. 생성형 AI: 개념과 중요성 - SAS Institute, https://www.sas.com/ko_kr/insights/analytics/generative-ai.html

9. 생성형 AI가 넘어야 할 과제 | 정책과 이슈, https://www.nrc.re.kr/board.es?mid=a30200000000&bid=0044&act=view&list_no=177873
10. 글로벌 AI 리더들이 전하는 생성형 AI 기술의 전망 | 인사이트리포트 | 삼성SDS, https://www.samsungsds.com/kr/insights/prospective-of-generative-ai-technologies.html
11. 생성형 AI 결과물에 대한 기대와 현실 | 인사이트리포트 | 삼성SDS, https://www.samsungsds.com/kr/insights/expections-and-reality-in-generative-ai.html

Part2 - 1장 4절

1. 챗GPT가 쏘아 올린 AI 전쟁의 신호탄, 승자는 누가 될 것인가? | e경제정보리뷰, https://eiec.kdi.re.kr/publish/reviewView.do?idx=143&fcode=000020003600003&
2. '사용자 친화로 발전한 AI…초개인화 영역까지 파고들어' | 서울경제, https://www.sedaily.com/NewsView/2GNKR6ZF8U
3. Large Language Models level up - Better, faster, cheaper - Brookings Institution, https://www.brookings.edu/articles/large-language-models-level-up-better-faster-cheaper/
4. 생성형 AI가 만들 수 있는 경제적 가치는 얼마일까? : 네이버 블로그, https://blog.naver.com/kiat_tech/223202769830
5. Large language models: a primer for economists - Bank for International Settlements, https://www.bis.org/publ/qtrpdf/r_qt2412b.htm
6. The Economic Impact of Investing in Large Language Model Research | by Mustafa Najoom, https://mustafa-najoom.medium.com/the-economic-impact-of-investing-in-large-language-

model-research-f6e7bc156f41

7. 기술고도화 넘어 수익창출…초거대AI '제2 물결' - 서울경제, https://www.sedaily.com/NewsView/29X7I25UUV
8. AI: 3 important considerations for leaders as large language models transform business, https://www.weforum.org/stories/2024/01/large-language-models-future-jobs/
9. Societal Impact and LLM Adoption: A Comprehensive Examination - OSF, https://osf.io/u9y8j/download/
10. [ET시론] 초거대 AI 모델 시대: 변화와 주목해야 할 기회와 도전 - 전자신문, https://www.etnews.com/20241031000125
11. The Ethical and Social Implications of Large Language Models - BBN Times, https://www.bbntimes.com/society/the-ethical-and-social-implications-of-large-language-models
12. Large Language Models pose a risk to society and need tighter regulation, say Oxford researchers, https://www.ox.ac.uk/news/2024-08-07-large-language-models-pose-risk-society-and-need-tighter-regulation-say-oxford
13. AI가 대규모 실업과 불평등을 가져올까 | 전략 | 매거진 | 하버드비즈니스리뷰[HBR], https://www.hbrkorea.com/article/view/atype/ma/category_id/1_1/article_no/2234
14. The Impact of Large Language Models in Academia: from Writing to Speaking - arXiv, https://arxiv.org/abs/2409.13686
15. 인류 사회의 패러다임을 전환시킨 '생성형 AI', https://www.trendmonitor.co.kr/tmweb/file/downloadFile.do?bIdx=900&trendType=dmc&fileType=O
16. 그 많던 가상인간은 어디로 갔을까 - 여성동아, https://woman.donga.com/issue/article/all/12/5389582/1

17. Real-World Examples of large language models' Impact on Businesses - Gaper.io, https://gaper.io/large-language-models-impact-on-businesses/
18. How large language models affect social collaboration and why we need to shape it, https://www.b-it-center.de/news-details/how-large-language-models-affect-social-collaboration-and-why-we-need-to-shape-it

Part2 – 1장 5절

1. 메타, 최고 성능의 LLM '라마 3'와 인공지능 챗봇 '메타AI' 오픈소스로 공개... 글로벌 생성AI 생태계, 새로운 지평 열어, https://www.aitimes.kr/news/articleView.html?idxno=30960
2. 오픈 소스 LLM의 부상 폐쇄형 AI 모델을 넘어서다 - 브런치, https://brunch.co.kr/@heir480/2948
3. 어떤 오픈소스 LLM을 사용하면 좋을까? - AiDA Lab., https://aidalab.tistory.com/m/245
4. LLM Comparator: LLM들 간의 답변 비교를 위한 시각화 도구 (feat. People+AI Research), https://discuss.pytorch.kr/t/llm-comparator-llm-feat-people-ai-research/4712
5. 대규모 언어 모델(LLM) 평가 방법 - Medium, https://medium.com/@junhoher/2023%EB%85%84-%EB%8C%80%EA%B7%9C%EB%AA%A8-%EC%96%B8%EC%96%B4-%EB%AA%A8%EB%8D%B8-%ED%8F%89%EA%B0%80-5%EA%B0%80%EC%A7%80-%EB%B0%A9%EB%B2%95-040d7894c3df
6. [LLM Evaluation] LLM 성능 평가 방법 : Metric, Benchmark, LLM-as-a-judge 등 - 가디의 tech 스터디 - 티스토리, https://gagadi.tistory.

com/58

7. 「대규모 언어 모델(LLM), 이렇게 생각하고 배웁니다 - 브런치스토리, https://brunch.co.kr/@donghyungshin/140
8. LLM 비교 연산자 | Responsible Generative AI Toolkit | Google AI for Developers, https://ai.google.dev/responsible/docs/evaluation/llm_comparator?hl=ko
9. 앤트로픽 수석과학자가 전망하는 2025년 'AI 에이전트'의 4대 혁신 - MIT 테크놀로지 리뷰, https://www.technologyreview.kr/%EC%95%A4%ED%8A%B8%EB%A1%9C%ED%94%BD-%EC%88%98%EC%84%9D%EA%B3%BC%ED%95%99%EC%9E%90%EA%B0%80-%EC%A0%84%EB%A7%9D%ED%95%98%EB%8A%94-2025%EB%85%84-ai-%EC%97%90%EC%9D%B4%EC%A0%84%ED%8A%B8/
10. www.makebot.ai, https://www.makebot.ai/blog/daegyueoneo-model-llm-eun-aiyi-miraeingayo#:~:text=%ED%98%84%EC%9E%AC%2067%25%EC%9D%98%20%EA%B8%B0%EC%97%85%EC%9D%B4,%EB%A5%BC%20%EA%B0%80%EC%A0%B8%EC%98%AC%20%EA%B2%83%EC%9C%BC%EB%A1%9C%20%EC%98%88%EC%83%81%EB%90%A9%EB%8B%88%EB%8B%A4.
11. AI - 검색 - IT세상을 바꾸는 힘 지디넷코리아, https://search.zdnet.co.kr/?area=4&kwd=AI
12. 인공지능 - 검색 - IT세상을 바꾸는 힘 지디넷코리아, https://search.zdnet.co.kr/?area=4&kwd=%EC%9D%B8%EA%B3%B5%EC%A7%80%EB%8A%A5
13. [시장보고서]세계의 대규모 언어 모델(LLM) 시장(2024년) - 글로벌인포메이션, https://www.giikorea.co.kr/report/qyr1421025-global-large-language-model-llm-market-research.html
14. 오픈AI도 LLM 오픈소스로 내놓는다 - AI타임스, https://www.aitimes.

com/news/articleView.html?idxno=151148
15. LLM 선택: 2024년 오픈 소스 LLM 시작 안내서 | Elastic Blog, https://www.elastic.co/kr/blog/open-source-llms-guide

Part2 - 2장 1절

1. Revolutionizing Finance with LLMs: An Overview of Applications and Insights - arXiv, https://arxiv.org/html/2401.11641v1
2. Predicting the Financial Market with Large Language Models - AIwire, https://www.aiwire.net/2023/06/29/predicting-the-financial-market-with-large-language-models/
3. 생성형 AI와 LLM이 은행 및 금융 서비스를 혁신하는 방법 - MAKEBOT.AI, https://www.makebot.ai/blog/saengseonghyeong-aiwa-llmi-eunhaeng-mic-geumyung-seobiseureul-hyeogsinhaneun-bangbeob
4. What do LLMs Know about Financial Markets? A Case Study on Reddit Market Sentiment Analysis - Google Research, https://research.google/pubs/what-do-llms-know-about-financial-markets-a-case-study-on-reddit-market-sentiment-analysis/
5. LLM Use Cases in Finance: Revolutionizing the Financial Services ..., https://www.pacificdataintegrators.com/blogs/llm-use-cases-in-finance
6. LLM in Banking and Finance: Key Use Cases, Examples, and a Practical Guide | by Shaip | Dec, 2024, https://weareshaip.medium.com/llm-in-banking-and-finance-key-use-cases-examples-and-a-practical-guide-bd537e5d025c
7. 올거나이즈·래블업 "실제 금융권이 가진 AI 수요와 문제는" - AI타임스,

https://www.aitimes.com/news/articleView.html?idxno=156718

8. 9 Cool Case Studies of Global Brands Using LLMs and Generative AI | HackerNoon, https://hackernoon.com/9-cool-case-studies-of-global-brands-using-llms-and-generative-ai
9. LLM-based financial investment advisory chatbot | Quantum, https://quantumobile.com/case-studies/llm-based-financial-investment-advisory-chatbot/
10. Generative AI from Theory to Practice: A Case Study of Financial Advice, https://mit-genai.pubpub.org/pub/l89uu140
11. Skelter Labs Blog - 금융업 LLM 활용 사례 :: KB국민카드 - 스켈터랩스, https://www.skelterlabs.com/blog/llm-usecase
12. 올거나이즈 '금융 전문 LLM 리더보드' 공개… 금융 특화 테스트 데이터까지 공개 '누구나 사용 가능' - 뉴스와이어, https://www.newswire.co.kr/newsRead.php?no=987258
13. [금융 LLM 시리즈 1] 성능 좋은 금융 AI 모델의 정의와 평가 방법 - 올거나이즈 코리아 블로그, https://blog-ko.allganize.ai/defining-evaluating-performance-of-financial-llm-models/
14. 생성형 인공지능으로 신용 평점 편향성 줄이기 - MongoDB, https://www.mongodb.com/blog/post/credit-scoring-applications-with-generative-ai-kr
15. [AI 생활혁명] 대규모 언어 모델(LLM), 금융 산업의 새로운 게임 체인저 될까?...사기 탐지부터 고객 서비스 자동화까지, http://www.aifnlife.co.kr/news/articleView.html?idxno=23057
16. [기획특집] LLM 전성시대, '데이터 라벨링'에 부는 변화의 바람 - 컴퓨터월드, http://www.comworld.co.kr/news/articleView.html?idxno=51136
17. How new prompting techniques increase LLM accuracy in financial

applications - ModuleQ, https://www.moduleq.com/blog/how-new-prompting-techniques-increase-llm-accuracy-in-financial-applications

18. AI 에이전트 및 챗봇을 위한 25가지 GenAI 사용 사례 - Botpress, https://botpress.com/ko/blog/gen-ai-use-cases
19. 최고의 금융 챗봇과 사용 방법 (2025) - Botpress, https://botpress.com/ko/blog/top-chatbots-financial-services
20. 고객 챗봇 상담 | 한국딥러닝 - AI Bank, https://koreadeep.com/product/34
21. LLM기반 RAG를 활용한 강력한 인공지능 챗봇 - 레터웍스, https://www.letr.ai/ko/blog/241122
22. LLM 챗봇을 도입하기 전, 기업들이 반드시 ... - Skelter Labs Blog, https://www.skelterlabs.com/blog/llm-chatbot-three-things-to-know
23. LLM과 RAG의 결합 : 다시 사용하고 싶은 AI 챗봇 - X2BEE Blog, https://tech.x2bee.com/space/Ihub/blog/471826433/LLM+RAG+AI
24. 거대 언어 모델(LLM) | MongoDB, https://www.mongodb.com/ko-kr/resources/basics/artificial-intelligence/large-language-models
25. 2025년 NLP 챗봇을 위한 궁극의 가이드 - Botpress, https://botpress.com/ko/blog/nlp-chatbot
26. 실시간 대화를 통한 LLM 챗봇의 효율적 고객 응대 전략 - 지니코딩랩, https://www.jiniai.biz/2023/10/06/%EC%8B%A4%EC%8B%9C%EA%B0%84-%EB%8C%80%ED%99%94%EB%A5%BC-%ED%86%B5%ED%95%9C-llm-%EC%B1%97%EB%B4%87%EC%9D%98-%ED%9A%A8%EC%9C%A8%EC%A0%81-%EA%B3%A0%EA%B0%9D-%EC%9D%91%EB%8C%80-%EC%A0%84%EB%9E%B5/
27. LLM 기반 AI 활용 마케팅 사례 - KT Enterprise, https://enterprise.kt.

com/bt/dxstory/2523.do

28. 'AI 상담, 정말 효과 있을까?' 이랜드이츠, 온누리스토어, 베리시의 AI 성공사례, https://channel.io/ko/blog/articles/09b4b7f8
29. 거대 언어 모델이 물리적 보안에 미치는 영향 - Genetec Inc, https://www.genetec.com/ko/blog/cybersecurity/the-implications-of-large-language-models-in-physical-security
30. LLM 에 대한 OWASP Top 10을 사용하여 생성형 AI 애플리케이션을 위한 심층적인 방어 보안 설계 - AWS, https://aws.amazon.com/ko/blogs/tech/architect-defense-in-depth-security-for-generative-ai-applications-using-the-owasp-top-10-for-llms/
31. LLM 애플리케이션의 가장 치명적인 취약점 10가지와 최근 주목받는 RAG - 보안뉴스, https://m.boannews.com/html/detail.html?idx=133411
32. AI 챗봇이 초래할 수 있는 '보안 위협' 세 가지 - MIT 테크놀로지 리뷰, https://www.technologyreview.kr/three-ways-ai-chatbots-are-a-security-disaster/
33. [보안 트렌드] 악성 대형언어모델(LLM)과 WormGPT: 위험할 수도 있고 위험하지 않을 수도 있는 이유 : 네이버 블로그, https://blog.naver.com/pentamkt/223276667562
34. Case Study – How Does an LLM Chatbot Perform in Sales? | AINIRO.IO, https://ainiro.io/blog/chatbot-llm-effect-on-sales

Part2 - 2장 2절

1. 멀티모달 AI란 무엇인가요? - IBM, https://www.ibm.com/kr-ko/think/topics/multimodal-ai
2. 인간을 닮은 인공지능, 멀티모달 인공지능 기술 동향, https://ksp.etri.re.kr/ksp/article/file/68910.pdf

3. [2024년 AI 트렌드 리뷰와 2025년 전망] 멀티모달에서 옴니모달로 진화 - 아웃소싱타임스, http://www.outsourcing.co.kr/news/articleView.html?idxno=100950
4. [보고서]멀티모달 금융 데이터 분석 및 예측을 위한 생성적 딥러닝 모델 연구, https://scienceon.kisti.re.kr/srch/selectPORSrchReport.do?cn=TRKO202000004106
5. [온라인세미나] AI에 올라탄 금융, 금융산업의 미래 - YouTube, https://www.youtube.com/watch?v=_jZFDocjXZ0
6. 씨이랩-와이즈넛, 멀티모달 AI 에이전트 개발 협력 강화 - 지티티코리아, https://www.gttkorea.com/news/articleView.html?idxno=16128

Part2 - 2장 3절

1. 인공지능법제연구 - 세계법제정보센터, https://world.moleg.go.kr/cms/commonDown.do?DLD_CFM_NO=4TTD5AOA1OPYWPMLE2RU&FL_SEQ=70962
2. AI 편향이란? | IBM, https://www.ibm.com/kr-ko/topics/ai-bias
3. [핫클립] 알고리즘의 젠더 편향 사례 / YTN 사이언스 - YouTube, https://www.youtube.com/watch?v=qcU5J7uiSRc
4. AI 편향성 사례 | IBM, https://www.ibm.com/kr-ko/think/topics/shedding-light-on-ai-bias-with-real-world-examples
5. [주말판] 인공지능 시대, 떠오르는 데이터 프라이버시 관련 우려 사항 - 보안뉴스, https://m.boannews.com/html/detail.html?tab_type=1&idx=119840
6. [변호사대회] "책임 소재 불명한 AI 권리 침해… 인공지능법 도입해야", https://news.koreanbar.or.kr/news/articleView.html?idxno=31418

7. 생성형 AI와 편향성* - 인하대학교 법학전문대학원, https://ils.inha.ac.kr/bbs/ils/3464/91196/download.do
8. AI 시대의 보안 및 프라이버시 이슈, http://weekly.tta.or.kr/weekly/files/20220925010956_weekly.pdf
9. 인공지능 오류로 사고 땐 누구 책임? 법적 문제 정리돼야 시장이 커진다 - 동아비즈니스리뷰, https://dbr.donga.com/article/view/1206/article_no/8183
10. 생성형 AI, 가짜 뉴스 문제를 더 악화 시킬것인가? - Ipsos, https://www.ipsos.com/ko-kr/%EC%83%9D%EC%84%B1%ED%98%95AI-%EA%B0%80%EC%A7%9C%EB%89%B4%EC%8A%A4-%EB%AC%B8%EC%A0%9C-%EB%8D%94-%EC%95%85%ED%99%94
11. "AI가 생성한 데이터를 AI가 학습…챗봇 5개 중 2개 오류" / SBS / #D리포트 - YouTube, https://www.youtube.com/watch?v=twdkCtRw_BM
12. AI·딥페이크 등 기술진보…가짜뉴스 온상 되나 [포커스] - YouTube, https://www.youtube.com/watch?v=6iHYT4zdTgI
13. [한국정보보호학회 칼럼] 생성형 AI와 딥페이크 그리고 가짜뉴스: 새로운 디지털 위협의 시대, https://m.boannews.com/html/detail.html?idx=127035
14. [CES 2025] 세계 각국의 혁신 기술들, 핵심만 쏙쏙! - YouTube, https://www.youtube.com/watch?v=ILA9CQXWmUE
15. [기자수첩] 커지는 딥페이크 범죄, 법 제도 보완과 함께 처벌 강화해야 - 뉴스핌, https://www.newspim.com/news/view/20240912000956
16. 딥페이크 시대의 리스크 유형과 대응방안 - Deloitte, https://www2.deloitte.com/content/dam/Deloitte/kr/Documents/technology-media-telecommunications/2024/kr-synthetic-media-r.pdf
17. 생성형 AI의 국제 규제 동향, https://www.hwawoo.com/newsletter/2024_04_11/240411_k_a.pdf

18. 악의적 활용을 차단하는 생성형 AI 모델을 탑재한 콘텐츠 창작 및 공유 플랫폼 기술 개발, https://grant-documents.thevc.kr/download/218537_11_%EC%95%85%EC%9D%98%EC%A0%81+%ED%99%9C%EC%9A%A9%EC%9D%84+%EC%B0%A8%EB%8B%A8%ED%95%98%EB%8A%94+%EC%83%9D%EC%84%B1%ED%98%95+AI+%EB%AA%A8%EB%8D%B8%EC%9D%84+%ED%83%91%EC%9E%AC%ED%95%9C+%EC%BD%98%ED%85%90%EC%B8%A0+%EC%B0%BD%EC%9E%91+%EB%B0%8F+%EA%B3%B5%EC%9C%A0+%ED%94%8C%EB%9E%AB%ED%8F%BC+%EA%B8%B0%EC%88%A0+%EA%B0%9C%EB%B0%9C.hwp
19. AI 열풍이 지나간 자리, 'AI 슬롭'이 쌓인다 - 산업일보, https://kidd.co.kr/news/239880
20. 사이버 범죄자들이 생성형 AI를 사용하는 방법! #생성형AI #사이버보안 - YouTube, https://www.youtube.com/watch?v=ISH4oraE0ZA
21. 한국 일자리 13% AI가 대체 폭탄 전망…가장 위험한 직업은, https://www.hankyung.com/article/202403137746i
22. aimatters.co.kr, https://aimatters.co.kr/news-report/feature-article/11102
23. "국내 AI 대체 가능 일자리 327만개…이중 60%는 전문직" - 한국무역협회, https://kita.net/board/totalTradeNews/totalTradeNewsDetail.do;JSESSIONID_KITA=3F2304F19C57055EA0F269AC5F474404.Hyper?no=82425&siteId=1
24. 인공지능 시대, 우리 젊은이들의 일자리를 어떻게 준비해야 하는가? 〉 News Insight, https://www.ifs.or.kr/bbs/board.php?bo_table=News&wr_id=54025
25. 인간이 사용하기 편해야 좋은 AI ··· 생성형을 뛰어넘는 '인간중심 AI' - LG CNS, https://www.lgcns.com/blog/it-trend/54316/

26. 생성형 AI가 만든 새로운 '디지털 격차'에 대비하라 - 시사위크, https://www.sisaweek.com/news/articleView.html?idxno=213331
27. "AI 능력이 미래 임금 좌우… 공교육이 나서야 격차 줄 것" - 조선일보, https://www.chosun.com/national/education/2024/12/27/356LTHUHVJHZJBA6CLJYQBKAUU/
28. AI 전문가 "디지털 격차 해소해야…'안전'과 '혁신' 정책균형 필요" - 한국무역협회, https://www.kita.net/board/totalTradeNews/totalTradeNewsDetail.do?no=83852&siteId=1
29. 월드뱅크의 경고 "AI, 교육 평등과 불평등 모두 초래할 수 있다", https://www.newstheai.com/news/articleView.html?idxno=6242
30. [기획:AI와 교육] ⑤AI가 촉진하는 교육의 평등화 - AI타임스, https://www.aitimes.com/news/articleView.html?idxno=160632
31. 생성형AI, 경제적 불평등 심화 우려 - 로봇신문사, http://m.irobotnews.com/news/articleView.html?idxno=33791
32. [글로벌K] "5년 내 인간 수준의 AI 등장"…어떤 준비를? [월드 이슈] / KBS 2024.04.16., https://www.youtube.com/watch?v=yWvW4_BZz-c
33. IMF, AI 유발 노동혼란·불평등 증가에 '심각한 우려' 경고 - 한국무역협회, https://www.kita.net/board/totalTradeNews/totalTradeNewsDetail.do;JSESSIONID_KITA=911BDB9E307CDD4EA17AE16FDFA2E7B5.Hyper?no=84401&siteId=2
34. 공정성: 편향 완화 | Machine Learning, https://developers.google.com/machine-learning/crash-course/fairness/mitigating-bias?hl=ko
35. 사람과 공존하는 AI의 필요조건, AI 공정성(AI Fairness) | 인사이트리포트 | 삼성SDS, https://www.samsungsds.com/kr/insights/ai-fairness.html

36. [활동4] 생성형 인공지능과 프라이버시 보호 - 소프트웨어야 놀자, https://www.playsw.or.kr/artificial/textbook/detail/239
37. 대세로 떠오르는 '생성형 AI', 개인정보는 어떻게 보호해야 할까 - 보안뉴스, http://www.boannews.com/media/view.asp?idx=121107
38. AI 시대! 데이터 프라이버시 보호를 위한 국내외 정책/제도 동향 - LG CNS, https://www.lgcns.com/blog/cns-tech/security/51602/
39. 인공지능 관련 법 제도의 주요 논의 현황, http://weekly.tta.or.kr/weekly/files/20230411070444_weekly.pdf
40. 인공지능(AI)으로 가짜 뉴스를 색출하다 - NVIDIA Blog Korea, https://blogs.nvidia.co.kr/blog/fake-news-ai-detect/
41. 생성형 AI 워크로드에 대한 보안 사고 대응 방법 소개 | AWS 기술 블로그, https://aws.amazon.com/ko/blogs/tech/methodology-for-incident-response-on-generative-ai-workloads/
42. 딥페이크 영상에 전 세계 '발칵'··AI 규제냐 개발이냐 (2024.05.22/뉴스데스크/MBC) - YouTube, https://www.youtube.com/watch?v=aI-kRRGcKJU
43. AI로 교육 불평등 해소될 것 | 한국경제, https://www.hankyung.com/article/2023102958871

Part2 - 2장 4절

1. 지속 가능한 AI 비즈니스를 위한 ESG 프레임워크 | 인사이트리포트 ..., https://www.samsungsds.com/kr/insights/esg-framework.html
2. AI 소비전력, "美 130가구 연간 소비 전력량과 맞먹어"…해결책은? - 디지털투데이, https://www.digitaltoday.co.kr/news/articleView.html?idxno=506396
3. 생성형 AI에 대한 열광, 전력 수요 급증 우려도 함께 부상 - Deloitte, https://www2.deloitte.com/kr/ko/pages/insights/articles/global

-economic-review/2024/ger-0603.html

4. [논문]인공지능 기반 전력량예측 기법의 비교 - 한국과학기술정보연구원, https://scienceon.kisti.re.kr/srch/selectPORSrchArticle.do?cn=JAKO201925462478938
5. AMI 데이터를 활용한 딥러닝 기반의 에너지 사용량 예측 모델, https://ki-it.com/xml/38204/38204.pdf
6. www.ibm.com, https://www.ibm.com/kr-ko/topics/transfer-learning#:~:text=%EB%8F%84%EB%A9%94%EC%9D%B8%20%EC%A0%81%EC%9D%91%EC%9D%80%20%ED%95%98%EB%82%98%EC%9D%98,%ED%95%99%EC%8A%B5%EC%9D%98%20%ED%95%9C%20%ED%98%95%ED%83%9C%EC%9E%85%EB%8B%88%EB%8B%A4.&text=%EC%A0%84%EC%9D%B4%20%ED%95%99%EC%8A%B5%EC%9D%98%20%EC%98%88%EB%A1%9C%EB%8A%94,%ED%95%98%EB%8A%94%20%EA%B2%83%EC%9D%84%20%EB%93%A4%20%EC%88%98%20%EC%9E%88%EC%8A%B5%EB%8B%88%EB%8B%A4.
7. 전이 학습이란 무엇인가요? - IBM, https://www.ibm.com/kr-ko/topics/transfer-learning
8. 전이 학습이란 무엇인가요? - AWS, https://aws.amazon.com/ko/what-is/transfer-learning/
9. Transfer Learning - 전이 학습 - 매스웍스, https://kr.mathworks.com/discovery/transfer-learning.html
10. 전이 학습(Transfer learning)이란? 정의, 사용 방법, AI 구축 - appen 에펜, https://kr.appen.com/blog/transfer-learning/
11. [비즈톡톡] 데이터 없이도 AI 가르친다… 구글이 투자하는 '전이학습', https://biz.chosun.com/site/data/html_dir/2020/09/29/2020092903142.html

12. 연합학습: AI시대의 데이터 보안을 위한 분산형 데이터 학습 전략, https://blog.cslee.co.kr/federated-learning/
13. 산업분야에서 연합학습 동향 및 시사점 | 국내연구자료 | KDI 경제교육·정보센터, https://eiec.kdi.re.kr/policy/domesticView.do?ac=0000169540&issus=M&pp=20&datecount=&pg=
14. 연합학습 기술 동향 및 산업적 시사점, https://ksp.etri.re.kr/ksp/plan-report/file/791.pdf
15. 연합 학습이란 무엇입니까? - Flower AI, https://flower.ai/docs/framework/main/ko/tutorial-series-what-is-federated-learning.html
16. 분산 환경에서 개인 정보를 보호하는 연합 학습 - ManuscriptLink, https://www.manuscriptlink.com/society/kips/conference/ask2024/file/downloadSoConfManuscript/abs/KIPS_C2024A0254
17. 연합학습 (Federated Learning) 기술 동향(손영성) - Notion, https://aifrenz.notion.site/Federated-Learning-599aa64025c54270b5e5067033ba5395
18. 딥러닝 모델 경량화 기술 분석, https://repository.kisti.re.kr/bitstream/10580/15591/1/%28%EA%B8%B0%EC%88%A0%29%EB%94%A5%EB%9F%AC%EB%8B%9D%20%EB%AA%A8%EB%8D%B8%20%EA%B2%BD%EB%9F%89%ED%99%94%20%EA%B8%B0%EC%88%A0%20%EB%B6%84%EC%84%9D.pdf
19. [딥러닝 경량화] 실무에서 적용중인 딥러닝 모델 경량화/최적화 기법은? | HMG Developers, https://developers.hyundaimotorgroup.com/blog/366
20. 온디바이스 AI의 도전 과제 – 딥러닝 모델 '경량화' - AHHA Labs, https://ahha.ai/2024/08/13/lightweight/
21. 딥러닝 모델 최적화 방법: 모델 경량화와 모델 추론 속도 가속화 - 슈퍼브 블로그, https://blog-ko.superb-ai.com/how-to-optimize-deep-

learning-models/
22. AI 모델 경량화, 미래를 가볍게 만드는 기술 - 브런치스토리, https://brunch.co.kr/@journeyz/209
23. 모델 최적화 | Google AI Edge, https://ai.google.dev/edge/litert/models/model_optimization?hl=ko
24. 3-1. ML 모델의 최적화 방법론 - 브런치, https://brunch.co.kr/@coolmindory/25
25. 보고서 리뷰 | 기업윤리와 정보보호 - 국민권익위원회, https://www.acrc.go.kr/briefs/201901/html/sub6.html
26. 과기정통부, 「인공지능(AI) 윤리기준」 마련 - 보도자료 - 과학기술정보통신부, https://www.msit.go.kr/bbs/view.do?sCode=user&mPid=112&mId=113&bbsSeqNo=94&nttSeqNo=3179742
27. 인공지능(AI) 윤리기준 - 보도자료 - 과학기술정보통신부, https://www.msit.go.kr/bbs/view.do?sCode=user&mPid=112&mId=113&bbsSeqNo=94&nttSeqNo=3179742&ref=ai-ethics.kr
28. 신뢰받는 제품 개발 프로세스를 만드는 책임 있는 AI (RESPONSIBLE AI) - 네이버 포스트, https://post.naver.com/viewer/postView.naver?volumeNo=36448854&memberNo=36733075

Part2 - 3장 1절

1. The Transformer Model - MachineLearningMastery.com, https://machinelearningmastery.com/the-transformer-model/
2. How Transformers Work: A Detailed Exploration of Transformer Architecture - DataCamp, https://www.datacamp.com/tutorial/how-transformers-work
3. A Guide to Transformer Architecture | Symbl.ai, https://symbl.ai

/developers/blog/a-guide-to-transformer-architecture/
4. Transformers in Machine Learning - GeeksforGeeks, https://www.geeksforgeeks.org/getting-started-with-transformers/

Part2 - 3장 2절

1. 대규모 언어모델(LLM)이란? - Cloudflare, https://www.cloudflare.com/ko-kr/learning/ai/what-is-large-language-model/
2. What Is a Pretrained AI Model? - NVIDIA Blog, https://blogs.nvidia.com/blog/what-is-a-pretrained-ai-model/
3. Pre Trained Model Definition | Encord, https://encord.com/glossary/pre-trained-model-definition/
4. Pre-Trained Models Complete Guide [How To & 21 Top Models] - Spot Intelligence, https://spotintelligence.com/2023/10/13/pre-trained-models/
5. Transfer Learning and the Art of Using Pre-trained Models in Deep Learning, https://www.analyticsvidhya.com/blog/2017/06/transfer-learning-the-art-of-fine-tuning-a-pre-trained-model/
6. 거대 언어 모델(LLM)이란? - Databricks, https://www.databricks.com/kr/glossary/large-language-models-llm
7. www.esri.com, https://www.esri.com/en-us/arcgis/deep-learning-models#:~:text=Pretrained%20deep%20learning%20models%20can,and%20building%20footprints%2C%20with%20ease.

Part2 - 3장 3절

1. What is Fine-Tuning? | IBM, https://www.ibm.com/think/topics/fine-tuning

2. AI model fine-tuning concepts | Microsoft Learn, https://learn.microsoft.com/en-us/windows/ai/fine-tuning
3. What is meant by fine-tuning of neural network? - Cross Validated - Stack Exchange, https://stats.stackexchange.com/questions/331369/what-is-meant-by-fine-tuning-of-neural-network
4. learn.microsoft.com, https://learn.microsoft.com/en-us/windows/ai/fine-tuning#:~:text=Fine%2Dtuning%20is%20a%20process,the%20performance%20of%20your%20model.
5. Learn How to Do Model Fine-Tuning: Challenges, Metrics & Best Practices - MarkovML, https://www.markovml.com/blog/model-fine-tuning
6. pandio.com, https://pandio.com/what-is-adaptive-ml-online-machine-learning/#:~:text=Adaptive%20machine%20learning%20is%20a,and%20provides%20insights%20almost%20instantaneously.
7. Machine Learning: What is Adaptive ML? - Encora, https://insights.encora.com/insights/machine-learning-what-is-adaptive-ml
8. Classic and Adaptive machines - GeeksforGeeks, https://www.geeksforgeeks.org/classic-and-adaptive-machines/
9. What is Adaptive ML (Online Machine Learning)? - Pandio, https://pandio.com/what-is-adaptive-ml-online-machine-learning/
10. Adaptive Learning with Machine Learning | by Mohit Mishra - Medium, https://mohitmishra786687.medium.com/adaptive-learning-with-machine-learning-18b9a8a1e0a7
11. Adaptive Learning Using Artificial Intelligence in e-Learning: A Literature Review - MDPI, https://www.mdpi.com/2227-7102/13/12/1216

Part2 - 3장 4절

1.medium.com, https://medium.com/@hugmanskj/gan%EC%97%90-%EB%8C%80%ED%95%9C-%EC%9D%B4%ED%95%B4-a073a5425ef2#:~:text=%EC%9D%80%20%EC%B0%B8%EA%B3%A0%ED%95%98%EC%84%B8%EC%9A%94.-,GAN%EC%9D%98%20%EA%B8%B0%EB%B3%B8%20%EA%B0%9C%EB%85%90,%EA%B5%AC%EB%B3%84%ED%95%98%EB%8A%94%20%EC%97%AD%ED%95%A0%EC%9D%84%20%ED%95%A9%EB%8B%88%EB%8B%A4.

2. GAN이란? - 생성적 대립 신경망 설명 - AWS, https://aws.amazon.com/ko/what-is/gan/

3. 1. GAN 소개 — PseudoLab Tutorial Book, https://pseudo-lab.github.io/Tutorial-Book/chapters/GAN/Ch1-Introduction.html

4. GAN 모델의 종류 DCGAN , LSGAN , Conditional GAN - Doarchive - 티스토리, https://doa-oh.tistory.com/156

5. 생성 모델 논문 추천 List - Generative Adversarial Networks - 우물 안 개구리 - 티스토리, https://donghyun99.tistory.com/24

6. 데이터 '가뭄' 속, 합성데이터 기술 날로 발전 - 애플경제, http://www.apple-economy.com/news/articleView.html?idxno=74320

7. 신용카드 사기 거래 탐지 AI 경진대회 월간 데이콘 - DACON, https://dacon.io/competitions/official/235930/overview/description

8. Synthetic Data와 JP Morgan 그리고 TimeGAN - 그대안의작은호수, https://smallake.kr/?p=31391

9. 오토인코더를 활용한 효율적인 신용카드 사기 탐지 지도 기법 - 서울대학교, https://bda.snu.ac.kr/images/1/17/%EC%98%A4%ED%86%A0%EC%9D%B8%EC%BD%94%EB%8D%94%EB%A5%BC_%ED%99%9C%EC%9A%A9%ED%95%9C_%ED%9A%A8%EC%9C%A8%EC%A0%81%

EC%9D%B8_%EC%8B%A0%EC%9A%A9%EC%B9%B4%EB%93%9C_%EC%82%AC%EA%B8%B0_%ED%83%90%EC%A7%80_%EC%A7%80%EB%8F%84_%EA%B8%B0%EB%B2%95.pdf

10. journal.kics.or.kr, https://journal.kics.or.kr/digital-library/manuscript/file/101170/07%20%E1%84%8B%E1%85%B2%E1%84%89%E1%85%A5%E1%86%BC%E1%84%8C%E1%85%AE202405-087-E-RN.pdf
11. 사이버 보안 개선에서 GAN의 역할 - Unite.AI, https://www.unite.ai/ko/%EC%82%AC%EC%9D%B4%EB%B2%84-%EB%B3%B4%EC%95%88-%EA%B0%9C%EC%84%A0%EC%97%90%EC%84%9C-%EA%B0%84%28gan%29%EC%9D%98-%EC%97%AD%ED%95%A0/
12. 05. AI 기술을 활용한 금융 사기 거래 탐지 및 예방 방법 (금융 사기 유형) - post.naver, https://m.post.naver.com/viewer/postView.naver?volumeNo=39158116&memberNo=22097819
13. 시간대를 고려한 SHAP 기반의 신용카드 이상 거래 탐지 - Manuscript Link, https://www.manuscriptlink.com/society/kips/conference/ask2023/file/downloadSoConfManuscript/abs/KIPS_C2023A0307F
14. 금융범죄, 보이스피싱, 투자사기 - 네이버 블로그 - NAVER, https://m.blog.naver.com/PostView.naver?blogId=soholivingtel&logNo=223167486487
15. AI 기술을 활용한 보험사기 방지 기법 및 사례, https://bigin.kidi.or.kr:9443/data/UPLOAD/kidibrief/consulting(202103).pdf
16. [스파르타코딩클럽] 3주차 숙제 : GAN-LSTM 모델로 주가예측 해보기 ..., https://teki.tistory.com/30
17. Generative Adversarial Network for Stock Market price Prediction - CS230 Deep Learning, https://cs230.stanford.edu/projects_fall

_2019/reports/26259829.pdf
18. Third-party Risk Management Software - GAN Integrity, https://www.ganintegrity.com/products/third-party-risk-management/
19. Generative adversarial networks (GANs) and Bayesian analysis for incorporating expert opinions into advanced credit risk models - NLP Summit, https://www.nlpsummit.org/generative-adversarial-networks-gans-and-bayesian-analysis-for-incorporating-expert-opinions-into-advanced-credit-risk-models/
20. 제 9화. 창작하는 인공지능, LSTM에서 GAN까지 - KDI 경제정보센터, https://eiec.kdi.re.kr/publish/reviewView.do?idx=37&fcode=000020003600007&ridx=4
21. 금융 영역에서의 딥러닝은 어떻게 다른가? - YouTube, https://www.youtube.com/watch?v=dB8cpsnZ5FA
22. 합성데이터(Synthetic Data)를 통한 금융 AI 활성화 방안, https://smallake.kr/wp-content/uploads/2023/06/230517-%EB%B3%84%EC%B2%A8-7-%ED%95%A9%EC%84%B1%EB%8D%B0%EC%9D%B4%ED%84%B0%EB%A5%BC-%ED%86%B5%ED%95%9C-%EA%B8%88%EC%9C%B5-AI-%ED%99%9C%EC%84%B1%ED%99%94-%EB%B0%A9%EC%95%88%EC%8B%A0%EC%9A%A9%EC%A0%95%EB%B3%B4%EC%9B%90.pdf
23. GAN 평가지표(IS:Inception Score/FID:Frechet Inception Distance) - 네이버 블로그 - NAVER, https://m.blog.naver.com/chrhdhkd/222013835684
24. 프레쳇 인셉션 거리 (Frechet Inception distance, FID)를 사용해 GANs 평가하는 법은 무엇인가요? - Wandb, https://wandb.ai/wandb_fc/korean/reports/-Frechet-Inception-distance-FID-GANs---Vmlldzo0MzQ3Mzc

25. [금융 LLM 시리즈 1] 성능 좋은 금융 AI 모델의 정의와 평가 방법 - 올거나이즈 코리아 블로그, https://blog-ko.allganize.ai/defining-evaluating-performance-of-financial-llm-models/
26. Full article: Fin-GAN: forecasting and classifying financial time series via generative adversarial networks - Taylor & Francis Online, https://www.tandfonline.com/doi/full/10.1080/14697688.2023.2299466
27. 사기 탐지부터 방지까지, 인공지능과 머신러닝이 해결할 수 있는 범위는? - SAS Korea Blog, https://blogs.sas.com/content/saskorea/2018/12/13/%EC%82%AC%EA%B8%B0-%ED%83%90%EC%A7%80%EB%B6%80%ED%84%B0-%EB%B0%A9%EC%A7%80%EA%B9%8C%EC%A7%80-%EC%9D%B8%EA%B3%B5%EC%A7%80%EB%8A%A5%EA%B3%BC-%EB%A8%B8%EC%8B%A0%EB%9F%AC%EB%8B%9D%EC%9D%B4-%ED%95%B4/

Part2 - 3장 5절

1. 생성형 AI란 무엇인가요? - AWS, https://aws.amazon.com/ko/what-is/generative-ai/
2. Q: 강화 학습이란 무엇인가요? - AWS, https://aws.amazon.com/ko/what-is/reinforcement-learning/
3. ko.wikipedia.org, https://ko.wikipedia.org/wiki/%EA%B0%95%ED%99%94_%ED%95%99%EC%8A%B5#:~:text=%EA%B0%95%ED%99%94%20%ED%95%99%EC%8A%B5(reinforcement%20learning)%EC%9D%80,%EB%A5%BC%20%EC%84%A0%ED%83%9D%ED%95%98%EB%8A%94%20%EB%B0%A9%EB%B2%95%EC%9D%B4%EB%8B%A4.

4. 강화 학습 - 위키백과, 우리 모두의 백과사전, https://ko.wikipedia.org/wiki/%EA%B0%95%ED%99%94_%ED%95%99%EC%8A%B5
5. 생성형 AI(Generative AI)란? 정의, 문제점, 적용 사례 - appen 에펜, https://kr.appen.com/blog/generative-ai/
6. 생성형 AI란 무엇인가요? - IBM, https://www.ibm.com/kr-ko/topics/generative-ai
7. 생성형 AI와 머신 러닝 비교: 어떤 점이 다른가요? - Blue Prism, https://www.blueprism.com/ko/resources/blog/generative-ai-vs-machine-learning/
8. RLHF란 무엇인가요? - 인간 피드백을 통한 강화 학습 설명 - AWS, https://aws.amazon.com/ko/what-is/reinforcement-learning-from-human-feedback/
9. '생성형 AI'와 '전통적 AI', 결합하면 시너지 업! - SAS Korea Blog, https://blogs.sas.com/content/saskorea/2024/09/18/%EC%83%9D%EC%84%B1%ED%98%95-ai%EC%99%80-%EC%A0%84%ED%86%B5%EC%A0%81-ai-%EA%B2%B0%ED%95%A9%ED%95%98%EB%A9%B4-%EC%8B%9C%EB%84%88%EC%A7%80-%EC%97%85/
10. [강화학습] 나의 강화학습 회고록 (부제: 왜 강화학습은 현실에서 잘 사용되지 않는가?), https://hiddenbeginner.github.io/rl/others/2022/09/02/what_should_i_do_with_RL.html
11. 현재 생성형 AI의 9가지 문제점 - 네이버 프리미엄콘텐츠, https://contents.premium.naver.com/easystock/easy/contents/231121082543613hx
12. AI 에이전트, "천문학적 비용, 강화학습, 안전성이 문제" - 애플경제, https://www.apple-economy.com/news/articleView.html?idxno=74566
13. 산업 전반에 결합하고 있는 생성형AI (2)편 – 적용 사례 - AHHA Labs, https://ahha.ai/2023/11/17/genai2/

14. AI Agent, 비즈니스 워크플로우와의 통합 – 1편 | 인사이트리포트 | 삼성SDS, https://www.samsungsds.com/kr/insights/integrating-ai-assistants-into-business-workflows-part1.html
15. 인간 두뇌에 한 발짝 더 다가선 AI, 그 바탕에 강화학습이 있다, https://www.aitimes.com/news/articleView.html?idxno=140421
16. ChatGPT를 넘어, 생성형 AI(Generative AI)의 미래 – 1편 | 인사이트리포트 | 삼성SDS, https://www.samsungsds.com/kr/insights/future_of_generative_ai_1.html
17. Issue Monitor 창작 영역에 뛰어든 생성형 AI 투자 현황과 활용 전망 - KPMG International, https://assets.kpmg.com/content/dam/kpmg/kr/pdf/2024/issue-monitor/kpmg-korea-content-genAI_20240529.pdf
18. www.manuscriptlink.com, https://www.manuscriptlink.com/society/kips/conference/ack2023/file/downloadSoConfManuscript/abs/KIPS_C2023B0586
19. 강화학습 기반 주식 자동 매매 모델 전략 제안, https://jkiie.org/xml/30795/30795.pdf
20. 강화학습을 이용한 포트폴리오 관리 시스템 - 재능넷, https://www.jaenung.net/tree/3209
21. 강화학습 vs MVO 자산배분 대결[feat. 딥러닝 포트폴리오] - Naver Blog, https://blog.naver.com/gdpresent/223450619661
22. 휴먼 피드백을 통한 강화 학습(RLHF)이란 무엇인가요? - IBM, https://www.ibm.com/kr-ko/topics/rlhf
23. 금융에서 인공지능이란 무엇인가요? - IBM, https://www.ibm.com/kr-ko/topics/artificial-intelligence-finance
24. 인공지능(AI) 시대, 진화하는 은행업 - 벤처금융레터, https://vcletter.co.kr/page/view.php?type=newsletter&category=10&idx=85

25. 금융권 AI 도입 전략과 활용 사례, https://cdn.prod.website-files.com/63d009b8f68f12ce948f06df/65650184533d38fd60c330b2_%EA%B8%88%EC%9C%B5%EA%B6%8C%20AI%20%EB%8F%84%EC%9E%85%20%EC%A0%84%EB%9E%B5%EA%B3%BC%20%ED%99%9C%EC%9A%A9%20%EC%82%AC%EB%A1%80.pdf
26. KPMG AI에 물드는 금융, https://assets.kpmg.com/content/dam/kpmg/kr/pdf/2024/business-focus/kpmg-korea-bf-AI-in-financial-services-20240520.pdf
27. 디지털 에셋 창작을 위한 생성형 AI 기술 동향 및 발전 전망, https://ettrends.etri.re.kr/ettrends/207/0905207005/033-042.%20%EC%9D%B4%EA%B8%B0%EC%84%9D_207%ED%98%B8(v3).pdf
28. [사고] "미래 바꾸는 생성형 AI"…2024년 전망은? - 이데일리, https://m.edaily.co.kr/News/Read?newsId=01981126635805720&mediaCodeNo=257
29. CES 2025, 젠슨 황이 전망한 인공지능(AI)의 미래 - 베타뉴스, https://www.betanews.net/article/view/beta202501080025
30. 생성형 AI, 왜 윤리적으로 사용해야 하나요? - TOP50 | 뉴스 - 대한민국 정책브리핑, https://m.korea.kr/news/top50View.do?newsId=148927522&cateId=cardnews§Id=cardnews&tblKey=PMN
31. [2023 연구윤리포럼] 생성형 AI 윤리문제와 과제 '대학의 학습과 연구를 중심으로' - YouTube, https://www.youtube.com/watch?v=JFRbaIJBup0
32. 생성형 AI의 윤리적 위험과 대응 방안 - 택스넷, https://www.taxnet.co.kr/Post/dir/writer_View.asp?num=957&nNum=2
33. [생성형 AI 윤리②] 생성형 AI 윤리 문제 5가지 - YouTube, https://www.youtube.com/watch?v=xYqU5cw0anc

Part2 - 3장 6절

1. [보고서]설명 가능한 인공지능을 활용한 대출자격 분류모형 연구 - 한국과학기술정보연구원, https://scienceon.kisti.re.kr/srch/selectPORSrchReport.do?cn=TRKO202300010770&dbt=TRKO
2. 차세대 AI는 '설명 가능한 AI'(XAI)... 금융분야 활용 가능성 모색 - 금융경제신문, https://www.fetimes.co.kr/news/articleView.html?idxno=110302
3. 설명 가능한 인공지능 (Explainble AI, XAI)의 실제 적용 사례 - 메일리, https://maily.so/inspirex/posts/vpzl98pnzk9
4. 금융안정에 대한 AI의 잠재적 위협과 관리 방안의 모색 > News Insight | (사)국가미래연구원, https://ifs.or.kr/bbs/board.php?bo_table=News&wr_id=53628

Part2 - 3장 7절

1. Practices for Governing Agentic AI Systems - OpenAI, https://openai.com/index/practices-for-governing-agentic-ai-systems/
2. AI 에이전트란 무엇인가요? | IBM, https://www.ibm.com/kr-ko/think/topics/ai-agents
3. AI Agent, 비즈니스 워크플로우와의 통합 2편 | 인사이트리포트 - Samsung SDS, https://www.samsungsds.com/kr/insights/integrating-ai-assistants-into-business-workflows-part2.html
4. 금융 분야에서의 AI(인공 지능) - 인텔, https://www.intel.co.kr/content/www/kr/ko/learn/ai-in-finance.html
5. How Agentic AI will transform financial services - The World Economic Forum, https://www.weforum.org/stories/2024/12/agentic-ai-financial-services-autonomy-efficiency-and-inclusion/
6. [송민택 교수의 D-엣지]양자컴퓨팅, 금융 산업 기회와 도전 - 전자신문,

https://www.etnews.com/20250113000049
7. [핀테크핫이슈] AI 등 신 IT기술 악용 금융범죄 확산 '경고등' - 디지털투데이, https://www.digitaltoday.co.kr/news/articleView.html?idxno=515604
8. 새해 빅테크 AI 에이전트 시대 열린다…데이터 편향·책임소재 해결은 숙제 - 전자신문, https://www.etnews.com/20241224000167
9. 소프트웨어정책연구소(SPRi)가 발간한 AI 에이전트 동향 보고서 [국문/PDF/27p], https://discuss.pytorch.kr/t/spri-ai-pdf-27p/5762
10. 더 나은 에이전트(Agentic AI)를 위한 새로운 생태계 에 대한 연구 (feat. Microsoft), https://discuss.pytorch.kr/t/agentic-ai-feat-microsoft/5873
11. OpenAI's New "Operator" Agent: A Step Toward Agentic AI - Aragon Research, https://aragonresearch.com/openai-operator-agent-step-toward-agentic-ai/
12. AI Index Report 2024 – Artificial Intelligence Index - Stanford University, https://aiindex.stanford.edu/report/
13. Agentic AI가 기업을 어떻게 변화시키는가 – Forum Ventures 보고서의 통찰력, https://www.unite.ai/ko/%EC%97%90%EC%9D%B4%EC%A0%84%ED%8A%B8-AI%EA%B0%80-%EA%B8%B0%EC%97%85%EC%9D%84-%EC%96%B4%EB%96%BB%EA%B2%8C-%EB%B3%80%ED%99%94%EC%8B%9C%ED%82%A4%EA%B3%A0-%EC%9E%88%EB%8A%94%EA%B0%80-%ED%8F%AC%EB%9F%BC-%EB%B2%A4%EC%B2%98-%EB%B3%B4%EA%B3%A0%EC%84%9C%EC%9D%98-%ED%86%B5%EC%B0%B0%EB%A0%A5/
14. [전략]과 기술 트렌드2025 by Gartner : 네이버 블로그, https://blog.naver.com/hfeel/223650765348?fromRss=true&trackingCode=rss
15. KAIST, 스스로 학습·수정하는 뉴로모픽 반도체칩 개발 - 이머니뉴스,

http://www.emoneynews.co.kr/news/articleView.html?idxno=117464

16. Agentic AI: 대규모 언어 모델이 자율 에이전트의 미래를 형성하는 방식 - Unite.AI, https://www.unite.ai/ko/agentic-ai-%EB%8C%80%EA%B7%9C%EB%AA%A8-%EC%96%B8%EC%96%B4-%EB%AA%A8%EB%8D%B8%EC%9D%B4-%EC%9E%90%EC%9C%A8-%EC%97%90%EC%9D%B4%EC%A0%84%ED%8A%B8%EC%9D%98-%EB%AF%B8%EB%9E%98%EB%A5%BC-%EC%96%B4%EB%96%BB%EA%B2%8C-%ED%98%95%EC%84%B1%ED%95%98%EA%B3%A0-%EC%9E%88%EB%8A%94%EC%A7%80/

Part2 - 4장 1절

1. 금융데이터의 특징과 그 사례, 금융데이터의 특징과 그 사례
2. [금융 머신러닝] 금융 데이터의 종류와 특성(1), [금융 머신러닝] 금융 데이터의 종류와 특성(1)
3. [코스콤리포트] 개인정보 자기결정권의 실현과 마이데이터의 확대 - 금융IT 이슈 따라잡기(읽기)<뉴스룸
4. 생성형 AI(Generative AI)란 무엇을 의미하나요? - Databricks, 생성형 AI(Generative AI)란 무엇을 의미하나요?
5. 생성형 AI란 무엇인가요? - AWS, 생성형 AI란 무엇인가요?
6. [All Around AI 6편] 생성형 AI의 개념과 모델 - SK하이닉스 뉴스룸, [All Around AI 6편] 생성형 AI의 개념과 모델
7. 생성형 인공지능 (Generative AI) 이란? - NetApp, 생성형 인공지능 (Generative AI) 이란?
8. 생성형 AI 어디까지 해 봤니? 금융권 적용사례로 알아보는 방법과 시사점 (feat. 클로바더빙), 생성형 AI 어디까지 해 봤니? 금융권 적용사례로 알아

보는 방법과 시사점 (feat. 클로바더빙)
9. [PaperShop] 금융도메인에서의 생성형 언어모델의 역할과 미래 - YouTube, [PaperShop] 금융도메인에서의 생성형 언어모델의 역할과 미래
10. 금융에서 인공지능이란 무엇인가요? - IBM, 금융에서 인공지능이란 무엇인가요? | IBM
11. 글로벌 보험회사를 중심으로「생성성 AI의 금융서비스 적용과 이슈」발표2 - YouTube, 생성형 AI의 활용: 글로벌 보험회사를 중심으로「생성성 AI의 금융서비스 적용과 이슈」발표2
12. [2024 금융리스크관리] SK C&C가 제안하는 금융 리스크 관리에 생성형AI 활용하는 방법, [2024 금융리스크관리] SK C&C가 제안하는 금융 리스크 관리에 생성형AI 활용하는 방법 - 디지털데일리
13. 생성형 AI의 금융서비스 적용과 이슈1), 생성형 AI의 금융서비스 적용과 이슈1)
14. [Tech 리포트] 생성형 AI의 금융산업 적용 사례 및 활용 방안 - 네이버블로그, [Tech 리포트] 생성형 AI의 금융산업 적용 사례 및 활용 방안
15. 생성형 AI 기반의 Accelerated AI - PwC컨설팅, 생성형 AI 기반의 Accelerated AI

Part2 - 4장 2절

1. 텍스트 AI - 주제 분석 알아보기 - 오픈서베이 헬프센터, https://support.opensurvey.io/ko/articles/9271736-%ED%85%8D%EC%8A%A4%ED%8A%B8-ai-%EC%A3%BC%EC%A0%9C-%EB%B6%84%EC%84%9D-%EC%95%8C%EC%95%84%EB%B3%B4%EA%B8%B0
2. 실시간 텍스트 분석 소프트웨어 - Medallia, https://www.medallia.com/ko/platform/text-analytics/
3. 텍스트 분석 - Medallia, https://www.medallia.com/ko/experience

-101/glossary/text-analytics/
4. 소주 시장 규모, 점유율, 동향 및 예측 분석 | 2032년 - Business Research Insights, https://www.businessresearchinsights.com/ko/market-reports/soju-market-111672
5. [1/3] 텍스트마이닝, 따라만 하세요! 이제 누구나 소셜빅데이터를 수집할 수 있다. (SNS, 포털데이터 수집하기) - YouTube, https://m.youtube.com/watch?v=XvjQsXerNHM&pp=ygUZI-uNsOydtO2EsOyImOynkeuwj-yCrOyaqQ%3D%3D
6. 지능형 계약서 분석기, 알파로 | Intellicon 인공지능 법률연구소, http://intellicon.co.kr/?page_id=2174
7. 계약서검토 제대로 안했을 때 발생하는 이슈 유형별 분석 - 네이버블로그, https://blog.naver.com/sanjose70055/223319346718
8. [allibee 101] AI Contract Review로 빠르고 정확하게 계약서 검토하기, https://www.allibee.ai/blog/20240813-2

Part2 - 4장 3절

1. "AI 신약 개발자·마케터·금융인 전성시대 온다" | 서울경제, https://www.sedaily.com/NewsView/29TDMZNRZL
2. (칼럼) 딥러닝 초보들이 흔히하는 실수 : 주식가격 예측 AI - 코딩애플 온라인 강좌, https://codingapple.com/unit/deep-learning-stock-price-ai/
3. 머신러닝을 활용한 수요예측 사례와 KPI 모델링 방법, https://davincilabs.ai/blog/?bmode=view&idx=11461691
4. 시계열 데이터 이상징후 감지 딥러닝 모델 입문+실전+해커톤 무료 온라인 세미나 - YouTube, https://www.youtube.com/watch?v=F_dG5NKtwoU

5. 머신러닝을 활용한 금융 범죄 대응 사례 - SAS Institute, https://www.sas.com/content/dam/SAS/documents/marketing-whitepapers-ebooks/sas-whitepapers/ko/machine-learning-financial-crimes-109466.PDF
6. 빅데이터를 활용한 인공지능 주식 예측 분석 - Korea Science, https://koreascience.kr/article/JAKO202131559470407.pdf
7. [논문]인공지능 머신러닝 기술을 이용한 주식 종목 매수/매도 추천시스템의 분석 및 설계, https://scienceon.kisti.re.kr/srch/selectPORSrchArticle.do?cn=JAKO202125659047591
8. 설명 가능 인공지능 기법을 활용한 주가 전망 예측 - AWS, https://manuscriptlink-society-file.s3-ap-northeast-1.amazonaws.com/kips/conference/ack2021/abs/KIPS_C2021B0238.pdf
9. 서울대 강유 교수, 주가 예측 AI로 탑컨퍼런스 발표...국내 최초 성과 - AI타임스, https://www.aitimes.com/news/articleView.html?idxno=139470
10. 딥러닝을 활용한 원화 환율 예측: 시장 및 웹데이터와 거시경제 지표의 활용 - KOASAS, https://koasas.kaist.ac.kr/handle/10203/285143
11. 신한은행, AI 분석으로 환율 움직임 예측 - 한국경제, https://www.hankyung.com/article/2022102791131
12. 주식·환율·집값 예측하는 인공지능 시스템 개발 / YTN 사이언스 - YouTube, https://www.youtube.com/watch?v=T0X3AaAEzco
13. 금융권 리스크 관리 분야의 인공지능 활용 - SAS Institute, https://www.sas.com/content/dam/SAS/documents/marketing-whitepapers-ebooks/third-party-whitepapers/ko/artificial-intelligence-banking-risk-management-110277.pdf
14. 위험 관리의 AI: 프레임워크 및 사용 사례 - Visure Solutions, https://visuresolutions.com/ko/%EB%B8%94%EB%A1%9C%EA%B7%B8/%

EC%9C%84%ED%97%98-%EA%B4%80%EB%A6%AC%EB%A5%BC-%EC%9C%84%ED%95%9C-AI-%EB%B0%8F-%EA%B8%B0%EA%B3%84-%ED%95%99%EC%8A%B5/

15. [보고서]금융 시계열 빅데이터 분석 알고리즘과 응용에 관한 연구, https://scienceon.kisti.re.kr/srch/selectPORSrchReport.do?cn=TRKO202100012456
16. 대규모 언어 모델이 사용되는 이유는? | NVIDIA Blog, https://blogs.nvidia.co.kr/blog/what-are-large-language-models-used-for/
17. 대규모 언어 모델이란 무엇인가? | LLM 종합 안내서 - Elastic, https://www.elastic.co/kr/what-is/large-language-models
18. 대규모 언어 모델(LLM)이란 무엇입니까? - 인텔, https://www.intel.co.kr/content/www/kr/ko/learn/large-language-models.html
19. 대규모 언어 모델(LLM)이란 무엇인가요? - AWS, https://aws.amazon.com/ko/what-is/large-language-model/
20. 인간처럼 사고하는 멀티모달(Multi Modal) AI란? | 인사이트리포트 | 삼성SDS, https://www.samsungsds.com/kr/insights/multi-modal-ai.html
21. 표준시험인증 정책 기술 동향 - 지각의 새로운 지평을 연 멀티모달 AI, https://www.tta.or.kr/tta/preportNewsNDownload.do?sfn=20240923020604032_bfm7.pdf
22. 시계열 Foundation 모델 최신 연구 동향 - LG AI Research BLOG, https://www.lgresearch.ai/blog/view?seq=427
23. 멀티모달(Multi Modal)AI와 기존 인공지능의 차이점 - 클루닉스, https://www.clunix.com/insight/it_trends.php?boardid=ittrend&mode=view&idx=824
24. 언어와 비전 데이터를 함께 학습하는 멀티모달 AI에 대하여, https://blog-ko.superb-ai.com/about-multimodal-ai-that-learns-language-

and-vision-data-together/

25. 데이터 분석 및 예측을 위한 시계열 기반 모델의 부상 - Unite.AI, https://www.unite.ai/ko/%EB%8D%B0%EC%9D%B4%ED%84%B0-%EB%B6%84%EC%84%9D-%EB%B0%8F-%EC%98%88%EC%B8%A1%EC%9D%84-%EC%9C%84%ED%95%9C-%EC%8B%9C%EA%B3%84%EC%97%B4-%EA%B8%B0%EB%B0%98-%EB%AA%A8%EB%8D%B8%EC%9D%98-%EB%93%B1%EC%9E%A5/
26. 강력한 성능과 더 긴 컨텍스트를 제공하는 IBM Granite 3.1, https://www.ibm.com/kr-ko/new/announcements/ibm-granite-3-1-powerful-performance-long-context-and-more

Part2 - 4장 4절

1. www.ibm.com, https://www.ibm.com/think/topics/gen-ai-for-finance#:~:text=Generative%20AI%20is%20a%20game,to%20procurement%2C%20and%20accounts%20payable.
2. 금융에서 인공지능이란 무엇인가요? - IBM, https://www.ibm.com/kr-ko/topics/artificial-intelligence-finance
3. www.kif.re.kr, https://www.kif.re.kr/kif4/publication/viewer?mid=20&vid=0&cno=332376&fcd=2024002651WO&ft=0
4. DACON : 인공지능 경진대회 플랫폼 데이콘 Data Science AI Competitions - DACON, https://dacon.io/
5. Generative AI in Financial Services: Use Cases, Benefits, and Risks, https://www.alpha-sense.com/blog/trends/generative-ai-in-financial-services/
6. 금융권, 생성형 AI로 ESG 리스크 관리한다 - 지디넷코리아, https://zdnet.co.kr/view/?no=20250116104421

7. Generative AI for Risk Management - XenonStack, https://www.xenonstack.com/blog/generative-ai-for-risk-management
8. 임팩트에이아이, AI 포트폴리오 최적화로 '기술혁신대상' - IMPACT.AI, https://impactai.ai/%EC%9E%84%ED%8C%A9%ED%8A%B8%EC%97%90%EC%9D%B4%EC%95%84%EC%9D%B4-ai-%ED%8F%AC%ED%8A%B8%ED%8F%B4%EB%A6%AC%EC%98%A4-%EC%B5%9C%EC%A0%81%ED%99%94%EB%A1%9C-%EA%B8%B0%EC%88%A0%ED%98%81%EC%8B%A0%EB%8C%80%EC%83%81/
9. Unlocking Generative AI's Power in Asset Management - SoluLab, https://www.solulab.com/generative-ai-in-asset-management/
10. www.infosysbpm.com, https://www.infosysbpm.com/blogs/finance-accounting/unleashing-the-power-of-ai-in-financial-forecasting.html#:~:text=Generative%20AI%20(Gen%20AI)%20is,strategies%20and%20overcomes%20data%20limitations.
11. 생성형 AI의 금융산업 적용 사례 및 활용 방안, https://blog.cslee.co.kr/application-cases-and-utilization-plans-of-generative-ai-in-the-financial-industry/
12. Supercharge your Finance workforce with GenAI - KPMG International, https://kpmg.com/us/en/articles/2023/generative-ai-finance.html
13. Leveraging Generative AI for Financial Analysis | Corporate Finance Institute, https://corporatefinanceinstitute.com/resources/fpa/ai-for-financial-analysis/
14. 금융업계에서 인공지능을 도입했을 때의 장단점 | 물어봐 AI - 요즘IT, https://yozm.wishket.com/magazine/questions/share/USmSSefv58DyCQYu/

15. [인더스트리뷰] 생성형 AI, 금융의 미래를 다시 쓰다 - 금융 업계 생성형 AI 활용 사례, https://blog.naver.com/codeitofficial/223528050038?fromRss=true&trackingCode=rss
16. 22화 금융 시장에서의 생성형 AI 활용방안 모색 - 브런치스토리, https://brunch.co.kr/@@gDYF/61
17. 금융에 인공지능을 도입했을때의 단점 | 물어봐 AI - 요즘IT, https://yozm.wishket.com/magazine/questions/share/KRCLB8qyg7ht7K24/
18. 현재 생성형 AI의 9가지 문제점 - 네이버 프리미엄콘텐츠, https://contents.premium.naver.com/easystock/easy/contents/231121082543613hx
19. AI 확산 금융권에 호재?...부작용 우려 목소리↑ < 금융 - 디지털투데이, https://www.digitaltoday.co.kr/news/articleView.html?idxno=510132
20. '생성형 AI' 가장 많이 쓰일 산업은? '금융·보험업', https://cms.dankook.ac.kr/web/chatgpt/-ai-9?p_p_id=Bbs_WAR_bbsportlet&p_p_lifecycle=2&p_p_state=normal&p_p_mode=view&p_p_cacheability=cacheLevelPage&p_p_col_id=column-2&p_p_col_count=1&_Bbs_WAR_bbsportlet_extFileId=171407
21. Explainable AI in finance: The key to harnessing its predictive power - N-iX, https://www.n-ix.com/explainable-ai-in-finance/
22. 생성형 AI를 활용한 혁신적인 금융서비스 제공이 본격화 된다., https://eiec.kdi.re.kr/policy/callDownload.do?num=260785&filenum=1&dtime=20241209192914
23. Exploring Explainable AI (XAI) in Financial Services: Why It Matters - Aspire Systems - blog, https://blog.aspiresys.com/artificial-intelligence/exploring-explainable-ai-xai-in-financial-services-why-it-matters/

24. 금융권도 생성형 AI 활용 가능해져…11년 만에 망분리 완화 - 중앙일보, https://www.joongang.co.kr/article/25270352
25. AI로 돈을 더 잘 벌려면…금융사들이 택한 미래 전략 - 지디넷코리아, https://zdnet.co.kr/view/?no=20250106165610

저자 약력

임홍순

KAIST 경영과학 학사
KAIST 경영과학 석사
KAIST 경영공학 박사

(전) 핸디소프트 R&D 이사
(전) 오픈타이드 코리아 컨설팅 이사

(현) 빅트리 대표이사

저서 《프로세스 경영》(성안당, 2008)

곽병권

숭실대학교 전산과 학사
숭실대학교 전산과 석사

(재)이노베이션아카데미 SW개발단장
KAIST 스마트에너지인공지능연구소 리더
(주)빅트리 부대표
- 자산관리 및 인공지능 금융 로보어드바이저 개발

올어바웃앱스 CEO
- 인공지능 기술 개발 및 iOS App 개발
- Apple 선정 App of the year by revenue (2009 ~ 2010)
- 딥러닝 기반 주가예측/블랙박스 동영상 분석 알고리즘 개발

핸디소프트 CTO
- Handy BPM Suite 개발
- Handysoft USA, Handysoft Japan Founder
- 일본 아마다그룹, 미국 NIST 등 해외진출 프로젝트 수행
- 삼성전자, LG전자, POSCO 등 업무 프로세스 혁신과제 수행

주요 성과
- 정보통신부 신소프트웨어 상품 대상(2004)
- 정보통신부 장관 표창(1996)
- 저자, 인공지능 인사이트, 한국금융연수원 2022
- 특허권 102471434000, 인공지능 딥러닝 기술관련 특허 '22

박재훈

충남대학교 경영학 학사

(전) 동양증권/동양자산운용 팀장
(전) 새마을금고중앙회 팀장
(전) 대신/피닉스 자산운용 상무

(현) 빅트리 부대표
(현) 템피스 투자자문 전무

감수자 약력

장현기

서울대학교 물리학과 박사

(전) SK 주식회사 AI 플랫폼 팀장
(전) IBM Korea Lab 실장
(전) 삼성전자 SW센터 책임연구원

(현) 신한은행 디지털 R&D센터 본부장

인공지능 인사이트 –
로보어드바이저 사례를 중심으로

초판1쇄	2020년 4월 29일
3판1쇄	2025년 5월 9일
저 자	임홍순, 곽병권, 박재훈
감 수 자	장현기
발 행 인	이준수
발 행 처	한국금융연수원 출판미디어사업부
	(03053) 서울시 종로구 삼청로 118
전 화	02) 3700-1500
팩 스	02) 3700-1530
홈페이지	www.kbi.or.kr
등 록	1990년 4월 20일(제1-1040호)
정 가	19,000원
I S B N	978-89-287-8259-8 13320

한국금융연수원 자격검정시험 안내

•「국가공인자격」은 자격기본법에서 정한 기준과 절차에 따라 국가가 공인한 자격으로 신용분석사, 여신심사역, 국제금융역, 자산관리사(FP), 신용위험분석사(CRA), 외환전문역 I종, 외환전문역 II종 등 7개의 자격이 있습니다.

•「자체인증자격」은 우리 원이 인정, 수여하는 자격으로 공개시험형 자체자격인 프라이빗 뱅커(CPB), 은행텔러, 영업점 컴플라이언스 오피서(은행)(보험)(증권), KBI 금융DT 테스트, 자금세탁방지 업무능력 검정시험 등 7개 자격이 있습니다.

구분	자격명 (공인/등록번호)	응시료	자격소개
국가공인자격	신용분석사 (제2024-1호) (2008-0438)	전과목 : 66,000원 1부 : 28,000원 2부 : 39,000원	금융회사의 여신관련 부서에서 기업에 대한 회계 및 비회계자료 분석을 통하여 종합적인 신용상황을 판단하고 신용등급을 결정하는 등 기업신용 평가업무를 담당하는 금융전문가
	여신심사역 (제2024-2호) (2008-0439)	전과목 : 66,000원 1부 : 28,000원 2부 : 39,000원	금융회사의 여신심사 담당자로서 경제상황과 기업의 재무, 비재무상태 등을 분석, 파악하여 적정한 대출심사 의견서 작성, 대출이율 및 대출기간 결정 등 대출실행 여부를 판단하고 자금의 효율적 운용, 대손 방지를 위한 제반조치, 여신의 법률적 검토, 사후관리업무 등 여신업무와 관련한 종합적인 업무를 수행하는 금융전문가
	국제금융역 (제2021-1호) (2008-0440)	전과목 : 66,000원 1부 : 33,000원 2부 : 33,000원	금융회사의 국제금융 관련 부서에서 국제금융시장의 동향파악, 분석 및 예측 등을 통하여 외화자금의 효율적 조달과 운용업무를 담당하고 이에 따른 리스크관리 등 국제금융 관련 업무를 수행하는 금융전문가
	신용위험분석사(CRA) (제2023-2호) (2008-0442)	1차 : 77,000원 2차 : 88,000원	금융회사 및 기업신용평가기관 등에서 개인과 기업에 대한 신용상태를 조사평가하고 신용위험을 측정 · 관리하는 여신전문가
	자산관리사(FP) (제2020-1호) (2008-0441)	전과목 : 55,000원 1부 : 28,000원 2부 : 28,000원	금융회사 영업부서의 PB(Private Banking) 팀에서 고객의 수입과 지출, 자산 및 부채현황, 가족상황 등 고객에 대한 각종 자료를 수집, 분석하여 고객이 원하는 Life Plan 상의 재무목표를 달성할 수 있도록 종합적인 자산설계에 대한 상담과 실행을 지원하는 금융전문가
	외환전문역 I종 (제2020-1호) (2008-0436)	전과목 : 55,000원	금융회사의 외환업무 중 외국환 거래 법규 및 외환거래실무를 이해하고 고객의 외화 자산에 노출되는 각종 외환 리스크를 최소화시키는 등 주로 개인 외환과 관련된 직무를 담당
	외환전문역II종 (제2020-1호) (2008-0436)	전과목 : 55,000원	금융회사의 외환업무 중 수출입업무 및 이와 관련된 국제무역규칙을 이해하고 외환과 관련된 여신 업무를 수행하는 등 주로 기업 외환과 관련된 직무를 담당
자체인증자격	은행텔러 (2008-0437)	전과목 : 55,000원	창구에서 일어나는 제반업무에 대해 신속하고 친절한 업무수행과 정확한 업무처리로 고객에게 도움을 주고 상담을 통해 문제해결을 하도록 도와주는 금융전문가
	영업점 컴플라이언스 오피서(은행) (2010-0118) (보험, 증권) (2013-0702,0703)	전과목 : 각 44,000원	금융회사의 영업점에서 준법관련 법규와 감독기관의 감독규정이 정한 내용과 취지를 충분히 이해하고 업무 수행과정에서 이를 준수하며, 영업점에서 발생 가능한 금융사고 및 민원사항이 발생하지 않도록 사전적 예방 차원에서 그 준수사항의 이행을 점검하는 금융전문가(은행, 보험, 증권 분야별로 자격이 구분됨)
	프라이빗뱅커 (CPB) (2018-004091)	1차 : 110,000원 2차 : 342,000원 (실무교육)	개인고액자산가의 자산 및 수익증대를 실현하기 위해 금융분야 전반에 걸쳐 종합적인 금융상담과 실행을 지원할 수 있는 최고급 수준의 금융자산설계전문가
	KBI 금융DT 테스트 (2021-001872)	전과목 : 44,000원	금융인 및 예비금융인을 대상으로 디지털금융 전반에 대한 기본지식과 업무활용능력 등 금융DT 관련 기본역량 평가
	자금세탁방지 업무능력 검정시험 (2023-004792)	전과목 : 66,000원	금융시스템을 이용한 자금세탁행위와 공중협박자금조달행위를 적발 및 예방할 수 있는 전문적인 업무역량 평가

소비자 알림사항

•상기 "프라이빗뱅커(CPB)", "영업점컴플라이언스 오피서(은행)(보험)(증권)", "KBI 금융DT 테스트", "은행텔러", "자금세탁방지 업무능력 검정시험" 자격은 자격기본법 규정에 따라 등록한 민간자격으로, 국가로부터 인정받은 공인자격이 아닙니다.

•민간자격 등록 및 공인 제도에 대한 상세내용은 민간자격정보서비스 (www.pqi.or.kr)의 '민간자격 소개'란을 참고하여 주십시오.

기타

•응시료 환불 규정 : 접수기간 중 100%, 접수기간 종료 후 시험일 5일전 18시까지 50% 환불/이후 환불 불가

•자격 공인번호는 재공인시점에 따라 변경될 수 있으며, 응시료, 환불규정 등은 응시 시점에 따라 변경될 수 있으니 자격시험 응시 전 반드시 한국금융연수원 홈페이지에서 응시하고자 하는 자격시험에 관한 최신 정보를 확인하시기 바랍니다. 자격시험에 관한 자세한 사항은 한국금융연수원 홈페이지를 참조하시기 바랍니다.

•주소 : 서울특별시 종로구 삼청로 118 / TEL : 02-3700-1500 / 홈페이지 : www.kbi.or.kr

KBI 금융DT 테스트

4년간 은행 임직원 약 1만명이 선택한 자격!

(누적 접수자 : 9,579명 / 누적 취득자 : 3,066명)

01 개요

1. 목적

금융인 및 예비 금융인을 대상으로 **디지털금융 전반에 대한 기본 지식과 업무 활용 능력 등 금융DT 관련 기본 역량 평가**

지식	금융DT 분야의 **포괄적 기초지식**
기술	금융DT 분야의 **일상적 업무를 수행**하고 **일상적 문제를 해결**하는 데 필요한 기술
소양	금융DT 분야의 **트렌드와 이슈를 이해**하고 이를 **자신의 업무수행에 활용**

2. 활용

● 본점 및 영업점 직원 등 금융인

금융회사 직원이라면 누구나 **금융DT 마인드**를 함양하고, **빅데이터, 인공지능, 디지털 마케팅** 관련 지식과 역량을 확인해 보세요!

나도 이제 **금융DT 이노베이터!**

● 금융회사의 인사담당자 및 인재개발 담당자

직원 금융DT 역량 제고, 신입직원 채용 및 DT부서 선발과 배치에 대한 고민, 한번에 해결!

02 인증시험 과목

과목	주요내용	세부내용	배점(문항수)
디지털 금융의 이해 (30점)	DT의 이해	• 디지털전환의 이해 • 국내외 금융기관 디지털전환 사례 등	15점 (12문항)
	디지털금융 트렌드	• 디지털금융 관련 법규·정책 • 국내외 정책 사례 및 현황 등	15점 (12문항)
디지털 금융의 활용 (70점)	디지털금융 기술	• 디지털금융 기술*에 대한 지식 및 활용사례 등 * 빅데이터, 블록체인, 클라우드 컴퓨팅, 인공지능, 코딩 등	50점 (40문항)
	디지털 마케팅	• 디지털마케팅 현황 및 수립전략 • 디지털마케팅 성공사례 등	20점 (16문항)
계			100점 (80문항)

한국금융연수원
KOREA BANKING INSTITUTE

03053 서울특별시 종로구 삼청로 118
Tel. 02-3700-1500 | www.kbi.or.kr

03 인증기준

1. 인증기준

취득점수에 따른 등급인증

* KBI 금융DT 테스트는 2021년부터 인증시험 결과에 따라 등급을 부여합니다.

2. 등급인증

등급명	부여기준	역량
DT-Gold	90점 이상	• DT 역량과 디지털금융 업무 활용에 필요한 전문 지식 보유
DT-Blue	80점~89점	• DT 역량과 디지털금융 업무 수행에 필요한 실무 지식 보유
DT-Green	60점~79점	• DT 마인드와 디지털금융에 대한 기본 지식 보유

04 인증시험 운영

응시자격	제한 없음	평가시간	90분
문제유형	객관식(4지선다형)		
응시료	• 4.4 만원 * 환불규정 : 접수기간 중 100%, 접수 종료 후 부터 시험일 5일전 18시까지 50% 환불 / 이후 환불 불가		

시험일정

회차	원서접수	시험일시	지역
11회	6.17(화)~6.24(화)	7.26(토)	서울, 대전, 대구, 전주, 광주 부산, 제주
12회	9.23(화)~9.30(화)	11.8(토)	

05 기타 주요내용

1. 시험참고 도서

● 「디지털금융의 이해와 활용」

● 「블록체인, 디지털에 가치를 더하다」*

● 「빅데이터, 인공지능을 만나다」*

* 디지털금융기술 참고도서
(참고도서 외 기타 DT관련 일반지식에서도 출제)

2. 문의

● **시험 준비를 위한 연수과정 문의** : DT연수부
Tel 02-3700-1500 | E-mail dtlearning@kbi.or.kr

● **인증시험 관련 문의** : 자격검정사업부
Tel 02-3700-1500 | E-mail certif@kbi.or.kr

3. 소비자 알림사항

● KBI 금융DT 테스트는 자격기본법 규정에 따라 등록한 민간자격(등록번호: 2021-001872)으로 국가로부터 인정받은 공인자격이 아닙니다.
민간자격 등록 및 공인 제도에 대한 상세내용은 민간자격정보서비스(www.pqi.or.kr)의 '민간자격 소개'란을 참고하여 주십시오.